Amicis, Edmondo de; Schweiger-Lerchenfeld, Amand von

Marokko

Amicis, Edmondo de; Schweiger-Lerchenfeld, Amand von

Marokko

Inktank publishing, 2018

www.inktank-publishing.com

ISBN/EAN: 9783747777794

All rights reserved

This is a reprint of a historical out of copyright text that has been re-manufactured for better reading and printing by our unique software. Inktank publishing retains all rights of this specific copy which is marked with an invisible watermark.

Edmondo de Amicis

Marokko.

Nach dem Italienischen frei bearbeitet

von

A. v. Schweiger-Lerchenfeld.

Mit 165 Original-Illustrationen.

Wien. Pest. Leipzig.
A. Hartleben's Verlag.
1883.
(Alle Rechte vorbehalten.)

Vorwort des Herausgebers.

u dem vorliegenden Werke Edmondo de Amicis, ist der Herausgeber dem Leser einige Aufklärungen schuldig. Die autorisirte deutsche Ausgabe ist keine directe Uebertragung des italienischen Originals, sondern eine ungezwungene, weder an das Material des italienischen Autors, noch an das Detail gebundene Bearbeitung. Dieser Modus war aus zweifachen Gründen geboten: erstlich, weil das deutsche Publikum bei der Reichhaltigkeit des vorhandenen Materials, in einem Buche über Marokko eingehendere ethnographische, culturgeschichtliche und historische Abhandlungen schwer vermißt haben würde; es mußten also Abrisse der erwähnten Gattung der Bearbeitung beigegeben werden, um das Werk stofflich zu vertiefen. Der zweite Grund, weshalb von einer directen Uebertragung des Originals abgesehen wurde, lag darin, daß de Amicis als Chronist der italienischen Gesandtschaftsreise nach Fez, in seinem Werke dem heimatlichen Publikum ein Ereigniß von vorwiegend localem Interesse schilderte. Die italienische Lesewelt bekam ein Buch von nationaler Bedeutung in die Hände, es fand darin Ausfälle, Anspielungen und Erinnerungen an heimatliche Zustände, Personen und Dinge, welche dem deutschen Leser vollkommen gleichgiltig, wenn nicht vollends unverständlich gewesen wären. Der deutschen Bearbeitung des de Amicis'schen Werkes mußte daher dieser vaterländisch-intime und überhaupt sein früherer actueller Charakter genommen, und ein neues Werk geschaffen werden, das sich nicht unmittelbar auf ein Zeitereigniß bezog, nicht bestimmte Actionen und Personen zur Hauptsache machte.

Dennoch glaubte der Herausgeber dem italienischen Autor, der in seiner Heimat zu den beliebtesten Schriftstellern zählt, überall dort das Wort lassen zu müssen, wo es sich um die Wiedergabe unmittelbarer, lebendiger Eindrücke, um die Schilderung charakteristischer Vorgänge, die Vorführung von farbigen Bildern und Skizzen aus dem marokkanischen Leben handelte. Diese, aus dem Originalwerke ohne besondere Ausschmückung übertragenen Scenen, Schilderungen und Einzelbilder sind so charakteristisch, so farbig und geistreich durchgeführt, daß sie, trotz des vom Herausgeber hinzugefügten Materiales, unbestritten den Hauptschmuck und Hauptwerth des vorliegenden Buches bilden. Der gemüthreiche, phantasievolle und scharf beobachtende italienische Autor hat in seinem »Marokko« ein Werk von specifischer Eigenart geschaffen. Ihm sind Landschaften und Staffagen die wechselnden Farbenstifte eines blendenden Mosaiks, Scenen und Vorfallenheiten die Emanationen eines fremdartigen, in Allem und Jedem überraschenden Lebens, dem die Farben des Orients anhaften, und das die Erinnerungen an das glänzende Zeitalter vergangener Größen wachruft. Die Schilderung von Fez dürfte wohl unerreicht dastehen ... Der wissenschaftliche Werth des Originalwerkes (und der deutschen Bearbeitung) kommt aus diesem Grunde gar nicht in Betracht. Es handelt sich hier in erster Linie um eine anziehende, fesselnde und belehrende Lectüre. Unterstützt wird dieselbe durch die wahrhaft meisterhaften bildlichen Darstellungen der italienischen Maler Ussi und Biseo, welche sich — gleich de Amicis — der Gesandtschaft als Volontärs angeschlossen hatten. Diese Bilder allein repräsentiren einen Schatz, den hauptsächlich Derjenige zu würdigen wissen wird, dem bekannt ist, wie spärlich unser Material in dieser Richtung ist.

Die beiden Abschnitte: »Süd=Marokko« und »Der spanisch=marokkanische Krieg 1860« befinden sich nicht im Originalwerke. Sie wurden vom Herausgeber dem Werke mit der Voraussetzung einverleibt, daß der Leser auch an marokkanischen Gebieten und Ereignissen, welche außerhalb des Rahmens jener Gesandtschaftsreise liegen, Interesse nehmen dürfte. Jedenfalls sind sie in einem Buche am Platze, das durch seinen populären Ton und die illustrative Ausstattung vorwiegend für einen größeren Leserkreis berechnet ist. Dieser aber orientirt sich schwer in der vorhandenen Literatur und wird sicher Alles freundlichst entgegennehmen, was ihn der Mühe des Special=Studiums überhebt.

A. v. Schweiger-Lerchenfeld.

Ein Thor in Meknez.

Ausschiffung in Tanger.

Tanger.

Marokkos Stellung in der Welt des Islams. Das moderne religiöse Leben. Tanger. Allgemeiner Eindruck der Stadt. – Die Hauptstraße und der Suk el Barra. Elemente der Bevölkerung. Ein Nachtbild. Maurische und jüdische Typen. Die moslimischen Frauen. Straßenjugend und heiliges Gelichter. Productionen der Aïssauah-Bruderschaft. Die Citadelle von Tanger. Alte und moderne Justiz. Die Berber des Rif-Gebirges. Ein nächtlicher Hochzeitszug. Unerklärlicher Zauber. Promenade nach dem Cap Malabat. Eine Bittprocession. Das Fest der Geburt des Propheten. Phantasia's und Volksbelustigungen. Die Umgebung von Tanger. Ritt nach dem Cap Spartel. *⁎* Vorbereitungen zur Reise. Ankunft der Escorte von Fez. Officielle Abschiedsbesuche. — Aufbruch der Karavane.

an nennt Marokko eine »feste Burg des Islams«, eine Bezeichnung, die außerordentlich treffend und überdies historisch begründet ist. Nimmt man eine Karte zur Hand, auf der das Gesammtgebiet der moslimischen Völker umrissen ist, so fällt auf den ersten Blick auf, daß gerade auf den beiden Flügelpunkten, im äußersten Westen — also in Marokko — und im äußersten Osten, in den »Steppen-Chanaten« Innerasiens, die Bekenner der Lehre des Propheten bis auf den Tag den andersgläubigen Ankämpfern und Bedrängern, den Einflüssen der Cultur und Civilisation den meisten und ausgiebigsten Widerstand entgegengesetzt haben. Es sind also jene beiden entlegenen Gebiete (um den Vergleich zu vervollständigen) in der That gewaltige Eckbastionen mit einer streitbaren Besatzung, die immerhin noch nach Millionen zählt, schlägt man alle Elemente hinzu, die aus der vortheilhaften Position jener Länder Vortheile ziehen wollen und sich mit der Bevölkerung der engeren Territorien für solidarisch erklären.

De Amicis, Marokko. 1

Der Maghreb, der mohammedanische Westen, ist nicht bar von großen Zügen in der Geschichte. Als die ommejadische Herrschaft in Spanien zu zerbröckeln begann und selbstständige kleine Staaten aus der versunkenen Herrlichkeit emporwucherten, kamen die marokkanischen Berber wieder zur Geltung. Zunächst war es der Morabite Juffuf Ibn Taschfin, der Erbauer der Stadt Marokko, welcher aus der wachsenden Verwirrung auf der Iberischen Halbinsel Vortheile zog. In Sevilla hatte die Dynastie der Abbabiden ein glänzendes, fast märchenhaftes Hofleben geführt, darüber aber versäumt, sich gegen die wachsende Macht ihrer christlichen Gegner zu schützen.

Der Augenblick der höchsten Bedrängniß trat ein, und am Guadalquivir wußte man kein anderes Mittel, sich zu helfen, als jenen Juffuf herbeizurufen. Er drang in Spanien ein und vernichtete die christlichen Heerhaufen in einer mörderischen Schlacht bei Badajoz. Ein Minaret ward erbaut mit den Leichen der erschlagenen Ritter und von seiner Höhe verkündeten die Muezzins, daß es keinen Gott gebe, außer Allah. Damals wanderten solche Massen von abgeschnittenen Christenköpfen nach Afrika, daß man mit ihnen alle Stadtthore in Marokko, »bis in die Negerländer hinein«, schmücken konnte. Der gewaltige Morabite vollendete dann die Eroberung der kleinen maurischen Staaten, warf Könige ins Gefängniß und erstickte das lebensheitere Treiben in Sevilla und Granada für lange Zeit. Seine Dynastie konnte sich aber gleichwohl nicht lange behaupten.

Wer nun auf die Schaubühne trat, war ein ungekannter, fremder Fanatiker, der den Weg von dem fernen Bagdad her nicht gescheut hatte, um auf dem blutgedüngten Boden des südlichen Spaniens eine totale Umwälzung hervorzurufen. Durch den Machtspruch von Juffufs Sohn, des Almoraviden Ali, hatte nämlich die hohe Schule von Cordova, das theologische Werk eines gewissen Ghazzali öffentlich verbrennen lassen. Dieser Ghazzali war zur Zeit, als im Bagdader Khalifat mit Mutawakkils Herrschaftsantritt ein rapider Rückfall aus der vorhergegangenen Glaubenslauheit in den alten starren Zelotismus stattfand, der Repräsentant der gemäßigten Orthodoxie. Sein oben erwähntes Werk, »Die Wiederbelebung der Religionswissenschaften«, wurde derart hochgehalten, daß seine Verfechter meinten: »Wenn alle Bücher verloren wären und nur Ghazzali's Schrift vorhanden, der Islam würde allein aus dieser wiederersteken . . .« Im starrgläubigen Spanien aber dachte man anders. Als der bagdader Professor und Moralist von dem Schicksale seines Werkes erfuhr, soll er bleich vor Zorn geworden sein und die Almoraviden verflucht haben. Einer seiner Schüler aber ließ sich die Rachemission ertheilen und Ghazzali gab seinen Segen hierzu.

Mohammed Abdallah Ibn Tomrut — so lautete der Eiferer — war ein marokkanischer Berber. Sein energisches Auftreten verschaffte ihm bald bedeutenden Anhang, doch auf spanischen Boden gelangte er nicht, und das verhaßte Cordova sollten seine racheflammenden Augen nicht sehen. Er fiel bei einem Angriffe auf die Stadt Marokko. Das Rächerwerk setzte ein Vertrauensmann Abdallah's, Abdel Mumen, fort. Er ist der glänzendste Repräsentant der marokkanischen Berber. Durch Macht und Geschick und nicht zuletzt durch weises Maßhalten gründete er ein einheitliches, kräftiges Reich, das von der großen Syrte bis zum atlantischen Gestade und von den nördlichen Küsten des Maghreb bis tief in die Sahara reichte. Zwar Spanien selbst sollte er so wenig sehen, wie sein Vorgänger. Aber sein Sohn Jussuf, und mehr noch sein Enkel Jakub, holten um das Versäumte nach und der Name der neuen Dynastie, der Almohaden, war zwischen dem Berg des Tarik und den Pyrenäen wieder so gefürchtet, wie vor Jahrhunderten jener der Ommejaden.

Von diesem Zeitpunkte, bis zur Vertreibung der Mauren aus Granada, jener großartigen und erschütternden Tragödie, in der der letzte König Abu Abdillah, genannt »Boabdil«, eine so klägliche Rolle spielte, verstrichen fast drei volle Jahrhunderte. Während der großen Schlußkatastrophe unter den Mauern von Granada erschien auf einem Thurme der Alhambra ein silbernes Kreuz — das flammende Symbol des entgiltigen Sieges der Christen. Diese sanken zwar gottergeben in die Knie und stimmten einen Lobgesang auf den Herrn an; die Henker der Inquisition aber gedachten zur Ehre des Höchsten ein Uebriges zu thun. Ein furchtbares Morden begann, die Scheiterhaufen prasselten und als nachmals in den wilden Alpujarras (dem Gebirge zwischen der Nevada und der Küste) der maurische Aufruhr tobte, floß das Blut in Strömen. Die Christenheit triumphirte — aber der Triumph war ein Hohn auf die Menschlichkeit. Die gierige Mordlust der katholischen Geistlichkeit, zumal der Spitzen der Inquisition, hatte ihre gräßlichen Orgien gefeiert. Die letzten Mauren zogen ab und in den ausgemordeten Ortschaften und Thälern brütete die Ruhe des Grabes …

Wir würden diese historische Reminiscenz nicht vorgebracht haben, wenn wir sie nicht brauchten, um die Stimmung unter den heutigen Mauren Marokkos richtig beurtheilen zu können. Die mohammedanischen Völker haben mehr, als die irgend anderer Rassen, die bitteren Tage aus ihrer Vergangenheit ins Gedächtniß eingegraben. Sie haben die ihnen angethanen Grausamkeiten und Gewaltthaten, mögen auch Jahrhunderte darüber vergangen sein, nie vergessen. Völker, die ohnedies mehr der Vergangenheit, als der Gegenwart und Zukunft leben, zehren logischerweise an

1*

alten Erinnerungen. Welcher Art diese für die Mauren sind, haben wir gesehen. Betet man doch heute noch am Freitag um den Wiedererwerb Granadas! Daß die Mauren unter den nordafrikanischen Volksstämmen sich ganz besonders durch körperliche Wohlgestalt, durch Wißbegierde und Bildungstrieb, durch Würde im alltäglichen Auftreten und andere gute Eigenschaften auszeichnen, verschärft noch die düsteren Schatten, die fremde Eroberer über die Vergangenheit dieses Stammes gebreitet haben. Die Mauren-Vertilgung durch die »heilige« Inquisition zog aber ein noch weit schlimmeres Uebel nach sich: das Volk verlor mit der Zeit all' seinen Stolz, seine Selbstständigkeit und versank im Laufe der Jahrhunderte immer tiefer in Sklaverei und Knechtschaft, während es anderseits für den wildesten Fanatismus immer zugänglicher wurde.

Arabische Frau.

Nirgends in der Welt des Islams treibt der Zelotismus abscheulichere Blüthen, wie im Maghreb. Ganz abgesehen, daß die diesem brennenden Boden entsprossenen Dynastien zu ihren Gründern selber »Heilige« hatten, sproß die Zahl dieser letzteren wie wildes Unkraut empor und heute giebt es unter allen Mohammedanern der Welt keine religiöse Bruderschaft, die scheußlicher, gewaltthätiger und gefürchteter, wie jene des schlangenfressenden Aïssauah-Ordens. Auf Santons-Gräber stößt man in Marokko Schritt auf Schritt. Hellgetüncht und freundlich von Außen, sind sie im Innern häufig verwahrlost oder verfallen, ohne deshalb an Schutzkraft einzubüßen. Selbst in den Ruinen, in welche der Verbrecher oder Verfolgte sich unterbringt, wird er unantastbar, dem Arme der Gewaltthätigkeit oder Gerechtigkeit unnahbar. Unter der Maske der Religiösität und der Gottähnlichkeit vollbringen die Santons die unnennbarsten Scheußlichkeiten. In Lumpen gekleidet, mit Aussatz und Ungeziefer bedeckt, tauchen sie da und dort, gleich unheimlichen Gestalten aus einer anderen Welt, mitten aus dem Markttreiben oder Volksgewühl. Jede maurische Frau muß vermeiden in ihre Nähe zu kommen, denn Niemand würde sie zu retten wagen, wenn ein solches Ungeheuer sie begehrte. Eine ganze Secte dieses Heiligengelichters (die Jemduscha) zieht zuweilen von Ort zu Ort, halb nackt und sich selber mit langen Fingernägeln oder Messern den Leib zerfleischend. Sie tanzen wie besessen, wälzen sich im Unrath, zerreißen lebende Thiere mit den Zähnen, saugen das strömende Blut, würden jede Frau, jedes

Mädchen schänden, das in ihren Weg käme — Alles unter der Obhut ihres Oberhauptes, eines Greises in großem weißen Haïk, der auf weißem Pferde vorauszieht und majestätisch regungslos eine weiße Standarte trägt... Wie es mit der Heiligkeit der einzelnen Repräsentanten der marokkanischen Sherif Dynastie bestellt ist, darüber zu berichten wird es uns im Verlaufe unserer Schilderungen nicht an Gelegenheit fehlen.

Soldat.

Mit Eindrücken dieser Art betreten wir den marokkanischen Boden... Wer von Gibraltar herüberkommt, vollbringt innerhalb der kurzen Zeit von drei Fahrstunden zur See den ungeheueren Wechsel von der europäischen Civilisation zur afrikanischen Barbarei. Von einem mildernden Uebergang ist keine Spur. Dort die tausend Anregungen des Culturlebens, die Ordnung und Sauberkeit, das Lächeln heiterer Genußmenschen, die Zeichen der Arbeit und des nimmer ruhenden Geistes — hier die bleiche Todesstarre, die Verödung, die Kirchhofsruhe, der ekelerregende Schmutz, die Bettelhaftigkeit, die totale Versumpfung... Und doch ist dieser

Contrast nicht ohne Reiz, wer ihn zum erstenmale empfindet. Man hat noch das blaue Meer vor sich und in der Ferne verdämmern die Gestade von Europa, wenn man in die weitläufige Bucht von Tanger (Tandscher, Tandscha) einfährt. Eine blendend weiße Häusermasse taucht vor den Blicken auf, gesäumt von Gartengrün in der Ferne und bespült von der hellen Brandung im Vordergrunde.

Der Reisende, dem dies Alles, wie ein verschleiertes Räthsel anmuthet, wartet mit Spannung der Dinge, die hier seiner harren. Bald geräth Leben in das starre Bild. Nackte schwarze Kerle drängen an den Dampfer mit Barken heran, schreiend, gesticulirend und die Kraft ihrer Schultern rühmend, deren man hier in der That bedarf. Die See ist nämlich so seicht, an einigen Stellen sogar klippenbesetzt, daß kein Boot die Landung vollbringen kann. Und dies im wichtigsten Handelshafen von Marokko! Eine Strecke vom Ufer springen die schmutzigen Barkenführer ins Meer, nehmen die ankommenden fremden Huckepack, und schleppen sie aus trockene Gestade. Es ist ein Weg vom Regen in die Traufe, denn kaum hat man die Träger abgefertigt, so drängt eine wilde Rotte aller Rassenfarben an den Landenden heran, um sich seiner zu bemächtigen. Zaubervolles ist also nichts daran, den dunklen Erdtheil an dieser Stelle zu betreten. Der Schüchterne und Zaghafte sieht mit Bangen in diese wildaufgeregte Scene, der Kühnere droht und schilt, der mit den Verhältnissen Vertraute endlich schwingt seinen Stock und jagt das schmutzige Gelichter auseinander. Eines Führers bedarf es aber gleichwohl und wir wollen einen aus der Bande, der sich durch Zudringlichkeit minder auffällig macht, auswählen.

Es ist ein junger Araber, mit großen klugen Augen, etwas fahler Gesichtsfarbe. Der lederne Teint ist diesem Boden so eigenthümlich, wie die Verwahrlosung und der Schmutz. Der Junge nimmt das Gepäck, schreitet voran und bringt es in unser Absteigequartier. Das beste ist das englische Clubhouse-Hôtel, das von einem großen Parke umgeben ist und ganz europäisch anmuthet. Auch im Royal Victoria-Hôtel befinden wir uns sozusagen noch immer in Europa. Leider sind diese und andere Herbergen, in Folge des starken Touristenbesuches, der in Folge der Nähe von Gibraltar und der raschen und oftmaligen Dampferverbindung, fast ununterbrochen herrscht, häufig überfüllt, ein Uebelstand, der Demjenigen zum Fluche werden kann, der, wie ein Wild von Ort zu Ort gehetzt, schließlich in einem Gasthofe allerletzter Kategorie nothdürftige Unterkunft findet.

Das erste Geschäft, das man in Tanger besorgt, ist selbstverständlich ein Rundgang durch die Stadt. Buchstäblich darf man einen solchen freilich nicht nehmen, denn überall hinzugehen ist aus mehrfachen Gründen nicht rathsam.

Tanger ist nur von Außen interessant und malerisch; im Innern ist es, je nach der Witterung, entweder eine Staubwolke oder eine Kothlache. Die engen, krummen, von hohen oder niederen fensterlosen Häusern eingefaßten Gassen, erinnern an alles Andere, denn an das Zauberland Orient; die Düfte, die uns hier entgegen wehen, entstammen keiner Ambrapfanne, keinem Aloë Napfe. Arabiens Wohlgerüche und der betäubende Duft der Rosengärten von Schiras sind eben poetische Gaukeleien, die im richtigen und wahren Orient Allerorts erfahren und erprobt werden können. Haufen von Unrath hemmen die Passage, daneben Berge von Küchenabfällen, Knochen, von Asche und Schutt. An den interessantesten Punkten sieht man Cadaver von Hunden und Katzen, oder es schleichen lebende Exemplare der beiden, ver hungert zwischen den Kehrichthaufen umher. Namentlich die Katzen sind von erschreckender Magerkeit — Jammerbilder, wie man sie in der ganzen Welt nicht wiederfindet. Hat man das Labyrinth der stinkenden und dumpfen Gassen hinter sich, so gelangt man auf die »Hauptstraße« hinaus, welche vom Hafen herauf führt und auf den großen Marktplatz mündet.

Es ist eine rechteckige Fläche, gesäumt von arabischen Krämerbuden, die in Europa einem Dorf kaum zur Ehre gereichen würden. Auf einer Seite sieht man einen Brunnen, der fortwährend von Wasserschöpfern oder plaudernden Gruppen umstellt ist. Gegenüber fällt ein Knäuel von seltsamen, idolenhaften Gestalten auf. Es ist ein Dutzend Weiber, tief verschleiert, regungslos, starr. Sie verkaufen Brot, aber keine Silbe kommt bei diesem Geschäfte über ihre Lippen. Was auf diesem Marktplatze auffällt, das sind einige ansehnliche Häuser, welche sich in ihrer Umgebung von Baracken und Steinhütten, förmlich wie Paläste ausnehmen. In ihnen residiren die verschiedenen Consuln und andere Vertreterschaften. Sonst ist es das Bild von einem orientalischen Dorfe, das man beim Anblicke des Innern von Tanger gewinnt. Eine einzige Tabakbude, ein Kaffeehaus, eine Papierhandlung, deren größter Schatz obscöne Photographien sind, sonst nichts, kein Local, das zu geselliger Zusammenkunft dienen könnte. Dennoch ist das Leben und Treiben auf dem Marktplatze zu Zeiten farbig und interessant. Eine prächtige Typengallerie, dieses zusammengewürfelte Volk! Da giebt es halbnackte, dunkelfarbige Lastträger, schäbige Juden, der mißachtetsten Menschenclasse in Marokko; weiter abenteuerlich vermummte Frauen mit bauschigem Mantel und riesigem Strohhute, Mauren im Staat mit weißem Turban und Burnus, dunkle Negerköpfe und tief bronzirte Schilluk-Gesichter, hagere Berberjünglinge im Capuzenmantel und grell gekleidete Jüdinnen. Auffallend ist unter allen Typenrepräsentanten die schlechte Gesichtsfarbe. Der Araberjunge, der noch in der Blüthe seiner Jahre steht, sieht

Marokkanische Typen.

blaß und abgehärmt aus; bei den Frauen contrastirt das tiefdunkle Auge mit dem ledergelben Gesichte, von dem freilich die dichte Umhüllung nur höchst selten ein kleines Fleckchen sehen läßt. Aus den knochigen Gesichtern der Schilluk stechen mißtrauische, kleine schwarze Augen und auf fahlem Antlitze eines uralten Arabers von erschreckender Magerkeit des Körpers, scheint der Todesengel bereits sein Siegel aufgedrückt zu haben. Dort begegnen wir einem Trupp näselnder Kinder, welche Koransuren recitiren, hier einen schäbigen Eseltreiber, dessen armes Thier unter der Ueberlastung fast zusammenbricht. An seinem Maule und am übrigen Körper fehlt es nicht an Blutmalen. Dann wieder drängt eine Reihe von Kameelen heran und mancher Phlegmatikus, den keine Gewalt der Erde von seinem Fleck wegzubringen vermag, erhält unsanfte Püffe. Auch an kriegerischen Erscheinungen fehlt es nicht. Soldaten, mit Kopf= und Capuzenmantel, die lange Flinte über den Arm und den Krummdolch am Gürtel hängend, kommen zu Fuß oder zu Pferd. Im letzteren Falle haben sie irgend einen kaiserlichen Courier escortirt, der aus dem fernen Marokko, oder Fez oder Mekinez, Befehle oder Aufträge nach Tanger gebracht hat. Er erwartet Nachrichten aus Europa, Zeitungen und Briefe, vielleicht auch diplomatische Noten, mit denen Se.

Ansicht von Tanger.

De Amicis, Marotto.

Scherifische Majestät nicht weniger häufig beglückt zu werden pflegt, wie andere orientalische Herrscher. In seinen fernen Residenzen ist er indeß sicher, und kommt irgend eine europäische Gesandtschaft ins Land, wie dies in der letzten Zeit fast Jahr für Jahr der Fall war, dann freut ihn die Abwechslung, die der pompöse Aufzug in das Einerlei seines Daseins bringt, und freuen ihn nicht minder die schönen Geschenke, welche er von den christlichen Potentaten erhält: Pianinos, Mitrailleusen, Industrieartikel, prachtvolle Jagdgewehre, Spieluhren, Vasen, Uhren, Bronzen, und was sonst ein afrikanischer Despot als gjaurische Wunderdinge anzustaunen pflegt...

Legt man die zweite Hälfte der Hauptstraße zurück, so gelangt man durch zwei alte Thore auf einen weitläufigen Platz in Nachbarschaft eines Hügels, dem Suk el Barra, oder »Aeußere Marktplatz«. Hier werden die periodisch wiederkehrenden Wochenmärkte, und zwar alle Donnerstage und Sonntage, abgehalten. Der weite Raum ist nackt, gewellt, voller Buckeln im Boden, und hat ein weißgetünchtes Heiligengrab als einzigen Schmuck. Auf der höchsten Erhebung, jenem früher erwähnten Hügel nämlich, breitet sich ein Friedhof aus, zwischen dessen bleichen Gräbersteinen einige Araber starr, wie zu Stein gewordene Gestalten, kauern und ins Leere hinausstieren. Ab und zu erhebt sich ein defectes, schwarzes Zelt, in welchem sich martialisch aussehende Schilluks, die wilden Bewohner des großen Atlas, häuslich niedergelassen haben. Besonders malerisch ist dieser Platz zur Zeit der Dämmerung, wenn die weißen Gestalten wie Gespenster vorüber huschen oder im breiten Schatten des Heiligengrabes lagern.

Und auf die Dämmerung folgt die Nacht. Ueber ganz Tanger brütet Todtenstille, die nur ab und zu durch das Gebell eines Hundes, oder den verlorenen Ton eines primitiven Musikinstrumentes unterbrochen wird. Wir schreiten wieder zur Stadt zurück, aber ihre Thore sind verschlossen und auf unser Pochen läßt Niemand die rostigen Riegel zurückgleiten. Wie Schatten schleicht der späte Wanderer an den weißen Häuserfronten der Unterstadt vorüber. Kein menschliches Wesen regt sich, kein gastliches Licht flimmert, keine Oellampe erleuchtet den halsbrecherischen Pfad. Nur die Sterne schauen still und groß in die ausgestorbene Stadt herab. Der Fuß strauchelt, wenn er in der Finsterniß sich vorwärts tappt, denn Knochen und Thierleichen, Aschenhaufen und Küchenabfälle, die Lachen in den Straßen und die Kehrichthügel entgehen dem spähenden Auge, das die Dunkelheit nicht zu durchdringen vermag.

Jetzt hält der Wanderer an einer Thüre stille, der einzigen, die er auf dem ziemlich ausgedehnten Wege antrifft. Eine schwarze Hand ist darauf gemalt, das

2*

Zeichen, daß hier der Nachtschwärmer freien Eintritt hat, wenn ihm nach der kaum süß zu nennenden Umarmung einer verblühten Maurenschönen gelüsten sollte... Vorbei! Man hört nichts, als den Tritt des scheuen Schrittes. Jetzt bricht der Mond aus dem Gewölk und vor den erstaunten Blicken liegt wie ein Wunderbild die weiße Stadt, welche in Todesbanden liegt. Breite, helle Flächen kriechen die Häuserfronten hinauf und die vorspringenden Balcone werfen schwarze Schatten auf die Gassenbahn. Dort kriecht etwas gespenstisch weiter — ein hungriger Hund, der im Aas schnuppert. Dürre Katzen klimmen die niedrige Mauer empor und heben ihre borstigen Schattenrisse gespenstisch vom tiefblauen Nachthimmel ab... Man ist versucht zu lachen, aber der Athem hält den Affect zurück — so unheimlich muthet diese Einsamkeit an. Freilich, wer Phantasie und regere Vorstellungsgabe

Schlummernder Araber.

hat, der kann sich selber das Wunder vorgaukeln, wie alle diese starren schweigsamen Mauern herabgleiten und eine Welt voll der seltsamsten Geheimnisse dem geistigen Auge des Beschauers enthüllen.

Sind wir nicht auf afrikanischem Boden? Hängt hier nicht jeder Gedanke an einer düsteren Erscheinung, an einem traurigen Ereignisse? Ist's Liebesstimmung, die all' diese Hunderte und Tausende von Frauengemächern, welche vor uns sich wie durch Zauberwort öffnen, durchzittert? Man hat mit raffinirter Detailmalerei das geheimnißvolle Nachtleben in einer Groß= und Weltstadt ausgemalt, und entsetzliche Scenen von Jammer und Elend, von gebrochenen Herzen und geraubter Ehre, von Liebesmord und Seelenpein uns vor Augen geführt. Eine Stadt des Orients braucht keine Weltstadt zu sein, um ähnliche Bilder in unserem erhitzten Gehirne aufkommen zu lassen. Auf solchen Stätten der Todesstarre, des Stumpfsinnes und der Sklaverei blüht das Glück nicht. Vielleicht weit draußen, im Bereiche der Gebirgswelt oder vollends in den Oasen der großen Wüste, wo die Herzen höher schlagen — nimmer aber in jenem Kerker, den man Tanger nennt.

Da — wie aus Himmelsfernen verloren — dringt ein Ton an das Ohr des Lauschers. Ueber einer Terrassenmauer zittert er herüber — ein zweiter, dritter, sanft anhebend, dann bis zum grellen Aufschrei anwachsend, um wieder geisterhaft zu verklingen. Es ist eine Mandoline, und die Hand, die das Instrument meistert, offenbar keine orientalische. Der Klang ist zu süß, zu weich, der Accord zu harmonisch und voll. Aber das Auge vermag dem lauschenden Ohre nicht nachzukommen und späht vergebens nach einer Fensteröffnung, nach einer Mauerlücke, nach einer nächtlichen Gestalt auf hoher Dachterrasse. Und das beklemmende Lied, es ist kein arabisches. Nur die Worte verschlingt die Ferne, aber die Melodie mag aus Granada oder Cadix, aus Sevilla oder Malaga stammen und die Sängerin nennt spanischen Boden ihre Heimat. Wo sie nur weilt? Wem sie gehört

Musizirender Maure.

— wer über sie gebietet — wer weiß es? Die Mauern sind hoch und undurchdringlich und bergen ihr Geheimniß, wie die Grabeshügel das ihre ... Jetzt sinkt auch der Mond hinter schwarzes Gewölk und der Spuk ist vorüber. Der letzte Ton des Liedes zittert grell aus und todtstill, grabesdüster ist's ringsum. Wir tappen vorwärts und erreichen endlich unser Heim am Gestade des blauen Oceans, über dem die Lichter des Sternenhimmels ihren Reigen tanzen und blaue Schatten wie geheimnißvolle Segler der Märchenwelt dahingleiten ...

Tanger, mit seiner vorzüglichen Lage am Eingange der Straße von Gibraltar, könnte bei anderen Verhältnissen einen der wichtigsten Handelsplätze von Nordafrika abgeben. So aber ist es eine arme, verkommene Stadt. Dennoch hat sie den äußeren Anstrich einer Handelsstadt, zumal in Folge der zahlreichen Völker-Repräsentanten, welche man hier beisammen findet. Der vornehmste Repräsentant ist der Maure, eine meist wohlgestaltete, stolze Erscheinung mit zuweilen fein geschnittenen Zügen. Die Mauren schließen sich den Fremden am leichtesten an, hegen aber gleichwohl gerade für sie die unüberwindlichste Verachtung, und zwar aus Gründen, die wir weiter oben auseinandergesetzt haben. Die Mauren pflegen den Umgang mit den Ungläubigen nur um des Gewinnes im Handel und Gewerbe wegen. Von den Tugenden ihrer Ahnen haben sie fast Alles verloren. Auffallend an ihnen ist die sorgfältige und saubere Kleidung, dessen Prachtstück der leinene oder seidene Haïk, ein faltenreicher Ueberwurf, der den Kopf einhüllt, malerisch um die Schultern drapirt wird, den einen oder anderen Arm frei läßt und den ganzen übrigen Körper bis zu den Füßen hinab umwindet.

Man sieht unter den Mauren keine mißgestalteten Erscheinungen, wohl aber Aussätzige und Einäugige und viele Verstümmelte. Die Kleidung läßt übrigens körperliche Gebrechen gar nicht erkennen, wie sie andererseits, im Vereine mit den gebräunten, wetterharten Physiognomien ihrer Träger, die Altersunterschiede nicht leicht kenntlich macht. Die Leute, welche in ihrer pompösen Tracht an den Europäer vorüber wandeln, können alte Leute oder Jünglinge sein — eine Schätzung der Lebensjahre ist fast immer unmöglich. Ein durchfurchtes Gesicht ist von dem breiten Schatten des Haïk bedeckt, ein mattes, gebrochenes Auge desgleichen. Man sieht keine Kopfhaare, da die ohnedies meist rasirten Schädel gleichfalls verhüllt sind. Höchstens daß man an den nackten, entweder muskulösen oder dürren Beinen einen Anhaltspunkt findet.

Die Erscheinung der tangeritischen Juden ist fast dieselbe, wie bei uns daheim. Nur ihr Wuchs ist etwas höher und schlanker, ihr Incarnat etwas dunkler. Sie tragen fast immer langes Haar und bedienen sich einer Tracht, die von der der übrigen Bewohner erheblich abweicht. Besonders zierlich sind die jüdischen Knaben. Was die Schönheit der marokkanischen Jüdinnen anbelangt, so gehen die Meinungen auseinander. Einige schildern sie als unbestreitbar schön, während Andere wieder behaupten, daß diese angebliche Schönheit eigentlich eine solche nach orientalischen Begriffen sei, d. h. »ins Gewicht falle«. In der That zeigen die marokkanischen Jüdinnen stattliche, volle Formen. Edmondo de Amicis nennt sie »belezze opulente«, ausgestattet mit großen dunklen Augen, hoher Stirne, proportionirtem Mund. Die Gestalt hat etwas antikes und sie könnte bestrickend genannt werden, wenn das Derbe, Urkräftige nicht allzu fühlbar durchschlüge...

Was übrigens die Juden von Tanger anbetrifft, so darf nicht verschwiegen werden, daß sie schon seit geraumer Zeit Abänderungen an ihrer traditionellen Tracht vorgenommen und ihrer Kleidung ab und zu einen mehr europäischen Schnitt gegeben haben. Die Farben der Stoffe sind aber immer dieselben grellen, namentlich beim weiblichen Geschlecht. Am Sabbath kann man in Tanger in der Regel sämmtliche jüdische Schönheiten vor sich Revue passiren lassen, und eine solche Augenparade bietet manch' interessantes Genrebild. Namentlich anziehend sind die jungen Mädchen mit ihren bunten Lappen, welche zumeist zarte und geschmeidige Körperformen einhüllen. Sie sind lebhaft und gucken mit ihren großen, lebensvollen Augen neugierig in die »Welt« hinaus, die allerdings nur den Raum zwischen der Stadt und dem Meere umfaßt. Aber dort drängen sich Fremde aus allen Ländern der alten Welt, zumal Europäer: Engländer, Spanier, Franzosen, Italiener — und eine solche Abwechslung von Typen und Gestalten will auf afrikanischem Boden immerhin etwas heißen. Daß sie die Neugier der jungen Jüdinnen entfesselt, darf also nicht Wunder nehmen.

Ausgeschlossen von der Befriedigung solcher Neugierde sind die moslimischen Frauen aller Rassen. Begegnet man einer Araberin oder Maurin, so drückt sie sich scheu zur Seite und hüllt das ohnedies fast unsichtbare Gesicht vollends in in den faltigen Ueberwurf. Ein Zusammentreffen in einer engen Gasse führt fast immer zu einer seltsamen Scene. Die betreffende Frau wendet nicht nur ihr Gesicht, sondern auch ihren Körper ab und drückt sich scheu an die Häuserflucht. Die Weiber aus dem Volke, welche schon des nothwendigen Verdienstes halber mehr in der Oeffentlichkeit auftreten müssen, hocken zu Dutzenden an einem Platze, schweigsam und starr wie die Erzbilder ... Ganz prächtige Jungen sind mitunter die arabischen Knaben, geschmeidige Erscheinungen mit blassen Gesichtern, aus denen große dunkle Augen wie schwarze Krystalle funkeln. Ihre Köpfe sind kahl geschoren, nur hin und wieder sieht man welche, die in der Mitte des Scheitels einen Haarwuchs, der entweder im Quadrate oder im Triangel abgegrenzt ist, besitzen. Der Träger eines solchen »Haarschmuckes« ist der Jüngstgeborene in einer Familie. Im Uebrigen sind die mohammedanischen »Herren Buben« mitunter eine wahre Landplage für den Europäer, theils in Folge ihrer Neugierde, manche auch aber wegen ihres Uebermuthes und ihrer Frechheit. In Tanger freilich ist ihrem Treiben leicht Schranken zu setzen. Begegnen sie einem Europäer, so schneiden sie zwar Gesichter und halten auch irgend eine Sottise in Bereitschaft auf ihren Lippen, aber laut werden die Worte nicht. Höchstens daß der Eine oder der Andere aus einiger Entfernung einen Fluch herausgrunzt, der aber nicht immer schmeichelhaft für denjenigen klingen mag, an den er gerichtet ist. Die tangeritischen Buben fürchten ihre Väter, da diese es nicht lieben, daß die europäischen Vertreter eventueller Insulten halber sich ins Hausrecht der Gläubigen zu mischen gezwungen sehen, um für ungebührliches Verhalten die häusliche Züchtigung zu verlangen.

Gefährlicher als die liebe Straßenjugend sind die Heiligen, deren es in Marokko Legionen giebt. Auch Tanger beherbergt solche gottgeliebte Männer, die sich häufig genug an Fremden vergriffen haben. Einer derselben hat vor nicht langer Zeit dem französischen Consul Sourdeau einen Schlag ins Gesicht versetzt, und ein anderer soll vollends dem englischen Vertreter Drumond Hay ins Gesicht gespieen haben. So erzählt wenigstens de Amicis und er setzt hinzu, daß er selber einer Insulte ausgesetzt war und dieselbe nur durch die Geistesgegenwart seines Führers, eines Eingeborenen, verhindert wurde... Die Anwesenheit eines »Heiligen« verräth sich in der Regel durch einen tumultuösen Andrang. Männer laufen zusammen und küssen die Lumpen, welche seine Kleidung ausmachen. Andere berühren die weiße Fahne, ohne die sich kein Santon blicken läßt. Meist befinden sich in seinem unmittelbaren Gefolge zwei Musikanten, ein Tamburinschläger und ein Flötenbläser, deren Kunst selbst von afrikanischen Zuhörern kaum überschätzt zu werden pflegt. Im Uebrigen verachten derlei gottgeliebte Männer zwar die Gjauren, aber ihre Geldspenden nehmen sie dennoch an. Abgemagert bis zum Skelet, wund und aussätzig am ganzen Körper, von Schmutz starrend, den Schädel bis auf einen Büschel am Hinterhaupte glatt rasirt, mit wildblitzenden, drohenden Augen und eingefallenen, den bittersten Hunger documentirenden Gesichtern: solcher Art sind diese volksthümlichen Gestalten, vor denen ein Europäer, ohne erst von vorsichtigen Moslims hierzu aufgefordert zu werden, sich scheu zurückzieht.

Jüdischer Geldwechsler.

Ein anderes Bild. Es ist ein prächtiger Tag. Heiß liegt die Sonne auf dem felsigen Küstenrand, auf den grellen Häuserterrassen, welche sich von der Gestade ebene bis zur mauerumgürteten Kasbah hinaufziehen. Durch die Hauptgasse der Stadt drängt ein wilder, seltsamer Zug, Flinten knallen und die Tarabuka ächzt in kurzen Pausen grell auf. Was ist dies für ein seltsamer Aufzug? Man feiert in einer vornehmen maurischen Familie das Fest der Beschneidung. Der Knabe, der zwischen fünf und sieben Jahren zählen mag, sitzt auf einem prächtig drapirten und geschirrten weißen Esel und ist selber behangen mit Gold- und Blumenschmuck und zwar so dicht, daß man kaum das blasse Gesicht gewahrt, auf dem sich noch sichtbar der überstandene Schmerz und Schrecken ausprägen. Vor dem kleinen Reiter schreiten drei Musikanten einher, ein Hornbläser, ein Flötist und ein Tamburinschläger, deren künstlerische Leistung in einem infernalischen Getöse besteht, das sie zusammen nach Kräften, ohne Rücksicht auf Tact und Melodie, inscenieren. Wahrhaft toll geberden sich einige Männer, die an der Spitze des Zuges marschiren. Sie machen förmliche Affensprünge, stoßen

Die Straße Subel-Barra.

wilde Schreie aus und während sie hoch in die Luft emporschnellen, wenden sie ihre Flinten erdwärts, um volle Ladungen in den Boden zu feuern. Staub und Steine wirbeln auf, der Pulverdampf verhüllt zeitweilig die wilden Gestalten, dann verzieht er sich, und man sieht den geängstigten Jungen, der an diesem seinen Ehrentage eher einem Schlachtopfer, denn einem Gefeierten ähnlich sieht. An der Seite des Kleinen schreitet irgend ein Verwandter, der ihn im Sattel festhält,

De Amicis, Marokko.

und andere Verwandte und Familienfreunde folgen, mit Zuckerwerk und Tand, Früchten und Spielzeug...

Fort braust der Zug und wir sind wieder allein in der engen Gasse. Wir folgen ihrer Richtung aufwärts und halten vor einer maurischen Bude stille. Es ist ein niederer Verschlag, einen Meter hoch über der Straßenbahn gelegen, mit einer einzigen Oeffnung nach der Gassenseite hin und nicht hoch genug, um ein aufrechtes Stehen zuzulassen. In diesem Kerker sitzt der maurische Händler, seine kaum hoch zu taxirenden Schätze vor sich ausgebreitet. Der Krämer selber kauert idolenstarr in diesem finsteren Verschlage, kaum daß man eine Bewegung wahrnimmt. Die Passanten mustert er gleichgiltig, er hat für Niemanden ein Wort, und nickt höchstens einem guten Bekannten mechanisch zu. Den ganzen Tag verbringt er in hockender Stellung, Gebete murmelnd, oder mit dem Rosenkranze tändelnd, dessen Kugeln er gedankenlos durch die Finger gleiten läßt. Es ist ein Bild der absoluten Vereinsamung, der Langweile und Traurigkeit. Man glaubt ein Grab vor sich zu haben, dessen Inwohner zwar noch lebendig, jede Minute seines Ablebens gewärtig ist...

Ein längerer Aufenthalt in Tanger ist, trotz der Vereinsamung und Verödung, die sich dem Besucher häufig genug aufdrängen, keineswegs eine gar so unerträgliche Sache. Meidet man das Innere der Stadt, von deren Verwahrlosung wir an mehreren Stellen berichtet haben, so findet man Anregungen aller Art, Abwechslung in Hülle und Fülle. Nur zu einem Himmel, gleich jenem, der sich über den maghrebinischen Fluren und Bergen spannt und einem ultramarinsatten Meer, dessen weißschäumende Brandung den dunklen Strand benetzt, paßt eine Stadt, welche so malerisch verlottert ist, wie Tanger. In weiten Bögen umziehen die alten, verwitterten Mauern und Bastionen mit ihrem struppigen Mantel von hochwuchernden Aloë- und Cactushecken, die zusammengedrängte Häusermasse, bis hinauf zur Kasbah, der Citadelle und Residenz des tangerischen Machthabers.

Hier, auf luftiger Höhe befinden sich die Regierungsgebäude, die Gefängnisse mit den darin befindlichen Strolchen und mit zur Schau gestellten höchst mittelalterlichen Strafwerkzeugen, einige Schulen mit heulenden Knaben, welche Korancapitel herleiern, die Gerichtslocalitäten und der »Alcazar«, die Amtswohnung des Paschas... Wenn man die Kasbah betritt, zuletzt auf steiler Bergstraße zwischen nackten Mauerfluchten, so überrascht zunächst die Gruppe von Staffagen vor dem Hauptthor. Welch' prächtige Gestalten, welch' farbiges Arrangement! Da sind schwarzbraune Negersoldaten, deren scharlachrothe Uniformen sie prächtig kleiden;

am Fuße der Treppe gewahrt man eine Gruppe von braunen Kriegern, welche in dunkle Mäntel gehüllt sind, und etwas abseits die malerischeste Staffage unter allen: die buntfarbigen Lehnsoldaten mit den ungeheuer langen Flinten. Sie tragen helle, meist gelbe Untergewänder, weiße Oberkleider und darüber blaue Mäntel. Den Kopf bedeckt ein außergewöhnlich hoher, spitzzulaufender Fez, das dem geschorenen Schädel ein Gepräge der Wildheit und Absonderlichkeit verleiht. Es sind die typischen Krieger von Marokko, gewandte Reiter, energische Eclaireurs, tollkühne Kämpfer, wenn der etwas laxen Disciplin durch religiösen Fanatismus nachgeholfen wird. Dabei sind und bleiben sie echte Mauren: einnehmend und manierlich, stolz und wohl auch etwas eitel, wie man aus dem ganzen Gebahren der theatralisch herausgeputzten Gestalten leicht entnehmen kann.

Ins Palais selbst gelangt man durch einen langen, mit schönen Matten belegten Corridor, in einen großen, hallengesäumten Hof, in dessen Mitte ein Springbrunnen plätschert. Diese Anordnung findet man fast ausnahmslos bei jedem maurischen Hause. Nichts ist schöner und bezaubernder, als diese arabesken geschmückte Umrahmung, über die sich ein herrliches Stück tiefblauen Himmels spannt. Wo aber das Sonnenlicht nicht hingelangt, finden sich lauschige Winkel, tiefschattige Plätzchen, die zu den grellen Lichtflecken wunderbar contrastiren ... Neben diesem, für die heißen Sommertage berechneten Aufenthaltsorte, durchschreitet man einen hübschen Garten, und gelangt dann über eine mit Teppichen belegte Treppe hinauf in die Privatgemächer des Paschas.

In früheren Zeiten herrschte ein anderer Geist in dieser Burg. Längs der ganzen afrikanischen Nordküste, vom Cap Spartel bis über das Hochland von Barca hinaus, hatten die gefürchteten Piraten der afrikanischen Mittelmeerküste ihre Schlupfwinkel. In den geräumigen Häfen von Tanger, Tetuan, Oran, Algier, Bone, Biserta, Tunis u. s. w. schaukelten ganze Flotten, welche ununterbrochen im Dienste des schändlichen Seeräuberhandwerkes standen. Sie suchten die umliegenden Küsten Europas heim, vollführten kühne nächtliche Ueberfälle, brannten Küstenstädte nieder, plünderten Inseln und schleppten die Bewohner in die Sklaverei. Es war dies namentlich zur Zeit, als die Austreibung der Araber aus Spanien und das Teufelsinstitut der Inquisition immer neue Massen von Unglücklichen, um ihres Glaubens verfolgte Flüchtlinge ins Land warf; die rohen, bereits anderwärts in Christenhaß geübten türkischen Corsaren hatten die Piraten-Aera in dem benachbarten Algier eröffnet, und die Mauren Marokkos ahmten alsbald die Praxis nach ... Es war eine schreckliche Vergeltung. Aller Jammer, den die aus Spanien vertriebenen Mauren über sich ergehen lassen mußten, fiel nun auf die

Christen, welche zu Tausenden in Sklavenketten schmachteten. Wie ergiebig damals der Menschenraub war, ersehen wir z. B. daraus, daß bei Carls V. Belagerung von Tunis (1535) in der dortigen Citadelle mehr als 20.000 Christensklaven ihre Ketten brechen konnten; bei der Herstellung eines Schutzdammes im Hafen von Algier, welchen der grausame, aber thatkräftige Haireddin hatte herstellen lassen, zertrümmerte der Nordsturm immer wieder das begonnene Werk, so daß tausende und abertausende von Christensklaven hierbei das Leben verloren.

Manne im Staat.

Auch in der Kasbah von Tanger waren die schrecklichen Kerker von spanischen Gefangenen überfüllt. Man mißhandelte sie zu Tode, schmiedete sie in Ketten und ließ durch sie die geraubten Güter oft bei gräßlichem Sturmwetter und hochgehender See von den, im Hafen von Tanger ankernden Corsarenschiffen in die Stadt schleppen... Auch nach der Vernichtung der Piratenwirthschaft, sah es in Marokko noch schlimm genug aus. Die europäischen Mächte brachen aber den barbarischen Trotz und heute ist man, zum mindesten in Tanger, so sicher wie in irgend einer orientalischen Kleinstadt, und jedenfalls sicherer als in den verrufenen Quartieren der großen Capitalen von Europa. Europäer können in Tanger unbehindert und ungefährdet, sowohl die Umgebung, wie die innersten Winkel der Stadt durchstreifen, sei's bei Tag, sei's bei Nacht, ohne belästigt zu werden. Die Begegnung mit einem der vielen maurischen »Heiligen« muß man, wie wir gesehen haben, allerdings meiden, obwohl auch bei derlei unliebsamen Rencontres die Bevölkerung sich ins Mittel legt und die Betheiligten möglichst rasch dem gefährlichen Dunstkreise entrückt. Eine Intervention seitens der betreffenden Schutzmacht folgt jeder Insulte auf dem Fuße, und wenn die Machthaber auch nicht wagen, an einem »Gottbegnadeten« Hand anzulegen, so fahnden sie gleichwohl nach Mitschuldigen oder Sündenböcken, denen dann in den Gerichtslocalitäten der Kasbah nichts Gutes bevorsteht. Dort wird auch heute noch zuweilen barbarische Justiz geübt. Zwar die peinlichen Proceduren, die grausamen Torturen, das Abhauen der Hände und Füße, das Ausstechen der Augen u. s. w., hat auch in Tanger ein Ende genommen. Selbst die Todesstrafe wird nicht mehr öffentlich executirt und man begnügt sich in den meisten Fällen damit, den Abgeurtheilten dem Pascha vorzuführen, der ihm dann eine Tasse Kaffee vorsetzen läßt, die die letzte in seinem Leben ist. Auch soll es vorkommen, daß eine Portion dieses gefähr-

Indianen.

lichen Getränkes von der Kasbah aus directe in die Wohnung eines Abzuurtheilenden geschickt wird, wo dieser es, natürlich unter Assistenz einiger Askers oder Lehnssoldaten, hinabschlürfen muß. Die gewöhnliche Strafe sind Peitschenhiebe, welche dem Verbrecher, der sich platt auf den Boden niederlegen muß, von zwei handfesten Kerlen in rascher Folge applicirt werden. Auch diese Strafe hat ihre Verschärfung. Wenn es sich nämlich um Diebstähle unter erschwerenden Umständen handelt, so erfolgt die Execution nicht in der Kasbah in geschlossenem Raume, sondern öffentlich. Der Verbrecher wird auf einen Esel gesetzt und unter militärischer Escorte zum Citadeltenthore hinausgeführt, wobei je ein Polizeidiener rechts und links des Reiters ohne Unterbrechung auf dessen nackten Rücken hageldichte Stock- oder Riemenstreiche fallen läßt. Die Menge drängt sich neugierig zusammen und verhöhnt den Verbrecher, die Jugend pfeift und grölt, das blutbedeckte Grauthier wird störrisch und schlägt um sich, der Delinquent wimmert kläglich, indeß die vermummten Weiber die Prügelknechte aneifern.

Früher hieb man Dieben, wie bereits erwähnt, eine Hand oder einen Fuß oder beides zugleich ab oder man stach ihnen die Augen aus oder beraubte sie des Schmuckes ihrer Nase. Alle Verstümmelten dieser Art, welche man noch immer auf öffentlichen Plätzen oder in den Gassen antrifft, sind solch' lebende Zeichen früherer barbarischer Justiz. Sie war in Marokko seit Jahrhunderten einheimisch und die ärgsten Henkersknechte waren die Kaiser der heiligen Scherif- Dynastie selber. Zu diesen bubenhaften Bösewichtern zählte unter Anderem namentlich Muley Ismael, dessen Gräuelthaten heute noch in der Volkserinnerung leben. Als dieser Ismael seinen Sohn Mohammed wegen einer Empörung bestrafen wollte und einem Fleischer Befehl gab, jenem die rechte Hand abzuhauen, weigerte sich der Unterthan, so heiliges Blut zu vergießen. Dafür hieb Ismael ihm den Kopf ab und rief einen anderen Fleischer. Dieser kam dem Befehl nach, des Prinzen Hand und rechten Fuß abzuhauen; dann aber tödtete ihn der Tyrann, weil er an so heiliges Blut sich gewagt hatte, und ließ den an der Verstümmelung gestorbenen Prinzen ein prächtiges Mausoleum bauen. Alle Gefangenen nach einem Treffen pflegte dieses Scheusal eigenhändig niederzumetzeln; wenn er zu Pferd stieg, trennte er dem bügelhaltenden Sklaven mit einem geschickten Säbelhieb das Haupt vom Rumpf ... Ein anderer Kaiser, Muley Abdallah, der Sohn Ismaels, erklärte einmal: »Meine Unterthanen haben kein anderes Recht zu leben als das, welches ich ihnen lasse, und ich kenne kein größeres Vergnügen, als sie selbst zu tödten ... «

Mit der milderen Justiz in Marokko, speciell in Tanger, hat auch ein Umschwung in der Stimmung unter der Bevölkerung platzgegriffen. Die Tangeriten sind lange nicht mehr so fanatisch, wie sie in früherer Zeit waren. Sie nehmen Dienste bei den fremden Handlungshäusern, bei den Consuln und Residenten, und ebenso bei den in der Stadt seit Jahren angesiedelten englischen und amerikanischen Familien. Sie sind treu, ehrlich und folgsam, und anhänglicher, als sonst mos- limische Diener, die im Dienste von Europäern stehen, zu sein pflegen. Auch weibliche Dienstboten, freigelassene oder sonst wie erworbene Sklavinnen, finden in europäischen Häusern Verwendung. Eine freigelassene oder losgelaufene Neger sklavin würde ja ohnedies, einmal sich selbst überlassen und vollkommen selbst ständig, ihr Leben nicht fristen können und höchst wahrscheinlich einem traurigen Geschick anheimfallen.

Wer im Punkte des Fanatismus unter der tangeritischen Bevölkerung eine Ausnahme macht, das sind die Berber vom Rif-Gebirge. Es sind dies Repräsen tanten der ältesten, unverfälschten berberischen Rasse. Roh und wild haben sie bis jetzt nicht einmal mit der marokkanischen Regierung sich verständigen können und diese läßt sie unbelästigt in ihren ungastlichen Schlupfwinkeln schalten. Sie sind hochgewachsene, hagere Leute von hellerer Hautfarbe als die übrigen Berber. Ihre Haare sind blond, die Augen aber dunkel, klein, unheimlich stechend. Wenn sie von ihrem heimatlichen Gebirge, das sich zwischen Tetuan und dem Scharef Flusse hart an der Mittelmeerküste hinzieht, nach Tanger kommen, so werden sie von den Einheimischen schen gemieden. Nothdürftig in einen defecten Ueberwurf gekleidet, zeigen sie, trotz ihrer angeborenen Wildheit, eine gewisse Zurückhaltung, die nicht ohne heimtückischen Anstrich ist. Den unsteten Blick heften sie meist auf die Erde. Im Rif-Gebirge daheim schaltet jeder dieser Ur-Berber frei nach Gutdünken, seinen Arm als einzige Autorität anerkennend. Gesetze und bürgerliche Einrichtungen irgend welcher Art kennen sie nicht. Rechtgläubige, die ihre Heimat besuchen wollen, müssen eine Empfehlung von irgend einem Rif-Heiligen mitbringen, Christen und Juden ist der Eintritt principiell bei Todesstrafe verboten... Da vorderhand jenes abseits gelegene Küstengebirge Niemanden anlockt, können die Rif-Berber nach Gutdünken schalten. Zweifellos aber wird auch an sie die Reihe kommen, sich zu milderen Anschauungen zu bequemen, und dann werden die Kanonen europäischer Kriegsschiffe wohl eine nachdrücklichere Sprache führen, als die langen Vogelflinten der Wilden vom Rif-Gebirge.

Wir machen nun nach dieser Abschweifung wieder einen unserer Stadtgänge, um irgend einem öffentlichen Schauspiele, an welchen es ja in Tanger niemals mangelt, in die Quere zu kommen... Wir suchen nicht vergebens. Indem wir vom großen Marktplatze Suk el Barra in das erste schmale Gäßchen eintreten, vernehmen wir ein dumpfes Lärmen, aus dem allerlei grelle Töne, bald pfeifend, bald schnurrend, wie entsetzliches Gejammer hervorbrechen. Vor uns staut sich ein Wald von Schultern und von Turbanen. Laut ächzt jetzt die Tarakuka herüber. Ein heiserer Hund schlägt an, oder es wimmert weinerlich, wie von der Stimme eines Todtgequälten... Was geht hier vor? Justificirt man einen Räuber, peitscht man einen Dieb oder giebt es vollens ein Begräbniß mit schauerlich heulenden Weibern und dumpfem Tamburingerassel? ... Wir drängen so gut es geht durch die Menge, erhalten einige wohlangebrachte Püffe und blicken endlich zwischen zwei haïkumhüllte Köpfe auf ein sonderbares Schaustück.

Ein Procession.

Die maurische Musik executirt eben eine ungemein melancholische Weise, begleitet von den schnarrenden Nasaltönen eines höchst primitiven Gesanges. Da es Abend ist, herrscht fast Dunkelheit in der engen düsteren Gasse. Jetzt aber flammen zwei Fackellichter grell auf und tauchen alle Gegenstände ringsum in feuerrothen Glühschein. Man sieht ein sich bäumendes Maulthier mit hoch aufragendem Kasten auf dem Rücken, von dessen Knäufen Palmenwedel nicken. Weiße Gestalten huschen dazwischen und schreien in die Menge, Kinder jubeln, wieder bellen die rändigen Straßenköter und die Schellentrommel rasselt. Das Fackellicht aber flammt unheimlich an dem thurmartigen Kasten empor — der wohl einen Katafalk vorstellen mag ... Weit gefehlt, verehrter Leser! Der Kasten ist ein Juwelenschrein und das Kleinod, das er enthält, mag dem Erwerber manche Mühe gekostet haben, bis er seines Besitzes sicher war. Dieses Kleinod athmet Leben und hört auf irgend einen arabischen Frauennamen. Die merkwürdige Scene aber, die sich vor unseren Augen abspielt, ist ein — Hochzeitszug. Verwandte und Freunde haben die Braut abgeholt, um sie ihrem zukünftigen Gatten zuzuführen. Die Maulthier=Sänfte ist ihr provisorischer Käfig, aus welchem sie in jenen anderen, kleineren und goldgeschmückten fliehen wird, um ihren Gebieter zu beglücken — etliche Monate, vielleicht, wenn es hoch geht, zwei, drei Jahre, um dann einem anderen Lockvogel Platz zu machen ...

Wir verträumen die Nacht unter einem tiefblauen, sternenbesäten Himmel. Die Luft ist schwül aber gleichzeitig balsamisch weich, die Sinne bestrickend. Im

Das Feſt der Beſchneidung. (S. 17.)

ewigen Aetherdome hängt der Mond wie eine riesige Ampel und umschleiert mit
weißem weichen Lichte Häuser und Dächer, Garteninseln und Meer. Ab und zu
flimmert ein rothes Licht aus einem entlegenen Landhause in die bleichverklärte
Landschaft hinaus. Es kommt aus dem Heim irgend eines Europäers, der mit
den Seinen, mit Weib und Kind, ferne von der lieben Heimat den maurischen
Zauber genießt... In der That ist es ein Zauber, so bestrickend, wie nur
irgendwo der Orient ihn hervorzubringen im Stande ist. Nicht die Menschen mit
ihrer täglichen Sorge und des Lebens unbesiegbarem Jammer sind es, die ihn
schaffen. Keine weibliche Fee aus »Tausend und eine Nacht« schwebt zwischen den
Blüthenstängeln, an denen die Riesendolden wie riesige Karfunkelsteine leuchten,
und kein Genius läßt seinen Diamantregen in den Schoß eines bleichen, armen
Arabermädchens fallen, damit sie mit diesem Schatze irgend einen verwunschenen
Prinzen erlöse und in dessen stolzes Feenschloß einziehe. Das Alles ist es nicht.
Die Menschen sind hier elend, erbarmenswerth. Aber auch das Land bietet wenig.
Woher also die schwüle Umnachtung der Seele, daß sie wie an Zauberfesseln
durch lichte Räume schwebt, wo die Traumgenien ihre lockenden Spiele treiben?...

Es ist ein Geheimniß, ein Räthsel. Vielleicht ist es der Athem des afrikanischen
Blüthendickichts, vielleicht der Kuß des Meeres, vielleicht der magische Schimmer
des Sternen= und Mondhimmels. Vielleicht ist Alles nur Imagination, hervor=
gerufen durch die außergewöhnliche Situation, in der man sich eben befindet. Wir
haben einen Abend im trauten Familienkreise zugebracht, in dem pflanzenumrankten
Heim eines Landsmannes,· dabei holdes Frauenlächeln gesehen und unseren Blick
in die hellen Augensterne lieblicher Kinder versenkt. Der Sect, der Duft, die
Blumen, der süße Dampf der Aloë=Pfanne, der traute Ton eines heimatlichen
Liedes: das Alles auf heißer afrikanischer Erde genossen, mag die vereinsamte
Seele in jene Schwingungen versetzt haben, die wir überirdischen Mächten zumuthen.
Alte bekannte Erscheinungen und Bilder mengen sich mit solchen, die uns bisher
unbekannt waren und die unsere Phantasie gefesselt haben. Erinnerungen durch=
kreuzen neue mächtige Eindrücke, verblaßte Schattenbilder drängen in das farbige
aber fremdartige Leben herein. Wir empfinden die grellen Gegensätze, vermögen
sie aber nicht auseinanderzuhalten und so wird es Nacht vor unserem geistigen
Auge, aber es ist eine Zaubernacht, die nicht ihres Gleichen hat!

Und ihr Genuß macht müde. Er hat auch diese Menschen müde gemacht,
die keine Bedürfnisse kennen, keine Ansprüche an das Leben machen. Dieser Himmel
und diese Erde ermüden auf die Dauer den Geist, sie ermüden die Seele, und
ihr Flug sinkt zu weichen Träumereien herab. Selbst die empfangenen Eindrücke

werden schattenhaft und verdrängen sich gegenseitig im bunten Wechsel, bis der
Schlaf, der die Widersprüche milde löst, uns überkommt und dem betäubten Geist
neue Spannkraft verleiht. Und durch den Schlummer rauscht geheimnißvoll eine
hohe, hehre Musik wie im feierlichen Psalterton — der brandende Ocean…

Der Tag ist sonnenheiter heraufgezogen, das Meer glatt, wie es an dieser
oft sturmbewegten Seestrecke nur immer sein kann. Aber die Schwüle wirkt
erdrückend, unsomehr, da die Luft feucht ist und der »Berg des Musa«, der
Zwillingsbruder des auf spanischem Boden sich emporreckenden »Berg des Tarik«
(Gibraltar — Dschobel al Tarik), eine dichte Nebelhaube zeigt… Wir wandern

Maurischer Krämer.

längs des Strandes im Osten der Stadt, wo es un die weite Bucht herum nach
dem Cap Malabat geht. Abends promenirt hier an dem muschelbesäten Gestade
die europäische Colonie von Tanger: Männer und Frauen, Kinder mit ihren
Wärterinnen, junge Amerikanerinnen, prächtige Gestalten auf falben Berberhengsten,
Minister-Residenten, Gesandte, Consuln und was sonst noch Tanger an fremden
Culturrepräsentanten beherbergt.

Nach einer Stunde müßigem Umherschlenderns kehren wir in die Stadt
zurück. Der gütige Zufall wirft uns heute eine reiche Ausbeute von seltsamen
Erscheinungen, phantastischen Aufzügen in den Schoß. Kein Tag ohne malerisch-
romantische Abwechslung. Schon beim ersten Eintritte in die Stadt entrollt sich

vor unseren Blicken der erste Act eines weitläufigen Schauspieles.... Wir begegnen schwarzen Fahnenträgern, welche gravitätisch einherschreiten, gefolgt von einer Menge, welche feierlich Gebete recitirt. Der näselnde Gesang, sowie der feierliche Aufzug selber, die traurigen Mienen der Beter, das Alles macht gerade keinen unheimlichen Eindruck. Es ist offenbar eine Bittprocession, die dem Himmel irgend eine Concession abringen will. Vielleicht fleht sie um Regen, vielleicht um eine gute Ernte, vielleicht um Beides. Die Beter schwenken mit ihren Fahnenträgern um die nächste Ecke und lenken zur großen Moschee. Der Zug verschwindet und das Gemurmel erstirbt in der Ferne wie trauriger Grabgesang.

Schwarze Dienerin.

Eine Stunde vergeht und wieder läßt sich jenes Geräusch vernehmen, diesmal in wildem Anschwellen begriffen, wie anhebendes Wellengebrause: Ein dumpfer Chorus gellt in die Luft empor und verstimmte Oboen quieken dazwischen. Wir besteigen die Hausterrasse unseres Gastfreundes und vor unseren Augen entrollt sich eine unbeschreiblich wilde Scene. Es ist der Aufzug der Aïssauah-Brüderschaft, die fanatischste und gräulichste aller Secten. Sidi Aïssa, heißt es, der Stifter des genannten Ordens, verlieh seinen Jüngern die Fähigkeit, Gift zu vertragen. Wenn sie bei einer Wanderung über Hunger klagten, sprach er: »Eßt Gift!« und sie entschlossen sich, in Schlangen und Scorpionen zu beißen. Die Fähigkeit, solche Speise zu vertragen, ist dem Orden verblieben und er giebt zuweilen, zur Erbauung der Gläubigen, Vorstellungen damit.

In der Regel werden derlei Vorstellungen nicht im Freien, sondern in geschlossenen Räumen abgehalten. In einem Hofe oder großen Saale kauern die Zuschauer auf Strohmatten, während die vermummten Frauen hinter dem Holzgitter der oberen Gallerien Platz nehmen. Dann beginnen die Aïssauah ihren durch ewige Wiederholung sinnverwirrenden Derwisch-Gesang: »La Illaha ill' Allah«, und setzen ihn fort durch alle Tonarten, bis der Geist über sie kommt und zuerst Einen, dann Alle zum Tanze emporreißt. Der Tanz ist ein tactmäßiges Verrenken des Leibes, Schwingungen von Oberleib und Kopf und endet erst, wenn der Schwindel die Tänzer zu Boden stürzt, daß sie mit Schaum auf den Lippen, herausquellenden Augen wie wahnsinnig sich wälzen, grunzen und brüllen. In diesem Zustande genießen sie alles Gift, und genießen ungestraft. Eine große verdeckte Schüssel wird hereingetragen, voll lebendiger Kröten, Schlangen, Eidechsen, Scorpionen, und so wie der Deckel abgehoben, fallen sie mit wüthender Gier über den Inhalt her und fressen, daß die Brühe von den Zähnen läuft.

Dies in Kürze über die gewöhnlichen Aïssaouah-Productionen, wie man sie in jeder größeren Stadt von Marokko (und auch in Algerien) zu sehen bekommt. Das Schaustück aber, das wir von der Dachterrasse unseres Gastfreundes beobachteten, und in allen seinen Einzelheiten verfolgen, gibt uns erst das wahre Bild von den unglaublichen Scheußlichkeiten, von dem entsetzlichen »religiösen« Wahnsinn, wie ihn die Aïssaouah-Brüder zur Schau tragen... Schon lange vorher, ehe der eigentliche Tanz angeht, sind alle Plätze vor dem Thore, das auf den Suk el Barra hinausführt, dicht mit Neugierigen besetzt. Alle Straßen sind voller Leute, auf den flachen Dachterrassen drängt sich Kopf an Kopf und manches Plätzchen gleicht einem Blumenbeete, so mannigfaltig sind die Farben der Kleider, der Ueberwürfe und Mäntel. Alle diese Zuschauer, der Erwartung voll, haben gleich uns jenes dumpfe Geräusch vernommen, welches die Ankunft der Ordensbrüder anzeigt, und wenden nun hochgespannt die Köpfe nach der Richtung, von wo das Gemurmel und der Schall der Oboen kommt.

Jetzt werden die Langersehnten sichtbar. Es ist eine dicht zusammengedrängte Menschenmasse, welche sich durch die engen Reihen der Zuschauer vorwärts bewegt. Nur langsam rückt der Knäuel von der Stelle; man gewahrt die einzelnen Gestalten, entsetzlich abgemagerte braune und schwarzbraune Leiber, in leichte weite Leinenhemden gehüllt, die Köpfe entblößt oder von Turban-Gewinden umschlungen. Zu Dreien, Vieren oder noch größerer Zahl halten sie sich mit den Armen umwunden, indem sie die Leiber dicht aneinander pressen. Ihr Gang ist ein Taumeln und Wanken. Hierbei murmeln sie ununterbrochen in tiefen Baßtönen, zwischen welchen ab und zu ein heller Jauchzer aufschrillt, als wären von hundert Instrumenten die Saiten entzwei gerissen. Manche werfen die Köpfe in die Höhe und recken sie weit aus den mageren Schultern empor, so daß die Hälse eine ungewöhnliche Länge erhalten; Andere beugen sich tief vor, gestützt von ihren Nachbarn, wobei sie ihr langes, zottiges Haar vorüber schleudern, daß es wild verworren zur Erde niederwallt.

Immer lärmender wird das Gedränge. In stummer Bewunderung hocken, stehen und sitzen die zahllosen Zuhörer in weitem Umkreise. Die Aufregung der Heiligen wächst sichtbar. Schon hüpfen einige aus der Reihe, die Augen weit geöffnet, die zitternden Arme gegen den Himmel erhoben, das Gesicht todtenbleich, die Mienen gräßlich verzerrt. Wieder andere schlentern, vereint, wie sie sich umschlungen halten, hin und her, rennen mit den Köpfen gegen die Zuseher oder vollends gegen das Gemäuer der engen Gasse. Nun kommen sie näher und näher, man sieht die stämmigen Gestalten der Fahnenträger, welche mit himmelwärts gewandten Blicken und mit Mienen, welche die höchste Ergebenheit in des Gottes Fügungen ausdrücken, voranschreiten, man hört deutlich den unbeschreiblichen Höllenlärm der Tarabukas, Clarinetts und Hörner, das Geheul der Verzückten, das Gewinsel der Ermatteten. Da und dort stürzt einer der Letzteren zu Boden, wobei seine Glieder von einer förmlichen Todesstarre ergriffen werden. Sein staub und schmutz bedeckter Körper wird nicht beachtet und ein anderer von den Tollhäuslern springt auf seine ausgestreckt liegenden Kameraden, stöhnt und windet sich, als sollte die Seele aus diesem dürren Körper gewaltsam herausgepreßt werden, und fällt dann selber mit dumpfem Geräusch nieder.

Das sind die Schwachen, die übrigens nicht lange liegen bleiben. Vor Schmerz aufheulend taumeln sie wieder empor, klammern sich krampfhaft an ihre Genossen, welche selber, schweißtriefend und zuckend, dem Umfallen nahe sind, halten sich vereint umschlungen und beginnen von Neuem die unglaublichsten Körperverrenkungen und Gewaltsprünge. Geifer und Schaum rinnt von ihren Lippen. Aber ihre Augen glühen noch immer unheimlich, und wenn der Eine oder der Andere dieser Besessenen einen Blick auf die Terrasse heraufschleudert, von wo die Europäer in das scheußliche Gewühl hinabblicken, dann kann ein solcher Blick, voll des grimmigsten und des wildesten Hasses, immerhin auf einige Secunden das Blut mächtig nach dem Herzen oder den Schläfen hindrängen, daß dem Betroffenen schwarze Schatten sich vor die Augen legen.

Die Ausdauerndsten springen wieder aus der Reihe vor, grell aufschreiend und die Geschwächten anspornend. Dieses letztere Geschäft fällt übrigens dem Oberen des Ordens zu, einem hageren Greis mit Silberhaar, der den Zug der Ordensbrüder beschließt. Sein weißer Bart wallt bis auf die unverhüllte Brust herab und über sein knochiges Gesicht schattet ein mächtiger grüner Kopfbund. Eine unsägliche Traurigkeit schimmert aus diesen matten, halbgeöffneten Augen. Der Mann steht am Ende seines Lebens und hat vielleicht ein halbes Jahrhundert hindurch in unzähligen Productionen der Selbstqual gehuldigt. Sein strammes Knochen=

gerüst hat den Anstrengungen und Aufregungen getrotzt, sein Nervensystem eine Kraftprobe bestanden, die nicht ihres Gleichen hat. Nun schreitet er weltverloren hinter seinen ausdauernden und ergebenen Schülern einher und freut sich der Ausdauerndsten. Aber auch die Schwächlinge, die Zusammenbrechenden und bewußtlos auf dem Boden liegenden sind seiner Liebkosungen sicher. Er richtet sie wieder auf, streichelt ihre Wangen, empfängt wohl auch von einem Wiederbelebten einen zärtlichen Kuß, worauf dieser in den taumelnden Reigen zurückstürzt und dem religiösen Wahnsinn ein neues Opfer bringt... Die scheußlichste Scene bieten übrigens einige Weiber dar, die gleichfalls Zutritt in den Orden haben. Sie

Bestrafung eines Diebes. [S. 22.]

beschließen den Zug der fanatischen Tänzer und sind wahre Hexengestalten. Es sind Skelette, welche da ihren klappernden Tanz vollführen. Eine Walpurgisnacht, wie sie die Phantasie eines Goethe ersonnen, kennt keine abschreckenderen Gespenster. Sie scheinen die Lieblinge des Oberen zu sein, denn unablässig wendet er ihnen seine Aufmerksamkeit zu. Die weiblichen Heiligen aber fletschen womöglich noch wilder die Zähne und stoßen Ausrufe aus, die das Blut in den Adern zum Stocken bringen.

Zwei Stunden schon dauert diese Höllenscene, würdig der Feder eines Dante oder des Griffels eines Wiertz. Die Wirkung auf das Auditorium ist eine ungeheuere und schon machen da und dort junge Leute, namentlich unreife Knaben,

Miene, den gleichen Taumel zu inscenieren oder sich in die rasende Schaar der Aïssauah zu mengen. Den nüchternen Beschauer aber erfaßt ein Grauen und wenn er eine Erklärung für solche unglaubliche Ausschreitungen sucht, dann findet er sie vielleicht — in seiner eigenen Brust. Auch dieser Wahnsinn ist ja am Ende nichts anderes, als ein Ausdruck eines mächtigen religiösen Zuges in der Menschen seele, der überall vorhanden ist, mögen die Formen, unter welchen er auftritt, noch so abschreckend, widerlich oder grauen erregend sein.

Das Schaustück ist vorbei und die Menge verläuft sich. Mag die Volksmasse noch so ergriffen, erregt sein, eine Rück wirkung haben solche Ausbrüche des Leidens Fanatismus und der aufopfernden Selbst qual im Dienste des alleinigen Gottes auf die tangeritischen Mohammedaner nicht. Einem Aïssauah während der Vor stellung unter die Augen zu treten, wäre freilich nichts weniger als rathsam. Man hat aber derlei nicht nöthig und sieht sich die menschliche Verirrung lieber von einem gesicherten, der Wuth der tollen Glaubensapostel entrückteren Plätzchen an ... Ein, zwei Stunden vergehen und das Leben hat seine gewöhnliche Physiognomie angenommen.

Viel würdevoller verläuft ein anderes Fest, welches man ein weltliches nennen könnte, da an demselben alle Gläubigen theilnehmen und der Belustigung der

Aïs Berber.

Löwenantheil zufällt. Es ist dies das Fest der Geburt des Propheten, welches alljährlich Tausende und Abertausende auf dem Suk el Bara versammelt. Dort hocken die lange vor Beginn der Productionen sich einfindenden Neugierigen in langen Reihen längs der Stadtmauern, von deren schmutziger Tünche die tadellos weißen Haïks sich plastisch abheben. Alle Bodenerhebungen sind von dichten Gruppen neugieriger Männer, Weiber und Kinder besetzt. Man sieht Zelte da und dort, hört Tamburinenschall und Clarinettengewimmer und vernimmt die freudigen Jauchzer der Jugend, die sich bei dieser Gelegenheit Unterhaltungsstoff für viele Monate holt.

Das Fest, an dem sich officiell der Gouverneur mit seinem Stabe und Geladenen der europäischen Colonie, die officiellen Vertreter nicht zu vergessen, betheiligen, beginnt mit einer Cavalcade. Es sind markige, auf herrlichen Berberhengsten berittene Gestalten, in Orange, Weiß, Blau und Scharlachroth gekleidet, auf dem Kopfe entweder das spitzzulaufende Feß oder den Turban, auf dem Schenkel angestemmt und nach aufwärts gerichtet die sechs Fuß lange, dünne Steinschloßflinte, aus der Ferne eher einem Lanzenschafte, denn einer Feuerwaffe gleichend. Die Gruppe, welche im Kreise der an solches Schauspiel doch gewöhnten Zuschauer Sensation erregt, gruppirt sich auf den weitläufigen Platz, löst sich endlich in eine Reihe auf, aus der die buntesten Farben fast blendend über den staubigen Plan flimmern. Jetzt giebt Einer von ihnen ein Zeichen, die Bügel erklirren, weit ausholend sprengen die edlen Thiere in Galopp ein, der bald in wilden, rasenden Carrière übergeht. Es ist eine einzige Mauer, ein vielbeiniges Ungeheuer, von Staub umwallt, das über den Platz dahinfliegt. Die Reiter schwingen ihre Flinten, feuern vor sich hin, daß alsbald eine Pulverwolke die tolle Cavalcade einhüllt. Dumpf klirren die Waffen, die Haïks wehen wie Zaubermäntel, die Erde flammt auf von den mächtigen Hufschlägen, daß Blitze durch das Staubgewölk zucken... Dann ist Alles vorbei und die Reiter bringen ihre Thiere zur Ruhe. In kurzer Gangart schwenken sie rückwärts über den Platz und reiten nochmals an den Zusehern vorüber, aus deren Gruppe Beifallsrufe ertönen. Namentlich die Weiber sind förmlich elektrisirt. Sie stimmen ein Freudengeheul an, das sich aus einem einzigen Laut, einem schrillen »Iu« zusammensetzt, das in ungemein rascher Wiederholung aus hundert Kehlen hervorgestoßen wird.

Die Cavalcade ist gewissermaßen die militärische Introduction des Festes. Alle übrigen Schaustellungen bewegen sich in weitaus ruhigeren Geleisen. Da ist eine Gruppe, welche sich am Ballspiele ergötzt, wobei es so ernst und schweigsam zugeht, als handelte es sich um eine hochwichtige, ernste Sache. In einem anderen Kreise produciren sich tanzende Neger, oder zerfleischen sich vor Aller Augen — ob improvisirt, oder nicht, bleibt unbekannt — zwei sudanesische Knaben wie die jungen Tiger. Weiter findet sich ein Zelt, wo Schlangenbändiger ihre Kunst zum Besten geben. Man kennt diese »Künstler« aus allen Theilen des Orients. Daß sie über die Thiere wirklich Alles vermögen, ist vielfach angezweifelt worden. Aber zuverlässige Kenner des Landes erzählen Fälle, wie Schlangenbeschwörer, die in Haus gerufen wurden, wo sich Schlangen versteckt hielten, diese durch Pfeifen, Klopfen und dazu gemurmelte Gebete hervor und in einen Sack hineingelockt haben.

Diese Schlangenbeschwörer gehören meistens einem besonderen Derwisch Orden an, und haben außerdem noch die Specialität, bei besonderen Feierlichkeiten lebendige Schlangen zu verzehren. Solche religiöse Fanatiker pflegen oft mitten in den tollen, gliederverrenkenden Tänzen in die Brusttasche ihres Kaftans zu greifen und eine dicke, oft drei bis vier Fuß lange Schlange hervorzuholen. Der Aïssaoui, der sich eben producirt, hält die Bestie gerade in der Hand, um sie vorerst tüchtig zu reizen, daß die grünen Aeuglein Funken von sich geben und das Doppelzünglein weit herausschnellt. Er legt das Thier um den Hals, schlingt es als Diadem um die Stirne, wirft es wohl auch zur Erde und versetzt ihm einen unsanften Tritt. Die Schlange geräth hierüber in wilden Aufruhr, muß aber bald ermattet den ungleichen Kampf aufgeben. Tritt dieser Fall ein, dann öffnet der Schlangenbändiger seinem Opfer den Rachen, zwängt ein kurzes Eisenstäbchen senkrecht auf beide Kiefer, so daß es diese nicht schließen kann und hält dann das Thier den zunächststehenden Zuschauern vor, um ihnen die Giftzähne zu zeigen. Ist diese Procedur zu Ende, dann schwenkt der Bändiger das Thier mehreremale hin und her, bis es förmlich betäubt ist, und läßt dann das Schwanzende in den Rachen gleiten, um seine Production mit einem veritablen Schlangenmahle zu beschließen. Andere pflegen dem Thiere noch, während es sich gereizt zur Wehre setzt, ein Stück aus dem Genicke herauszureißen und mit ihren Zähnen zu zermalmen und hinunterzuschlucken. Es ist ein wahrhaft thierischer Anblick. Aber für das Volk ist diese Tollhäuselei gewissermaßen eine religiöse Action. Das Schlangenfressen ist übrigens im ganzen Nordafrika im Schwange und selbst im vorgeschrittenen Aegypten kann man Scenen dieser Art täglich erleben...

Nachdem wir noch anderen Productionen unsere Aufmerksamkeit schenken, so einem seltsamen Kriegstanz der Soldaten, wobei tolle Sprünge mit regelmäßigem Abfeuern der Gewehre gegen den Erdboden die Hauptrolle spielen, ein »infernalisches Concert« mit obligatem Tarabukagedröhn, Schellentrommel-Gerassel und Gewehrschüssen einige Minuten mit anhören und an den Physiognomien und Gestalten der verschiedenen Zuhörer uns ergötzen — senken wir zur Stadt hinaus, um nun auch in deren Bereiche Umschau zu halten. Ein solcher Spaziergang ist dankbar und bietet mannigfache Anregung. Ringsum die Stadt dehnt sich ein Kranz von Gärten, welche großentheils Eigenthum der fremden Vertreterschaften und der europäischen Colonisten sind. Aber auch sonst ist die Vegetation herrlich, üppig, sinnerfrischend. Ungeheure Blüthenstengel der Aloën ragen wie riesige Lanzen in die aromatische Luft und wechseln mit jenen Palmetto-Büschen ab, welche den hauptsächlichen vegetativen Schmuck des nördlichsten Landvorsprunges von Marokko bilden. Außerdem giebt es keinen Mangel an Acacien, Oleander, riesigen Cacteen, Magnolien- Granat- und Orangenbäumen.

Wo der Baumwuchs oder das Gartengrün ansetzt, dehnen sich saftige Wiesenflächen, deren Graswuchs mitunter eine enorme Höhe erreicht. Canäle durchädern die Flächen und ihre Wasservorräthe befördern im Vereine mit der Triebkraft des Bodens das Wachsthum in erstaunlichem Grade. Wer sich in solches Gras- und Schilfdickicht wagt, hat Mühe wieder herauszukommen. Meist sind die Wiesen aufgelassene Felder, denn die Landbewohner begnügen sich nur mit der Bebauung eines Theiles des Culturbodens, bearbeiten da und dort ein Feld und überlassen es dann seinem Schicksale, um eine Strecke weiter eine neue Anpflanzung zu bewirken. Und dies letztere geschieht auf die denkbar primitivste Weise. Der Pflug, dessen man sich hierbei bedient, hat dieselbe Gestalt wie vor Jahrtausenden. Oft genügt ein schwaches Grauthier und eine mit ihm zusammengekoppelte Ziege, um den Boden zu pflügen, d. h. leicht zu ritzen. An manchen Orten soll vollends die vereinte Kraft eines Esels und eines — Weibes hierzu genügen: ein sprechendes Bild von den heutigen agricolen Zuständen in Marokko. Nach einiger Zeit (meist nach zwei Jahren) kehrt der Bauer zu dem alten Felde zurück, wobei das wuchernde Unkraut, der Gras- oder Stoppelwuchs einfach niedergebrannt wird, damit die Erde ihren Dünger erhalte. Und dennoch beträgt die Ernte dieses gesegneten Bodens oft die hundertfache Aussaat!

Ziegen-Procession.

Ganz besonders reizend ist die Landschaft zwischen Tanger und dem Cap Spartel, dem einen Punkte der Herculessäulen. Auf der Urerhöhe des Vorgebirges erhebt sich der prachtvolle Leuchtthurm, der durch die vereinten Bemühungen fast aller seefahrenden Staaten Europas zu Stande kam. Sein jetziger Wächter, oder vielmehr Director ist ein Deutscher, ein Abenteurer, den das Schicksal an diese Küste verschlagen hat und von dessen Vergangenheit Ludwig Pietsch eine anziehende Skizze entworfen hat. Von der Laterne, dessen fixes Licht bis auf 25 Seemeilen weit auf den Ocean hinausstrahlt, genießt man eine Fernsicht von großartiger Weite des Horizontes. Fern im Nebel des spanischen Festlandes erblickt man den matten Küstenstreif zwischen Tarifa und dem Cap Trafalgar, während aus tiefstem Nordosten die verdämmernde Coulisse des Felsens von Gibraltar den Rahmen nach rückwärts abschließt. Dort ragen auch die Ufer berge des afrikanischen Festlandes, noch höher und stattlicher, empor. Es sind die »sieben Brüder«, wie sie im Alterthume hießen und einer derselben trägt den Namen Musa's, des thatkräftigen Feldherrn, der Spanien für den Islam erobert hatte.

Die Kasbah.

Wendet man sich nach Westen, so hat man die ungeheuere Spiegelfläche des Atlantischen Oceans vor sich, jenes meist bewegten Meeres, das die Araber das »Meer der Stürme« nennen. Am Gestade giebt es allezeit wilde Brandung und namentlich gefürchtet ist von den Seefahrern der flache seichte Küstenstrich, der südwärts des Caps Spartel verläuft, an dem schon mancher Segler festgerannt ist. An diese Stelle und ihre schäumende Brandung knüpft sich auch eine historische Erinnerung, die in die älteste Zeit des Islams zurückreicht. Als Okba Jbn Nafi, der Feldherr Moavias, die Länder von Nordwest-Afrika dem Islam unterwarf und bei dieser Gelegenheit zunächst die neuerdings vielgenannte Moschee zu Kairuan in Tunesien gegründet hatte, drang er durch das Land des großen und kleinen

Atlas und erreichte zuletzt die marokkanische Westküste. Hier ritt er in die atlantische Brandung hinein und rief: «Herr, wenn dieses Meer mich nicht hinderte, ich zöge in die entlegensten Länder und in's Reich des Thulkarnain, kämpfend für deine Religion und Diejenigen tödtend, die nicht an dein Dasein glauben und andere Götter anbeten.» Okba aber ging später in einem Aufstande der Berber unter, und es brauchte mörderische Kämpfe, ungeheuere Niedermetzelungen, bis die Berber, die dem Christenthum bereits fanatische Secten (Donatisten, Circumcellionen) geliefert, damit endeten — ebenso fanatische Moslemin zu werden.

Der Weg zwischen Tanger und dem Cap Spartel ist reich an landschaftlichen Schönheiten. Es geht zunächst an den früher erwähnten lieblichen Gärten vorüber, dann über grasbewachsene Hügel, die mehr und mehr ansteigen und schließlich zu stattlichen Bergzügen sich emporheben. Die zu passirenden Kuppen sind meist von üppiger Vegetation überkleidet und haben reizende Landhäuschen dazwischen, deren weiße Fronten ab und zu hervorschimmern... Hierauf folgt einige Abwechslung. Man legt einen beschwerlichen Pfad zurück, der indeß reizvoll eingerahmt ist von südlichen Baumgewächsen, Lorbeeren, Oliven, Feigen, Orangen, Granaten und dichterem Schlinggewächs, so daß man theilweise in deren Schatten, wie in einem prächtigen Parke vorüberreitet. Zuletzt, wenn man die Höhe des Plateaus des Küstenrandes erreicht hat, durchmißt man dessen bebuschte Hochfläche, reitet an Heerden vorüber, und klettert auf steilem Pfade wieder hinab, einer bebuschten Felswand entlang, um endlich die schroffe Klippe zu erreichen, auf welcher der Leuchtthurm aufragt... Wir sind am Ziele und freuen uns des unvergleichlichen, großartigen Bildes, das sich vor unseren Blicken entfaltet. Zwar ist dieses Cap Spartel ein weltentlegener, vereinsamter Hort, vom Ocean umtost, nur vom Feuerwächter und seinen Gehilfen bewohnt. Wer aber von der Thurmhöhe einmal über die schäumende Brandung hinweg den unendlichen Ocean mit seinen Blicken durchmessen hat, wird den hierbei empfangenen mächtigen Eindruck sein Leben lang in Erinnerung behalten...

* * *

Bevor wir unsere Wanderung ins Innere von Marokko antreten, dürfte es am Platze sein, einige kurze ethnologische Streiflichter vorauszusenden, es handelt sich hierbei hauptsächlich um die sogenannte autochthone Bewohnerschaft, die Berber, über deren Abstammung, Herkunft und älteste Geschichte die Fachmänner auch heute noch sehr verschiedener Meinung sind. An sich ist dies umso weniger verwunderlich, als gerade die Nordküste von Afrika, und von diesem wieder der nordwestliche Winkel also Marokko, oder überhaupt das Atlasgebiet sowohl vom älteren Culturleben, wie von den späteren Weltereignissen nur vorübergehend berührt wurden. Diese vorübergehenden Erschütterungen waren zu Zeiten freilich heftig genug und sie sind die drei großen Markſteine in der Geſchichte von Nordweſt afrika. Dieſe drei Erſchütterungen wurden verurſacht: durch die römiſche Weltmacht, oder beziehungsweiſe den Rivalitätsstreit mit Karthago; zweitens durch die Völker wanderung, und drittens durch die arabiſch islamitiſche Invaſion.

Doch darüber ſpäter. Halten wir uns vorerſt an die ethnologiſche Seite, zu deren Unterſuchung wir förmlich herausgefordert werden. Wer die Urbewohner des fraglichen Gebietes waren, läßt ſich mit Sicherheit nicht feſtſetzen. Mit den älteſten, den dunklen Erdtheil betreffenden Traditionen, ſind uns wohl etwelche Namen und Bezeichnungen von Völkergruppen überliefert worden, welche Raſſe aber damit gemeint war, ob eine autochthone oder eingewanderte, darüber blieb man fortan im Zweifel. Mit jenen Namen, die wir meinen, wurden verſchiedene Nomaden ſtämme belegt, welche zwiſchen der Libyſchen Wüſte und dem Atlantiſchen Ocean einerſeits, dem Sahara-Gebiete und der Mittelmeerküſte andererſeits ſiedelten. Es waren dies die Numidier, Garamanten, Maſſieier, Mazäner und Mauruſier. Da alle dieſe Volksſtämme im Alterthume mit dem Sammelnamen »Libyer« oder »Berber« zuſammengefaßt wurden, ſo darf man zunächſt fragen, welches Bewandtniß es mit dieſem letzteren Worte hat und in wie weit eine Bezeichnung zwiſchen ihm und jenen ethniſchen Elementen, welche man heute noch »Berber« nennt, vorhanden iſt, oder vielmehr zugeſtanden werden darf.

Das Wort Berber iſt griechiſchen Urſprunges und es drückt kein beſtimmtes Volk, ſondern nur einen allgemeinen Begriff aus. Die Berber ſind die »Barbaren« der Griechen und das Wort Barbar ſelber wird aus dem Sanskrit abgeleitet, in welchem der Ausdruck »Warwara« einen Ausgeſtoßenen oder Geächteten bedeutet. Die Griechen nannten alſo alle Völkerſtämme Nordafrikas, mit denen ſie in keine näheren culturellen Beziehungen ſtanden, und offenbar nicht ſtehen wollten, Bar=baren, und damit hätten wir wenigstens einen ethnologiſchen Anhaltspunkt für jenes Wort, das in mancher Hinſicht die klare Sachlage der ethnologiſchen Ver=hältniſſe in dem betreffenden Gebiete getrübt hat.

Wenn man ſonach heute von Berbern ſpricht, ſo ſind damit ſchlechtweg Ueberreſte jener Urbevölkerung gemeint. Natürlich ſind auch ſie, wie wir ſpäter ſehen werden, nicht reinblütige Epigonen der Autochthonen. Die Frage aber, die uns zunächſt liegt, iſt die: ob jene ſogenannten berberiſchen Stämme überhaupt eine autochthone Raſſe ſind, was ja in unſerem Falle ſehr viel entſcheidet. Einige

Gelehrte bejahen diese Frage, indem sie das mehr historische, als ethnische Argument vorbringen, daß die Geschichte der Berberstämme weit über alle Anfänge unserer Geschichtskenntniß hinaufreicht. Andere wieder machen aber geltend, und dies gewiß mit vollem Rechte, daß weder der physische Typus, noch die sonstigen ethnischen Eigenthümlichkeiten, die berberische Rasse als eine auf afrikanischem Boden entstandene erscheinen lassen. Der dunkle Erdtheil ist nun einmal der ureigene Boden der »dunklen Rasse«, wenngleich die Forschung ergeben hat, daß diese lange nicht von jenem einheitlichen Gepräge ist, als man früher annahm. Eine afrikanische Rasse pur et simple giebt es einfach nicht. Die »Aethiopier« der alten Schriftsteller, der classischen mit inbegriffen, sind ein überwundener Standpunkt. Man

Strandpromenade nach dem Cap Malabat.

weiß vielmehr, daß, so verschiedenartig, wie die Natur Afrikas, auch seine Völker sind, und zwar nach Abstammung, Sprache und sittlicher Entwickelung. Es ist noch nicht lange her, daß man mit dem Begriffe »Afrikaner« den »schwarzen Menschen«, den Neger, identificirte. Erst die ungeheueren Fortschritte der modernen Forschung, die fast den gesammten afrikanischen Welttheil entschleierten, ergaben das interessante Resultat, daß auf dem weitläufigen Raume zwischen Mittelmeer und Capland verschiedene Völkerstämme und Rassen siedeln, die eine Gesammtbezeichnung als Neger keineswegs zulassen. Ja, diese letzteren nehmen vielmehr einen verhältnißmäßig kleinen Theil Afrikas ein. Südlich von ihnen erfüllen den ganzen Raum vom Aequator bis zu den europäischen Colonien an der Südspitze des Continents die sogenannten Bantu-Völker, welche von den Negern sprachlich voll-

kommen verschieden sind; nördlich der Neger siedeln Völker mittelländischer Rasse, die Hamiten im Saharagebiet, einschließlich Marokkos, des Nilthales von Chartum nordwärts, der Somali- und Gallastämme in Ostafrika. Im algerisch-tunesisch-tripolitanischen Küstengebiete finden wir durchwegs Stämme semitischer Abstammung. Als Ueberrest einer einst viel zahlreicheren Rasse gelten die Hottentotten im süd-westlichen Winkel des Continents, mit ihrem Zweige, den Buschmännern, und in Westafrika treffen wir die, theils getrennt, theils mit den westsudanischen Völkern vermischt lebenden Fullahstämme.

Diese Vielartigkeit der Bevölkerungs-Elemente Afrikas hat die Fachmänner zur Aufstellung entsprechender Systeme, theils ethnographischer oder ethnologischer, theils anthropologischer Natur, bestimmt, doch ist eine Uebereinstimmung, wie bereits erwähnt, hierbei nicht zu erzielen gewesen. Die individuelle Auffassung der Sachlage seitens der einzelnen Gelehrten nützen dem kritischen Studium der afrikanischen Völkerkunde wohl im hohen Grade, den Laien verwirren aber, wie es nicht anders sein kann, die verschiedenen Ansichten.

Wenn wir uns den leiblichen Typus der Berberstämme, und zwar ganz speciell jener der marokkanischen Gebirge vor Augen halten, so erlangen wir den klaren Beweis, daß wir es hier mit einer, vom Anbeginne her diesem Boden fremdartigen Rasse zu thun haben. Fast alle berberischen Gebirgsstämme — und nur von diesen sei hier fortan die Rede — haben helles, rothblondes Haar und lichte Augen, die Körperformen sind gedrungener, der Kopf massiger, viereckiger, als beim Araber, deren Rasse heute im ganzen Nordrand von Afrika dominirt. Wenn also die berberische Rasse diesem Boden nicht eigenthümlich ist, so frägt es sich, woher sie gekommen ... Wir wissen aus der ältesten Geschichte, daß die Hamiten, zu denen man die Berber rechnen muß, in vorhistorischer Zeit die assyrisch-babylonischen Niederungen besiedelten, aus denen sie von den nachmaligen semitischen Culturvölkern verdrängt wurden. Da das uralte Völkerdrängen aus dem Innern von Asien nach Westen hin von statten ging, so können jene Hamiten, die dem Drucke nachgaben, wieder nur nach Westen geschoben worden sein, und da war, zieht man die geographische Configuration des asiatisch-afrikanischen Grenzgebietes in Betracht, ein einziges Durchbruchsthor, die Sinaihalbinsel vorhanden.

Ueber sie, und über die jetzige Landenge von Suez strömten also die hamitischen Stämme in den dunklen Erdtheil ein. Das fruchtbare Nilthal war ihre nächste Beute und es sollte der Schauplatz eines Culturlebens werden, von dessen Glanz fast kein Strahl auf jene hamitischen Stämme fiel, welche noch weiter westwärts gedrängt wurden, und schließlich den ganzen Nordrand von Afrika überflutheten. Sie können dort nur auf eine ältere, offenbar barbarische Bevölkerung gestoßen sein, über deren Individualität nicht einmal Vermuthungen bestehen. Die reine Negerrasse ist dem Sudan, also dem ungeheueren Erdraume südlich der großen Wüste, so eigenthümlich, daß eine frühere Verbreitung derselben bis zu den Gestaden des Mittelmeeres nicht gedacht werden kann. Zwar fallen Combinationen dieser Art alle in vorhistorische Zeit, und da ist der Phantasie — nicht aber der Wissenschaft — allerdings voller Spielraum gewährt. Die Sahara ist aber eine Schranke, welche gegen derlei Hypothesen schützt.

Wir lassen daher die Vorfrage unbeantwortet und wenden uns den hamitischen nach Nordafrika eingewanderten Stämmen zu. Ihre ehemalige Zusammengehörigkeit, zwischen Osten, Westen und Süden, ist umso weniger anzuzweifeln, als sprachlich diese Zusammengehörigkeit noch heute besteht. Vor Alters soll das berberische Idiom Worte enthalten haben, welche auch in den ältesten Sprachen der Aegypter vorkommen, die aber schon im dritten Jahrhundert vor Christo außer Gebrauch waren. Das wäre immerhin ein Beweis, daß die Berber, so wenig wie die Aegypter, eine autochthone Rasse Afrikas sind.

Ein junger Maure.

Eine andere Frage ist es freilich, ob die Berber von heute mit den ältesten Stämmen dieses Namens im ethnischen Sinne identisch sind. Der auffallende Gegensatz im Typus zwischen dem Culturvolke des Nils, einiger Stämme der Sahara und den sogenannten reinen Berbern des Atlas-Systemes, läßt auf große ethnische Wandlungen, auf Rassenvermischungen und fremde Einflüsse aller Art schließen. Anderes könnte man für die blonden Kabylen und die rothen Rifioten keinen Schlüssel finden. Wenn es also in dem fraglichen Gebiete vor Alters berberische Stämme gab, so frägt es sich, wie weit jene fremden Einflüsse gingen, und welcher Art ihre Consequenzen waren. — Daß es keine culturellen Einflüsse gewesen sein können, liegt auf der Hand. Das älteste

Culturvoll, welches sich im nordwestlichen Afrika zu schaffen machte, waren bekanntlich die Phönikier. Sie hatten die großen Emporien gegründet, durch welche sie nachmals mächtig wurden, und die Eifersucht Roms entfachten, und hatten zahlreiche Colonien längs der ganzen Atlasküste, beziehungsweise Handelsfactoreien etablirt. Ihre Macht war die geistige Superiorität und das Capital, und eine Grundbedingung ihrer Existenz — eingedenk der numerischen Minderzahl — war die strengste Conservirung ihrer eigenartigen Cultur und ihrer ethnischen Individualität. Inmitten fremder Völkerschaften, die an Individuenzahl den Phönikiern weit überlegen waren, wohnend und arbeitend, würden diese unzweifelhaft eine ethnische Umwandlung erfahren haben, wenn sie sich mit den Autochthonen alliirt, vermischt hätten, die Cultur weiter ins Innere des Landes getragen und dort mit der Zeit eine Mischungsrasse hervorgebracht hätten.

Thyreausschänker.

Thatsächlich herrschte aber gerade das entgegengesetzte Verhältniß und schon in Didos Zeit war die Stellung der Phönikier zu den Eingebornen eine derart exclusive, daß jene Königin einen numidischen König, der als Freier auftrat, mit Verachtung zurückweisen konnte. Als Handelsvolk freilich waren die semitischen Fremdlinge auf die Eingebornen gewiesen, aber sie nützten diese nur als Werkzeuge aus. Sicherlich ist nie eine Karavane phönikischer Kaufleute jemals ins Innere von Nordafrika eingedrungen. Die Phönikier waren ja eine seefahrende Nation — die »Engländer der alten Welt« und ihre Macht lag in den unzähligen Galeeren und in dem Gelde, mit welchem sie — ganz so wie ihre heutigen nordischen Nachahmer — fremde Heere zu ihren Diensten ausrüsteten. Wenn also gleichwohl zwischen den phönikischen Emporien an der Küste und dem Hinterlande eine lebhafte Handelsbewegung bestand, so wird man diese auf die Eingebornen zurückführen müssen, die diesen Handel mit ihren Karavanen vermittelten. Dort, hinter den hohen Küstengebirgen, haben sich die Lebensverhältnisse und Lebensbedingungen, wie es in der Natur der Sache liegt, seit Jahrtausenden nicht geändert. Die Wüstennatur hatte den Wandertrieb zur Lebensbedingung gemacht, das Oasenleben den Karawanenverkehr geschaffen. Die seßhaften Bewohner der Oasen in der Sahara könnte man sich bis zu einem gewissen Grade wohl als auf sich selbst angewiesen denken. Eine Exclusivität der einzelnen Oasen war aber schon deshalb nicht möglich, weil es Leute desselben Stammes waren, die eine gemeinsame Sprache redeten und wohl auch gemeinsame Interessen vertreten hatten. War dies der Fall, und es mußte der Fall gewesen sein, dann bestand gewiß ein reger Verkehr von Oase zu Oase, von der Wüste zum Gestadeland und umgekehrt. Das Mittel dieses Verkehrs war aber die Karawane, wie sie es heute ist, und sie muß dieser auf ein Haar geglichen haben. Nur der Wüstenbewohner ist im Stande den Schrecken der unendlichen Einöden, dem Sonnenbrande, dem Hunger und Durst, zu trotzen. Nur sie konnten und können alle Pfade wissen, welche sie einzuschlagen haben. Da die Sahara selbst kein Handelsgebiet ist, sondern nur eine Durchzugszone für den Verkehr zwischen Sudan und Mittelmeerküste, so kann man sich auch den älteren und ältesten Verkehr nicht anders denken, als zwischen jenen zwei Gebieten. Die schwarzen Ruderstlaven, mit denen die Karthager ihre Galeeren bemannten, konnten sie nur aus dem Sudan bezogen haben, und wer sie ihnen zugeführt hat, das waren die einheimischen Händler. Die Karawanen standen im Dienste der Phönikier, aber diese selber setzten nie den Fuß in das Innere des Landes. Sie hatten dies einfach nicht nöthig. Dadurch aber blieben sie culturell isolirt und wenige Meilen südlich ihrer Factoreien nahm die Barbarei ihren Anfang.

Wir kommen nun auf die erste der früher erwähnten drei großen Erschütterungen zu sprechen. Dieselbe erfolgte durch das Römerthum... Der lange Hader zwischen Rom und Karthago hatte mit dem Untergange des letzteren geendet. Natürlich war es mit Eintritt dieser Katastrophe auch mit den übrigen phönikischen Colonien und Factoreien für immer vorüber und von den Säulen des Herkules bis zum Nildelta hinab herrschte der übermüthige Eroberer, welcher zuerst Numidien und um drei Jahre später Mauretanien (also das heutige Marokko) an sich gerissen hatte. Die Inaugurirung der römischen Herrschaft im nördlichen Afrika bedeutet, wie es in der Natur der Sache liegt, einen bedeutsamen Wendepunkt in der Geschichte jener Völker, die diesen Wandel zuerst zu fühlen begannen. Zwar gelang es auch dem Römerthum nicht, so wenig wie vorher den Phönikiern, sich die Sympathie der Eingebornen zu erringen: das staatskluge Vorgehen der römischen Regierung hatte indeß gleichwohl zur Folge, daß wenigstens einige Stämme oder einige Herrscher sich gefügiger zeigten, oder vollends um die Freundschaft des mächtigen Reiches buhlten.

Solche Löwenfreundschaften sah man in Rom gerne, weil man das Ende vom Liede wohl kannte. Neuerdings hat eine andere Weltmacht, welche die phönizische Spitzfindigkeit und den semitischen Interessen Egoismus, mit der äußeren Macht und der numerischen Ueberlegenheit sehr wohl zu vereinigen wußte, sich zu endlichen Praktiken bekannt. Ja, in gewisser Richtung spielt England — der Leser wird wohl errathen haben, daß wir diese Macht meinen — heute Marokko gegenüber eine ähnliche Rolle, wie seinerzeit gegenüber dem noch nicht eroberten Mauretanien: England ist der wahre und gewissermaßen erklärte Protector Sr. Sherifischen Majestät, und wenn der britische Leopard nicht wäre, hätte man vielleicht das maurische Schaf schon längst zerrissen. Wir haben es ja im Jahre 1860, wo Spanien als Sieger über Marokko hervorging, erlebt, was Englands Einfluß in diesem Falle zu bedeuten hatte. Man erinnere sich nur an den Verrath von Tetuan! Daß Tanger, die natürliche Schwesterstadt von Gibraltar, die andere Säule des Herkules, noch nicht britisch ist, verdankt man Umständen, die Jedermann zu klar sind, um sie des Näheren zu erläutern.

Also Rom wußte, welches Bewandtniß es mit den kleinen Freundschaften habe. Auf die Protection folgte die Annexion. Gar so einfach aber lief die letztere keineswegs ab, und Roms Herrschaft beschränkte sich nur wenig über das Küstengebiet hinaus. Daß römische Heere tief bis in die Gebirgswelt, ja selbst in die Wüste eingedrungen sind (man fand Reste römischer Castelle tief in der tripolitanischen Hammadah), beweist weit mehr die liebe Noth, welche man mit den Eingebornen hatte, als von einem allgemeinen Triumph. Die Stämme im Innern, namentlich die in den Gebirgen, wollten von dem fremden Eroberer nichts wissen, und wenn sie sich auch die Invasion gefallen lassen mußten, so bereiteten sie den Römern Hindernisse genug, lieferten ihnen Gefechte, entzogen sich ihrer Herrschaft, und blieben was sie vorher waren: unabhängige, der Freiheit lebende und der Freiheit bedürftige Barbaren.

Bis dahin also scheinen die Berber die alten geblieben zu sein. Roms Herrschaft consolidirte sich auf einem bestimmten Gebiete, wo Städte gegründet, Schutzcastelle erbaut und Befestigungen angelegt wurden. Tanger war ein sehr wichtiges Bollwerk im römisch gewordenen Mauretanien. Der atlantische Küstenrand bildete eine Art strategische Basis durch eine fortgesetzte Reihe von festen Posten. Tief in das Innere scheint ihre Macht nicht gereicht zu haben, denn man hat Ruinenreste von römischen Niederlassungen dortselbst nirgends gefunden, was freilich nicht viel sagen mag, da Marokko noch sehr der genauen Durchforschung bedarf. Im näheren Bereich, d. h. in dem Raume zwischen Fez, Tanger und der Atlantischen

Küste weiß man seit längerer Zeit von den Ruinen einer römischen Stadt unweit des Sebu (bei El Araisch), die wir später noch flüchtig besuchen werden.

War die römische Invasion Afrikas ein Ereigniß von großer weltgeschichtlicher Tragweite, so war andererseits die Völkerwanderung — die zweite jener Erschütterungen — für das Land selber, oder vielmehr für die Bewohner, von weit tiefer gehenderem Einflusse. Nicht, daß die Vandalen, welche hier gemeint sind, als Eroberer die Römer überragt, sie in der Kunst des Unterjochens fremder

Maurisches Concert.

Völker und der Consolidirung des Erworbenen übertroffen hätten. Von solchen Dingen kann bei den wilden vandalischen Horden nicht die Rede sein. Worin bestand also der tief gehende Einfluß? Die Antwort liegt sehr nahe, sie hat aber eine doppelte Seite, und beide müssen hier berührt werden. Für's Erste waren die Vandalen Barbaren, welche in einer gewissen Geschlechtsverwandtschaft zu den Eingebornen standen. Eine Verständigung dürfte zwischen ihnen kaum bestanden haben; es wird aber kaum zu leugnen sein, daß während der hundert Jahre, welche die Vandalen in Afrika zubrachten, eine gewisse Gemeinsamkeit zwischen

Fremden und Eingebornen Platz gegriffen haben konnte. Die Phönikier hatten nur Städte und Colonien an der Küste; die Römer warfen ihre Armee ins Land und bewirkten die militärische Occupation; die Vandalen endlich kamen als Volk, mit Weib und Kind, mit beweglichem Besitz, und waren im Grunde nichts anderes,

Aufmarsch der Aissaoua-Ordensbrüder.

wie alle jene eingebornen Stämme: eine ungeheuere Nomadenhorde, welche ab und zu durch das Land zog, und wo sie hinkam auf fremde Kosten lebte, im fremden Besitz sich häuslich niederließ.

Die zweite Seite der Vandalen-Invasion ist die ihres Endes. Als das oströmische Reich noch einmal das Schwert mit der alten Energie handhabte, war's mit den Vandalen zu Ende. Sie wurden niedergemacht, meistentheils aber von den Küsten abgedrängt, zersprengt, auseinandergetrieben. Die Vandalenreste sind aber nie verloren gegangen, sie sind nur verschwunden. Und wohin sind sie verschwunden? Offenbar ins Innere des Landes, in die Gebirge, wo sie bei den Berbern Aufnahme fanden, mit ihnen lebten, und im Laufe der Zeiten endlich mit ihnen verschmolzen. Es ist sehr zu beachten, daß Oskar Lenz, der kühne Timbuktu-Reisende aus allernenester Zeit, ausdrücklich die wilden Berber des Rif-Gebirges Nachkommen der Vandalen nennt. Robert Hartmann dagegen will sie als die Repräsentanten des reinen, unverfälschten Berberthums erkannt wissen. Daß in allen nördlichen berberischen Stämmen vandalisches — also germanisches — Blut fließt, kann nach den vorstehenden Auseinandersetzungen nimmer in Zweifel gezogen werden.

Damit steht aber gleichzeitig fest, daß das reine berberische Blut schon am Ausgange des Alterthums eine sehr ausgiebige Beimischung fremden Blutes erfahren hatte. Natürlich büßten die Berber hierbei ihre äußeren Rassenmerkmale schon aus dem einfachen Grunde nicht ein, weil ja auch die Vandalen rothblondes Haar, helle Hautfarbe und blaue Augen hatten. Diese Rassekennzeichen sind den Berbern erhalten geblieben, d. h. den Berbern der nördlichen Gebirge.

Nun haben wir es aber, und zwar speciell in Marokko, mit einem berberischen Elemente zu thun, das jene typischen Merkmale ganz und gar nicht besitzt. Es sind dies die Mauren, offenbar die Nachkommen jenes berberischen Urstammes, der in der ältesten Geschichtsquelle den Namen Maurusier führt. Die ethnische Umwandlung der Maurusier in die Mauren des Mittelalters konnte natürlich nicht durch die Vandalen erfolgt sein, so wenig wie zuvor durch die Römer. Wer hier den Umwandlungsproceß vollbrachte, war das — Araberthum... Der Islam war es also, welcher die dritte und letzte der drei gewaltigen Erschütterungen repräsentirt. Der Islam, oder vielmehr seine eroberungslustigen Repräsentanten, war mit elementarer Gewalt aus seiner Urheimat hervorgebrochen, hatte Aegypten überschwemmt, dann den weiteren Küstenrand — das heutige Tunisien, Algerien und Marokko — verschlungen, und fand erst am Atlantischen Ocean ein Ziel. Mit der neuen Invasion waren zahlreiche Völkerrepräsentanten in das fragliche Gebiet eingeströmt, die ihm bis dahin fremd waren. Die Kriegshaufen der Partisane der ersten Khalifen setzten sich aus allen erdenklichen Elementen zusammen. Rassen- und Völkerunterschiede kannte die neue Lehre nicht; sie kannte nur Gläubige und Ungläubige. So brachte die islamitische Invasion Syrier, Kurden, ja sogar Neger, hauptsächlich aber Araber.

Und dieses Araberthum war es, welches der Neuordnung der Dinge sein ganz bestimmtes Gepräge ausdrückte. Zwar gab es im Anfange wilde Kämpfe und die eingeborne Bevölkerung schien nichts weniger denn gewillt, sich den neuen Herren zu unterwerfen, und deren Religion anzunehmen. Sie hatten den Phöniciern, Römern, Vandalen und Byzantinern widerstanden und dachten wohl, auch mit den braunen Arabern fertig zu werden. Aber der junge, triebkräftige Islam besaß eine ganz andere elementare Gewalt, als sie jenen fremden Eroberern innewohnte. Die berberischen Stämme wurden besiegt und in die Gebirge zurückgedrängt. Dauernd aber ließen sich die Araber viel später im Lande nieder, im fünften Jahrhundert nach Mohammed nämlich (1050), als unter dem fatimidischen Khalifen Mostansir den auf dem rechten Nilufer angesammelten Beduinenhorden erlaubt wurde, über den Nil zu setzen und verheerend in die damals noch reich bevölkerten und blühenden Länder Nordafrikas einzubrechen. Man wollte abgefallene Statthalter damit strafen. Aus dem Raubzuge wurde Völkerwanderung, und von nun an hörte die Plünderung und Verwüstung nicht mehr auf.

Der größte Berber Schlächter war der von uns bereits erwähnte Okba, der Feldherr Moavia's, der in die Atlantische Brandung hineingeritten war und bei diesem Anlasse bedauerte, seiner Eroberung ein natürliches Ziel gesetzt zu sehen. Dieser Okba hatte es namentlich auf die fanatischen christlichen Secten abgesehen, welche aus dem Arianismus (eine Erbschaft nach den Vandalen) hervorgegangen waren, und den hartnäckigsten Widerstand leisteten. Ströme von Blut wurden vergossen, die Aufständischen unterlagen und was nicht niedergemacht war, nahm den Islam an.

Das ist die Gründungsgeschichte des moslimischen Maurenthums. Es ist eine wesentlich andere, als jene der Berber, welche auch nach der islamitischen Invasion so ziemlich die Alten geblieben waren. Zwar die neue Lehre nahmen auch sie an, und zwar weit rascher, als zu erwarten war; der ethnische Gegensatz aber blieb bestehen, und er besteht auch heutigen Tags noch. Schon das Aeußere unterscheidet den Berber vom Araber. Während der Araber schwarze Augen und schwarzes Haar, ovales Gesicht auf langem Hals hat, erscheint der Berber mit viereckigem Kopf, mehr in den Schultern steckend, und meist blauäugig und rothhaarig. Der Araber bedeckt den Kopf und womöglich die Füße; der Berber hat Kopf und Füße nackt, trägt ein langes wollenes Hemd, Gamaschen, Schwurzfell und einen Haïk — Alles schmutzig und zerlumpt, vom Großvater auf den Vater und von diesem auf den Sohn vererbt. Der Araber lebt unter dem Zelte, das er weiter trägt; der Berber in fester Niederlassung und haftet am Boden. Der Araber ist arbeitsscheu, der Berber fleißig, anstellig. Wenn jener nur nothgedrungen sich zum Ackerbau versteht und am liebsten seine Heerden weidet, baut dieser seine Thäler

7*

gartenmäßig und ergiebt sich mit gleichem Eifer dem Handwerk als Bergmann, als Schmied, und von Alters her als Falschmünzer. Doch scheint der letztere Betrug der allein landesübliche; denn während die Araber sich sehr auf's Lügen verstehen und auch im Kriege den Verrath lieben, wäre die Lüge für den Berber (wenigstens für den berberischen Kabylen) eine Schmach, und seinem Angriff schickt er die Kriegserklärung voraus. Der Araber läßt sich den Mord abkaufen, unter den Berbern muß der Mörder sterben und gilt überhaupt das Recht der Blutrache. (Wir werden gelegentlich unseres Aufenthaltes in Fez von einem drastischen, höchst bezeichnenden Fall berichten.) Der Berber ist stolz, seinen Schutz auch über Unbekannte zu üben. Er liebt die Freiheit über Alles und hat sich nie unter einem Sultan gebeugt, wie die Araber. Noch heute sind sie die Herren im großen

Ballspiel.

Atlas, und wenn der Sultan seine Residenzen wechselt und von Fez über Mekines nach Marokko zieht, weicht er dem Gebirge auf großem Umwege gegen die Küste hin aus.

Dennoch wird nicht zu leugnen sein, daß das berbisch-arabische Mischlingsvolk der Mauren das Berberthum weit überragt, und daß es einst der Träger einer Cultur wurde, die im moslimischen Orient weder früher noch später ihres Gleichen hatte. Es war dies das classische Zeitalter des spanischen Maurenthums. Aus den Trümmern des Ommejadenreiches gingen eine ganze Menge berberisch-maurische Dynastien hervor, die aber arabischen Kunststyl, arabische Wissenschaft und Dichtung sich angeeignet. Zumal die Dichtkunst fand begeisterte Pflege. Ein rasch und treffend erdachter Vers konnte ein Dorf eintragen oder die Ketten des Gefangenen sprengen. Der Ackersmann dichtete hinter dem Pflug und die Staatskanzlei schickte diplomatische Noten in Kassidenform. Wir treffen eine Lyrik des Weins und der Liebe, die auf eine nichtmoslimische Freistellung der Frauen schließen läßt, wie sie sonst im Orient unbekannt ist.

Es versteht sich von selbst, daß an Höfen, wo man den Weintrunk statt des Frühgebetes eingeführt, wo man den trockenen Gaumen der Derwische verhöhnt, gazellenschlanke Mädchen für die wahren Muezzins, den Becher für die beste Lampe zum Erleuchten der Clause erklärt (ein Nichts ist alles Sein, und werthvoll nur die Liebe und der Wein) — daß dort auch keine Spur von Glaubenszwang gegenüber den Nicht-Moslemin vorhanden war. Damals war es jedem Christen unbenommen, sich einer Handelskarawane, die von den nordafrikanischen Küsten nach dem Innern des Continentes abging, anzuschließen, was heute selbst Reisenden, die unter den Fittichen einer officiellen Persönlichkeit, oder in der Maske als Moslem reisen, allemal schwer wird.

Wir haben bereits erwähnt, welch' jämmerliches Ende das Maurenthum in Spanien nahm, und wie es nach der Bezwingung von Granada (1491) nach Afrika zurückflutete. Die achthundertjährige Herrschaft auf europäischem Boden

Phantasia.

war endgiltig vernichtet. In Marokko herrschte nach der Zeit der Austreibung der Mauren die merinidische Dynastie in den drei Königreichen Fez, Marokko und Velez, doch der Ruhm, die Thatkraft, die Cultur ließen die Mauren in Spanien zurück; mit dem ersten Schritt in die afrikanischen Steppen verfielen sie wieder der alten Barbarei und nichts blieb ihnen als die Erinnerung von den Thaten ihrer Vorfahren. Dieser Rückfall hatte die im Laufe der Zeit in wahrhaft großartiger Weise sich entwickelnde Seeräuberei zur Folge. Rache und Fanatismus waren die nächsten Ursachen, der letzte Rest kriegerischen Geistes, das Mittel zu diesem sauberen Gewerbe. Der Kreuzzug Dom Sebastians hat nichts genützt und in der Schlacht von Alkazar (wir werden später das Schlachtfeld besuchen) verlor er Thron und Leben.

Es wäre übrigens ein arger Irrthum, das ganze marokkanische Volk der Piraterie anzuklagen. Diejenigen Mauren, welche sich in das Innere des Landes zurückzogen, behielten wenigstens den Schein milderer Sitten, in denen ihre Ahnen aufgewachsen waren. Zunächst blieb ihnen der Hang zum Städteleben, wodurch es erklärlich wird, daß die großen Niederlassungen auch heute noch fast ausschließlich von Mauren bewohnt werden, während die Araber das nomadisirende, die Berber das ackerbautreibende und in den Gebirgen festsitzende Element repräsentiren. Gleichwohl haben es die Mauren nicht vermocht, eine Dynastie aus ihrem eigenen Stamme hervorzubringen, sondern mußten sich im sechzehnten Jahrhundert dem Scepter eines arabischen Sherifs unterwerfen, mit welchem die noch heutzutag daselbst herrschende Dynastie begründet wurde. Dieser Sherif war Mula Mohammed, den eine Karavane aus Tafilet, welche eben aus Mekka zurückgekehrt war, von dort mitbrachte. Sei es nun, daß die maurische Dynastie ausgestorben war, oder daß der Usurpator sie mit Gewalt stürzte: Mula Mohammed wurde Herrscher über alle drei Reiche und begründete die Dynastie der Sherife mit dem Beinamen »Fileti« (von der Oase Tafilet), und diese Dynastie nimmt noch gegenwärtig den Thron von Marokko ein. Arabisch (dem Blute nach) ist sie freilich nicht mehr, auch nicht rein maurisch oder berberisch — sondern »marokkanisch«, denn in den Adern der letzten Angehörigen dieser Dynastie fließt das Blut all' der genannten Stämme und Völker und Negerblut noch dazu.

Wir werden nicht ermangeln in einem späteren Capitel einen Blick in jenes Landgebiet — Tafilet — zu werfen, aus welchem die herrschende Dynastie, wenn nichts anderes, so doch den — Namen bezogen hat.

Der Maure ist von mittlerer Größe, schlank und schön gebaut. Er hat eine nur wenig gebräunte Hautfarbe, schwarze Haare und Augen und meistens nur einen spärlichen Bart, den er aber ebenso sorgfältig pflegt wie der Orientale. Sein Charakter ist weniger wild als jener des Berbers und Arabers, was nicht ausschließt, daß er im Kampfe ebenso feurig und tapfer ist. Mit seiner Vertreibung aus Spanien schwand auch sein ritterlicher Sinn, oder wo dieser blieb, mischte er sich mit der rohen Kampfwuth des Arabers, wie sich das maurische Blut mit dem arabischen mischte. Der Maure schreitet stolz und gravitätisch einher, oder kauert, wenn er zu den Wohlhabenden gehört, auf einer Matte unter der Vorhalle seines Hauses, oder auf irgend einem anderen Lieblingsplatze und thut im strengsten Sinne des Wortes nichts. Selbst nicht einmal das bei den Orientalen und auch noch in dem benachbarten Algerien so beliebte Tabakrauchen hat der Maure zur Zerstreuung, da er nach seinem strengen Religionsgesetze jenes Genusses sich enthalten muß. Der Maure ist der typische Ausdruck der Apathie. Nur wenn er spricht, beleben sich seine für gewöhnlich starren Züge, und er begleitet sein, mit größtem Eifer geführtes Gespräch mit heftigen, oft bizarren Handbewegungen. Kaum aber ist das letzte Wort von seinen Lippen entflohen, so fällt er wieder in den Zustand eines merkwürdigen Scheinlebens zurück. Im vortheilhaftesten Lichte zeigt sich der Maure, wenn er zu Pferde sitzt. Dann ist Alles an ihm Feuer und Leben. Sein Blick sprüht Flammen, seine Gesichtszüge erhalten ein gewisses ideales Gepräge. Auf feurigem Rosse fliegt er wie der Sturmwind dahin, die lange Flinte schwingend und gelle Jubelrufe ausstoßend. Es scheint, als sei er unversehens ein anderer Mensch geworden, und als wäre es unmöglich, daß er jemals wieder in jenen Zustand der Indolenz zurückkehren könne, aus welchem er sich soeben herausgerissen.

Ueber das Verhältniß zwischen den Mauren und den marokkanischen Berbern läßt sich in Kürze sagen, daß es ein schlechtes ist. Heiraten zwischen beiden Völkern kommen so viel wie gar nicht vor und der allgemeine Verkehr ist auf ein Minimum beschränkt. Der Schlüssel zu diesem Verhältnisse findet sich leicht, wenn man die eigenthümliche Stellung der Berber unter allen Völkern des afrikanischen Nordrandes und ihrer Vergangenheit in Betracht zieht. Die berberisch-arabische Blut- und Rassenmischung, wozu noch spanische und italienische Elemente kommen, steht zu dem reinblütigen Berberthum oder zu der berberisch-vandalischen Blutmischung im strengsten Gegensatze. Dazu kommt noch, daß die Machthaber nicht der Berberrasse angehören und sich sonach von vornherein in einem gewissen nationalen und politischen Gegensatze zu der Urbevölkerung befinden. Auch Lebensweise und Sitten entscheiden viel. Dennoch dominirt in Marokko das berberische Element ganz bedeutend. Von der Gesammtbevölkerung des Kaiserreiches, von der eine verläßliche Ziffer nicht aufzustellen ist, sollen die Berber mindestens zwei Drittel ausmachen. Hinsichtlich der räumlichen Vertheilung gestaltet sich das Verhältniß für die Berber in noch höherem Maße günstiger; denn, da sie die eigentliche Landbevölkerung repräsentiren und alle Gebirgsstriche occupirt halten, während die Mauren nur die Städte oder deren engeren Bereich einnehmen, fallen auf jene vier Fünftel, auf diese ein Fünftel des Gesammtareals.

Die Berberstämme Marokkos sind, wenn man sich ihr Verhältniß zu den Machthabern vergegenwärtigt, nur nominelle Unterthanen des Sultans. Sie selber dünken sich vollkommen frei und jede Abgabe an den Staat kann ihnen nur durch

List oder Gewalt abgerungen werden, wobei es allemal blutige Händel absetzt. So oft der Sultan zu dem Entschlusse gelangt, von den Berberstämmen Abgaben zu erpressen, was häufiger, als billig, zu geschehen pflegt, so läßt er sich durch die betreffenden Statthalter der Provinzen einen beiläufigen Ueberschlag des Ertrages der Ernte und Heerden geben, und bestimmt darnach seine Forderung. Hierauf wird diese den verschiedenen Tribus durch ihre Marabuts verkündet und die Mahnung

Production der Aïssauah-Ordensbruderschaft. (S. 28.)

beigefügt, der Abgabeleistung gutwillig nachzukommen. Allein selten wird dieser Forderung Folge geleistet, ja die Marabuts selber sind Diejenigen, die die Abgabenverweigerung in erster Linie verursachen und den Widerstand nach Kräften schüren. Ist dieser zum offenen Ausbruche gelangt, so bietet der Sultan seine Streitkräfte auf und aus der Abgabenverweigerung entwickelt sich ein regelrechter Krieg — natürlich ein solcher nach einheimischen Begriffen, mit Mord und Todtschlag, Plünderung und Raub. Man nennt dieses Verfahren „eine Provinz auffressen«

Phantasia am Geburtstage des Propheten. (S. 57.)

und man muß gestehen, daß nicht nur die römisch katholische Kirche, sondern auch der marokkanische Staat einen guten Magen hat.

Man begreift, daß diese Wirthschaft nicht geeignet ist, die Berber gefügiger zu machen. Sie finden darin einen logischen Grund zu Repressalien, die niemals ausbleiben, die aber in letzter Consequenz freilich nicht die Uebelthäter selbst, sondern meist Unschuldige treffen. Auf ihren leichten, flinken Rossen steigen sie nämlich gelegentlich von den Gebirgen in die Ebene herab, vereinigen sich da mit den nicht minder rauh und kampflustigen arabischen Nomaden, berauben und plündern die Städte der Mauren oder die Niederlassungen der seßhaften Araber, treiben ihre Heerden fort, morden, was ihnen Widerstand leistet und kehren, so blitzschnell als sie gekommen, in ihre Schlupfwinkel und Gebirgseinsamkeiten wieder zurück. Solche Einfälle, die immer elementar hereinbrechen und ihren Zweck vollständig erfüllen, richten ganze Provinzen zu Grunde und verwandeln blühende Anwesen in eine Wüste, wenn nicht in einen mit Leichen besäten Kirchhof.

Der marokkanische Berber ist von durchschnittlich kleiner Gestalt, sehr mager, sehnig und gelenkig wie eine Katze; seine Hautfarbe geht durch alle Schattirungen, von Dunkelgelb bis zum Schwarzbraun, von Erdfahl bis zu Olivenbraun. Sein Gesicht und besonders die blitzenden schwarzen Augen drücken die ganze Wildheit und Grausamkeit seines Charakters aus. Es giebt unter diesen Leuten Physiognomien, die so scheußlich sind, daß Derjenige, der sie nur einmal in seinem Leben gesehen, sie nie wieder aus der Erinnerung verliert. Der sehnige Körper erträgt die härteste Lebensweise. Der Berber bedeckt fast nie sein Haupt, mag die Sonne noch so infernalisch herablodern. Man sieht häufig genug Vornehme, welche das Haupt zwar mit einem Tuche umwunden haben, den nackten, oder mit einem Haarbüschel versehenen Scheitel aber unverhüllt dem Sonnenbrande aussetzen... Die Tracht ist höchst einfach. Ein grobwollenes Hemd, welches so lange am Leibe bleibt, bis es selber in Stücke fällt (ein witziger Schriftsteller meint, derlei Gewänder beständen »aus großen, von wenig Zeug umgebenen Löchern«), durch einen ledernen Gürtel oder Strick festgehalten, grau und schwarz gestreift und mit einer Kapuze versehen, ist gewöhnlich ihre einzige Bekleidung. Selten tragen sie den Haïk, noch seltener Schuhe, beziehungsweise Pantoffel. Ihre Weiber weben die Stoffe und verfertigen auch die Kleidung. Nur die Scheichs und Marabuts sind besser, den Mauren ähnlich gekleidet. Im Winter, wo es in ihren Gebirgen ziemlich kalt ist, hüllen sie sich wohl in wärmere Kleider, immer aber erst im äußersten Nothfalle, da ihr abgehärteter Körper jeden Witterungswechsel leicht erträgt. Niemals gehen sie ohne Waffen. Entweder tragen sie die lange Flinte, oder auch

8*

nur den Yatagan und einen tüchtigen, aber zugespitzten Stock. Sind sie zu Pferde und geht es in den Kampf, dann freilich wird das Rüstzeug entsprechend vervollständigt, und es fehlen dann auch Säbel und Pistolen nicht.

Von der berberisch-arabischen Mischrasse der Mauren haben wir die reinblütigen Araber, deren Zahl in Marokko freilich nicht groß ist, scharf zu unterscheiden. Sie sind Elemente aus späterer Zeit, und haben mit den Arabern aus der Invasionszeit nur die ethnische Seite gemein. Am dichtesten sitzt das nomadisirende Araberthum in den marokkanisch-algerischen Grenzprovinzen, eine Gegend, aus der auch Abd-el-Kader stammt, und der bis zu einem gewissen Grade der Typus von einem Parteigänger aus jenen, fast nie zur Ruhe kommenden Grenzstrichen ist. Manche Tribus leben in beständigem Kriege mit der Autorität, und gerade in der letzten Zeit sah sich der Sultan wiederholt gezwungen, seine Truppen nach jenen Grenzstrichen zu dirigiren. Da neuerdings durch die algerische Bewegung, namentlich aber durch den von Bu-Amema und Si-Sliman geleiteten Freibenterkrieg das fragliche Gebiet von alleractuellster Bedeutung ist, möchten wir zum Schlusse dieser ethnographischen Skizze des den marokkanisch-algerischen Grenz-

Negertanz. (S. 34.)

arabern unvergeßlichen Heros' Abd-el-Kader gedenken. — In den Namen Abd-el-Kader und Schamyl ist der morgenländische Widerstand gegen die politischen und culturellen Expansionsbestrebungen des Abendlandes verkörpert. Obwohl dieser Kampf, der dem Islam von Jahrzehnt zu Jahrzehnt größere Theile seines Verbreitungsbezirkes kostet, noch nicht ausgerungen ist, so können jene Helden gleichwohl als die letzten Repräsentanten der mohammedanischen Unabhängigkeitsbestrebungen gegenüber dem abendländischen Einflusse betrachtet werden. Von den beiden moslimischen Heroen ist übrigens Schamyl später von der Bühne der Zeitereignisse abgetreten, als Abd-el-Kader: dieser stellte sich 1847 den französischen Truppen, jener erst 1859 den russischen, nachdem der Widerstand beider nach Jahrzehnte langem Kampfe gebrochen war. — Unserer Generation ist Abd-el-Kader — der noch immer in Damascus lebt — völlig entfremdet. Innerhalb fünfunddreißig Jahren

war sein Name nur noch einmal genannt, als er gelegentlich des zwischen Christen
massacres im Jahre 1860 mit einer Schaar algerischer Emigranten dem fana
tischen Pöbel und den türkischen Baschi Bozuks Achmed Pascha's energisch entgegen
trat, die wilden Rotten auseinandertrieb und die Schutzsuchenden im Castell von
Damascus unterbrachte. Was den Lebenslauf Abd el Kaders anbelangt, so möchten
wir nur einige interessante Momente aus demselben berühren... Es war im
Jahre 1830. Eine französische Kriegsflotte von 100 großen Seglern, die etwa
40.000 Soldaten Besatzung hatte, war vor Algier erschienen. Die Korsaren
wirthschaft, welche durch viele Jahrhunderte so vieles Elend über die Küstenländer
des westlichen Mittelmeeres gebracht hatte, sollte mit Stumpf und Stiel aus
gerottet werden. Mehrmals vorher schon trug man diese löbliche Absicht, aber in
den früheren Jahrhunderten, da die algerischen Dey's noch mächtige unabhängige
Korsarenhäuptlinge waren, wollten
die verschiedenen Unternehmungen
nicht gelingen. Von Karl V. ist
es bekannt, daß ein Sturm seine
Flotte zerstreute. Auch die Flotten
Ludwigs XIV. bemühten sich ver
gebens, den Uebermuth des Dey's
und seiner wilden Miliz zu brechen.
Wenn französische Schiffe anfingen,
die Stadt Algier zu bombardiren,
flogen ihnen die Glieder des fran-

Schlangenbeschwörer. S. 55.

zösischen Consuls und anderer Gefangener, die man vor die Kanonen gebunden,
entgegen. Ein andermal war es Lord Exmouth, der mit seiner Flotte vor dem
alten Raubneste erschien (1816): das Feuer der Schiffe war ein wahrhaft zer=
störendes, als aber in der Nacht einige brennende Fregatten des Dey's mit dem
Winde zwischen die englischen Schiffe trieben, mußten diese das Weite suchen.
Als General Bourmont im Sommer 1830 an der algerischen Küste landete,
da hatte es den Anschein, als sollte auch diesmal das Unternehmen mißglücken.
Wenigstens hatte die erste Division bei ihrer Landung derart mit ungünstigen
Winden zu kämpfen, daß dem Commandanten die bezeichnende Phrase entschlüpfte:
»Das ist das Wetter Karl's V.!«... Gleichwohl überwand das nahezu 40.000 Mann
starke Expeditionsheer alle Schwierigkeiten und nach hartem Kampfe mit den ver=
zweifelt ringenden Janitscharen fiel Algier in die Hände der Franzosen. Der Dey,
ohnedies seiner Grausamkeiten wegen von seinen eigenen Truppen des Lebens nicht

sicher, ward nach Neapel exilirt... Die Art der Kriegführung, die kurz hierauf der General Clauzel zu inauguriren beliebte, war keineswegs darnach, die erbitterten Algerier mürbe zu machen. Wir erinnern nur an die grausame Niedermetzelung aller Gefangenen von Blidah, an die Ausräucherung eines ganzen Kabylenstammes, mit Weibern und Kindern in den Dahragrotten durch den damaligen Obersten Pélissier, an die Razzias Lamoricières, denen nicht nur das Hab und Gut der Vertheidiger, sondern auch zahllose Weiber und Kinder zum Opfer fielen.

Es braucht nicht besonders bemerkt zu werden, daß diese barbarische Kriegführung die Araberstämme der Ebenen und Thäler und die Kabylen im Gebirge zum Aeußersten trieb. Dem Widerstande aber würde zweifellos die nöthige Verve gefehlt haben, hätten nicht die »heiligen Männer« der Rechtgläubigen, die Marabuts, den Kämpfen den Stempel des »heiligen Krieges« aufgedrückt. Damals war die Proclamirung des Dschihad noch kein Geflunker, wie heute, wo man dieses Requisit bald da, bald dort in mohammedanischen Landen zur Hand hat. Wenn in unseren Tagen jede Affaire zwischen Afghanen und Engländern oder Russen und Turkmenen, sobald sie zu einem »heiligen Kriege« aufgebauscht werden, einfach den Beigeschmack der Lächerlichkeit erhalten, so war dies keinesfalls in den Dreißiger Jahren in Algier der Fall. Zu den einflußreichsten Marabuts zählte damals Mahieddin vom Stamme Haschem. Man wollte ihn an die Spitze der Vaterlandsvertheidiger stellen, er aber lehnte ab und empfahl seinen Sohn. Es war dies der nachmals so berühmte Abd=el=Kader. Um seinen Namenspatron zu ehren, war letzterer schon als Jüngling nach Bagdad gepilgert, um am Grabe Sidi Abd=el=Kaders zu beten. Dort erschien ihm, so erzählen die Araber, der Heilige mit drei Orangen in der Hand. »Diese Früchte hier sind für den Sultan des Westens — wo ist er?« — »Wir haben keinen Sultan,« lautete die Antwort... »Ihr werdet bald einen haben,« versicherte der Heilige und gab die Orangen dem Jüngling. Das war im Jahre 1828. Als dann die Marabuts zusammengetreten waren, um ein Oberhaupt zu wählen, erschien der Heilige nochmals in der Versammlung, und zwar in der Gestalt eines hundertjährigen Santons, und dieser überirdische Wähler stimmte für — Abd=el=Kader, seinen irdischen Namensvetter... So ward der Sohn Mahieddin's in einem Alter von kaum dreiundzwanzig Jahren zum Führer im heiligen Kriege, nachdem man ihn gleichzeitig zum Herrn von Mascara und Tlemsen ausgerufen hatte.

Sieht man von dem wunderthätigen Apparate, der mit der Berufung Abd=el=Kaders verknüpft ist, ab, so muß man gleichwohl zugeben, daß gewisse Aeußerlichkeiten vorhanden waren, die den jungen Führer geradezu in ein überirdisches

Licht rücken mußten. Mit zwanzig Jahren war Abd el Kader in Gesellschaft seines Vaters in Mekka gewesen — also in einem Alter, wo andere junge Leute noch vollauf mit ihren Koran Studien in den Miedressés beschäftigt zu sein pflegen. Das leicht gebräunte, schöne, kaum von einem Bartflaume umspielte Antlitz ward bereits von dem grünen Kopfbunde des Hadschis beschattet. Er trug ihn aber nicht, sondern benützte vielmehr eine Art von Helm, über welche er das Baschlik des nationalen weißen Burnus warf. Jung und geschmeidig, von der Gloriole besonderer Gottähnlichkeit umwoben, schön von Gestalt und bekannt im ganzen Lande als ein Mann von außergewöhnlichem theologischen und juristischen Wissen, vereinigte Abd el Kader Alles in sich, um als orientalisches Wunderkind zu gelten. Daß er nebenbei eine scharfe Klinge führte, haben die Franzosen ebenso oft erfahren, wie nachmals seine herzgewinnende Freundlichkeit, als er bereits das Brot der Gefangenschaft genoß. Ehrlichkeit, Gesinnungstreue und die eben erwähnte Freundlichkeit hat der einst stolze und kriegstüchtige Emir bis an seinen Lebensabend behalten. Seine Haltung im Drusen-Aufstand legt hierüber wohl beredtes Zeugniß ab. Er ist aber auch sonst einer der vielgesuchtesten orientalischen Berühmtheiten und es mag wenige Orientreisende oder europäische Functionäre, die ihr Beruf nach Syrien führte, geben, die bei dem Emigranten in seiner schilfumwachsenen Burg in Damaskus nicht vorgesprochen hätten. Er stand auch in freundschaftlicher Beziehung zu so manchen Emigranten aus der ungarischen Revolutionszeit; wenigstens sind mir hierüber Mittheilungen von dem noch lebenden Sohne Dembinski's in dieser Richtung gemacht worden . . .

Doch kehren wir zu den Lebensschicksalen Abd-el-Kaders zurück. Oft siegreich, und dadurch zu blinder Verfolgungswuth getrieben, konnte der junge, thatendurstige Emir gleichwohl der verlornen Sache nicht mehr auf die Füße helfen. Er selbst hatte jede Nachgiebigkeit als nutzlos erklärt, denn »wenn ihr keine wahren Gläubigen mehr seid« — meinte er — »wenn ihr die Religion und die Verheißungen Gottes schmachvoll verlaßt, so glaubt nicht, daß diese unwürdige Schwäche auch Ruhe verschaffen werde. So lange mir ein Athem Leben bleibt, werde ich die Christen bekämpfen und euch folgen, wie euer Schatten — euern Schlaf durch Flintenschüsse stören,« ꝛc. . . . Wie weit Abd-el-Kaders Kampfeswuth reichte, beweist folgender Zwischenfall. Als Marokko mit seiner gesammten Kriegsmacht für die Sache des algerischen Freiheitskampfes eingetreten war, da belebte sich neuerdings die Zuversicht des Emirs. Sie wurde aber alsbald zu nichte, als Marschall Bugeaud die Marokkaner am Ily-Flusse total geschlagen hatte. Es waren nicht die Franzosen, über die Abd-el-Kader nun herfiel, sondern seine früheren Bundesgenossen, er für ihre Feigheit (wie er meinte — es war aber schlechte Führung) züchtigen wollte. Er überfiel das marokkanische Lager — aber siehe da, die früher durch die Franzosen Besiegten, wehrten nun entschieden den Ansturm der Algerier ab, und das erlöschte mit Einemmale den Thatendurst des „Gebieters von Mastara und Tlemsen". Ausgeschlossen auch von Marokko, von den zersprengten Stämmen verlassen, umstellt und verfolgt von allen Seiten, sah der Emir in finsterer Regennacht sich genöthigt, an General Lamoricière seinen Verzicht auf jeden weiteren Vertheidigungskampf einzusenden. Es war im December 1847. Man brachte den Gefangenen erst auf das Fort Lamalgue, dann auf das Schloß Pau, und noch später auf das Schloß Amboise. Gelegentlich der Thronbesteigung Napoleons III.

Infernalisches Concert.

erhielt er von dem neuen Kaiser der Franzosen die Freiheit, und zwar gegen das eidliche Versprechen, nie mehr gegen Frankreich die Waffen zu führen. So verließ Abd-el-Kader nach fünfjährigem unfreiwilligen Aufenthalte im Lande seiner Besieger, Europa, um sich Anfangs in Brussa, und als diese Stadt 1855 durch ein Erdbeben beinahe vollständig zerstört wurde, in Constantinopel, und bald hierauf in Damascus niederzulassen ... Alle späteren kriegerischen Affairen im Oriente vermochten ihn nicht wieder aus seiner thatenlosen Zurückgezogenheit herauszureißen.

Nun noch einige Worte über die Araber Nordwest-Afrikas.

Dieselben präsentiren sich, sofern sie keine Blutmischungen mit den berberischen Urbewohnern eingegangen haben, noch ganz so wie ihre ältesten Vorfahren. Das Stammesverhältniß ist nichts anderes als ein Familienverband im weiteren Sinne. Ursprünglich mögen die überschüssigen Kinder eines Familienzeltes mit ihren Eltern sich in der Nachbarschaft des Stammzeltes niedergelassen haben, und so fort, bis aus der Familie eine Sippe, aus dieser ein Stamm, und aus mehreren Stämmen ein Grossstamm ward, dem das gemeinschaftliche Familienhaupt als umumschränkter Gebieter vorstand. So prägte sich mit den Jahrhunderten das Gefühl der Blutsverwandtschaft tief in Charakter des nomadisirenden Arabers ein. In socialer Hinsicht entwickelte sich bald eine Art Aristokratie aus, die sich bis auf den Tag erhalten hat. Diese Aristokratie ist eine dreifache: jene der Geburt (Scherif), die Militär-Aristokratie (Dschnad) und die religiöse Aristokratie (Marabuts). Als edel von Geburt wird nur Derjenige betrachtet, welcher seine directe Abstammung von Mohammeds Tochter Fatma, der bekannten Gemahlin des vierten Khalifen

Marokkanischer Pflug.

Ali, nachweisen kann. Trotz der in die Augen springenden genealogischen Schwierigkeiten in dieser Stammes-Ableitung ist die Zahl der »Schürfa« (Mehrzahl von Scherif) eine unverhältnissmässig grosse.

Ein Grundzug des Arabers ist sein hochentwickelter Familiensinn. Gleichwohl ist die Stellung der Frau — im Gegensatze zu jener des Berbers — keine beneidenswerthe. Zwar findet die Polygamie in Folge der dürftigen Verhältnisse, wie sie unter den arabischen Nomaden Marokkos (und anderwärts) herrschen, nur sehr beschränkte Anwendung; auch sonst lebt das Nomadenweib verhältnissmässig freier; im Uebrigen aber ist es kaum mehr, als die Sklavin seines Gebieters, zumal dann, wenn diesem die Mittel fehlen, weibliche Sklavinnen ins Zelt zu nehmen. Neben der täglichen Beschäftigung fallen dem Nomadenweib fast alle nützlichen Arbeiten zur Last. Es webt das Zelttuch, ferner die Decke, auf der sein Herr

De Amicis, Marokko.

von seinen Wüstenritten auszuruhen pflegt, die Satteldecke, den Burnus und noch manch' anderes Stück. Die einzige Garantie, die Neigung des Herrn der Schöpfung länger rege zu erhalten, ist ein hübsches Gesicht; doch darf kein Nomadenweib hoffen, diesen Talisman mehr als zwei Jahrzehnte zu conserviren. Ein Arabermädchen ist, wie Maltzan treffend bemerkt, nur kurze Zeit vollendet schön; aber in dieser Zeit ist sie würdig, eine Braut für Göttersöhne zu sein — sie ist ein Stück Wüstenpoesie.

Es wäre paradox, anzunehmen, ein so feuriger Geselle, wie der jugendliche Wüstennomade einer ist, hätte kein Verständniß für Frauenreiz und Leibesschönheit. Der Goldton des weiblichen Incarnats, die phosphorescirende schwarze Haarfluth mit dem schönen Stich ins schillernde Blauschwarz — der tiefdunkle, sehnsucht= umhauchte Blick mit der sammtenen Wimperngardine, und nicht zuletzt die geschmeidig edle, wohlgerundete Gestalt: das Alles sind Reize, wozu es nicht des Cultur= menschen bedarf, um einen Kenner zu finden. Wie sehr der Araber all' diese Eigenschaften zu schätzen weiß, das entnimmt man am besten aus jenen Rhapsodien, die speciell dem Weibe gelten. Ein solcher Troubadour kennt kein Maß in seinen Lobpreisungen. Die schönsten Städte des »Maghreb« (Westens) wiegen die Holde nicht auf. Ihr Werth ist unschätzbar, denn sie gilt noch mehr, als all' jene Fabel= fahrzeuge zusammen, auf welchen vor Zeiten der Weltschöpfer die Reichthümer der Erde herbeigeschafft hatte. Ja, noch mehr — sie wiegt fünfhundert Stuten auf, und das will beim Araber gewiß etwas heißen. Indem der Sänger die Leibes= herrlichkeit seiner Schönen in allen ihren Details schildert, versteigt er sich zu Salomonischen Bildern. Er nennt ihren Hals einen Mastbaum, ihre Kehle einen Pfirsich, ihre Schultern Elfenbein; die Rippen vergleicht er mit jenen »stolzen Säbeln, die die Dschnad aus der Scheide ziehen, wenn sie vom Pulverdampf ermüdet sind« u. s. w.

Dennoch wissen wir, was wir vom Araber, im Vergleiche mit dem Berber zu halten haben. Wir haben die betreffende Charakteristik bereits gegeben. In dem Hochlande zunächst der algerischen Grenze führt er ein Leben von Heute auf Morgen. In diesem Hochlande giebt es nur einen Theil des Jahres gefüllte Bachrinnen. Doch machen die Winterregen es möglich, auch den weiteren Umkreis der Oasen als Weide zu benützen, und was dem Nomaden an Bequemlichkeit des Lebens abgeht, ersetzt er durch sein Freiheitsgefühl und den Stolz auf seinen Müßiggang . . .

Die italienische Gesandtschaftsreise nach Fez, an der Edmondo de Amicis als Privatmann theilnahm, wurde zu dem Zwecke der officiellen Ueberreichung der Creditive seitens des italienischen Geschäftsträgers unternommen. Der neue Kaiser, Muley Hassan, hatte im September 1873 den Thron seiner heiligen Väter bestiegen und die fragliche Gesandtschaft war die erste, welche Italien je in die Residenz der Scherifen Dynastie entsendet hatte. Unser Reisender hatte sich von Turin aus über Spanien nach Tanger begeben, wo er einen Tag vor dem früher fest gesetzten Antrittsdatum der Expedition eintraf. Die Abreise sollte sich aber um Wochen verzögern, da der officielle Verkehr zwischen den europäischen Vertretern zu Tanger und dem Hofe des Sultans in Fez nach festgesetzten, vom Sultan selber vorgezeichneten Itineraren stattzufinden pflegt und die Mittel zu diesem Verkehr, die Reit und Transportthiere überdies jeweilig von seiner Scherifischen Majestät beigestellt werden. Fast jede der zahlreichen Gesandtschaften, welche im letzten Jahrzehnt ihrer gerade nicht übermäßig schweren Missionen sich zu entledigen hatten, mußten sich derlei Verzögerungen gefallen lassen. Die kaum 220 Kilometer lange Strecke, zu deren Zurücklegung zehn, zwölf höchstens fünfzehn Tage benöthigt werden, ist zwar ziemlich practicabel, doch sind Störungen durch Elementar-Ereignisse, durch Anschwellen der Flüsse, zumal des großen Zebu, durch übergroße Hitze u. dgl. nicht ausgeschlossen.

Gleich nach seiner Ankunft in Tanger stellte sich de Amicis dem italienischen Geschäftsträger vor. Er erkannte ihn sofort, ohne daß der mitgenommene Dragoman des Hôtels nöthig hatte, ihn auf die fragliche Persönlichkeit aufmerksam zu machen. Freunde des Reisenden hatten von dem Geschäftsträger Porträts entworfen, welche eine Verwechslung kaum zuließen. Sie schilderten denselben als einen Mann, der fähig wäre, von Tanger bis Timbuktu zu reisen, allein nur im Besitze zweier Pistolen — eine Leistung, so lobenswerth sie im gegebenen Falle genannt werden müßte, immerhin von Reisenden anderer Nationen, zumal der deutschen, streckenweise oder ganz bewirkt wurde. In zweiter Linie galt der Geschäftsträger als ungemein opferwillig. Sich selber der Gefahr aussetzen, um Andere zu retten, wurde als dessen hervorragendste Tugend gepriesen.

Der Reisende wurde auf das zuvorkommendste aufgenommen. Es wurde ihm bedeutet, daß er im »Hauptquartier« der Expedition sich häuslich einrichten und überhaupt wie zu Hause betrachten möge. Hinsichtlich des Tages der Abreise aber mußte sich de Amicis vertrösten lassen, denn noch wußte man nichts Bestimmtes in dieser Hinsicht. Der Geschäftsträger hatte zwar einen Courier nach Fez abgefertigt, aber bis er zurückgekehrt, konnten Wochen verstreichen. Einstweilen hatte man die ersten Tage des Mai als Aufbruchstermin festgesetzt und bis dahin hatte der Reisende Zeit und Gelegenheit jene mannigfachen Beobachtungen zu machen, die wir in den vorstehenden Seiten grossentheils nach ihm geschildert, hin und wieder aber durch Mittheilungen älteren und neuesten Datums entsprechend ergänzt und abgeändert haben.

Die Expeditionscolonne der italienischen Gesandtschaft war aus nachfolgenden Persönlichkeiten zusammengesetzt: Geschäftsträger Commandeur Stefano Scovasso, Capitän des Generalstabes Giulio di Boccard, Fregatten-Capitän Fortunato Cassone; zum officiellen Stabe zählten ferner der italienische Viceconsul von

Ritt nach dem Cap Spartel. (S. 36.)

Tanger und der Consularagent von Mazagan (Hafenstadt an der Küste halbwegs zwischen Tanger und Mogador). Der Reisende, sowie die beiden Maler Ussi aus Florenz und Biseo aus Rom hatten seitens des Geschäftsträgers die Einladung erhalten, sich an der Reise zu betheiligen. Diesen letzteren verdanken wir denn auch eine Fülle der charakteristischsten figuralen Darstellungen aus dem Volks- und Hofleben Marokkos, originelle Aufzüge, Typenbilder, dramatisch bewegte Scenen und geniale Augenblicksbilder, welche besser als selbst de Amicis ab und zu höchst lebendig geschriebener, farbenreicher Text, jene eigenartige Welt in dem westlichen »Bollwerk des Islam« dem Leser vorführen.

Gegen Ende des Aufenthaltes in Tanger, als der so heiss herbeigesehnte Aufbruchstag nahegerückt schien, begann das Interesse des Reisenden mehr und mehr von den naheliegenden Dingen auf die fernen, noch ungekannten, sich zu erstrecken. Die Phantasie hatte vollauf Spielraum, sich mit den noch unentschleierten Geheimnissen dieses merkwürdigen Landes zu beschäftigen. Pessimistische Freunde hatten freilich die Farben greller, als wünschenswerth war, aufgetragen, und die Reise als nichts weniger denn harmlos hingestellt. Man sprach von Strapazen und Widerwärtigkeiten, von jenen Tausenden von wilden Räubern, welche sich anderen Gesandtschafts-Expeditionen in den Weg gestellt hatten, von infernalischen Gewehr-Dechargen, durch deren vergrollende Echos man das Pfeifen von Kugeln hörte, von eventuellen Attaken auf die italienische Wappenfahne, die ja in ihrem rothen

Vorbereitung zur Reise.

Felde ein Zeichen trägt — das weiße Kreuz — welches von den fanatischen Bewohnern leicht als feindliche, kriegerische Demonstration aufgefaßt werden könnte. Auch andere düstere Bilder gab's die schwere Menge: riesige Scorpionen, Giftschlangen, Taranteln und anderes gefährliches Ungeziefer, auf dessen Besuch in den Zelten man gefaßt sein mußte... Und dann, dieses Fez selbst, mit seinen finsteren, unheimlichen Gassen, seinem Volksgewühl, seinen epidemischen Krankheiten u. dgl., war es nicht ein Reiseziel, das man eher fürchten, als ersehnen mochte?

Man berichtete den Reisenden auch unter Anderem, von einem jungen Maler aus Brüssel, der sich der belgischen Gesandtschaft auf ihrer Reise nach Fez

angeschlossen hatte, aber von dem Gesandten alsbald zwangsweise nach Tanger
zurückgeschickt werden mußte, da die Gefahr nahe lag, daß der junge Mann in
Folge der tiefen Niedergeschlagenheit und incurablen Melancholie, die ihn auf der
marokkanischen Erde ergriffen hatten, sozusagen unter den Augen seiner Kameraden
sterben könnte... Es ist dies offenbar nicht derselbe junge belgische Maler, von
dem ein Reisender nach de Amicis, Ludwig Pietsch, der mit der deutschen Gesandt=
schaft nach Marokko (1877) gekommen, spricht, und den er als den am längsten
angesiedelten Europäer in Tanger bezeichnet. Er heißt Eckhout und weilt seit 1868,
wo er mit einer französischen Gesandtschaft nach Fez gekommen war, in der
marokkanischen Küstenstadt. „Im behaglichen Hause mit seiner liebenswürdigen
Frau und zwei schönen Kindern lebend, einem Daheim, das ein reich gefülltes
Museum von seltenen und kostbaren Erzeugnissen älterer und besonders auch der
marokkanischen Kunstgewerbe darstellt, malt er die Bilder der Wirklichkeit, die
ihn hier umdrängen, mit Geschick und Geschmack und findet an den Engländern
und Amerikanern, welche Tanger besuchen, immer sichere Käufer"...

Die schlimmen Befürchtungen des Reisenden, oder vielmehr die übermäßig
grell aufgetragenen Bilder seiner verschiedenen Gewährsmänner sollten sich, wie wir
nachmals sehen werden, nicht, wenigstens nicht ihrem ganzen Umfange nach, bestätigen.
Daß das Geheimnißvolle, Aufregende, Unbestimmte seinen besonderen Reiz hatte,
fühlte auch de Amicis, als eines schönen Tages der zweite Dragoman der Gesandt=
schaft, Salomon Aflalo in der Thüre des Speisesaales erschien und die Nachricht
überbrachte, daß die militärische Escorte aus Fez angekommen sei. Mit ihr kamen
die Pferde, die Maulthiere, die Zelte, die vom Sultan vorgezeichnete Reiseroute
an. Der Moment zur Abreise war also endlich, nach langem aufregenden Harren
und Hoffen hereingebrochen.

Freilich bedurfte es noch mehrerer Tage, um die Expedition zu organisiren,
die Tragthiere zu befrachten, die Dienerschaft zu completiren und auf die eigene
Ausrüstung bedacht zu sein. Zu einer Besichtigung der angekommenen Leute und
Thiere drängte eine leicht begreifliche Neugierde. Es waren fünfundvierzig Pferde,
jene der Escorte inbegriffen. Einige zwanzig Reitesel und etwa fünfzig Maulthiere
für den Transport des Gepäckes, zu denen sich späterhin noch eine größere Zahl
gesellte, welche in Tanger aufgetrieben werden mußte, bildeten den eigentlichen
zukünftigen Troß. Alle Reitthiere waren prächtig geschirrt und gezäumt, doch
trugen sie deutliche Spuren der anstrengenden Reise, welche sie eben zurückgelegt
hatten. Die Escorte-Soldaten bestätigten dies, da sie sich sprachlich nicht ver=
ständigen konnten, durch lebhafte Geberden und Zeichen, welche zum Schlusse die

Befriedigung ausdrückten, daß sie (die Escorte Mannschaft) nach allen Strapazen, unausstehlicher Hitze und peinigendem Durst, durch Gottes Hilfe gerettet wurden und gesund an ihrem Ziele anlangten.

Während des Reisenden Kameraden sich mit den Mauren und Negern noth dürftig verständigt hatten, schritt man zum Besuche des Sul el Bara, wo die großen Reisezelte aufgeschlagen waren. Die Neugierde, jene luftigen Behausungen zu besichtigen, in welchen die Expedition so viele Wochen zubringen sollte, führte de Amicis zu allerlei Reflexionen. War doch die Möglichkeit nicht ausgeschlossen, daß die Paradezelte, welche Eigenthum des Sultans waren, häufig die Haremsschönen Seiner Scherifischen Majestät beherbergt haben mochten, wenn dieser seine Residenz wechselte und sich auf dem Wege von Fez nach Meknez oder von Meknez nach Marokko (Marakesch) befand.

Unter der Escorte Mannschaft stach eine auffallende Erscheinung hervor. Es war ein Mann von majestätischer Haltung, etwa fünfunddreißig Jahre alt, von tiefbrauner Hautfarbe, der interessant geschnittene Kopf in einem riesigen weißen Turban gehüllt, mit rothen Beinkleidern angethan und die ganze Gestalt in einen hellen Haïk gehüllt. Es war der »General« Hamed Ben Kasem Buhamei, Commandant der Escorte. Er war einer der hervorragendsten Officiere der marokkanischen Armee und hatte von seinem kaiserlichen Herrn den gemessenen Auftrag, bei Verlust seines Kopfes, die Gesandtschaft wohlbehalten von Tanger nach Fez zu bringen. Er machte im Ganzen, obwohl nicht schön, was bei den Mauren häufig genug der Fall, einen vortheilhaften Eindruck, und zählte, wie der Reisende meint, jedenfalls zu den intelligentesten Generalen, da er die Kenntniß der edlen Kunst des Lesens und Schreibens besaß. Unter seiner Aufsicht wurden die einzelnen Zelte vertheilt, ausgewählt und ihrer Bestimmung zugeführt.

Am Tage nach der Ankunft der Karawane aus Fez, stattete der italienische Geschäftsträger in Begleitung der officiellen Repräsentanten der Gesandtschaft, zu denen außerdem auch der Reisende hinzugezogen wurde, dem Repräsentanten der kaiserlichen Regierung, Sidi-Bargasch, einen Besuch ab. Der genannte Würdenträger bekleidete eine Stelle, welche derjenigen nahekommt, die man in Europa mit dem Begriffe eines Ministers der äußeren Angelegenheiten verbindet. Ein wesentlicher Unterschied besteht hauptsächlich darin, daß jene Stellung von der Regierung aus nicht durch officielle Dotirung auf die Höhe ähnlicher oder gleicher Repräsentation gestellt wird. Der Gehalt ist so unbedeutend, daß nur ein kleineres oder größeres Nebengeschäft, das dem marokkanischen »Minister des Aeußern« zu betreiben freisteht, über die materiellen Sorgen hinweghilft. Man begreift, daß Würdenträger dieser Art kaum irgend welchen diplomatischen Einfluß besitzen. Unter der Regierung des Sultans Muley Abderrahman (1822—1859) bekleidete jene Würde ein gewisser Sidi-Mohammed el Khatib, dessen Sorge weniger die officielle Repräsentanz, denn vielmehr sein Kaffee- und Zuckergeschäft war, das er inmitten der diplomatischen Vertreterschaften in Tanger mit dem Eifer eines tüchtigen und ausdauernden Kaufmannes betrieb.

Uebrigens bewegt sich der Verkehr der abendländischen Diplomaten mit der kaiserlich marokkanischen Regierung in dem bekannten orientalischen Geleise. Die Formel, wie sie seitens des Sultans gewissermaßen officiel aufgestellt war, lautete fast bis auf den Tag etwa so: alle Forderungen der Consuln sind mit Ver-

Zeltlager der Escorte-Mannschaft.

sprechungen zu beantworten; die Erfüllung dieser letzteren soll möglichst lange hinausgeschoben werden, um Zeit zu gewinnen; Reclamationen lege man alle erdenklichen Hindernisse in den Weg, um die Reclamirenden zu ermüden, sie nachgiebiger zu machen; sind Concessionen unabweislich, dann möge das Minimum der Forderungen bewilligt werden; tritt die Gefahr ein, daß den Kanonen das Wort überlassen wird, dann gebe man nach, aber erst in dem Augenblicke, wenn der Ernst der Situation nimmer zu leugnen ist... Dieses Recept, obwohl im Großen und Ganzen noch immer giltig, hat seit dem Regierungsantritte Muley Hassans immerhin manche Modification erfahren.

Ueber den vorher erwähnten Besuch brauchen wir nicht viel Worte zu verlieren. Die Kasbah, welche wir bereits aus einer früheren Schilderung kennen, ist der officielle Regierungssitz des marokkanischen Ministers des Aeußern und

Beraubung der Karawane. (S. 70.)

nebenbei auch die Amtswohnung eines zweiten tangeritischen Machthabers, de Gouverneurs der Stadt und der Provinz. Sidi Bargasch ist, wie man zu sagen pflegt, ein schöner Greis in Silberhaar, mit langem, herabwallendem Patriarchenbart, mit einem etwas unschönen großen Munde, den beständig ein feines Lächeln umspielt, wobei zwei Reihen großer Zähne von der Weiße des Elfenbeins sichtbar zu werden pflegen. Das Gesicht, welches unleugbare Züge von Wohlwollen und Güte aufweist, drückt gewissermaßen den Charakter seines Eigners aus. In der That ist Sidi Bargasch ein Mann, dem auch spätere Reisende alle Ehre widerfahren lassen. Die Goldbrille auf seiner Nase, die Tabaksdose in der Hand, gewisse Bewegungen des Kopfes und der Hand, dies Alles giebt dem greisen Würdenträger einen europäischen Anstrich. Es ist ein Mann, der aus langer Uebung gewohnt ist mit Christen zu verkehren, mit ihnen auf diplomatischem Wege zu unterhandeln, Verträge zu schließen u. dgl. m. Seine hohe Meinung von dem Volke, dem er angehört, sowie gewisse Vorurtheile, denen sich der Mohammedaner nicht entäußern kann, verhindern uns nicht, in Sidi Bargasch einen Repräsentanten der »maurischen Civilisation«, ein Ding, das freilich heute noch schwer zu definiren ist, zu erblicken.

Der reine Gegensatz zu diesem Porträt ist der tangeritische Gouverneur, Sidi Misfiui, der Typus eines verschlossenen, unzugänglichen, in Stolz und Eigendünkel aufgewachsenen Maghrebiners. Er hält beim Besuche der Italiener den Kopf etwas vorgeneigt und heftet seine unheimlich glänzenden, halb zugeschlossenen Augen fast unausgesetzt auf den Boden. Mündliche Auseinandersetzungen scheinen nicht seine schwache Seite zu sein, und während der Minister immerhin eine für Orientalen außergewöhnliche Redseligkeit an den Tag legt, steht der Gouverneur schweigend und idolenstarr vor den Fremden. Auf den Reisenden machte der letztere den Eindruck eines Mannes, der nur den Mund zu öffnen brauchte, um den Kopf eines unschuldigen Opfers vor seine Füße kollern zu sehen.

Nach vollbrachter Vorstellung der einzelnen Besucher seitens des Gesandten, wobei namentlich die Definirung der Stellung und des Berufes der schriftstellernden Reisenden dem Gouverneur gegenüber erhebliche Schwierigkeiten machte, lenkte der Minister das Gespräch auf die bevorstehende Reise. Er darf sich eines bedeutenden Gedächtnisses rühmen, denn zahllos waren die Namen, welche der Sprecher zum Besten gab, und welche die verschiedenen kaiserlichen Gouverneure, die Provinzen, die Flüsse, die Thäler, die Berge, die Ebenen u. s. w. betrafen, mit denen die Expedition im Verlaufe der nächsten Tage Bekanntschaft machen würde. Es waren Namen, die wie Zauberformeln in den Ohren der Besucher klangen und die Neugierde nach all' den zu erwartenden Wundern im hohen Grade anspannten.

Was für eine Bewandtniß konnte es mit dem Rothen Berge haben, mit den Bildern am Gestade des »Perlenflusses«, mit jenem Würdenträger des Sultans, der den seltsamen Namen »Sohn der Stute« führte?

Sidi Bargasch hatte die ganze geographische Nomenclatur seines Vaterlandes wie man zu sagen pflegt im kleinen Finger«. In dieser Richtung stand er, meint de Amicis, hoch über Herrn Visconti Venosta, der kaum in der Lage sein dürfte, einen fremdländischen Gesandten mitzutheilen, wie viele Quellen von reinstem Wasser, und wie viele Baumgruppen auf der Route von Rom nach Neapel anzutreffen seien.

»Auf Eurem Wege walte der Friede,« waren die letzten Abschiedsworte des greisen marokkanischen Ministers. Noch ein kräftiger Händedruck von seiner Seite, welchem Beispiele auch der finstere und verschlossene Gouverneur folgte, und die Audienz war vorüber. Noch zwischen Thür und Angel rief er dem scheidenden Geschäftsträger nach):

»An welchem Tage reisen Sie?«

»Sonntag.«

»Reisen Sie am Montag,« sagte Sidi Bargasch mit wichtiger Miene ... Der Gesandte ermangelte nicht hierüber Aufklärungen zu erbitten.

»Weil es ein Tag von guter Vorbedeutung ist,« wendete der Alte ein und verschwand.

Der Escorte-Commandant General Hamed Ben Kasen Bukamel. (S. 71.)

Ueber Sidi Misfiui wäre noch nachzutragen, daß er in früherer Zeit der Lehrmeister des actuellen Sultans war und seit jeher zu den fanatischsten Moslemin des Kaiserreiches zählt. Sidi Bargasch dagegen genoß den milderen Ruf — ein leidenschaftlicher Schachspieler zu sein ...

Die nächsten drei Tage bis zum Termin der Abreise wurden mit dem Ordnen und Vertheilen der unzähligen Gepäckstücke ausgefüllt. Freunde des italienischen

Geschäftsträgers und der anderen officiellen und nichtofficiellen Mitglieder der Gesandtschaft fanden sich im Hause des ersteren ein und Alles war der Erwartungen voll. Der Tag und die Stunde brachen herein, die vielköpfige Gesellschaft warf sich in die Sättel und zwischen die dichtgedrängten neugierigen Massen der Tangeriten drängte die farbige, lebensvolle, dramatisch bewegte Karawane hinaus, der roth seidenen marokkanischen Nationalfahne nach, die ein malerisch costümirter Bannerträger der Colonne vorantrug ...

Als zwei Jahre später die deutsche Gesandtschaft denselben Weg nach Fez einschlug, wiederholte sich das gleiche Schauspiel, doch hat es was de Amicis versäumte der Chronist jener anderen Expedition detailirter und entschieden

Vorstellung beim Minister des Aeußern und dem Gouverneur von Tanger.

farbiger geschildert. Um jede müßige Paraphrase dieser Schilderung zu vermeiden, überlassen wir Herrn L. Pietsch selbst das Wort... »Im deutschen Garten trafen die Herren der Expedition mit ihrer Dienerschaft ein; die Pferde und Maulthiere standen gesattelt. Durch den Blätterschatten leuchtete das feurige Roth der arabischen Polstersättel. Befreundete Familien kamen zum letzten Abschiedsbesuch. Vor der Gartenthür draußen auf dem Succo stand das maurische Volk in dichten Massen, neugierig des kommenden Schauspieles wartend... Auf dem Wege von El Minzah her kam M. Perdicaris mit Gemahlin, Töchtern und Söhnen auf ihren herrlichen Thieren herangeritten... Punkt 12 Uhr bestieg Dr. Weber (der Ministerresident) seinen Granschimmel; in demselben Augenblicke saßen alle Herren in den Sätteln. Hinter ihnen und sie rings umgebend der Schwarm der Reiter und Reiterinnen zu Pferde und Mulo, die Thiere mit dem Handgepäck und die Soldaten der Escorte.

Die Hutschleier und Shwals, die Burnusse und Djellabs, die Mähnen und Schweife der Thiere flatterten im Winde. In dem heißen Mittagssonnenschein leuchtete Alles Weiß und jede Farbe glänzender und energischer. So löste sich das Geschwader aus dem Gewühl der Volksmenge auf dem Markt und der Landstraße; so kam es in aufgelöster Ordnung den Hügel hinauf. Und hinter ihm in der Tiefe und Ferne blieben die Laubmassen des deutschen Gartens, die weißen Häuser und grau= braunen Mauern und Thürme der Stadt und ihre Akropolis, das blaue Meer und die von zarten Düften verschleierten spanischen und afrikanischen Küsten — ein lebendiges Gesammtbild von unbeschreiblicher Schönheit..."

Die Karawane auf dem Marsche.

Had-el Garbia.

Der erste Reisetag. Das Leben im Zeltlager. Dessen Lage und Umgebung. Geheimnißvolle nächtliche Gäste. — Morgengebet der Soldaten. — Aufbruch von Ain-Dalia, dem ersten Rastorte. Beschwerlicher Marsch über die »rothen Berge«. — Eine interessante Begegnung. — Phantasia der Reiter von Had-el-Garbia. — Aufstieg zum Plateau und letzter Blick auf den Atlantischen Ocean. — Ein italienisches Schiff in Sicht. — Wie die Künstler der Expedition die Raststunde ausfüllen. — Die zweite Lagerstation auf der Plateauwiese von Had-el-Garbia. — Die »Muna« oder Naturallieferung seitens der Bewohner. Selam, »der treue Diener seines Herrn«. — Lagerleben. — Mohammed Ducali, ein emancipirter Maure. — Nächtlicher Rundgang durch's Lager und Abenteuer aller Art.

Der Tag war ziemlich vorgerückt, als die Reisenden das malerische Tanger und das sattblaue Meer unter den Horizont sinken sahen. Der Weg, aus einer Unzahl von mehr oder minder ausgetretenen Feldpfaden bestehend, die entweder zu einander parallel liefen oder sich durchschnitten, führte auf seine sanft gewellte Ebene, deren frischer Grasteppich kaum geeignet war, den melancholischen Eindruck, den dieselbe machte, zu verwischen. Was ab und zu über den Horizont ragte und seine einförmige Linie durchschnitt, das waren einzelne Palmbüsche oder die scharfen Blätter stattlicher Aloën. Am Himmel begannen die großen leuchtenden Sterne heraufzuziehen, flimmernde Ampellichter in todtstiller Einsamkeit. Weit und breit zeigte sich kein menschliches Wesen. Ein einziges Mal ward das eintönige Klappern der Pferdehufe und der mehr und mehr ersterbende Redefluß der Unterhaltung durch einen kleinen Zwischenfall unterbrochen. Es war eine Gruppe von Arabern, welche auf dem Rücken eines der höchsten Hügel postirt waren, und die vorüberziehende Gesandtschaft mit einer Gewehrsalve begrüßte.

Nach dreistündigem Marsche — man war von Tanger in unverhältnißmäßig später Stunde, um fünf Uhr Nachmittag, aufgebrochen — herrschte vollständige Nacht. Die Müdigkeit hatte sich bei Einigen der Reisenden bereits eingestellt. Endlich erblickte man fast in unmittelbarer Nähe die Lichter und Feuer des Lagers, welches die eigens zu diesem Zwecke vorausgeschickte Abtheilung aufgeschlagen hatte... Es war eine kleine Stadt, dieses luftige Zeltlager, wohnlich, gut beleuchtet, dicht bewohnt. Soldaten, Diener, Köche und andere dienstbare Geister kamen und gingen, zeigten sich geschäftig, oder schnatterten lustig darauf los, Jeder in seiner Muttersprache, so daß der aufmerksame Beobachter alsbald den Eindruck empfing, als herrschte rings um ihn die größte babylonische Verwirrung. Die Zelte bildeten einen großen Kreis, in dessen Mitte auf hoher Flaggenstange die italienische Nationalfahne flatterte. In einem weiteren, zweiten Kreise waren die Reit= und Tragthiere mit gekoppelten Vorderbeinen aufgestellt, und die Escorte=Mannschaft endlich hatte ihr eigenes kleines Lager bezogen.

Bald herrschte unter den Expeditions=Mitgliedern, die sich zum Mahle in dem großen Speisezelte eingefunden hatten, die ungetrübteste heiterste Stimmung. Man erquickte sich an köstlichen Weinen und sprach den trefflich zubereiteten Nationalgerichten — »Maccaroni al Sugo« und »Risotto alla milanese« — wacker zu. Das luculliche Gelage ward überdies gewürzt durch Declamationen und musikalische Vorträge, Zerstreuungen, welche gerade in dieser wilden Einsamkeit unter einem fremden Himmel und unter außergewöhnlichen Verhältnissen gewissermaßen den Inbegriff des in jenes fremde Land importirten »Culturlebens« ausmachten. Uebrigens fehlte es auch nicht, was ja selbstverständlich ist, an Discursen über landesübliche Dinge. Die orientalische Frage, damals eben gewitterschwül über den östlichen Horizont heraufziehend, die schönen Augen der arabischen Frauen, der Karlistenkrieg, das Geheimniß der Unsterblichkeit der Seele, die furchtbaren Giftschlangen und die sie fressenden marokkanischen Gaukler: in solcher und ähnlicher Abwechslung fand sich der Gesprächsstoff in den langen Stunden der Einsamkeit.

Aber auch diese Zerstreuung ging vorüber und im Lager brütete Todtenstille. Nur hin und wieder vernahm man den leichten Tritt des die Runde machenden Escorte=Commandanten, der zwischen den Zelten wie ein weißes Gespenst hin= und herhuschte.

Vor dem Zelte des Gesandten lag auf dem Boden ausgestreckt, nur mit einem leichten Hemd bekleidet, das Schwert an seiner Seite, der treue Selam, einer der im Dienste des italienischen Geschäftsträgers stehenden Soldaten. Trübe flackert auf hoher Signalstange die große Lagerlaterne und zeichnet die Contouren der Zelte nur schwach und verschwommen auf den dunklen, sternendurchflimmerten Himmel ab.

Die erste Nacht ging ohne Zwischenfall vorüber. Als die Morgendämmerung ihre ersten blassen Schimmer über den östlichen Horizont auszugießen begann, zog es de Amicis ins Freie, um einen Ueberblick über das Lager zu erlangen, der bei der gestrigen Ankunft in so vorgerückter Nachtstunde nicht zu gewinnen war. Die Zelte waren auf der Seitenfläche eines Hügels mit frischgrüner Rasendecke

Diner im großen Zelt.

aufgeschlagen, aus der ab und zu Aloën und die mächtigen Blätteräste der indischen Feige aufragten. Gegenüber dem Hauptzelte, welches der Gesandte einnahm, erhob sich eine hohe nach Osten geneigte Palme, die einzige auf dem weiten ausgedehnten Gefilde, das sich in weiter Ferne verlor, bis zu einer Kette saftiger grüner Hügel, hinter denen hohe blaßblaue, förmlich mit dem Azurgewölke des Firmamentes verschwommene Bergsilhouetten den Horizont abschlossen ... Was den Eindruck von dieser eigenthümlichen Scenerie wesentlich erhöhte, war die absolute Abgestorbenheit des Gefildes. Man erblickte kein Haus, kein Zelt, sah keinen Rauch von gastlicher Stätte aufquirlen. Das Ganze machte den Eindruck eines ungeheuern auf allen Seiten eingefriedeten Gartens, der jedem lebenden Wesen verschlossen war. Der einzige vernehmliche Ton in dieser Einsamkeit rührte, so lange das Lager selbst in Schlummer lag, von dem Säuseln der steifen Blätter jener früher erwähnten Palme — eine Musik, wie sie trauter und heimlicher nicht erdacht werden könnte.

Und dennoch gab es auch außerhalb des Lagers menschliche Wesen, von denen man nicht wußte, woher sie gekommen, Gestalten, wie aus dem Boden hervorgezaubert. In einiger Entfernung vom Lager hockten, starr, wie aus dem Felsen herausgemeißelt, auf welchem sie Platz genommen hatten, fünf Araber, Leute, welche offenbar die Neugierde aus weiter Ferne hierher gelockt hatte. Als der Reisende ihrer ansichtig wurde, war er fast erschrocken, so unheimlich wirkten auf ihn diese seltsamen, idolenhaften Erscheinungen, welche kein Lebenszeichen von sich gaben. Nur ihre flammenden, dunklen Augen bewegten sich hin und her, so oft der Reisende eine Bewegung mit den Händen machte, in die Tasche griff, sich vor oder zurück bewegte.

Diese seltsamen nächtlichen Gäste waren übrigens nicht die einzigen. Es stellte sich nach und nach heraus, daß ihrer noch viel mehr vorhanden waren, in Gruppen zu Zweien und Dreien da und dort vertheilt, aber alle von derselben scheinbaren Leblosigkeit und den starr auf den Fremden gerichteten Flammenaugen... Unterdessen war die Dämmerung hereingebrochen. Im Lager der Escorte-Mannschaft regte sich das erste Leben und alsbald sah man eine Anzahl von Soldaten, welche unter Führung eines älteren Commandanten sich zum Morgengebete stellten, der ersten von den fünf kanonischen Andachtsübungen, welche der Koran jedem Rechtgläubigen vorschreibt. Auch dies war ein Bild von eigenthümlicher Localfarbe. Noch war der Himmel nicht aufgehellt und die Zelte standen noch in den tiefen Schatten, welche sich über den Lagerplatz breiteten. Aus diesen Schatten ragten nun andere Schatten, eben jene betenden Soldaten, hervor, welche tactmäßig die Arme ausbreiteten, sie wieder senkten, den Körper nach vorwärts beugten, den Kopf, bald hoch erhoben, bald tief gesenkt, endlich mit der Erde in Berührung brachten, nachdem die Gestalten selber zuvor niedergekniet waren.

Bald gerieth das Lager in Bewegung. Nach dem Morgenimbiß wurden die Zelte abgebrochen, eine Arbeit, die verhältnißmäßig nur wenig Zeit für sich beanspruchte. Freilich fehlte es hiebei nicht an tragi-komischen Zwischenfällen, die die Reisenden mannigfach erlustigten. Die gespreizte Grandezza, welche die »höheren Organe« der Begleitungs-Mannschaft zur Schau trugen, die Wichtigthuerei seitens einzelner Abtheilungs-Commandanten, gaben reichlichen Stoff zu amüsanten Beobachtungen. Jeder wollte seine Autorität gegenüber dem anderen zur Geltung kommen lassen, handelte es sich hierbei selbst um die unbedeutendsten Dinge, um einen Strick, der da oder dort angebracht, um ein Zelttuch, das gerollt werden sollte. Es gab Geschrei und grimmige Blicke, Wuthausbrüche tout pour une omelette…

Um zehn Uhr, bei glühendem Sonnenbrande, setzte sich die lange Karawane in Bewegung und stieg langsam die Ebene, welche sich jenseits des Hügels ausdehnte, hinab. Der erste Rastort Aïn Dalia (Rebenquelle) war glücklich abgethan und das nächste Reiseziel sollte Had el Garbia sein, das jenseits des Höhenzuges liegt, der fern im Süden die Grasebene begrenzte. Es ging wieder durch sanft gewelltes grasiges Land, dessen menschenleere Einsamkeit nur ein einziges Mal durch das Vorüberschreiten einer langen Kameelkarawane unterbrochen wurde. Als sie den Reisezug kreuzten, murmelten die Begegneten den landesüblichen Gruß: »Der Friede sei auf eurem Wege.«

Der Marsch war nicht ohne Beschwerden, namentlich von dem Augenblicke an, wo es aus der theilweise sumpfigen Ebene auf die Hänge jenes früher erwähnten Höhenzuges emporging. Die Reiter waren indeß, bei der außerordentlichen Klettertüchtigkeit der Pferde und Maulthiere, nicht so schlecht daran. Umso schlimmer erging es den Dienern, jenen armen Geschöpfen, die, wer weiß zum wie vielten Male, die Reise zwischen Tanger und Fez und umgekehrt gemacht haben mögen, schlecht gekleidet in ein simples um den Leib zusammengeschnürtes Wollhemd, ungenügend genährt und allen Strapazen der nichtsweniger als angenehmen Reisetouren ausgesetzt, die sie zeitlebens machen müssen, um ihr Haupt unter die schützende Decke eines Zeltes legen zu können. Die sympathischesten unter diesen bemitleidenswerthen Kerlen sind wohl noch jene großäugigen neugierigen Jungen, welche die europäischen Reisenden, trotz Müdigkeit und Hunger, niemals aus den Augen lassen und tausend Fragen auf ihren Lippen zu haben scheinen. Mitunter eilt einer der maurischen Diener voraus, im raschen Tempo, um weit von der Karawane ein Plätzchen zu finden, wo er seinem Körper kurze Rast gönnen könnte. Fünf Minuten Rast im Schatten eines Gebüsches als Preis für einen viertelstündigen beschwerlichen Eillauf!

Endlich waren die »rothen Berge«, jener Höhenzug, erreicht. Steil hoben sich die felsigen, weiter dahinter mit den Resten eines Waldes und niederem Unterholz (Cypressen und wilden Lorbeer nach Pietsch) bestandenen Hänge vor den Reisenden empor. Man hatte zu Tanger der Expedition diese Gebirgsschranke als die unpracticabelste auf dem Wege nach Fez bezeichnet und in der That war deren Passirung mit einiger Schwierigkeit verbunden. Von der Höhe aus gab aber die Karawane ein prächtiges, farbenreiches Bild ab. Bis in weite Ferne zurück verlor sich die lange Schlangenlinie des Zuges: ganz im Vordergrunde die

Gruppe des Geschäftsträgers mit seinem Stabe, aus der der federgeschmückte weite Kremphut des ersteren und der helle Haïk des maurischen Reisebegleiters Mohammed Ducali hervorstachen — weiter die zahlreichen, mannigfach gekleideten Diener zu Fuß und zu Pferd, dann in kleinen Gruppen vertheilt, die farbigen Gestalten der Escorte-Reiter, in blaue und rothe Untergewänder und dunkle oder helle Mäntel gehüllt, hoch in ihren rothen Sätteln thronend, die langen, in rothen Futteralen steckenden Steinschloßflinten entweder kerzengerade emporgestemmt, oder quer über den vorderen Sattelknopf gelegt. Den Schluß dieses malerischen Zuges bildete endlich die dichte Colonne der Tragthiere, welche die einzelnen Elemente der ambulanten Zeltstadt der Expedition mühsam weiterschleppten. Die Zelte, die Koffer, die Küche und Provisionen, Alles wohlgehütet von den Dienern und Soldaten, welche auf beiden Seiten der Tragthier-Colonne einherschritten. Die letzten Glieder derselben verschwanden weit im Hintergrunde, wie lichte Punkte.

Von der, im mühevollen Aufstiege erreichten Plateauebene aus, genoß die Reisegesellschaft ein anderes, noch bei weitem prächtigeres Schauspiel. Man hatte mit Einemmale den Atlantischen Ocean zu Füßen, dessen herrlicher Anblick, die unendliche tiefdunkle Fläche und die schäumende Brandung, die Colonne in freudige Erregung versetzte. Weit draußen, einsam und verloren, zog ein einziger Segler, wie ein Geisterfittich über die wogende Azurfläche. Durch das Fernrohr erkannte man — die italienische Flagge. Wir glauben es gerne dem Reisenden, der bei dieser Entdeckung ausruft: Was würden wir in diesem Augenblicke darum gegeben haben, gesehen und erkannt zu werden.

Auf dieser Hochfläche, dessen schönste Zier ein herrlicher vielfarbiger Blüthenteppich ist, hielt die Karawane kurze Rast. Auch hier herrscht die absolute Einsamkeit, denn weder eine menschliche Behausung, noch irgend ein lebendes Wesen ist zu erblicken. Man gruppirt sich im Schatten einiger Bäume und die Künstler der Expedition, deren Griffel die Leser die dies Werk schmückenden ausgezeichneten Bilder und Skizzen verdanken, schicken sich an, ihrem Metier zu huldigen. Natürlich erregen sie hierbei die Neugierde der maurischen Diener in ganz besonderem Grade, und alsbald kommen sie leise angeschlichen, Einer nach dem Andern, die ihnen anvertrauten Reitthiere an den Zügeln nach sich zerrend.

Bei dieser Gelegenheit zeigte es sich übrigens, wie selbst unter Mohammedanern, die mit Europäern täglichen und gewissermaßen vertrauten Umgang pflegen, gewisse Vorurtheile eingewurzelt sind. Als nämlich einige Porträtskizzen aufgenommen werden sollten, protestirten die Betroffenen dagegen, sich auf den Koran berufend, welcher solche Darstellungen strengstens verbiete. Als der Dolmetsch einen der

Betheiligten um den Grund der principiellen Weigerung anging, antwortete derselbe: »Weil dem Bilde, welches da gemacht werden soll, doch keine Seele eingehaucht werden kann. Zu welchen Zwecken also ist es überhaupt gut? Gott allein kann lebende Wesen schaffen, und jeder Versuch, den Allerhöchsten nachzuahmen, ist Blasphemie ... Dennoch gaben die Leute zu, daß man einen der schlafenden Diener abconterfeite, der dann allerdings, als er die Augen aufschlug und neugierig um sich blickte, dem Spotte seiner Gefährten im empfindlichen Grade ausgesetzt war.

Nach einer Stunde der Rast setzte die Karawane ihren Marsch fort. Alsbald erblickten die Reisenden die Zelte des zu beziehenden Lagers und als sie in dessen Nähe kamen, erwartete sie ein seltenes Schauspiel. Ein Reiterschwarm in der

Wächter vor dem Zelte des italienischen Gesandten. S. 81.

bekannten, mannigfach variirenden, immer aber farbigen und malerischen Tracht der marokkanischen Reiterei, löste sich vom Hintergrunde ab und kam in wildem Rudel einhergerast. Es war das militärische Aufgebot des Districtes, in welchem sich die Reisenden eben befanden. Es war ein einziger, farbenbunter Knäuel, der, wie ein von hundert Beinen vorwärts geschnellter Körper, über die Fläche einherjagte. Ueber der Masse von flatternden rothen, weißen und blauen Gewändern erkannte man die im Kreise geschwungenen langen Flinten. Bald aber erdröhnten auch Schüsse, welche die Reiter, trotz des rasenden Tempos der Pferde, abfeuerten, so daß zuletzt der ganze Schwarm wie aus einer von Blitzen durchzuckten Wolke von Staub und Pulverdampf hervorstürmte — ein Bild von unvergleichlicher Wirkung und martialischem Gepräge. Jetzt steht die Cavalcade, wie vom Satan gebannt, stille. Die Pferde schnauben wild, aus den dunkelbraunen Gesichtern blitzen feurige Augen. Staub bedeckt die Leiber und einigen Pferden rinnt rothes Blut über das falbe Fell. Dann reitet der Führer der Truppe vor und begrüßt den Geschäftsträger. Die fremden Reiter schwenken ab und schließen sich der Escorte an, so daß nun die Karawane auf die doppelte Kopfzahl angewachsen mit wahrhaft militärischem Gepränge das Lager auf der Plateauwiese von Had-el-Garbia beziehen kann . . .

Die Zeltstadt erhob sich auf einem sanftgewellten Terrain, rings von Dörfern umschlossen, und die ganze weide- und viehreiche Landschaft hatte in der Ferne einen Kranz von blauen Bergen als abschließende Grenzmarke. Ab und zu unterbrachen die kuppelförmigen Wölbungen höherer Hügel den Ausblick, oder es drängten die hinter Feigen- und Oelbäumen versteckten Hütten der Duars (Zeltoder Hüttendörfer) in den Rahmen des Bildes herein . . . Als die gesammte Reisegesellschaft im großen Zelte sich versammelt hatte, gab es eine neue überraschende Scene. Ein maurischer Soldat der Expedition eilte raschen Schrittes herbei und rief in fröhlichster Stimmung dem Geschäftsträger zu: »Die Muna kommt!«

Alles erhebt sich. Eine lange Reihe von Mauren und Negern, vom EscorteCommandanten, den Soldaten der Legation und den Dienern begleitet, bewegt sich gegen das Zelt des Gesandten und legt zu dessen Füßen eine reiche Fülle von Gaben nieder. Es sind hohe Thonkrüge mit Butter gefüllt, Schüsseln voll Gebäck oder Kuskussu, dem trefflichen marokkanischen Nationalgericht, hohe Körbe voll frischer Orangen, dann Eier, Hühner, Zucker, Thee, Brote, ja sogar Packete von Stearinkerzen und zuletzt eine Anzahl von Hammeln. Diesen Tribut, welchen die Landesbevölkerung officiell reisenden Persönlichkeiten von Rang (also auch fremden Gesandtschaften) ohne Anspruch auf klingende Vergütung zu leisten verpflichtet ist, nennt man die »Muna«. Die Menge dieser Naturallieferung wird vom Sultan festgesetzt, vom betreffenden Districts-Gouverneur angeordnet und die richtige Ablieferung überwacht. Obwohl die Landleute keineswegs reich bevorzugte Kostgänger am Tische des Lebens sind, trifft es fast immer zu, daß die Menge der Provisionen den wahren Bedarf meist beträchtlich übersteigt. Eine Rückgabe des Ueberschusses findet natürlich niemals statt, da die ausgehungerten BegleitungsMannschaften die Gelegenheit, auf fremde Rechnung sich einigemale tüchtig satt zu essen, weidlich ausnützen.

Nachdem sich der Führer dieser Approvisionirungs-Colonne vom Gesandten empfohlen hat, giebt er den Landleuten ein Zeichen und schweigend, mit dem Ausdrucke der tiefsten Resignation in den braunen Gesichtern, entfernen sie sich auf dem gleichen Wege, den sie gekommen. Die Nahrungsmittel aber wandern in die Hände des Intendanten und seiner Diener und verschwinden nach wenigen Augenblicken von dem Platze, auf welchen sie zuerst niedergelegt wurden. Natürlich geht es hierbei nicht ohne spectaculöse Scenen ab, die mitunter originell und erlustigend genug sind, um ihnen einige Minuten hindurch Aufmerksamkeit zu schenken.

Bei diesem Anlasse möchten wir einigen Persönlichkeiten der Begleitungs-Mannschaften gedenken, die unser Reisender besonders liebevoll zeichnet und von denen der freundliche Leser das Porträt des biederen Selam diesen Blättern bei gefügt findet. Selam war einer der beiden Leibsoldaten des Gesandten, die zufällig beide denselben Namen trugen. Sprach man indeß von Selam, so war damit allemal die bezeichnete Persönlichkeit gemeint, etwa wie man mit dem Namen »Napoleon« schlechtweg den großen und ersten Träger dieses Namens zu nennen pflegt. Selam war ein junger Mann von etwa fünfundzwanzig Jahren, voll lebendigen Temperaments. Sein ganzes Gebahren war ein ununterbrochenes Superlativum; er begriff Alles im Fluge, verrichtete jeden Dienst mit einer gewissen Raserei: sein Gehen war ein Springen, sein Gespräch wie Declamation. Von der ersten Morgenstunde bis in die späte Nachtstunde war er am Platze. Alle Welt, die im Lager beschäftigt war, sei's beim Gepäcke, bei den Trag- und Reitthieren, bei den Zelten u. s. w., wendete sich an ihn, denn Selam hatte für jeden die rechte Antwort, die zutreffende Anordnung bereit. Er sprach leidlich spanisch und stotterte auch einige italienische Worte, bei der Lebhaftigkeit seines Temperaments konnte jedoch nur seine Muttersprache in Betracht kommen, da er des Redeflusses bedurfte, um seinen Gedanken und Empfindungen entsprechenden Ausdruck zu geben.

Selam bewirkte das Wunder, daß er auch in seinem heimatlichen Idiome sich verständlich machen konnte. Es waren weniger die Worte, als die Geberden und das lebhafte Mienenspiel, die das Geheimniß seiner, sonst den europäischen Ohren gänzlich unverständlichen Rede entsiegelten. Selam war ein geborner Schauspieler, eine Figur — wie de Amicis meint — die an keinen geringeren als Thomaso Salvini, in Rollen wie Orosman oder Othello, erinnern konnte. Zu Fuß, wenn er Dienste verrichtete, oder zu Pferd, wenn er auf edlem feurigen Renner an der Seite seines Herrn, des Gesandten, einhersprengte, zeigte er sich allemal im besten Lichte, als martialische, auffällige Gestalt, als fener, eleganter Reiter. Die hübsche Erscheinung wurde noch wesentlich gehoben durch ein farbiges, kokettes Costüm, dessen Elemente aus einem scharlachrothen Kaftan und himmelblauen Beinkleidern nebst hohem, spitz zulaufendem Fez und weißem Haïk bestanden.

Er war also für die italienischen Reisenden gewissermaßen ein national gekleideter Genosse, denn seine Gewänder repräsentirten in ihren Farben die roth-weiß-blaue Tricolore.

Daß Selam im Lager die Hauptperson war, läßt sich leicht denken. War dieses einmal aufgeschlagen, dann hörte man nur seinen Namen rufen. Er lief von Zelt zu Zelt, scherzte mit den Reisenden, hänselte die Diener, erhielt Befehle und gab sie weiter, er lachte wohlwollend oder schrie grimmig, je nach der jeweiligen Stimmung, in die ihn irgend ein Vorfall oder eine Angelegenheit versetzte. War er zornig, so glich er einem Wilden, einem Kinde, wenn er lächelte. Jedes zehnte Wort in seiner Rede war »el señor ministro«. Nach Selams Rangordnung, die

Das Lager am Morgen. (S. 82.)

er sich selber zurechtgelegt hatte, kam der »Herr Minister« gleich hinter Allah und dessen Propheten zu stehen. Er war ein muthiger Gesell, und zehn auf seine Brust gerichtete Feuerschlünde würden ihn nicht erbleichen gemacht haben. Aber der geringste Verweis seitens seines Herrn lockte dem braunen Halbwilden Thränen in die Augen, wenn er sich unschuldig wußte.

Als Selam gelegentlich eine Arbeit unter den Augen de Amicis verrichtete und zu diesem Ende niederkniete, fiel das Fez von seinem Haupte und nun gewahrte jener eine blutige Narbe auf dem Scheitel des Soldaten. Darüber befragt, wie er sich dieselbe zugezogen, erklärte er, er habe seit Langem die Gewohnheit, die schweren Zuckerhüte, welche durch die »Muna« in seine Hände kommen, emporzuschnellen und sie dann mit seinem entblößten Scheitel aufzufangen, daß sie in

Aufbruch der Karawane nach Fes.

Stücke gingen. Im Anfange, meinte der maurische Tatschabel, sei die Procedur etwas schmerzhaft gewesen, jetzt verwunde sie kaum mehr die Haut. Auch sein Vater habe ähnliche Experimente getrieben, denn: ein echter Maure müsse einen Schädel aus Eisen haben . . .

Das kurze Lagerleben zu Had el Garbía hatte, wider Erwarten, den Charakter der Stabilität angenommen. Es hatte den Anschein, als handelte es sich nicht um flüchtiges, sondern dauerndes Verweilen in dieser nichts weniger als öden und menschenleeren Landschaft. Jeder ging seiner Beschäftigung nach, arbeitete oder unterhielt sich, so gut es eben gehen wollte, und überließ sich den Annehmlichkeiten eines scheinbar in der nächsten Zeit gar nicht zu unterbrechenden Aufenthaltes. Die Maler waren bei der Arbeit, der Generalstabs-Capitän recognoscirte das umliegende Terrain, der Vice-Consul sammelte Insecten, der Ex-Minister-Resident von Spanien, der gleichfalls die Gesandtschaft begleitete, ging dem Jagdvergnügen nach. In dem einen Zelte wurde gespielt, in dem anderen studirt, in dem dritten experimentirt. Die Diener gönnten sich das harmlose Vergnügen miteinander zu katzbalgen, die Soldaten das der beschaulichen Ruhe. Zum Schlusse meint de Amicis, daß dieses behagliche Lagerleben, an dessen Ende Niemand dachte, ihn auf die Idee gebracht haben würde — eine Zeitung herauszugeben, wenn nur rasch eine Druckerei zur Hand gewesen wäre.

Während des Speisens genoß der Reisende diesmal die Gesellschaft Mohammed Ducali's, jenes früher erwähnten Volontärs unter den Expeditions-Mitgliedern. Er war der Typus eines reichen und vornehmen, von der europäischen Civilisation bereits ein wenig »angefressenen« Mauren. Er zählte etwa vierzig Jahre und galt als einer der begütertsten Einwohner von Tanger, in welcher Stadt er bei dreißig Wohnhäuser sein Eigen nennt. Seine hohe Gestalt zeigte das edelste Ebenmaß, sein nicht sehr gebräuntes Gesicht feingeschnittene Züge. Wenn er sprach wies er zwei Reihen tadellos weißer Zähne und seine Stimme klang melodisch, fast weibisch hell und hoch in den Tönen. Sein ganzes Gebahren hatte etwas mit demjenigen eines Verliebten gemein. Mohammed Ducali war früher Kaufmann und hatte in dieser Eigenschaft wiederholte Reisen nach Italien, Spanien, Frankreich und England gemacht. Aus den großen Städten des Abendlandes holte er sich seine im Allgemeinen gute Meinung von der christlich-abendländischen Cultur und Civilisation und von dort nahm er gewisse Gewohnheiten mit, die mit denen eines strengen Moslims keineswegs ganz harmonirten. Er trank Wein, rauchte Cigarretten und las Romane, und scheint von letzteren auch eine erkleckliche Anzahl selber gespielt zu haben. Wenigstens pflegte er bei den geselligen Unterhaltungen und gemeinsamen Mahlzeiten unter dem großen Zelte der Gesandtschaft mit Vorliebe von seinen Liebesabenteuern in Paris und anderwärts zu erzählen. Nur in einem Punkte war er zugeknöpft, wie jeder seiner strenggläubigen Landsleute, in Sachen seines Harems. Vielleicht beobachtete er hier eine gewisse Vorsicht aus Gründen der Klugheit, denn seine Haremsschönen waren, wie es festgestellt ist, fast ausschließlich — Europäerinnen, die wohl in der Lage gewesen sein mögen, zu den eigenen Erzählungen Ducali's auch solche beizuschließen, an deren Mittheilung dem lebenslustigen Mauren kaum gelegen sein dürfte...

Wir möchten nun in Begleitung unseres Reisenden eine kleine Abwechslung genießen, die eines eigenthümlichen Reizes nicht entbehrt... Es ist Nacht und dunkle Schatten senken sich auf das weitläufige Lager herab. Nur die Signallaternen flackern auf ihren hohen Pflöcken und zuweilen bewegt ein leiser Luftzug das tricolore Banner, das dann wie ein flüchtiger Schatten aufwallt. Kein Laut, wenigstens kein merklich vernehmbarer, unterbricht die Todtenstille. Man glaubt durch einen Friedhof zu wandeln, wenn man durch die Gassen der kleinen Zeltstadt vorwärts schreitet. Ueber den Kuppeln der luftigen, leinenen Häuschen glühen die Sterne wie ewige Geheimnisse und senden stumme Grüße von fernen Lieben. Das Firmament ist tiefblau, fast schwarz und die Sternbilder flackern mit der Klarheit goldener Ampellichter in einer ungeheueren Kathedrale.

Wir setzen uns sachte in Bewegung und schwenken links ab. Nach zehn vorsichtig gemachten Schritten halten wir unweit eines Zeltes, mit dem wir in dieser Nacht zum erstenmale Bekanntschaft machen. Es ist uns bisher in dem weitläufigen Lager nicht zu Gesicht gekommen, und liegt auch diesmal außerhalb des Kreises jener Zelte, welche die Expeditions-Mitglieder beherbergen... Und nun, diese Ueberraschung! Eine Guitarre hebt an und die sanften Saitentöne mischen sich in ein fremdartiges Lied, das sich wehmüthig in die Seele des Lauschers schleicht. Unwillkürlich zieht es uns einige Schritte vorwärts, indeß die süßen Zauberklänge von Saitenmelodie und Gesang eben volltöniger anschwellen... Sind wir am Guadalquivir, im Rosendickicht der sevillanischen Gärten, in den mondbeglänzten Prunksälen der Alhambra? Fließt dieser schmelzende Gesang nicht von theuren Mädchenlippen — hier, auf fremdem Boden, unter einem Himmel, der dem Glücke des zarten Geschlechtes verschlossen ist?...

Dicht vor uns erhebt sich das räthselhafte Zelt. Wir schreiten herum — der Gesang verstummt. Keine Oeffnung gestattet dem neugierigen Auge Einblick in das süße Geheimniß, aber der scheue Schritt des Lauschers verräth dessen Anwesenheit und nun kommt ein energisches »Quien es?« (Wer ist es?) aus

der lustigen Behausung hervor... Gott sei uns gnädig, es ist eine Frau!...
Die Zeltthüre rauscht zurück und welche Ueberraschung! vor uns lauert,
behaglich wie irgend ein vereinsamter Lebemann des fernen Europa in seinem
Salon, Mohammed Ducali! Ein feines Lächeln gleitet über seine Züge. Wir
folgen seiner Einladung und schlürfen eine Tasse würzigen Thees, den uns ein

Das Morgengebet. (S. 82.)

bildhübscher maurischer Junge kredenzt... Er also hat uns mit seinem Spiel
und Gesang die Seele bestrickt, er ist die vermeintliche Holde vom fernen Guadal=
quivir! Neben dem Jungen liegt die Guitarre auf einem flimmernden Teppich,
und mit den gleichen lebhaften Farben glüht's von den Zeltwänden herab. Es ist
so traulich und heimlich hier und des Knaben treuherziger Ausdruck versetzt uns
jählings an die Pfade des Paradieses, wo Rizwan, der ewig jugendliche Wächter

die Seligen in die quellumrauschten goldenen Gefilde der sieben Sphären einziehen läßt.

Doch weiter! Wir verabschieden uns von Mohammed Ducali und schreiten in der Finsterniß fürbaß. Da ist des Gesandten Zelt, dessen offene Pforte uns einen Blick ins Innere gestattet. Eine Mattenwand scheidet den Raum in zwei Theile, von dem der eine, zur Rechten, mit seinen feinen Möbelstücken, seinen niederen Tischchen und Taburets den Empfangsraum bildet, der linke aber als Schlafgemach dient. Vor der Pforte schlummert der treue Selam, mit seinem scharfen Schwerte an der Seite. Er würde jeden Unberufenen an die Kehle springen und ihn erwürgen. Da bei der stockfinsteren Nacht ein Versehen seitens des treuen Wächters uns leicht die Bekanntschaft mit dessen nervigen Fäusten und stählernen Fingern zuziehen könnte, schleichen wir vorüber. Wir stehen wieder vor einem Zelte, vor dem plötzlich eine weiße Gestalt, wie ein Gespenst aus dem Boden, hervorwächst. Der Anblick ist unheimlich, aber alsbald erkennen wir die Stimme des Dieners des Lager-Intendanten, der uns ein leises »Er schläft« zuflüstert... Dann ist's vorüber und die nächtlichen Schatten nehmen uns wieder auf.

Das nächste Zelt, an das wir uns herangeschlichen, theilen der Arzt der Expedition und der Dragoman miteinander. Dieser ruht in Morpheus Armen, jener hat sich offenbar in eine interessante Lectüre versenkt, der er die kostbaren Nachtstunden opfert. Wir würden ihm gerne einige Augenblicke Gesellschaft leisten, aber unser Rundgang ist noch lange nicht zu Ende, unsere Neugierde noch immer nicht befriedigt. Das nächste Zelt, auf das wir stoßen, ist leer. Es ist das große Speise- und Gesellschaftszelt. Dann geht es eine ziemliche Strecke vorwärts, an schlummernden Last- und Reitthieren vorüber und aus dem engeren Lagerkreise hinaus zum Zelte der Escorte-Mannschaft hinüber. Wir lauschen und vernehmen nur die schweren Athemzüge der ermüdeten, nun selig in Allah entschlafenen braunen Krieger. Dahinter dehnt sich die finstere Landschaft — still und menschenleer, ein Todtenfeld...

Wir kehren um und passiren vorsichtig eine Strecke des Lagerraumes, wo andere Zelte vom schwarzen Nachthimmel sich abheben. Das eine gehört den Dienern, das andere dem Koche, ein drittes den beiden Matrosen, den Gehilfen des Fregatten-Capitäns. Hier flackert noch Licht und die beiden Theerjacken sind im eifrigen Gespräch begriffen. Sie beschäftigen sich mit den Malern der Expedition. — »Sie sind wohl für den König bestimmt,« meint der Eine, indem er der Arbeiten der Künstler gedenkt. - - »Gewiß; was er nur dafür zahlen mag?«

Eh, viel, daß versteht sich. Einen Thaler für das Blatt. Ein König geizt nicht mit dem Gelde.

Wir lassen die beiden Kunstverständigen und drücken uns auf die Seite. Der Weg geht ins Freie, wo in langer Reihe andere Last und Reitthiere gekoppelt schlummern und erkennen die wackeren Maulthiere, die uns den Tag vorher so ausdauernd und geduldig über die Hänge der rothen Berge und auf die Plateauhöhe hinaufgeschleppt haben. Etwas weiter steht abermals ein Zelt, aus dem ein mattes Licht hervorflackert. Die Gestalt, die im Innern des kleinen Raumes, in mattes Licht getaucht, gar seltsam gespenstisch aus der Dunkelheit tritt, ist Herr Vincent, einer jener merkwürdigen Leute, die, so lange die Sonne scheint, nicht aussterben und die sich aus allen Nationen rekrutiren. Sie haben die ganze Welt durchlaufen, reden alle Sprachen, verstehen alle Handwerke. Signor Vincent, ein geborener Franzose, der zu Tanger domicilirt, hat sich als Koch der Expedition angeschlossen, um die günstige Gelegenheit zu seinem Privatgeschäfte auszunützen. Er reist nach Fez, um daselbst in Algier zusammengehäufte alte französische Uniformen an den Mann zu bringen.

Wir blicken neugierig durch eine Ritze des Zeltvorhanges und sehen eine Erscheinung, die täuschend einem bei nächtlichem Lampenschein brütenden Alchymisten, wie man sie auf den Bildern der niederländischen Meister findet, ähnelt. Welch' markante Gestalt! Gebeugt, knochig, ausgedörrt, das Gesicht von tiefen Furchen durchwittert, starrt er in das trübe Licht des Lämpchens. Was er wohl im Kopfe haben mag? Sicher irgend eine abenteuerliche Reise, oder eine merkwürdige Begegnung, oder ein verrücktes Unternehmen. Vielleicht mochte ihn, statt alles dessen, eine näher liegende Angelegenheit den Kopf voll machen: seine rothen Turcos=Hosen, oder sein magerer Tabakvorrath... In dem Augenblicke, da wir so calculiren, bläst der Abenteurer das Licht aus und versinkt wie ein gespenstischer Schatten in der Finsterniß.

Weiter. Wir legen abermals einige Schritte zurück und gelangen zu drei Zelten, die in kleinen Entfernungen neben einander aus den mächtigen Schatten hervortauchen. Das erste gehört dem Commandanten der Escorte, das zweite seinem Lieutenant, das dritte dem Häuptling der Reiter von Had=el=Garb'a. Während die letzteren zwei dicht verschlossen und die Anwesenheit von Inwohnern durch nichts verrathen, ist bei dem Zelte des Commandanten der Thürvorhang zurückgezogen. Der neugierige Nachtwandler hat kaum einen verstohlenen Blick hineingeworfen, als er seinen Arm von einer eisernen Faust umklammert fühlt. Eine Wendung des nächtlichen Gastes und der wachsame Officier erkennt, mit wem er es zu thun hat. Er läßt die vermeintliche Beute fahren und flüstert lächelnd: "Der Friede sei mit Euch" ... Er hat den Besuch für einen — Dieb angesehen.

Ein biederer Händedruck und wir setzen unsere Wanderung fort. Nach einigen Schritten sehen wir zwei Flammenaugen unheimlich glühen. Sie gehören einer Gestalt, die, in weißen Haïk gehüllt, auf dem Boden kauert, in den Händen die schußfertige Waffe. Wir halten uns in respectabler Entfernung, gewahren aber zu unserer Ueberraschung einige Schritte weiter eine zweite ähnliche Gestalt, dann noch mehrere, schließlich eine ganze Rotte, die rings im Bereiche des Lagers aus der Dunkelheit taucht ... Es sind Schildwachen, welche das Lager zu schützen haben, und zwar weniger gegen nächtliche Ueberfälle, die ganz und gar aus-

Abbruch des Zeltlagers.

geschlossen sind, sondern gegen Diebe, denen allenfalls nach der Provision oder anderen Dingen der Reisegesellschaft gelüsten könnte.

Wir schreiten also, so gut es in der Finsterniß geht, tüchtig aus, um in den inneren Zeltkreis zurückzugelangen. Auf dem Wege dahin halten wir noch einmal vor einem Zelte, das unsere Neugierde durch das Flimmern eines Lichtes in seinem Innern erregt. Ja, selbst laute Stimmen werden vernehmbar. Was soll dies in dem sonst todtstillen Lager bedeuten? Wir treten hinzu und sehen die — Diener und Soldaten der Gesandtschaft, welche eine förmliche arabische Orgie feiern. Da ist der »zweite« Selam, Abderahman, Ali, Hamed, Mahmud u. s. w., welche sich an den reichlichen Speiseresten von der Gesandtentafel gütlich thun, dazu fleißig trinken und Kif rauchen. Sie thun recht, die armen Jungen, ein wenig von den Freuden des Lebens zu kosten, sie, die Vielgeplagten, welche den ganzen Tag auf den Beinen oder im Sattel sein müssen, die Zelte aufzuschlagen und wieder zu verpacken, die Lasten auf und abzuladen haben, von hundert Seiten und in hundert Sprachen zu hundert Diensten gerufen.

Wir stören sie also in ihrem Treiben nicht und drücken uns auf die Seite nach einem anderen Zelte, aus dessen Innern schwarze Leere gähnt. Und dennoch, es ist bewohnt, ja dicht bevölkert, denn ein ganzer Haufe brauner Diener lagert und schläft drunter und nebeneinander auf dem ausgestreuten Stroh. Keine Matte, keine Decke mildert den harten Druck dieser gemeinsamen Liegestatt. Aber noch übler daran als sie, die im Innern des Zeltes schlummern, ist jener stille, braune Knabe mit den großen leuchtenden Augen voll neugieriger Fragen, von dem weiter oben die Rede war. Er ruht nur mit halbem Körper unter dem lustigen Leinen

Rast.

dache. Auf sein hübsches Gesicht flimmern die Sterne herab. Die Augen sind jetzt geschlossen, aber die Hand des rechten ausgestreckten Armes läßt zwischen den gebräunten Fingern eine Höhlung offen und in sie läßt der nächtliche Wanderer, ein — Geldstück gleiten. Der Knabe schläft weiter... Und sein Erwachen? Wird es nicht ein solches aus einem Zauberschlafe sein, während welchem eine gütige Fee ihn mit einer blinkenden Gabe beschenkt hat? — —

Wir sind am Ziele. Vor uns schwankt im leisen Winde der Vorhang unseres Zeltes. Wir schlagen ihn zurück und schlüpfen in die lustige Behausung, die alsbald einen Schläfer mehr umfängt.

* * *

Ehe wir unsere Wanderung fortsetzen, möchten wir einige Bemerkungen über das marokkanische Heerwesen vorbringen. Wir haben bereits mehrmals der kühnen Phantasia-Reiter gedacht, und so liegt denn die Frage nahe, wie es im Reiche Seiner Scherifischen Majestät denn eigentlich mit den Armee-Verhältnissen aussieht. Ein Fachmann — Freiherr von Augustin, dem wir hier hauptsächlich folgen — hat eine sehr geringe Meinung von der marokkanischen Armee, ohne indeß den Werth des Einzelnen im Hinblick auf gewisse angeborne kriegerische Eigenschaften zu unterschätzen. Das Urtheil bezieht sich allerdings auf Verhältnisse zu einer Zeit, die von der unsrigen um mehrere Jahrzehnte abliegt. Im Wesen der Sache sind indeß nur ganz minimale Fortschritte zu verzeichnen. In einem Lande, wo den Leuten der Conservatismus in allen Gliedern steckt, werden Fortschritte kaum merklich angebahnt. Die Armee des Sultans Muley Hassan ist also im Großen und Ganzen sicher dieselbe, wie die Armee Abderrahman's es war. Zwar besitzt der regierende Kaiser einige moderne Geschütze, welche er gelegentlich zum Geschenke erhielt. Sie figuriren aber, wie wir späterhin noch wahrzunehmen die Gelegenheit haben werden, gewissermaßen als Paradestücke, wie die Staatscarosse, welche die Königin von England dem Sultan spendete. Bei besonders feierlichen Gelegenheiten pflegt der »wahre Khalif der Gläubigen« sogar selber die Geschütze abzufeuern, was genugsam beweist, mit welcher Ehrerbietung diese Mordinstrumente in den marokkanischen Residenzen behandelt werden. In einem Kriege finden sie demgemäß niemals Verwendung.

In Marokko bestehen reguläre Truppen, die Leibgarde des Sultans ausgenommen, nicht, sondern das Heer bildet sich zur Zeit des Krieges durch das allgemeine Aufgebot, welches sich auch, wenn es durch die Marabuts aufgerufen worden, in großen Massen erhebt. Allein außer diesen mitunter bedeutenden fanatisch entflammten Massen hat das Heer nicht viel Kriegerisches an sich; denn es ist über alle Beschreibung schlecht bewaffnet und noch schlechter organisirt und geführt, und wäre nicht im Stande einer europäisch gedrillten regulären Truppe energischen Widerstand entgegenzusetzen. Natürlich schließt dies nicht aus, daß ein Krieg auf marokkanischem Boden dennoch ein schwieriges Unternehmen sein würde, des einfachen Grundes halber, weil diese zahlreichen regellosen Haufen zwar der Offensivfähigkeit entbehren, in der Defensive aber, und mehr noch im Guerillakrieg, immerhin einen nicht zu verachtenden Gegner abgeben würden. Man hat die Analogie zur Hand, wenn man auf die ganz ähnlichen Verhältnisse in Algerien hinweist, wo die französischen Truppen, trotz der ihnen im Laufe der Jahrzehnte allerorts zugefallenen militärischen Erfolge, dennoch des Kriegführens und Scharmützelns nicht los werden und oft bedeutende Streitkräfte aufbieten müssen, um locale revolutionäre Ausbrüche zu dämpfen oder weite Länderstrecken im Zaume zu halten. In Marokko ist aber die Situation in dieser Richtung noch viel ungünstiger; denn abgesehen von der viel größeren räumlichen Ausdehnung des Gebietes und von der größeren Zahl aufzutreibender Vertheidiger, gestaltet sich das hohe Atlasgebirge zum natürlichen Grenzwall einer jeden Invasion und gleichzeitig zum Reduit der Vertheidiger: das weite Gebiet, zumal die Oasen von Tafilet und Tuat sind aber die Sammelplätze unversiegbarer Menschenströme, welche immer wieder neue Kriegermassen auswerfen und eben durch die Atlaspässe hervorbrechen lassen würden. Die militärische Organisation in Marokko besteht im Wesentlichen darin, daß die Statthalter der verschiedenen Provinzen des Reiches alljährlich auf offenem Felde eine Volkszählung abhalten, welche als maßgebend für die festzusetzenden localen Aufgebote erachtet wird. Nun ist freilich schon diese Volkszählung mangelhaft genug, zumal in den Gebirgsgegenden, wo die Berberstämme je nach Belieben zur Zählung sich einfinden, oder ihr ferne bleiben. Bei jener Versammlung wird gleichzeitig jedes einzelne Individuum für einen bestimmten Truppenkörper des Aufgebotes ausgewählt, und zwar ohne Rücksicht auf die Tauglichkeit.

Sehen wir uns nun zunächst das Fußvolk an. Es ist das elendeste Gesindel, das man sich denken kann, meist aus solchen Leuten zusammengesetzt, welche sich kein Pferd zu halten im Stande sind, eine Horde ohne Ordnung und Disciplin, mit Gewehren verschiedener Systeme bewaffnet, in Lumpen oder Uniformstücken aus aller Herren Ländern steckend. Beim allgemeinen Aufgebote erscheint das Fußvolk tribusweise auf den bestimmten Waffenplätzen, wird dort unter Anführer gestellt, welche der Statthalter ernennt — gewöhnlich ein oder mehrere ihrer Scheichs — erhält seine Fahne und stellt sich in langen Reihen, zwei Mann hoch, auf. Das Exercitium dieser Horde besteht lediglich darin, daß sie in einem Laufseuer ihre Gewehre losschießt, und dann ordnungslos mit infernalischem Geheul auf seinen Feind losstürzt, um mit Säbel und Yatagan, mit Gewehrkolben, und wenn nicht anders, selbst mit Knütteln auf ihn einzuhauen. Man begreift, daß zwei Dechargen einer regulären europäischen Truppe genügen würden, dieses heulende und stürmende Gelichter mit blutigen Köpfen heimzuweisen. Da jedes Exercitium eine Art militärischen Festes ist, und der markirte Gegner weniger in Betracht kommt, als der Elan der marokkanischen Vaterlandsvertheidiger, so löst sich die Truppe nach jenen fingirten Sturmangriffen programmmäßig auf und zwar in regellosen Gruppen, welche die tollsten Capriolen vollführen, heulen und jauchzen, wie die Affen umherspringen und die Gewehre im Sprunge gegen den Boden abfeuern. Das ist so nationaler Brauch und wir haben den Anblick solcher kriegerischer Schaustücke bereits in Tanger genossen.

Was diese Truppe im Kriegsfalle zu leisten oder vielmehr nicht zu leisten im Stande ist, liegt auf der Hand. In den Gebirgen, wo sie von einem Felsen auf den andern, von einem Schlupfwinkel in den andern kriechen, von dort aus ihr elendes Gewehr so oft auf den Feind abdrücken, bis es endlich einmal losgeht, oder hinter Festungsmauern, dürsten diese Soldaten dem Gegner immerhin

Begegnung mit einem Würdenträger.

einigen Schaden zufügen. Im offenen Felde aber würden sie keinen Augenblick Stand halten und stände ihr vollends Reiterei gegenüber, so hätte diese nach der ersten Decharge nichts zu thun, als die auseinanderlaufenden Haufen mit aller Bequemlichkeit niederzusäbeln oder wie gehetztes Wild vor sich herzutreiben.

Besser ist es mit der Reiterei bestellt. Wir werden weiter unten das eigenthümliche Institut der »Lehensreiterei« zur Sprache bringen, und begnügen uns hier mit einigen Andeutungen über die innere Organisation dieser Waffengattung. Alle die Völker, welche Marokko bewohnen, einige Gebirgsstämme im Atlas ausgenommen, sind geborene Reiter. Kaum daß der Bube seine Glieder gebrauchen kann, schwingt er sich auch schon auf seines Vaters Pferd und jagt pfeilschnell über die Steppen dahin. Es ist sonach erklärlich, daß jeder Marokkaner im Kriege am liebsten zu Pferde dient, und daß nur der Reiter seines Kriegerthums sich voll und ganz bewußt ist. Bei einem Aufgebote erscheinen alle Reiter auf den ihnen von den Statthaltern bestimmten Waffenplätzen und werden hier in verschiedene Schwaaren und unter bestimmte Befehlshaber abgetheilt. Gewöhnlich sind es

Selam, der Leibsoldat des italienischen Gesandten.

fünfhundert Reiter, welche unter einem Kaid (Obersten) stehen, der fünf Officiere (Khalifen) — also einer für hundert Reiter — zu Unterbefehlshabern hat. Die Kaids rekrutiren sich fast immer aus den angesehensten Ständen des Reiches, z. B. aus den Familien der Gouverneure, und zeichnen sich daher von ihren Untergebenen durch feinere Kleider, schönere Pferde und Waffen, und überhaupt durch das Ansehen aus, das sie sich zu verschaffen wissen. Militärisch instruirt sind sie aber so wenig, wie der letzte Reiter ihres Aufgebotes. Die Bewaffnung des Reiters besteht in einer ungemein langen Steinschloßflinte, einen Säbel, hin und wieder in einem Yatagan. Pistolen sind fast unbekannt, dagegen Krummdolche sehr im Gebrauche.

Das marokkanische Gewehr ist ein höchst plumpes unverläßliches Instrument. Der schwere Lauf ist mit vielen silbernen Ringen an den Schaft befestigt, welch' letzterer eine ganz eigenthümliche Krümmung und Ausschweifung des Kolbens hat. Das Schloß, so primitiv, wie alles Uebrige, hat die eigenthümliche Vorrichtung, daß die Pfanne mit einem Schuber versehen ist, welcher das Herausfallen des Pulvers verhindert, auch wenn der sogenannte Batteriedeckel nicht zu ist, und welcher sich von selber verschiebt, so oft der Hahn abgedrückt wird. Durch diese Einrichtung wird zwar das unzeitige Losgehen des Gewehres während der wilden Phantasiaritte verhindert; da aber der Mechanismus durch den längeren Gebrauch der Waffe, zumal in so rohen und ungeschickten Händen, und durch die Einflüsse der Witterung bald beschädigt wird und zu functioniren aufhört, bringt dies den Uebelstand mit sich, daß der Schuber beim Abdrücken des Hahnes unbeweglich bleibt und dieses Abdrücken sonach unzählige Male wiederholt werden muß, bis die Schußwirkung erzielt wird. Bei längerem Gebrauche der Waffe kann man immerhin annehmen, daß auf diese Art die Hälfte der Schüsse versagt.

Ebenso unvortheilhaft ist das Laden mit ledigem Pulver, das der Reiter in einer hölzernen Pulverflasche an dicken seidenen Schnüren mit sich führt. Nicht nur, daß diese Art des Ladens sehr zeitraubend ist und den Reiter zwingt, sich zu diesem Ende aus dem Bereiche des feindlichen Angriffes zu bringen, wird hierbei mehr Pulver verstreut, als zu einem Schusse vonnöthen ist. Beim Gebrauche der Waffe legt er den Kolben nur selten an die Schulter; meistens stemmt er sie vorne an die Brust, indem er das Gewehr gerade vor sich hin hält, und mit der linken Hand, in welcher er den Zügel hält, losdrückt. Wie es hierbei mit dem Treffen aussieht, kann man sich leicht vorstellen. Im Kriege heftet der Marokkaner bisweilen ein Bajonnet an sein Gewehr. Der Ausdruck »anheften« ist hier vollkommen zutreffend, denn da das Gewehr der betreffenden Vorrichtung entbehrt, muß das Bajonnet einfach mit Schnüren am Gewehre festgemacht werden. Der Säbel ist nicht so wie bei den Orientalen stark gekrümmt, sondern hat eine fast gerade, breite, aber plump gearbeitete Klinge. Die ganze Vorliebe des Marokkaners erstreckt sich auf seine Flinte, der Säbel ist ihm Nebensache. Dieser steckt in einer ledernen Scheide, welche mittelst dicker Seidenschnüre über die Schulter gehängt wird; am Griffe theilt sich der rückwärtige Theil der Parirstange in eine Art Gabel. — Bei den Waffenkämpfen sieht man oft Tourniere mit Säbeln, welche sich ebenso durch die Geschicklichkeit, mit welcher diese Waffe gehandhabt wird, als durch ihre eigenthümliche, beinahe majestätische Art und Weise auszuzeichnen. Die beiden Kämpfer stellen sich nämlich, den Haik oder Burnus mehrfach um den linken Arm zum Auffangen feindlicher Hiebe gewickelt, den Säbel mit der Rechten hoch erhoben, einander gegenüber, ernst und lauernd, als wollten sie erst die Art überlegen, wie sie ihrem Gegner am sichersten an den Leib kommen könnten. Dann schreiten sie im Kreise umher, machen allerlei drohende Bewegungen und Geberden, und springen endlich hauend auf einander los. Es folgt nun Hieb auf Hieb, begleitet von den possirlichsten Stellungen und Sprüngen, und man muß hierbei wirklich die Geschicklichkeit bewundern, wie sie pariren. Besonders interessant ist, wie sie mit der schmalen Gabel der Parirstange die Klinge des Gegners auffangen, festhalten, und ihm so entweder den Säbel aus der Faust winden oder ihn wenigstens für einige Zeit wehrlos machen, um ihm mit der linken Hand den Yatagan oder Krummdolch in den Leib zu rennen. Auf diese beiden letzteren blanken Waffen legt der Marokkaner noch mehr Werth als auf den Säbel, da sie im Handgemenge vortreffliche Dienste leisten.

Der Yatagan ist entweder geschweift, wie der türkische, oder ein ganz einfaches gerades Messer, dessen Scheide nicht selten mit massiven Silberbeschlägen, welche getriebene Arbeit sind, verziert ist. Diese Waffe wird an einer Schnur getragen, häufig auch, offenbar um sie vor dem Feinde zu verbergen, unter dem Oberkleide verwahrt. Sie dient auch zum Behufe jenes gräßlichen Gebrauches, den überwundenen Feind, wenn man ihn nicht lebendig als Gefangenen fortschleppen kann, den Kopf vom Rumpfe zu trennen, für welche Trophäe sie dann gewöhnlich von der Regierung eine bestimmte Gratification erhalten.

Die Kampfweise der marokkanischen Reiter mag einst für die schwerfälligen Ritter der europäischen Mächte etwas Erschreckendes gehabt haben: denn ein solcher Schwarm erscheint plötzlich, kaum daß man es ahnt, bringt seinem Feinde einigen Schaden bei und verschwindet, ehe dieser noch recht zur Besinnung kommt. Allein heutigen Tags wären derlei Manöver nicht mehr zu fürchten. Dichtere Schaaren würden kaum einer zur rechten Zeit angebrachten Decharge einer Infanteriemasse widerstehen, einzelne Reiter aber jedem sicheren Schützen zur Beute werden. Nur mit ihrer Schlauheit, mit der ungeheueren Ausdauer und Gewandtheit ihrer Pferde hätte man zu rechnen: denn wie die Erfahrungen im Allgemeinen zeigen, erscheinen diese Reiterschwärme ehe man sichs versieht, um eine Colonne anzugreifen, und der Einzelne windet sich in der Nacht, wie eine Schlange und auf dem Bauche kriechend durch Gestrüppe und hohes Gras, um eine feindliche Vedette, welche sich durch die ringsum herrschende trügerische Ruhe täuschen und sorglos machen ließ, zu überfallen und zu ermorden, ehe sie einen Laut von sich zu geben vermag.

Das einzige reguläre Militär in Marokko ist, wie bereits erwähnt, die weiße und die schwarze Leibwache des Sultans, die Abi Bucharis und die Ludajas. Sie sollen zehntausend Mann stark sein und obliegt ihr die Aufgabe, die geheiligte Person Sr. Scherifischen Majestät, sowie deren Schätze und Paläste in den drei Residenzen Fez, Mekines und Marakfesch zu bewachen. Auch wird sie zu besonders wichtigen Angelegenheiten, z. B. zur Escortirung von Geld- und Waarentransporten, welche dem Sultan gehören, oder zur Bestrafung widerspänstiger Provinzen, zum Eintreiben der Steuern ec. verwendet. Dort, wo sich der Sultan eben aufhält,

Die „Muna" (Naturalliferung der Bewohner). (S. 86.)

befindet sich immer der größte Theil dieser Truppe, welche verschiedene Privilegien besitzt, vom Volke wegen ihrer Rücksichtslosigkeit gefürchtet und durch eigene Kaids aus der unmittelbaren Umgebung des Sultans befehligt wird. Beide Leibwachen — die schwarze besteht größtentheils aus Mulatten — werden vom Sultan mit Pferden, fast durchwegs Schimmeln, ferner mit Waffen und Kleidern versehen, welch' letztere den von uns bereits beschriebenen gleichen. Bei Festlichkeiten, wo sie zu Fuß erscheinen, erhalten sie sogar bisweilen neue Gewehre aus den Waffenvorräthen des Sultans. Die Officiere sitzen vor der Front einer solchen paradirenden Truppe auf kleinen Teppichen, bis zum Momente irgend eines Manövers.

Feldgeschütze giebt es in Marokko, mit Ausnahme der paar Parade-Exemplare des Sultans, keine. Desto zahlreicher findet man Geschütze hinter den Festungsmauern

Phantasia während der Mittagstafel.

der Hafenstädte. Da giebt es Kanonenrohre von jedem Kaliber und allen erdenklichen Formen, Stücke aus den Gußhäusern aller europäischen Nationen, wie sie eben der Handel, und vor Zeiten der Seeraub in den Besitz der marokkanischen Regierung brachte. Aber in welchem Zustande und in welcher Behandlung findet man sie da! Hinter den halbverfallenen Mauern, welche gewiß nicht einen Augenblick der Gewalt eines modernen Geschützprojectile der kleinsten Gattung zu widerstehen vermöchten, liegen diese Rohre auf elenden Erdwällen, ohne Lafetten, ohne Richtungsvorrichtung, halb in Schlamm und Schmutz versunken und nur durch einige Pflöcke am Zurückprallen nach dem Schusse verhindert, während ihre Köpfe in Schießscharten, d. h. in formlos durch die schwache Mauer gebrochenen Löchern, ruhen. Durch das Herumwerfen des Bodenstückes oder durch das Eintreiben eines Keils unter denselben, giebt man ihnen eine beiläufige Richtung und nun wird mörderisch darauf loskanonirt, unbekümmert um die Wirkung, wenn's nur recht kracht.

Unbegreiflich ist es, daß bei der Bedienung des marokkanischen Vertheidigungsgeschützes nicht unzählige Unglücksfälle vorkommen, denn gewöhnlich liegt neben jedem Geschütz unter einer Decke ein Häufchen Pulver, aus welchem die Bedienungsmannschaft erst während des Gebrauches eine Art Patrone fabricirt. Und dies sind jene Mauren, welche sich bei der Belagerung von Algeziras im Jahre 1340 der ersten Geschütze bedienten und so eine Waffe ins Leben riefen, die seitdem durch die ihr innewohnende furchtbare Zerstörungskraft so ungeheure Resultate hervorgebracht und so viele Millionen Menschenleben vernichtete. Dies sind die Mauren, welche durch ihre wissenschaftlichen Forschungen eine Erfindung machten, wodurch sie der ganzen Kriegskunst eine andere Richtung gaben.

Alle Städte in Marokko, ganz besonders die Küstenstädte, haben Befestigungen, ohne daß man sie deshalb zu wirklichen »Festungen« rechnen könnte. Gewöhnlich sind sie nur, wie z. B. Tanger, mit schwachen crenelirten Mauern und Thürmen umgeben, welche keinen größeren Schutz bieten, wie beispielsweise die Mauern unserer kleinen Landstädtchen in den Zeiten, da man bei einer Belagerung höchstens mit einigen Donnerbüchsen erschien. Und selbst diese Ruinen verfallen immer mehr und mehr, oder werden nur nothdürftig ausgebessert. Gegen das Anrennen der wilden einheimischen Horden mögen diese Schuttwälle, diese durch Trümmersturz halb ausgefüllten Gräben vielleicht ihre Wirkung thun. Die Angreifer mögen sich durch das furchtbare Krachen zahlloser Feuerschlünde zurückschrecken lassen. Allein, welchen Widerstand sie gegen das Feuer einiger gutbedienter Kanonen zu leisten vermögen, das hat man schon im Jahre 1829 erfahren, wo zwei österreichische

Kriegsschiffe die Küstenstädte El Araisch und Arzilla beschossen, um sich für die Wegnahme eines Handelsschiffes schadlos zu halten.

Dieser interessante Zwischenfall verlief in Kürze, wie folgt. Der am 16. Juni 1827 zwischen Oesterreich und dem Kaiser Dom Pedro von Brasilien abgeschlossene Handels- und Schifffahrtsvertrag hatte die Entwickelung eines lebhaften gegenseitigen Verkehrs beider Staaten herbeigeführt. Nicht nur, daß Triest nun von der ersten Quelle Colonialwaaren zu beziehen begonnen hatte, mit deren Anschaffung es bis dahin meistens auf Zwischenhäfen angewiesen war, es kam

Die Karawane auf dem Marsche.

auch in die Lage, verschiedenen heimischen Boden- und Industrie-Erzeugnissen einen neuen Absatzmarkt zu eröffnen. Eines der Schiffe, welche diesen Verkehr vermittelten, war die österreichische Handelsbrigantine »Veloce«, welche in den ersten Augusttagen des Jahres 1828 mit einer reichen Waarenladung von Triest nach Brasilien segelte. Sie wurde in der Nähe von Cadix von einem marokkanischen Kriegsfahrzeuge verfolgt, aufgebracht und nach dem Hafen von Rabat abgeführt. Die Mannschaft (Capitän und zwölf Matrosen) war unterwegs argen Mißhandlungen preisgegeben. Die österreichische Regierung ward hievon in Kenntniß gesetzt und entsendete eine Marine-Abtheilung unter dem Befehle des Corvetten-Capitäns Bandiera nach der Meerenge von Gibraltar, um die österreichischen

Kauffahrer gegen weitere Angriffe von Seite der marokkanischen Kreuzer zu schützen, ferner für das Vorgefallene Genugthuung und Schadenersatz zu fordern.

Die Ergebnisse dieser Mission, welcher der Legationsrath von Pflügl bei gegeben war, gestalteten sich Anfangs soweit günstig, daß Capitän und Matrosen des österreichischen Kauffahrers ohneweiters der Division übergeben wurden, und der Minister des Sultans, Ben Dschelun, sich nach Tanger begab, um im Namen seiner Regierung zu erklären, daß sie das Vorgehen des marokkanischen Seeofficiers, welcher die »Veloce« aufgebracht hatte, höchlichst mißbillige und beklage, denselben zur Verantwortung ziehen werde und sehr gerne zur Wiederaufnahme der früheren freundschaftlichen Beziehungen bereit sei. Die Zurückgabe der »Veloce« und die verlangte angemessene Entschädigung wurde jedoch von der marokkanischen Commission verweigert. Die Regierung von Marokko selbst, an welcher der österreichische Delegirte durch den Minister Ben Dschelun sich gewendet hatte, wies die Anträge, ohne sie auch nur einer Erwiderung zu würdigen, rundweg ab.

Der Reisegenosse Mohammed Ducali. (S. 91.)

Der Divisions-Commandant beschloß nun, die ihm zu Gebote stehenden militärischen Mittel in Anwendung zu bringen. Er verließ, nachdem er alle Vorbereitungen zu einer Landung bei El Araisch und zum Angriffe auf die im dortigen Hafen ankernden marokkanischen Kriegsschiffe getroffen hatte, mit der Corvette »Carolina« und der Brigg »Veneto« am 1. Juni 1829 die Rhede von Algeziras, passirte während der Nacht die Meerenge von Gibraltar und langte am 2. Juni früh auf der Höhe von El Araisch an, wo sich auch die Corvette »Adria« beigesellte, die vor der Küste die letzten Tage gekreuzt hatte. Bereits um die Mittagsstunde des 3. Juni begannen die Operationen. Die drei österreichischen Kriegsschiffe ließen sieben mit je einer kleinen Kanone armirte Schaluppen ablaufen, um Abtheilungen des Raketencorps, der Marine-Infanterie und bewaffnete Matrosen, zusammen hundertsechsunddreißig Mann, aus Land zu führen. Sie hatten die

Aufgabe, nach erfolgter Landung auf der kürzesten Linie gegen die beiden marokkanischen Fahrzeuge vorzurücken, um sie mittelst Raketen in Brand zu stecken, worauf sie sich unverweilt zurückziehen sollten.

Die Schaluppen erreichten unter dem Feuer der Festungsbatterien binnen einer Viertelstunde unbeschädigt das Gestade. Da sie sich jedoch wegen des niederen Wasserstandes nicht ganz dem Lande nähern konnten, stürzten die Soldaten und Matrosen sich ins Meer und schwammen an die Küste. Die Landung erfolgte ohne Widerstand von Seite der Marokkaner, welche zwar einen Angriff gegen die Stadt, nicht aber gegen die beiden ohne hinreichende Besatzung gebliebenen Kriegsschiffe erwartet hatten, und deshalb nur die Anhöhen um die Stadt mit Fußvolk und Reiterei besetzt hatten. Als das Landungscorps die Anhöhen, von der aus die beiden feindlichen Fahrzeuge beschossen werden konnten, erreicht hatte, richteten die Feuerwerker ihre Raketen gegen dieselben mit so gutem Erfolge, daß nach wenigen Schüssen die näher gelegene Brigg ein Raub der Flammen wurde, und kurze Zeit darauf das zweite feindliche Schiff, nach allen Richtungen hin durchbohrt, sich mit Wasser füllte und sank. Das kleine Landungscorps behauptete sich trotz des feindlichen Geschützfeuers aus der Festung, durch volle drei Stunden in seiner Position und schiffte sich dann, nicht ohne zuvor noch bedeutende, ihnen vom Feinde bereitete Schwierigkeiten, überwunden zu haben, wieder ein. Der Verlust der Feinde betrug gegen hundertfünfzig Mann; österreichischerseits wurden zweiundzwanzig Mann getödtet und vierzehn verwundet. Während der Affaire richteten die Schiffsgeschütze großen Schaden an den Befestigungen von El Araisch an, während die furchtbare Kanonade des Feindes nicht die geringste Wirkung hatte, da die Geschütze nicht weit genug trugen, um die Schiffe zu erreichen. Um vier Uhr Nachmittags befand sich das ganze Landungscorps am Bord der betreffenden Fahrzeuge und zwei Stunden später segelte die Escadre wieder nach Gibraltar zurück, mit Ausnahme des »Veneto«, welcher vor Rabat, wo ein marokkanischer Schooner von sechs Kanonen lag, zurückblieb.

Bei diesem Anlasse möchten wir auf eine Reihe von historischen Erinnerungen hinweisen, die mit diesen Küsten, soweit es sich um Seeunternehmungen handelt, eng verknüpft sind. Es sind selten friedliche Vorfallenheiten; ja, es hat nachgerade den Anschein, daß die Gewässer im Bereiche der Hercules-Säulen in früherer Zeit sich ganz besonders zu dem blutigen Austrag des uralten Rivalitätskampfes unter den seefahrenden Mächten eigneten. Hier ward beispielsweise die entscheidende Seeschlacht von Trafalgar geschlagen (1805), wo Spanien als Alliirter Frankreichs von den Engländern besiegt und seine achtungswerthe Seemacht gebrochen wurde. Eine viel größere Rolle noch als Spanien spielte zu Zeiten Portugal an der Meerenge von Gibraltar. Es verdankte seine vorübergehende Größe dem eifrigen und opferwilligen, patriotischen Bemühungen eines Prinzen, nämlich Heinrich dem Seefahrer; den von ihm auf eigene Kosten ausgerüsteten Expeditionen verdankte Portugal nicht nur die Entdeckung der Canarischen, Azorischen und Cap Verdi'schen Inseln, und die Kenntniß langer Küstenstrecken Westafrikas, sondern es entstand durch ihn und wurde durch seine Erfolge jener Forschungsgeist entwickelt, welcher nach seinem Tode (1463) Portugal zu einer der ersten Seemächte, zu einem der reichsten Länder der Erde machen sollte.

Zu erwähnen wäre ferner, daß aus diesem Meere jene berühmte Flotte Philipp's II. – die »Armada« – auslief, allerdings, um durch Sturm und feindliche Uebermacht vernichtet zu werden. England hatte, lange bevor es seine Absicht verwirklichen konnte, seine Augen auf die Meerenge von Gibraltar geworfen. Es war dem Usurpator Cromwell vorbehalten, mächtig unterstützt durch die geänderte Richtung des Welthandels, welcher, das Mittelmeer verlassend, sich dem Atlantischen zu Gunsten Englands zugewendet hatte, den Grund zu Englands maritimer

Herr Vincent. (S. 95.)

Größe, sowie zu dessen rücksichtsloser äußerer Politik, zu legen, nachdem schon früher und während des niederländischen Unabhängigkeitskrieges die durch spanische Herrschsucht und Fanatismus aus den Niederlanden vertriebenen Flamänder, ihre gewerbliche Geschicklichkeit in das bis dahin für alle Kunstproducte der Niederländer und Deutschen tributäre England übertragend, dessen nachmalige industrielle Größe vorbereitet hatten. So konnte es auch kommen, daß schon fünfzig Jahre nach Cromwell, bei Gelegenheit des Utrechter Friedens (1713), England zu einem solchen politischen Gewichte auf dem europäischen Continente gelangte, daß es durch seine Separat-Abmachungen mit dem gemeinsamen Gegner Ludwig XIV, seinen eigenen Alliirten, Kaiser Karl VI., zwingen konnte, seinen gerechten Ansprüchen auf das spanische Erbe zu entsagen, während es für sich selbst Alles erreichte, um seine Seeherrschaft zu begründen und zu sichern, in Europa z. B. Gibraltar und hiermit den Schlüssel zum mittelländischen Meere.

Gegenüber den Ereignissen, welche der Erwerbung von Gibraltar und der definitiven Festsetzung der Spanier in der sehr widerstandskräftigen Festung Ceuta vorausgingen, ist die österreichische Expedition gegen El Araisch an der marokkanischen Küste allerdings geringfügig genug. Sie beweist aber, daß in noch verhältnißmäßig naheliegender Zeit, jeder Staat, dessen Seehandel jenes Meer berührte, gewissermaßen gezwungen war, dem alten Korsarenstaate Achtung einzuflößen. Daß der einzige Dolmetsch in dieser Richtung die Kanone ist, leuchtet vollkommen ein. Sicher verdankt man heutigen Tags das leidlich gute Verhältniß zwischen Marokko und den europäischen Mächten, der Macht Englands in dem nahen Gibraltar und die immerhin einflußreiche Position Spaniens in Ceuta. Was die letztere betrifft, wird dieselbe in dieser Schrift noch ausführlich, gelegentlich unserer Mittheilungen über den spanisch-marokkanischen Krieg, zur Sprache kommen.

Geschlossener Marsch der Escorte

Tleta-el-Raissana.

Marsch im Morgennebel. — Einförmigkeit der Landschaften. — Die Lehensreiterei von El Araisch. — Marokkanisches Feudalwesen. — »Lab-el-barode«. — Grosse Phantasia. — Ueber maurische Reiter und Reitkunst. — Das berberische Pferd. — Seine Pflege und Behandlung. — Wahrheit und Dichtung im Punkte der Liebe des Orientalen zum Pferde. — Neue Eindrücke während des Marsches. — Die Kubba des Sidi Liamani. — Ein ungemüthlicher Rastort. — Insectenplage. — Ankunft in Tleta-el-Raissana. Ein Kranker, der das Recept statt des Medicamentes verschluckt. — Einige Bemerkungen über die ärztliche Praxis in Marokko.

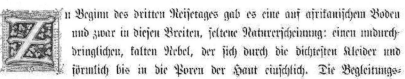u Beginn des dritten Reisetages gab es eine auf afrikanischem Boden und zwar in diesen Breiten, seltene Naturerscheinung: einen undurchdringlichen, kalten Nebel, der sich durch die dichtesten Kleider und förmlich bis in die Poren der Haut einschlich. Die Begleitungs-Mannschaften schienen ganz besonders zu frieren und hüllten sich so gut sie konnten in ihre verschiedenfarbigen Haïks. Ueberdies marschirten sie diesmal in geschlossener Ordnung, zumal die Reiter, welche Pferd an Pferd in unmittelbarem Bereiche der Expeditions-Mitglieder lautlos in die schleierumhüllte Landschaft hinausritten. Einige Reiter, welche sich etwas abseits hielten, verschwammen wie Phantome in dem Schatten des Nebels. Von einer lebhafteren Conversation war keine Rede. Man war verdriesslich und harrte dem Erscheinen der Sonne entgegen, die sich zwar einige Minuten lang am Horizonte blicken liess, dann aber wieder hinter undurchdringlichen Nebelhüllen verschwand.

De Amicis, Marokko. 15

So ging es langsam vorwärts. Die Landschaft zeigte ein sanft gewelltes Terrain, dessen Unebenheiten so geringfügig waren, daß sie das Auge kaum ausnehmen konnte. Ab und zu stieß man auf prächtige Aloën und strauchartige Oelbäume, auf ein vereinzeltes Dorf, das, so weit ein Ausblick überhaupt möglich war, in den Rahmen des Bildes trat, oder auf ein vereinsamtes Zelt. Das Land selber schien wie ausgestorben; man hatte ein Gefühl durch ein Gebiet zu ziehen, dessen jungfräulicher Boden nach keines Reisenden Fuß betreten. Von Thalsenkung zu Thalsenkung immer dieselbe Einsamkeit. Erst nach dreistündigem Marsche wurde die Vegetation reicher, wie denn auch andere Anzeichen darauf schließen ließen, daß die Reisenden in der Nähe einer größeren Niederlassung sich befanden. In dieser Meinung wurden sie bestärkt durch das allmähliche Ausschwärmen einzelner Reiter, die sich von der Colonne lostrennten und in rascher Gangart in den Nebelhüllen verschwanden. Bald wurde dieses Ausschwärmen häufiger, während nun auch einzelne Bewohner, Männer und Frauen, welche die Neugierde angelockt hatte, sichtbar wurden. Als die Karawane in diesem Augenblicke in eine größere Mulde hinabtritt, trat die Sonne aus den Nebeln.

Und unmittelbar hierauf entrollte sich vor den erstaunten Blicken der Reisenden ein wunderbares Schauspiel. Ein Schwarm von mindestens dreihundert Reitern, in Farben glühend, wie ein Regenbogen, wälzte sich in wilder Unordnung durch die Niederung. Es war die Escorte des Districtes El Araisch (de Amicis schreibt Laracce), von ihrem Commandanten und seinen Officieren angeführt. Sie hatte die Bestimmung, die bisherige Begleitungs-Mannschaft der Provinz Had-el-Garbía abzulösen, da die Expedition die Südgrenze des Regierungsbezirkes von Tanger erreicht hatte. Dieses Schauspiel wiederholte sich auf dem zwölftägigen Marsche nach Fez mehrere Male, das heißt so oft, als die Reisenden einen anderen Bezirk betraten. Jeder derselben hat nämlich sein eigenes militärisches Aufgebot, jene mehrfach genannten und beschriebenen Lehenssoldaten, welche im Besitze jener Ländereien sind, die ihnen der Sultan zugewiesen und dafür ihre militärischen Dienste beansprucht. Unter den Lehensreitern, deren in Marokko gewiß zwischen fünfzig- bis sechzigtausend vorhanden sind, giebt es daher keine Altersunterschiede: man sieht schwächliche, unreife Bursche, Männer im schönsten, kräftigsten Alter und weißbärtige Greise. Werden derlei Aufgebote außerhalb der Provinz, in der sie ihre Lehensrechte und -Pflichten ausüben, verwendet, oder suchen Einzelne freiwillig anderorts Verwendung oder Beschäftigung, so übertragen sie die Bewirthschaftung ihres Besitzes bestellten Pächtern. Die Officiersstellen sind fast immer in den betreffenden Familien erblich, so daß sie eine Art Feudal-Aristokratie bilden, die immerhin

Einfluß und Macht genug besitzt, um selbst vom Sultan respectirt zu werden. Er bestätigt die Chefs von Fall zu Fall, hat aber kein unmittelbares Recht zu Ernennung.

Nach der Begrüßung des Gesandten von Seite des neuen Escorte Commandanten (die eigentliche kaiserliche Escorte, welche die Expedition von Tanger bis Fez zu begleiten hatte, ist hier nicht gemeint), vollzieht sich ein Schauspiel, das wir auf marokkanischem Boden bereits mehrmals genossen haben: eine jener großartig schönen, wildbewegten Reiter Phantasias, die nirgends im Gebiete von Nordafrika mit solcher Vorliebe und solcher Verve cultivirt werden, wie im Reiche Seiner Scherifischen Majestät. Diesmal war das ‚Lab el barode‘ (Pulverspiel), wie die Mauren es nennen, von wahrhaft imponirender Detail und Gesammtwirkung. Erst lösten sich die Reiter einzeln und in kleinen Gruppen von der geschlossenen Masse ab, umschwärmten die Karawane oder kamen ihr in rascher Gangart entgegen, schwangen ihre langen Flinten oder feuerten sie während der Bewegung bald nach vorne, bald nach rückwärts ab. Bald glich die ganze Ebene nur mehr dem Schauplatze eines scheinbar wilden Gemetzels, erfüllt von Gehen und Pulverdampf, durchtobt von entsetzlich aufgeregten Reitern.

Auf allen Seiten gab es flüchtige, jauchzende Reiter, schnaubende Pferde, wehende Haïks und farbensprühende Kaftans in Roth, Blau, Grün und Gelb. Aus diesem Farbenmeer blitzten Schwerter und Dolche, glühten tiefschwarze flammende Augen, stachen unheimlich aufgeregte wilde Gesichter hervor. Einzelne Reiter krümmten ihre Leiber wie die Schlangen, beugten sich bald zur Erde nieder, bald weit vor, bald zurück, mit fliegendem Athem durch Staub und Pulverdampf, durch den die Schüsse blitzten und krachten. Da verliert einer der Rasenden seinen Haïk, aber mit kühner Wendung ist er zur Stelle, fängt das auf dem Boden liegende Kleidungsstück mit seiner langen Flinte auf, schleudert es in Höhe, um es mit raschem Griffe zu erhaschen. Jeder Einzelne der Teufelsbande scheint mit dem Pferde verwachsen zu sein. Es ist kein Ritt, es ist ein Fliegen — mit convulsivischer Anspannung aller Kräfte und dem Ausdrucke wildester, leidenschaftlichster Lust. Manche rasen wie besessen zwischen den farbigen Gruppen und Knäueln hindurch, ohne Rast und Ruhe, mit flammenverzehrendem Blick und todtbleichem Antlitz.

Daß eine derartige Raserei für die Thiere nichts Angenehmes hat, liegt auf der Hand. Die meisten von ihnen bluten aus den Flanken, in die ihnen die tollen Reiter entweder die scharfen Kanten der breiten Schaufelbügel oder spitze Eisenstäbe, die man anstatt der Sporen an den Stiefelabsätzen trägt, treiben. Auch in den Geifer der Thiere mischt sich Blut, denn die Gebisse sind scharf und die Führung seitens der Reiter ist eben nicht eine solche, wie man sie auf einer europäischen Reitschule lernt und anwendet. Was für die Thiere besonders schmerzhaft sein mag, das ist das plötzliche "Pariren" derselben durch die Reiter inmitten der schärfsten Gangart. Die schweißtriefenden und blutenden Körper der Pferde zittern vor Aufregung und Schmerz. Mit weitgeöffneten Nüstern und hocherhobenen Köpfen, in den Augen wilde Angst, wittern sie in die pulvergeschwängerte Luft hinaus.

Die wilde, urwüchsige Herrlichkeit solcher Kriegsspiele ist indeß nicht deren einziger Zauber. Es giebt auch einen solchen, der die Nerven weniger in Aufruhr versetzt, Augen und Ohren minder alterirt. Dieser Zauber besteht darin, daß die einzelnen Reitertrupps sich nach der Farbe ihrer Ober= und Untergewänder ralliiren, da und dort auseinanderjagen, sich zu neuen Farbenstellungen gruppiren, wieder ausschwärmen und so nach einiger Zeit dem Auge des Zusehers ein immerwährend wechselndes Bild aller möglichen Farbencombinationen vorführen, die kein Ballettmeister einer europäischen Opernbühne harmonischer anzuordnen vermöchte. Bald glüht ein rother Kaftan zwischen zwei weißen, bald ein blauer zwischen zwei rothen; bald eine Gruppe weißer Haïks zwischen blauen an den beiden Seiten, oder gelbe Kaftans zwischen grünen Haïks, weiße Turbane zwischen rothen Fez'. Hunderte von flatternden Flaggen und Fahnen würden kaum ein grelleres Farbengemisch repräsentiren, als ein Trupp solcher marokkanischer Lehenscavallerie in Ausführung ihrer interessanten, blendenden, berauschenden Reiterspiele ... Und diese Spiele sind ihr tägliches Brod, oder vielmehr ihre einzige Freude, ihre einzige Lust, ihre einzige Leidenschaft. Leute, die außerhalb des Sattels den Eindruck von leblosen, erstarrten Wesen machen, sind die leibhaften Teufel, wenn sie das Berberroß zwischen ihren Schenkel haben, und Leute, die nichts auf dieser Welt bewegt oder interessirt, sterben für die wildschäumende Freude eines einzigen Phantasiarittes.

Es dürfte vielleicht hier am Platze sein, einige Bemerkungen über die maurisch-berberische Pferderasse zu machen. Diese edlen Thiere, welche im Ertragen von Strapazen und überflüssiger Anspannung ihre Kräfte in stundenlangen, ja häufig einen ganzen Tag ausfüllenden Reiterspielen, so Großartiges leisten, scheinen auf den ersten Blick zu derlei Dingen gar nicht befähigt zu sein. Sie sind klein von Gestalt, haben zarte Extremitäten und machen im Großen und Ganzen einen so unbedeutenden Eindruck, daß daneben europäische Pferde von Mittelschlag wie Riesen sich ausnehmen müßten. Der Kenner aber, der die Merkmale edler Rassen wohl zu schätzen weiß, wird bei den berberischen Pferden mit hoher Befriedigung jene Charakteristiken wahrnehmen, die das vornehme Blut der Thiere über alle Zweifel setzen.

Diese Charakteristiken sind: eine etwas gedrückte, schmale Stirne, große Nüstern, zartes, fast delicates Knochengerüst, einen fein geschnittenen Kopf mit feurigen, ungemein ausdrucksvollen Augen. Hals und Rückgrat zeigen sich stark geschweift, wodurch das Thier in der Bewegung noch mehr Elasticität verräth, als es ohnedies in Folge seines leichten und sicheren Trittes besitzt. Die Grupp (das Hintergestell) ist stark nach vorne gerückt, so daß der Sattel scheinbar noch

Marokkanische Reiterei

theilweise auf sie zu sitzen kommt. In Folge dieser auffallenden Kürze des Leibes ist das berberische Pferd weniger für die Trabgangart als vielmehr für jene im Galopp geeignet. Ueberhaupt treten die edlen Rassen-Merkmale erst in der Bewegung hervor, wobei es sich nur frägt, ob die Reiter das Ihre dazu beitragen, um die Thiere in ihrem vortheilhaften Lichte erscheinen zu lassen.

Ueber den Werth der berberischen Reitkunst läßt sich streiten. Sie unterscheidet sich in vielen Punkten wesentlich von dem, was der Abendländer mit dem Begriffe von Reitkunst und Pferdedressur verbindet. Der unförmliche Sattel mit der hohen Brust- und Rückenlehne, welche ein Herabfallen vom Pferde fast ausschließen, sowie die breiten, schaufelförmigen Bügel, welche mehr auf das lästige Sitzen, als auf das feste Schluß halten mit den Knieen berechnet sind; ferner der landesübliche außergewöhnlich hohe Stuhlsitz (im Gegensatze zum Gabelsitz des abendländischen Reiters), der durch übermäßig hohes Aufschnallen der Bügel erreicht wird; dann die lange Zügelführung, bei der man sich nur der »Stange« bedient: dies Alles unterscheidet den marokkanischen Reiter so wesentlich von einem europäischen, daß die Frage offen bleibt, ob ein derart zwischen Bügel und Sattel eingezwängter Cavallerist überhaupt Anspruch auf die Bezeichnung eines vollkommenen, stylgemäßen, durch Kraft und Geschicklichkeit ausgezeichneten Reiters haben könnte. Die Gewandtheit, welche die Mauren in ihren Phantasias zur Schau tragen, hat jedenfalls keinen besonderen cavalleristischen Werth, so bravourös all' das Geflunker sein mag. Jedenfalls ist ein Maure, auf eine englische »Pritsche« gesetzt, ein hilfloser Mann, nicht aber ein Europäer, der sich des marokkanischen Sattel- und Zaumzeuges bedient. Darin liegt auch der wahre Werth des Reiters, denn gerade in dieser Kunst gilt ja die bekannte Redensart »in allen Sätteln fest sein«, als Ausdruck vollendeten Könnens.

Auch hinsichtlich der Behandlung, der Pflege und Wartung des maurischen (wie überhaupt orientalischen) Pferdes, mischen sich Dichtung und Wahrheit in gleichen Theilen. Zwar die Liebe des Mauren zu seinem Thiere und eine gewisse Sorgfalt, die er auf dasselbe verwendet, sind schlechterdings nicht zu leugnen. Er ist mit seinem Pferde förmlich verwachsen, theilt mit ihm Lust und Leid, Hitze und Durst, Nahrung und Lagerstätte. In den langen Raststunden kauert er sich neben seinem vierbeinigen Genossen, singt ihm Lieder vor und erzählt ihm seltsame Geschichten. Ist es eine edle Stute, so ist der liebevolle Reiter großmüthig genug, falls es sich um irgend eine größere bevorstehende Leistung handeln sollte, ihr eine »gute Heirat« zu versprechen. Er bläst ihr den duftigen Rauch des Kif in die Nasenlöcher, krant ihr hinter den Ohren u. dgl. m.

Damit ist aber auch alle Theilnahme erschöpft. Von Schonung weiß der Maure nichts. Er spornt und stachelt das Thier ohne Anlaß und Nothwendigkeit, zwingt es zu unsinnigen Strapazen, reißt ihm das Maul blutig, durch sinnloses und unnöthiges Anhalten im rasendsten Laufe, eine Kunst, die somit nicht auf Rechnung des Reiters, sondern auf jene des Pferdes fällt. Um seine Leidenschaft in wilden Phantasias zu fröhnen, zwingt er das edle Thier Tag für Tag zu Anstrengungen, welche die angebliche Liebe des Reiters zu seinem Lebensgenossen in einem verzweifelt schlechten Lichte erscheinen lassen. Ein solcher maurischer Krieger mit all' seinen barbarischen und inhumanen Gewohnheiten und Lastern würde, in ein europäisches Reiterregiment gesteckt, in einem Jahre mindestens sechs Monate, wegen schlechter Wartung und Rohheit in dem Arreste zu bringen.

Nach dieser Abschweifung kehren wir zu unseren Reisenden zurück. Der Schauplatz der früher geschilderten Reiterspiele war eine Mulde, welche sich nach Süden hin öffnete. Nach deren Passirung stieß man auf ein Heiligengrab, auf die Kubba des Sidi Liamani... Wir haben über derlei Heiligengräber schon in der Einleitung zu diesem Buche gesprochen. Sie haben alle das gleiche Aussehen. Ein kleiner kubischer Unterbau mit darüber gespannter halbkugelförmiger Kuppel, von Außen schneeweiß getüncht, einige Bäume im Umkreise und eine Quelle dazu: das ist Alles. Im Innern befindet sich die Gruft mit den sterblichen Resten des Santons, dem das betreffende Denkmal errichtet ist. Der Wächter, fast immer ein Glied jener Familie, dem der Verstorbene angehörte, schläft auf einer Matte im Innern und nährt sich von den Gaben, welche die Pilger von Zeit zu Zeit beim Besuche des Gnadenortes mitbringen.

Die Kubba des Sidi Liamani erhebt sich auf einer kleinen Anhöhe aus freundlichem Gartengrün. Als die Expedition zu kurzer Rast in unmittelbarer Nähe des Mausoleums sich niederließ, prägte sich auf den Mienen des heiligen Wächters und einiger Araber, die seine Genossen zu sein schienen, blödes Erstaunen aus. Eine vom Koche der Expedition weggeworfene leere Sardinenschachtel wurde von ihnen gierig aufgelesen und bildete geraume Zeit hindurch den Gegenstand großer Neugierde und einer lebhaft geführten anhaltenden Discussion. Sie war der Schlüssel, welche die sonst starre Zunge dieser verschlossenen Männer löste.

Im Uebrigen scheint der Aufenthaltsort derselben keines der irdischen Paradiese zu sein. Außer einer unerträglichen Hitze, welche alle Thatkraft erlahmen machte, litten die Expeditions-Mitglieder ganz besonders durch die schwere Menge von Insecten aller Art, welche die Luft und den Boden bevölkerte. Ein jedes ruhige Verweilen trug tausend Stiche von tausend Seiten ein; viele der lästigen Insecten waren förmliche Ungeheuer, angepaßt diesem Lande, in welchem jedes Ding das Gepräge des Außergewöhnlichen, des Großartigen und Märchenhaften trug... In dieser Welt der Verdammten konnte sich Niemand der Ruhe hingeben, ausgenommen die einheimischen Reisegenossen. Sie schlummerten im größten Sonnenbrande, unbekümmert um die Schaaren jener lästigen Bestien, welche das gemüthliche Lager mit den zweibeinigen Herren der marokkanischen Erde theilten.

An ein längeres Verweilen an diesem lieblichen Punkte war sonach nicht zu denken. Die Karawane brach auf und genoß einen erquickenden, neu belebenden und Sinne erfrischenden Anblick, als sie eine weite Niederung zurücklegte, in der es weder an Fruchtäcker, noch an herrlichen, von einem tausendfältigen Blüthenflor durchwebten Grasteppichen fehlte. Da und dort ragte auch eine vereinsamte Palme auf und aus entlegenem Grün leuchteten die weißen Mauern eines Heiligengrabes auf. Die Ebene selber aber machte den Eindruck einer, zwar nicht unfreundlichen, aber menschenleeren, verlassenen Einsamkeit von ungeheurer Weitläufigkeit des Horizonts.

Goldene Lichter spielten auf dem weiten Plan und verklärten ihn mit magischem Schimmer. Fern am Rande des Horizontes ab und zu aufquellender Dunst von fahlem Blau, wie auflagernder Nebel am Saume des Oceans; davor das heiße Licht wie verflackernd nach oben, wo in ungetrübter Bläue das dunkle Himmelsgewölbe sich spannte. Dabei war die Luft zwar ungemein dünn, aber aromatisch gewürzt.

Die Kubba des Sidi Hamani (S. 119).

Das einzige Leben, das sich ab und zu kund gab, ward durch einzelne Reiter repräsentirt, die sich in der Ferne blicken ließen und wieder verschwanden — schattenhaft wie diese ganze Welt der Einsamkeit und Traurigkeit.

Nach dreistündigem Marsche war Tleta-el-Raissana, die nächste Lagerstation, erreicht. Der Platz, wo die Zelte im Kreise aufgeschlagen waren, trug das Gepräge der bisher zurückgelegten Landschaft, und es war immerhin ein Reiz von

De Amicis, Marokko.

Labet-barode — Kriegsspiel. (S. 113)

eigenthümlicher Art, seinen müden Körper in ein förmliches Meer von Wiesenblumen tauchen können. Der Groswuchs war so dicht, daß er die Bewegung
hinderte; die Feldbetten waren wie begraben in der Fülle rother wilder Malven,
blauer Convolvulusblüthen und riesiger Margheriten. Zwischen den Zelten ragten
zwei ungeheuere Aloën mit ihren riesigen schwertartigen Blättern und hohen Blüthenstengeln, an deren Zweigen die feuerrothen Kelche herabflammten.

Während der Rastzeit gab ein Zwischenfall, der sich übrigens im Verlaufe
der Reise nur zu häufig zutrug, Stoff zu neuen Betrachtungen. Der Fall ist
charakteristisch genug, um mitgetheilt zu werden... Ein alter hinfälliger Greis
hatte sich ins Lager geschlichen und nach dem Arzte der Expedition gefragt. Die
Consultation fand statt, aber es fand sich in der Feldapotheke nicht das betreffende
Medicament vor, und der Arzt sah sich genöthigt, um Mohammed Ducali zu
schicken. Dieser sollte ein Recept zu einer landesüblichen, ziemlich wirksamen
Medicin niederschreiben und der Alte sodann damit heimgeschickt werden. Während
Ducali auf ein Stückchen Papier das Recept niederschrieb, murmelte der Kranke
ein Gebet. Der Arzt ließ sich den Zettel geben und händigte ihn dem Hilfesuchenden ein. Dieser aber, kaum im Besitze des kostbaren »Heilmittels«, schob
das Papier rasch und aufgeregt mit beiden Händen in den Mund. Alles Schreien
und Gegendemonstriren war vergeblich. Der Alte verschlang den Zettel mit
einem wahren Heißhunger, dankte dem Arzte und schickte sich an zu gehen...
Es hat hinterher große Mühe gekostet, den Kranken davon zu überzeugen, daß
die Wirkung des Medicamentes nicht von einem Fetzen Papier, welches nur den
Namen desselben und dessen Bereitung enthalte, zu erwarten sei...

Uebrigens sind derlei Ungeheuerlichkeiten im ganzen Oriente im Schwange.
Namentlich Koranverse haben talismanische Kraft. Darum schreibt man Koranstellen, in denen das Wort »Heilung« vorkommt (auch wenn von geistigen Leiden
die Rede ist), in eine Schale, spült die Schrift aber wieder ab und trinkt's als
Medicin. Sogar gegen Ungeziefer ist der Koran gut. Auf drei Stücken Papier
hängt man den Koranspruch 2, 244 an die Wände: »Hast du nicht betrachtet
Diejenigen, welche ihre Wohnungen verlassen haben, und sie waren Tausende, aus
Furcht vor dem Tode? und Gott sagte zu ihnen: Stirb, stirb, stirb!«...

Bei so bewandten Umständen kann es demnach nicht Wunder nehmen, daß
die Kunst der europäischen Aerzte auch in Marokko, sobald sich ein solcher blicken
läßt, in außergewöhnlichem Grade Zulauf findet. Ein reisender Arzt, zumal wenn
er, wie in unserem Falle, gewissermaßen amtlich in dieser Eigenschaft auftritt
und zwar als Mitglied einer officiellen Expedition, hat Tag für Tag alle Hände

voll zu thun, um die in Schaaren herandrängenden Kranken und mit Gebresten aller Art Behafteten, auch nur oberflächlich abzufertigen. Die einheimische Medicin feiert eben nichts weniger denn große Triumphe; Charlatane und »Heilige« sind ihre einzigen Vertreter, und was das bedeuten will, ist kaum schwer sich klar zu machen. Einige trockene Kräuter, verdächtige Wunderelixire, zerstoßene Perlensaat, pulverisirte Schlangenhäute, Decocte aller Art, die sicher eher schädlich als heilwirkend sein mögen; das sind, im Vereine mit den, mit Sprüchen aus dem Koran beschriebenen Papierstreifen, die landesüblichen Medicinen.

Phantasia vor Alkazar el-Kibir.

Die Leute sind daher des Erstaunens voll, wenn sie all' die hundert verschiedenen Schächtelchen und Phiolen, die Kapseln und Pflaster, die Bandagen und Geräthe, der complicirten chirurgischen Instrumente gar nicht zu gedenken, erblicken. Es ist der Apparat eines Zauberes, eines Allwissenden, eines Allvermögenden. Daher der große Einfluß und das unbegrenzte Vertrauen, das der Orientale dem europäischen Arzte entgegenbringt, das freilich nur so lange währt, als die Cur oder Operation sich als wirksam erwiesen hat. Jeder Mißerfolg bringt den Arzt um jede Reputation. Hat bei einem Hilfesuchenden ein Medicament nicht gewirkt, dann verläßt er den fremden Zauberer und läuft zu seinem landsmännischen Wundermann, der natürlich mit seinem Latein noch viel früher zu Ende ist...

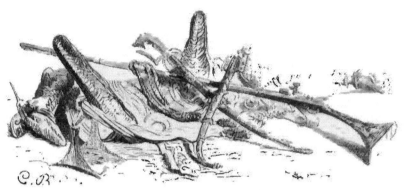

Waffen und Sattelzeug eines marokkanischen Reiters.

Alkazar-el-Kibir.

Eine historisch berühmte Landschaft. Das Schlachtfeld am M'lhäzen. Dom Sebastian und Muley Muluk. — Der Warranar-Fluß. Erster Anblick der Stadt Alkazar-el-kibir (El kaß'r el kibir). Ein wunderlicher Aufzug. — Maurische Militärmusik. — Phantasia. Der italienische Gesandte als Schiedsrichter. Gang durch die Stadt. — Schmutz und Elend. — Staffagen aller Art. Die Reisenden besuchen das Ghetto. — Abschreckende Verwahrlosung desselben. — Rückkehr ins Lager.

Im Verlaufe der nächsten Marschstunden gelangten die Reisenden in eine Landschaft, die eine der historisch berühmtesten auf marokkanischem Boden ist. Auf ihr ward einst eine Entscheidungsschlacht geschlagen, in welcher der Islam im nordwestlichen Afrika noch einmal triumphirte, die Macht und der Einfluß des Christenthums daselbst aber auf lange lange Zeit hinaus gebrochen wurden... Als diese denkwürdige Localität in Sicht kam, gab der Minister dem Kaid, oder Commandanten der Escorte ein Zeichen und diese hielt stille. Der Minister entfernte sich hierauf in Begleitung der Expeditions-Mitglieder in der Richtung eines Flusses — des M'Khäzen — der in einiger Entfernung durch die Landschaft seine trüben Wasser schlängelte.

Bei einer verfallenen Brücke hielt die Gesellschaft an. Sie befand sich auf der Stelle wo vor zweihundertsiebenundneunzig Jahren ein jugendlicher, aber feuriger und unternehmungslustiger europäischer König der Uebermacht der islamitischen Glaubensstreiter erlag. Am M'Khäzen rangen das barbarische Afrika und die damals kaum höher stehende spanisch-portugiesische Rasse um die Palme; sie fiel dem ersten zu. Durch diese Fluthen wälzten sich die entsetzten christlichen Heerhaufen, an diesen Ufern flehten sie um Gnade und vergossen sie ihr Blut — aber die arabischen und berberischen Krieger gaben keinen Pardon. Die portugiesische Jugend, Höflinge, Bischöfe, Soldaten und Troßleute, italienische, deutsche und französische Abenteurer: sie alle fanden ihren Untergang. Ueber sechstausend christlichen Leichen wurden die Köpfe abgeschlagen und an den Zinnen der Mauern und Thore von Fez als blutige Trophäe aufgepflanzt. Es war dies jene Schlacht von Alkazar, in welcher der abenteuerlustige Dom

Die Stadtmauer von Alkazar el-Kibir. (S. 127.)

Sebastian durch eine feindliche Kugel niedergestreckt und Portugals Unabhängigkeit begraben wurde.

Ueber die früher erwähnte, nun in Ruinen liegende Brücke, zog die große Heerstraße von Tanger nach Fez. Drüben am linken Ufer befand sich das Lager Muley Muluks, des Sultans von Marokko, der am Tage der Schlacht von Alkazar herübergekommen war, während der König von Portugal die Route von Arzilla her, einem Küstenorte, den wir auf unserer Rückreise noch besuchen werden, eingeschlagen hatte. Der Kampf selbst dürfte auf beiden Flußufern ausgefochten worden sein, da er heute fast überall zu durchwaten ist, und diese Eigenschaft wohl auch in früherer Zeit gehabt haben mochte... Der Reisende muß sich übrigens mit der blanken Erinnerung an diese hochwichtige historische Begebenheit zufrieden geben, da ihm kein Denkzeichen, kein Anhaltspunkt — jenes Brückenfragment natürlich ausgenommen — daran mahnt. Wo mögen je bravourösere Attaquen statt gehabt haben, die die Reiterei des Herzogs von Riviero bei Beginn des Kampfes ausführte? Wo focht jener heldenmüthige Mulay Achmed, der Bruder des Sultans, und nachmalige Eroberer des Sudans, er, der Feldherr am Morgen, der sieggekrönte König am Abend?...

Ein Hauch des Friedens weht über dieses grüne, blumige Gefilde, das einst so viel Blut getrunken hatte. Die Reisegesellschaft stand längere Zeit in Gedanken versunken am Ufer des M'khâzen, während die Escorte weit drüben in der sonnigen Landschaft stille hielt, sicher ohne auch nur zu ahnen, welches Interesse die fremden Herren an den lehmigen Ufern des Flusses und seinen schlammigen und trüben Wässern haben könnten. Nicht Einer von ihnen weiß etwas von dem, für ihre Ahnen so ruhmreichen Kampfe, der, als er seinerzeit zur Ehre des Halbmondes gefochten war, ein Triumphgeschrei von Fez bis Stambul im Gefolge hatte.

Nach diesem Intermezzo ging es weiter. Man legte den M'khâzen und bald hierauf den Uarrua (Warrauar schreibt Ludwig Pietsch) zurück und hatte wieder dieselbe melancholische Ebene vor sich, wie vorher, und wie so viele Tagreisen früher. Drei Tage waren bereits verstrichen, ohne daß man auch nur ein simples Haus gesehen hätte, und die Sehnsucht nach Abwechslung war groß. Diesmal aber sollte sie befriedigt werden, denn Alles wußte, daß das nächste Lager bei Alkazar-el-Kibir (richtiger Al Kaßr el Kibir, — das »große Schloß«), eine Stadt von respectabler Größe, aufgeschlagen werden sollte.

Nach einstündigem Ritt kam dieses heißersehnte Ziel endlich in Sicht... Der erste Anblick von Alkazar ist überraschend. Weit in der Ferne, am Fuße eines Bergzuges, dessen graublaue Silhouetten man eine ganze Tagreise früher im Süden dunkeln sieht, erhebt sich mitten aus dem üppigen Grün der Oliven eine Stadt von Mittelgröße, mit hohen Zinnenmauern, Thürmen und Thoren, Minarets, und einzelnen hochragenden Palmen... Neben dem Auge bekommt indeß alsbald auch das Ohr Beschäftigung. Ein furchtbares Gewehrgeknatter und eine wahrhaft satanische Musik unterbrechen die Stille, die ringsum brütet. Von weit her ziehen die Mannschaften des Gouverneurs der Provinz, seine Lehensreiter und Askars, seine Musikanten, eine Schaar in malerischem Chaos den Hohlweg heran. Die Flöten- und Hornbläser, sowie die Tamburinschläger sind halbnackt, man sieht Greise und noch förmliche Kinder darunter, theils auf mageren Grauthieren,

theils zu Fuß — Gestalten mit dicken Bäuchen und eingefallenen Mumien=
gesichtern, zerlumpte Soldaten und eine tobende Menge — wahrhaftig ein Bild,
wie aus einem Dante'schen Höllenkreise.

Einen Augenblick ist Ruhe: der Gouverneur begrüßt den Gesandten. Ist
dieser solenne Act vorüber, so geht das infernalische Concert von Neuem los und
die Luft erdröhnt von den Salven der zu einer wilden Phantasia auseinander=
sprengenden buntfarbenen Reiterei. Also wieder das alte, wohlbekannte Schauspiel,
so oft bewundert, und dennoch immer wieder zu neuer Bewunderung hinreißend!

Der italienische Gesandte als Schiedsrichter.

Blitz und Donner in Wolken undurchsichtigen Pulverdampfes, dröhnender Hufschlag,
schnaubende Pferde, schrilles Geschrei, wie übermüthige Sieges=Jauchzer austönend
— Reiter vorn, Reiter hinten, das Auf= und Niederwallen eines Meeres von
rothen, blauen, gelben, grünen und weißen Gewändern und ein Funkeln prächtiger
Waffenzier: die Sinne werden betäubt davon.

Und wie durch Zauberspuk ist Alles wieder vorbei. Die Reiter verlaufen,
oder sammeln sich, die Karawane hält stille und, rascher, als man glauben sollte,
bevölkert sich die lustige Zeltstadt mit den müden, hungrigen und durstigen Mit=
gliedern des Reisezuges... Doch halt, da giebt es ein seltenes Schauspiel! Der
Minister, eben im Begriffe sich mit seinen Genossen in das große Versammlungszelt

zu begeben, wird durch zwei herandrängende Männer in seinem Beginnen gestört. Er nimmt gleichwohl Platz und läßt die Freunden ungestört in ihrem Beginnen. Der Eine, ein Maure in weißem Kopfbund und himmelblauem Haïl, scheint ein vornehmer Herr; der Andere, ein Araber, in ein einfaches Wollhemd gehüllt,

Besuch im Bazar. (S. 71.)

ist offenbar ein armer Teufel. Sie kauern sich zu beiden Seiten des Gesandten nieder und indeß der Maure eine Kanne Milch, ein Körbchen Orangen und einen Teller Kuskussu auf den Boden stellt, legt der Araber einen Hammel vor sich hin und dem Gesandten zu Füßen. Während beide dies thun, werfen sie sich Blicke voll des grimmigsten Hasses zu.

Es waren zwei Todfeinde.

Der italienische Gesandte kannte und erwartete sie, denn es handelte sich um einen Streitfall, der ihm bereits einmal in Tanger zu Ohren gekommen war. In unserem Falle, da der Gesandte ja ein Fremder war, handelte es sich um eine Art von Schiedsgericht, zu dem der folgende Vorfall Anlaß gegeben hatte. Der Maure, eine Art Factotum des alten und einflußreichen Groß-Scherifs von Fez, Vocali, Besitzer weiter Ländereien im Bereiche von Alkazar, hatte sich gegenüber dem Araber, der ein einfacher Landbauer war, mancherlei Gewaltthaten zu Schulden kommen lassen. Gestützt auf seine Stellung und seinen Einfluß ließ er den armen Teufel, angeblichen Pferde- und Viehstehlens halber, wiederholt einkerkern, was leicht durchzuführen war, da er unter seines Gleichen Niemanden finden konnte, der es gewagt hätte, gegen den allmächtigen Bedrücker aufzutreten.

Als dem Mißhandelten die Sache zu toll wurde, verließ er sein Dorf, machte sich auf die Sohlen und wanderte nach Tanger. Seine Absicht war, von dem italienischen Gesandten, den man ihm als den großmüthigsten und gerechtesten der Stadt bezeichnet hatte, Abhilfe zu erflehen. Der Minister, dem die ganze Angelegenheit nichts anging, hätte gerne jede Einmischung abgelehnt, würde der Bittsteller nicht vor die Pforte der Minister-Wohnung einen Hammel hingelegt haben: ein in Marokko geheiligter Brauch, der die betreffende zum Schiedsrichter erwählte Persönlichkeit an die Ausübung dieser Rolle bindet... Die Intervention hatte indeß keinen Erfolg. Der Gesandte hatte sich an den italienischen Consular-Agenten in El Araisch, dieser an die Behörde von Alkazar gewendet, ein Instanzengang, dessen Umständlichkeit und langwierige Dauer den ganzen Vorfall um so leichter vergessen machen konnte, als die Intriguen des Mauren und die Unzuverlässigkeit der Behörden weidlich dazu beitrugen, den bedrückten Araber wieder dorthin zu bringen, wo er sich vorher befunden hatte.

Vergessen wurde aber die Angelegenheit gleichwohl nicht, und als die italienische Gesandtschaft ihre Fez-Reise unternahm, drängte sie nochmals zur Entscheidung. Der Augenblick war also gekommen, in welchem der italienische Minister den gordischen Knoten durchhauen sollte. Es war eine erregte, aufregende Scene. Nachdem beide Parteien zuvor von dem Schiedsrichter aufgefordert wurden, die reine Wahrheit auszusagen, erhielt der Araber das Wort. Er brachte seine Klage mit großer Leidenschaftlichkeit vor. Der junge, höchstens dreißig Jahre alte, ziemlich verkümmerte Mann erzählte mit bebender Stimme, flammenden Augen und geballten Fäusten, die er wiederholt gegen die Erde schlug, seine Leidensgeschichte. Da er keine anderen Zeugen auftreiben konnte, rief er Gott als solchen an und schleuderte dem Mauren die grimmigsten Blicke zu...

Auf diesen aber schien das ganze Spectakel nicht den geringsten Eindruck zu machen. Der Vorwurf, daß der Geklagte ihn ungerechterweise einkerkern und in Eisen schmieden hatte lassen, zu dessen Bekräftigung er die wundgedrückten Gliedmaßen vorwies, machte keine Wirkung auf diesen. Auch als der Araber mit erhobener Stimme jenen beschuldigte, die Behörden bestochen und viele friedliebende Menschen hinter Schloß und Riegel gebracht zu haben, um deren Frauen entführen zu können, brachte den Gegner nicht aus seiner Ruhe. Erst dann, als der Ankläger versicherte, sein Gegner habe ihm den Tod geschworen, er sei ein von Gott Verfluchter, ein Nichtswürdiger, eine Geißel des Landes — erst dann glitt ein maliziöses Lächeln um die zusammengekniffenen starren Lippen des Mauren. Er zeigte nicht die mindeste Erregung, antwortete mit der denkbar größten Ruhe, nickte ab und zu oder lächelte — ein Bild der hartgesottensten Perfidie.

Als die Verhandlung sich in die Länge zu ziehen drohte, trat der Gesandte mit einem Vorschlag hervor, der von beiden Parteien angenommen wurde. Selam, der treue Kawasse der Gesandtschaft, der den ganzen Vorgang aus der Ferne beobachtet hatte, wurde gerufen. Er sollte zu Pferde steigen und in das anderthalb Stunden entfernte Dorf reiten, dort Zeugen für den Araber auftreiben und das Ergebniß seiner Mission so rasch als möglich dem Auftraggeber zur Kenntniß bringen. Selam that, wie ihm geheißen ward. Der Maure mochte wohl denken: sie fürchten mich und werden nichts gegen mich aussagen. Mit mehr Recht aber durfte der Araber calculiren: einem Soldaten der Gesandtschaft gegenüber werden sie Muth fassen und die Wahrheit berichten.

Die Parteien entfernten sich hierauf und kamen nicht wieder. Selam aber brachte bald hierauf die Mittheilung, daß die Bewohner des Dorfes, dem der Araber angehörte, dessen Aussagen vollinhaltlich bestätigten. Auf diese Zeugenschaft hin ward der Maure vom italienischen Gesandten verurtheilt, sein Opfer für alle ihm angethanenen Gewaltthaten schadlos zu halten... Ob sich der Geklagte gefügt, darüber schweigt die Erzählung unseres Reisenden.

Während dieses Vorfalles waren die Soldaten und Diener mit dem Aufschlagen des Lagers fertig geworden, die herbeigeschleppte Menna ward ihrer Bestimmung zugeführt und das Lagerleben nahm seine gewöhnliche Physiognomie an... Als die Hitze nachgelassen hatte, schickte sich der Gesandte und seine europäischen Begleiter an, der Stadt einen Besuch zu machen. Sie gingen zu Fuß dahin und waren von einigen Soldaten begleitet. Auf dem Wege wurde man zunächst durch den Anblick eines in Ruinen liegenden Bauwerkes überrascht. Es war einst eine Zauia, eines jener nordafrikanischen Klöster, in denen seit

17*

den ältesten Zeiten durch fanatische Bußprediger und gelehrte Scheichs der Haß der Moslemin gegen alle Andersgläubigen, zumal gegen die abendländischen Christen, lebendig erhalten oder neu angefacht zu werden pflegt. Die Ruine, die man vor sich hatte, soll einst, als sie noch jene übereifrigen Moral-Theologen und

Ehren-Escorte an der Spitze.

Glaubenseiferer beherbergte, in ihren Räumen eine Bibliothek, eine Schule, ein Armenhaus und eine Pilgerherberge, eine Moschee und eine Grabkapelle geborgen haben. Jetzt ist der Platz todt und ausgestorben wie ein Friedhof, denn die »maurische Cultur« hat längst zu blühen aufgehört.

Ueber den Anblick Alkazars aus der Ferne haben wir bereits berichtet. In der Nähe besehen, zeigt der Ort einen altersschwachen, schmutzig weißen Mauer-

es Gesandtschaftszuges.

infernalisches Geklapper beginnen, gleichsam als Ausdruck ihres außergewöhnlichen Erstaunens über die angekommenen fremden Gäste.

Wir haben eine enge, schmutzige, von nackten, gleichfalls beindeten Häuserfronten eingeschlossene Gasse vor uns, in der der Straßenkoth als tiefer und zäher Brei stockt. Die Füße sinken bis über die Knöchel ein. Beim Betreten der Gasse verbergen sich die eben anwesenden Weiber so rasch als möglich, indeß einige

Kinder laut schreiend sich flüchten. Dies lockt andere Bewohner neugierig an. Wir schwanken vorwärts, zwischen tiefen Pfützenlachen von Stein zu Stein balancirend, was im Verlaufe der Zeit immer schwieriger wird, da die neugierige Menge vorne sich zu stauen beginnt, von hinten aber nachdrängt. Nun treten die Fäuste und Kolben der Soldaten in Action. Es regnet Püffe, aber die blöde Neugierde der Menge ist nicht zu besiegen. Wirksamer als aller Eifer der Soldaten ist eine rasche Wendung seitens eines Expeditions-Mitgliedes. Auf jede solche Wendung drängt die hinterher nachzottelnde Menge zurück, einige springen seitwärts, andere entfliehen. Ab und zu begegnen wir einem tiefverhüllten Weibe mit einem halbnackten Kinde am Arme, dessen Augen Furcht verrathen. Andere, vollständig nackte Kinder erscheinen an den Thüren und größere Jungen, nur mit einem einfachen, um die Leibesmitte zugeschnürten Hemde, drängen sich frech vor. Sie und einige schen fliehende Weiber sind die einzigen in der dichten Menschenmenge, welche sich unterfangen, Flüche und Verwünschungen auszustoßen. Man vernimmt vereinzelte Rufe, wie: »Gott vertilge dein Geschlecht!« oder »Gott verleihe uns einen glorreichen Tag über diese da!«…

Jetzt halten wir auf einem kleinen, steil ansteigenden, wie mit Felsblöcken gepflasterten Platz. Kaum daß wir vorwärts kommen. Uns zur Seite hocken in der Reihe eine Anzahl uralter, in Lumpen gehüllter Greise, welche Brod und und Anderes feilbieten. Sie rühren sich nicht; sie scheinen dem Grabe entstiegene Schatten, Erscheinungen aus einer anderen Welt zu sein… Vorüber! Neue schmale, finstere, meist übel duftende Gäßchen öffnen sich, ab und zu von hohen maurischen Bögen überspannt, die zu Thoren gehören, welche des Nachts geschlossen werden. Die Häuserfronten zeigen vollkommen glatte verwitterte, schmutzige Wandflächen. Wir gelangen im Verlaufe der Wanderung in einen Bazar, der nach oben zu mit Lumpen und Baumzweigen gedeckt ist. Ueberall sieht man den blauen Himmel durchschimmern und von den morschen Zweigen fallen alle Augenblicke welche auf das Pflaster herab. Und dazu überall dieselben zum Theil furchtsamen, zum Theil wildblickenden elenden Gestalten, schene Kinder, Greise, die kaum mehr den Eindruck von menschlichen Wesen machen, schweigsame Leute, die uns wie Schatten auf allen Wegen nachfolgen.

Endlich giebt es Abwechslung. Ein Mann im schwarzen Gewande und als Turban ein rothes Tuch um den Kopf gebunden, nähert sich demüthig und mit einem vielversprechenden Lächeln. Er hat offenbar eine Bitte auf den Lippen. Wir haben uns nicht getäuscht: es ist ein Jude, der die Reisenden einladet, die »Mella« zu besichtigen. Mit dieser Bezeichnung, welche auf maurisch soviel wie »verfluchter

Boden bedeutet, ist das Judenviertel gemeint. Wir treten in die erste Gasse dieses marokkanischen Ghetto und sind allein. Kein Moslim würde sich so weit vergeben, die entweihte Erde des jüdischen Heims zu betreten. Und aufrichtig gesagt, auch der Europäer, den der Zufall nach diesem Erdenwinkel gebracht, hätte guten Grund, der Mella fern zu bleiben. Sie ist noch verwahrloster, noch schmutziger, noch öder und vertrödelter, als die übrige Stadt. An den Hausthoren aber sieht man prächtige Weiber, liebreizende Mädchen mit großen leuchtenden

Ein Diener.

Augen und zauberischem Lächeln um den vollen rothen Lippen. Sie sind nicht scheu und flüstern, indem wir vorüberschreiten und ihnen in die flammenden Augen sehen, uns ein halblautes »Buenos dias!« zu.

Und dazu die furchtbaren Contraste! Stellenweise laufen wir Gefahr, die Beine in den Straßenlöchern zu brechen, oder sehen uns gezwungen, die Nase zuzuhalten, um nicht in dem entsetzlichen Gestanke zu vergehen und bewußtlos hinzusinken... Noch einige Schritte und wir haben diese Jammerhöhle hinter uns. Die neugierigen Mauren drängen wieder herzu, verlaufen sich aber, so wie wir dem Stadtthor uns nähern. Endlich haben wir den letzten finsteren Bogen hinter uns und athmen die aromatische Luft, welche durch die Olivenkronen und Palmenwipfel streicht. Noch ein Abschieds-Geklapper der Störche und wir wandeln, wie erlöst, aus finsterem Kerker befreit, den wohlbekannten Weg ins Lager zurück.

Der Besuch im Judenviertel von Alkazar-el-Kibir giebt uns willkommenen Anlaß, zu unseren allgemeinen Bemerkungen über die Juden Marokkos, wie sie der Leser in dem Abschnitte »Tanger« findet, an dieser Stelle noch weitere Mittheilungen zu fügen... Es ist noch eine offene Frage, ob die im Reiche seiner Scherifischen Majestät wohnenden Israeliten direct aus Palästina, oder gleichzeitig mit den Mauren aus Spanien (im XIV. Jahrhundert) in's Land gekommen sind. Das letztere ist sehr wahrscheinlich, die erstere Annahme aber nur bedingsweise zuzugeben. Ihre Gesammtzahl wird mit zweihunderttausend Seelen angegeben. Wie in Tanger, bringt sich der Jude auch im Innern des Landes durch Handel und Schacher fort, benützt die Unwissenheit des Mauren und Arabers zu seinem eigenen Vortheile, sammelt sich mitunter im Schweiße seines Angesichtes ein recht artiges Vermögen und erträgt es geduldig, wenn ihn der Maure dafür wie einen Hund behandelt und ihm oft wieder einen Theil seines mühsam und schlau gesammelten Eigenthums ohne alle Umstände raubt.

Die Vexationen, denen die Juden unterworfen sind, nehmen verschiedene Formen an. So z. B. fordert nicht selten die am Eingange der Judenstadt stehende marokkanische Wache von dem Eintretenden irgend ein Geschenk, und wird ihr dies verweigert, so giebt es Faustschläge und Kolbenstöße. Oder kauft man irgend einen Gegenstand am Kramladen eines Juden und zahlt den Werth aus, so geschieht es sehr oft, daß ein nebenstehender Maure sich ohne Umstände einen Theil des Geldes zueignet, und hat nur der Jude das Herz, dagegen etwas einzuwenden, so darf er versichert sein, mit dem Stocke, wenn nicht gar mit dem Yatagan des Mauren Bekanntschaft zu machen.

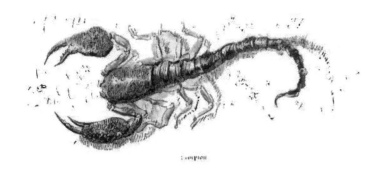

Scorpion

Ben-Auda.

Begegnungen während der Reise. — Ein Courier zu Fuß als einziger Repräsentant der kaiserlich marokkanischen Post. — Sein beschwerlicher Dienst. — Ben-Auda, der Gouverneur von Zoffiau (El Ghars), und seine fünf Söhne. — Neue Phantasias. — Die Söhne Ben-Auda's consultiren den Arzt der Gesandtschaft. — Pituit im Garten des Gouverneurs. — Die Vorfahren des Sidi Mohammed Ben-Auda. — Tyrannei und Selbsthilfe. — Die Muna. — Besuch des Gouverneurs im Lager. — Ein Heiliger, der die fremden Reisenden verflucht. — Eine unheimliche Nacht. — Einige Bemerkungen über geheime Orden.

Alkazar ist hinter uns und die Landschaften nehmen wieder, trotz des hellen Grüns und der zahllosen Blumen, ihren einförmigen Charakter an. Selten begegnet man in dieser Einsamkeit einem Menschen. Das eine Mal ist es ein einsichtiger Reiter mit einem Stabe in der Hand, in den ein Koranspruch eingravirt ist, der gegen Krankheiten und Diebe Schutz verleihen soll: das andere Mal irgend ein Feldarbeiter, ein gebückter Greis, der ein schweres Bündel Holz schleppt und trotz des Elends, das aus jeder Falte seines Mumiengesichtes spricht, die Ambition besitzt, dem Fremden einen landesüblichen Fluch nachzubellen.

Dann, nach Verlauf einiger Zeit, kommt uns ein anderes Individuum in den Weg. Er ist fast nackt, trägt nur einen kleinen Kopfbund und ein wollenes Beinkleid, und hat eine Tasche umgehängt. Hastig eilt der Mann durch die Ebene. Beim Anlangen vor der Colonne hält er stille und meldet sich als — Postbote. Er kommt von Fez und geht nach Tanger. Der Gesandte händigt ihm einen Brief ein, und der Courier setzt seinen Weg fort ... Es ist dies die einzige Posteinrichtung im ganzen marokkanischen Kaiserreiche, dessen Ausdehnung derjenigen von Frankreich gleichkommt. Gegen eine Entlohnung von wenigen Francs laufen

De Amicis, Marocco. 18

diese Bedauernswerthen, die fast Tag für Tag den Unbilden des Wetters, dem Hunger und Durst ausgesetzt sind, die lange Strecke zwischen Tanger und Fez in vier, zwischen Tanger und Marokko in sieben bis acht Tagen ab. Sie nähren sich schlecht, nehmen mit einigen Feigen und einem Stück Brod vorlieb und schlummern auf freiem Felde, ob Regen, ob schön. Um die Morgenstunden nicht zu verschlafen, heften sie eine Art von Zündschnur an das nackte Fußgelenk, die in den Pausen, während denen der Bote schläft, fortglimmt und wenn sie abgeglimmt ist, den Schläfer in sehr fühlbarer Weise zum Aufbruch mahnt. Der Postcourier hält fast immer die gerade Linie ein, er durchwatet oder durchschwimmt die Flüsse, klettert über Berghänge, auf denen ein geübtes Maulthier straucheln würde, kriecht oft auf allen Vieren vorwärts, trotzt im Herbste ausgiebigen und anhaltenden Regengüssen, im Sommer der Hitze, dem Staub und dem Durst. So durchwandert und durchläuft dieser geplagteste Mensch im ganzen Kaiserreiche dieses letztere jahrein und jahraus fast seiner ganzen Länge nach von Nord nach Süd und umgekehrt. Kaum am Ziele angekommen, geht es wieder weiter ohne Rast und Ruh ...

Halbwegs zwischen Alkazar und dem nächsten Rastorte begannen die Terrain-Unebenheiten größer zu werden. Man erreichte einen ziemlich hohen Hügelrücken, von dem aus der Blick abermals eine ungeheuer ausgedehnte, fast ebene Grasfläche durchmaß. Ueberall leuchteten die herrlichsten natürlichen Blumenbeete auf, lange wallende Streifen in roth, gelb und weiß. Auch ein Reitertrupp von etwa zweihundert Pferden wird sichtbar. Es sind diesmal ausnahmsweise durchwegs in weiße Mäntel gehüllte Gestalten und Mohammed Dueali, welcher sie und ihren Herrn kannte, rief mit lauter Stimme: »Der Gouverneur Ben-Auda!« ...

Die Expedition hatte die Grenze eines neuen Regierungsbezirkes erreicht, jenen von Sofsiân, nach seinem Verweser und Eigner auch schlechtweg »Ben-Auda« genannt. Es war dies dieselbe Persönlichkeit, deren Namen wir bereits gelegentlich der Abschiedsandienz bei dem Minister des Aeußern und dem Gouverneur von Tanger vernommen hatten, und die uns gewissermaßen als eine Curiosität des Reiches hingestellt wurde.

In der That, der Mann war eine Merkwürdigkeit in ihrer Art. Wer diesen dürren, lebensmüden Greis mit den halbgebrochenen Augen, der unförmlichen Nase, dem fast lippenlosen Munde, wer die gebeugte aber grobknochige und stämmige Gestalt, in einem weißen Haïk mit über den Kopf gestülpter Kapuze, die das verwelkte Mumiengesicht unheimlich beschattete — je gesehen hat, wird sie gewiß sein Leben lang nicht vergessen. Es war also kein »schöner Greis«, wie man deren in Marokko und anderwärts im Oriente zu Dutzenden auf den Straßen antrifft.

In seinem Gesichte verrieth jede Falte den Mann, der zu jeder Ueberhebung, zu jeder Gewaltthat fähig, eines jeden Lasters zugänglich schien.

Die mit Ben Auda angekommenen Reiter sollten die Provinz Escorte von El Araisch ablösen. Der Gesandte verabschiedete daher die letztere, welche sich dann auch alsbald in scharfer Gangart entfernte. Das neue Ehrengeleit, aus durchwegs prächtigen, bunter als sonst üblich gekleideten Reitern bestehend, begann sofort das bekannte Schauspiel des Wettlaufens oder Pulververknallens. Auffällig unter Allen waren die zwölf Gestalten, deren luxuriöses Kostüm sowohl, wie deren sonstiges Aeußeres auf Persönlichkeiten von Rang schließen ließen. Dies galt ganz besonders von fünf hochgewachsenen und schwarzäugigen jungen Männern, deren Eleganz und Tournüre nichts zu wünschen übrig ließen. Sie glichen jenen längst verschollenen Prinzen in den arabischen Märchen, welche siegesheiter auf Abenteuer, zu Kriegs spiel und Minne ausziehen, Gold und Geschmeide in fabelhafter Menge verschleudern und die Genien sich dienstbar machen. Welch einen seltenen, bezaubernden Anblick hätte es abgegeben, jeden dieser Jünglinge mit einem sich sträubenden Weibe von nervigen Armen umschlungen und über den purpurn leuchtenden Sattel gebeugt in die Ferne rasen zu sehen! ...

Als diese phantastischen Gestalten durch die blumige Ebene sprengten, entrang sich den Lippen der Reisenden ein einstimmiger Ausruf der Bewunderung. Die fünf Prachtkerle waren die Söhne, die übrigen Reiter die Neffen des Gouverneurs Ben-Auda. Die Phantasia währte diesmal fast eine Stunde, und fand erst dann ihr Ende, als die Gesandtschaft einen mauerumfriedeten, blumigen Rasenplatz erreicht hatte, in dessen Mitte einige Orangen= und Citronenbäume einen traulichen Schatten verbreiteten. Die Luft war geschwängert von berauschendem Blüthengeruche. Die Rast that wohl und während die Diener und Köche geschäftig an ihre Arbeit schritten, überließen sich die müden Tragthiere der Ruhe, die Soldaten dem Schlummer.

Die Gesellschaft setzte sich im Kreise ringsum, ihr gegenüber der Gouverneur mit seinen fünf Söhnen. Man konnte in unmittelbarer Nähe noch besser ihre Wohlgestalt und Schönheit bewundern. Und wie zahm, wie weiblich zart sie sich geberdeten! Ihr Händedruck war mild, ihr Lächeln kindlich, ihr Blick fast schüchtern. Die Enttäuschung sollte leider nicht lange auf sich warten lassen. Einzeln hatten sie sich aus dem Lager entfernt und den Doctor der Expedition aufgesucht. Von diesem auf das wohlwollendste und höflichste empfangen, streiften sie alle fünf fast zu gleicher Zeit die Aermel von den linken Armen auf und wiesen ihre gräßlich zerfressenen und eiternden Wunden vor. Sie rührten von schwerer, langjähriger

Syphilis her, eine Krankheit, die in manchen Theilen von Marokko ungeheure Verheerungen anrichtet. Und jene jungen Männer hatten ein Schwefelbad in unmittelbarer Nachbarschaft. Behufs Benützung desselben fehlte es den lieben Leuten freilich an Zeit und Gelegenheit, die sich ja viel besser mit Koranlesen vertreiben, beziehungsweise in Gesellschaft von Charlatanen ausnützen läßt. Der Arzt verschrieb den Unglücklichen der Form halber ein Mittel, worauf sie sich mit sichtbarer Niedergeschlagenheit entfernten… Auch ihr Vater, der Gouverneur, litt an der furchtbaren Krankheit, wie schon seine disformirte Nase dies verrieth…

Hamed.

Nach diesem deprimirenden Zwischenfall ging es an die Mahlzeit. Das Arrangement derselben war etwas seltsam, denn ausnahmsweise speisten der Gastgeber und die Gäste nicht gemeinsam. Jener, der sich in einiger Entfernung niedergelassen hatte, ließ sich ausschließlich nur von seinen Sklaven bedienen. Hierauf folgte ein merkwürdiger Austausch von gegenseitigen Höflichkeitsbezeugungen. Ben-Auda ließ zuerst mit einer Kanne Milch aufwarten — der Gesandte antwortete mit einem würzigen, wohlschmeckenden Beefsteak; auf die Milch folgt Butter — auf das Beefsteak ein anderer Braten; eine Sendung Zuckerwerk wurde mit einer Büchse Sardinen beantwortet. Diese seltsame Scene war keineswegs steif ceremoniös, sie wurde vielmehr von tausend Freudenbezeugungen, warmen Dankesblicken, Verbeugungen u. dgl. begleitet. — Als der Wein an die Reihe kam, war der gute Gouverneur mit seinem Latein zu Ende. Zwar ging die Fama, das Ben-Auda, wie so viele seines Schlages, im Geheimen den Koran umgehe und an einem guten Tropfen großes Wohlgefallen finde. Oeffentlich und vor Zeugen, zumal unter den Augen seiner Soldaten, konnte der Biedermann natürlich nicht daran denken, mit den Gästen Schritt zu halten. Gleichwohl warf er theils begehrliche, theils scheele Blicke nach den mehr und mehr sich leerenden Flaschen. Einmal hatte es sogar den Anschein, daß das Gesicht des würdigen Herrn eine nur schlecht verborgene Verachtung widerspiegelte.

Der Mann und seine ganze Familie hatten übrigens ihre Geschichte, die charakteristisch für die marokkanischen Provinzverhältnisse ist. Der Bezirk von Sossiun wird von einem Stamme bewohnt, der für seine Händelsucht und Diebereien weit und breit berüchtigt ist. Was die Streitsucht anbelangt, so haben die Sossiunoten namentlich während des letzten marokkanisch-spanischen Krieges immerhin beachtenswerthe Beweise geliefert. Damals starb, und zwar in der Schlacht bei Bad Ras (am 23. März 1861), der Gouverneur Sidi Absalam Ben Abd el Kerim Ben Auda, Lehnsherr von El Gharb, also der Provinz, welche sich einerseits zwischen den beiden Flüssen Kus und Sebu, andererseits zwischen der atlantischen Küste und dem Riff-Gebirge erstreckt.

Jenem Absalam folgte dessen ältester Sohn Sidi Abd-el-Kerim, ein Mann von böser Charakteranlage und einer jeden Schandthat fähig. In der Bedrückung seines Volkes legte er Proben von wilden Launen und himmelschreienden Gewaltthätigkeiten ab. Eines Tages versuchte er von einem sicheren Dschelil Rufui eine grosse Summe Geldes zu erpressen, die dieser nicht aufzutreiben vermochte, da er arm war. Nun wanderte er ins Gefängniss, aber seine Freunde

Der Postbote. S. 15.

und Verwandten schossen die Summe zusammen, so dass das Opfer in kürzester Zeit wieder seine Freiheit genoss. Damit gab sich aber der Mann nicht zufrieden. Er versammelte eine Anzahl Freunde um sich und liess sie schwören, sich mit ihm an einem Rachewerke zu betheiligen, das der Tyrannei Sidi Abd-el-Kerim's ein für allemal ein Ende, und zwar ein solches mit Schrecken, bereiten sollte.

Die Verschwörer hielten Wort. Sie drangen in grosser Anzahl eines Nachts in den Hof ein, der die Wohnlichkeiten des Gouverneurs umfasste, schlugen die Wachen nieder und erdolchten den Gewalthaber. Die Sühne traf aber auch viele unschuldige Opfer, denn auch sämmtliche Frauen, Kinder und Diener des Sidi Abd-el-Kerim wurden niedergemetzelt. Dann steckten die Verschwörer das Anwesen in Brand und zerstreuten sich in der Provinz, um eine allgemeine Rebellion zu organisiren. Zwar die Verwandten und Parteigänger des Ermordeten waren rasch genug bei der Hand, und warfen sich auf die Empörer, wobei sie sich eine blutige Schlappe zuzogen. Nun legte sich die Regierung ins Mittel und stellte ihre Autorität wieder her. Ein ausgesendetes Heer zersprengte die Rebellen, nahm die Rädelsführer gefangen und ließ deren abgeschnittene Köpfe auf die Thorzinnen von Fez und Marokko anpflanzen. Das Haus des Gouverneurs wurde wieder hergestellt und Sidi Mohammed Ben-Auda, des Ermordeten Bruder, mit der Würde eines Lehnsherrn von Soffian bestallt. Der Sultan, welcher sich derlei Würden und Stellen mit schwerem Gelde bezahlen läßt, hatte begreiflicher Weise ein brennendes Interesse daran, daß in der insurgirten Provinz sobald wie möglich wieder ein Machthaber fungirte. — Jener Sidi Mohammed Ben-Auda, der Bruder des Ermordeten, war der Gastfreund der Gesandtschaft. Er hatte den Landbesitz seiner Väter übernommen und auf eine harte Bedrückung des unglücklichen Volkes folgte eine noch härtere. Es wäre nicht unmöglich, daß in diesem Augenblicke auch Sidi Mohammed Ben-Auda bereits seinen Rufni gefunden haben könnte.

Vor Sonnenuntergang war die ganze Reisegesellschaft im Lager, das sich unweit des Gartens und am Fuße eines von einer Kuba und einer Palme gekrönten Hügels befand, versammelt. Dann erfolgte die Ablieferung der Mnna. Der Gesandte und die Leute waren eben mit der ordnungsmäßigen Uebergabe derselben an den Intendanten beschäftigt, als vom Hügel her ein Mann von hoher Gestalt und energischem Gesichtsausdruck in raschen Schritten sich dem Lager nahte. Die Situation war klar: Der »Heilige« war im Anzug, um irgend eine Bosheit auszuführen. Anfangs umschlich er das Lager, benützte aber einen unbewachten Augenblick, um, auf den Fußspitzen schreitend, die Zeltreihe zu durchbrechen und sich unmittelbar vor den Gesandten hinzustellen ... Es war eine unheimliche Erscheinung, eine Figur, wie sie nur einem Grabe entsteigen könnte. Er hatte übrigens nicht die Zeit, um irgend eine Unthat zu beginnen; kaum bemerkt, sprang ihm der Kaid, der Escorte-Commandant, mit wüthendem Sprunge an die Kehle und schleuderte ihn mitten unter die Soldaten, die sich seiner bemächtigten, um ihn weiter zu befördern. Seine Stimme aber war nicht zu ersticken. Der Wahnwitzige stieß einen Fluch aus, der etwa lauten mochte: »Vernichten wir sie, diese unglänbigen Christenhunde, welche zum Sultan gekrochen kommen, im übrigen aber machen, was ihnen beliebt, während wir Armen Hungers sterben!« ...

Die Stimme verhallte und der Vorfall war vergessen. Nach einiger Zeit kamen die Provisionen, welche als Extra-Minua vom Gouverneur den Reisenden gespendet wurden. Es waren mehr als fünfzig Diener, welche gewaltige, runde, mit hohen konischen Deckeln geschlossene Strohkörbe, brachten, die Eier, gekochte Hühner, Gebäck, Süßigkeiten, gebratenes Fleisch und den unvermeidlichen Kuskussu enthielten — Alles zusammen in einer Fülle, daß man damit eine halbverhungerte Tribu hätte speisen können.

Die Körbe waren kaum niedergestellt, als auch schon ihr Spender, begleitet von seinen Söhnen und einem Cortège von Dienern im Lager sich einfand. Man versuchte das Mahl mit einer Unterhaltung zu würzen, aber die maurischen Honoratioren zeigten sich als derart unwissend in Allem und Jedem, daß die ganze Conversation auf ein geistloses Frage- und Antwortspiel sich beschränkte. Dazwischen schlürften jene eine Tasse Thee nach der anderen und entfernten sich endlich, gelangweilt, wie sie gekommen.

Während der diesmaligen Nacht glaubten die Posten Ursache zu haben, wachsamer als sonst zu sein. Der üble Ruf der Soffianoten und die Scene mit dem »Heiligen« gaben einigermaßen begründeten Anlaß zur Vorsicht. Bald war es finster und todtstill im Lager. Von Viertelstunde zu Viertelstunde hörte man die Wachen sich gegenseitig anrufen. In den Pausen vernahm man eine unheimlich grölende Stimme, bald aus unmittelbarer Nähe, bald aus weiterer Entfernung — es war ein Klagen und Jammern, das den Körper durchfröstelte. Darauf wieder der Ruf der Wachen, das Wiehern der Pferde und das Bellen der Hunde. Und die ganze Nacht hindurch jene entsetzliche Stimme! Es war der »Heilige«, der das Lager umschlich und die fremden Reisenden verwünschte und verfluchte.

Von einer erquickenden Nachtruhe war also diesmal keine Rede... Am Morgen, als die Karawane zum Aufbruche sich rüstete, sah man den Besessenen wie ein Erzbild vor seiner Kuba stehen, die Gestalt von Sonnengold umflossen, die Arme drohend zum Himmel erhoben...

Bei diesem Anlasse möchten wir einige Bemerkungen über das maghrebische Ordenswesen machen. Wir folgen hierbei hauptsächlich der interessanten und ausführlichen Darstellung Bernhard Schwarz', der allerdings nur die »algerischen Ordens-Bruderschaften« vor Augen hat. Aber was für Algier richtig ist, gilt auch für Marokko. Befinden sich doch die obersten Behörden der algerischen Orden meist auf marokkanischem Boden! Schon Araber und Türken haben mit diesen Bruderschaften ihre liebe Noth gehabt; kein Wunder also, daß sie gegen jede Art von fremdem Einfluß arbeiteten, und fast alle Aufstände gegen das französische

Regiment auf dem Gewissen haben... Die wichtigste der marokkanischen Ordens-Gemeinschaften ist die des Muley Taïeb; sie stammt erst aus diesem Jahrhundert. Innerhalb dieses Ordens wird die Hoffnung auf Vertreibung der Franzosen aus Algier, gestützt auf eine entsprechende Verheißung des Gründers, eifrig gepflegt. Dieser Congregation pflegen auch die Mitglieder der kaiserlichen Dynastie beizutreten. Gegenwärtig, und auch in letzterer Zeit, hatte der Ordens=General der Muley Taïeb liberale Anwandlungen, auf die wir weiter unten zu sprechen kommen... In zweiter Linie wichtig ist der Verein der Derkna, der vor etwa hundert Jahren von Ali Dschemal in Marokko gegründet wurde. In Algier steht er an Mitgliederzahl und Gefährlichkeit allen anderen geheimen Con=

Frühstück im Garten Ben Auda's. (S. 140.)

gregationen voran. Er ist fast in sämmtlichen Aufständen verflochten gewesen, die den Franzosen so viel Geld und Blut gekostet haben. Namentlich war, wie leicht erklärlich, das algerisch-marokkanische Grenzgebiet allezeit das Feld seiner Thätigkeit. Der Name wird von Derka, einer kleinen marokkanischen Stadt hergeleitet. Anderen zufolge soll er »die Verschleierten« oder »die Zerlumpten« bedeuten.

An der Spitze jedes solchen Ordens steht der Ordens-General (Khralifa), häufig ein Nachkomme des Gründers, mit der Residenz in der Gründungsstadt. Nach dem General kommen die Provinzials (Scheik oder Mokkadem), die die Filialen des Ordens in den Provinzen leiten. Unter diesen stehen wieder die Nefils und die Nekkas. In einem Orden eintreten, heißt »die Rose nehmen«. Neben den herkömmlichen Ordenspflichten gehört es zu den Hauptbestrebungen der »Brüder«, einen Theil der Heiligkeit des Gründers auf sich kommen zu lassen, der fast immer den Ruf eines Krut, das heißt eines besonderen göttlichen Werkzeuges, genoß und bestimmt war, von den dreihundertachtzigtausend Uebeln, welche die Welt besitzt, drei Viertel auf sich zu nehmen.

Hierzu noch einige Bemerkungen... Bekanntlich ist der Islam auch in seiner Gesammtheit von zahlreichen Secten durchwuchert. Dieselben sind nicht immer

Ein „Heiliger" die Fremden verfluchend.

Secten in rein religiösem Sinne, nämlich solche, welche einen dogmatischen Ursprung haben, sondern auch solche, die eine historische oder zum mindesten eine politische Rolle spielen. Daß ein gewisser Zusammenhang zwischen den einzelnen Secten rücksichtlich ihrer Organisation und Tendenzen bestehe, ist nicht anzuzweifeln; doch wird man gut thun, hierbei nicht an Verhältnisse und Beziehungen zu denken, die man neuerdings mit Vorliebe den »Panislamismus« nennt. Die panislamitische

De Amicis, Marokko.

Bewegung, deren gegenwärtigen Bestand so viele gewiegte Orientkenner nicht zu leugnen vermögen, ist rein politischer Natur und »beschränkt« sich (darin liegt offenbar ein Widerspruch) auf Gebiete, in welchen der abendländische Einfluß überwiegend geworden und die rechtgläubige Opposition mit erlaubten und unerlaubten Mitteln arbeitet, um einen Zustand der Dinge herbeizuführen, der jenen Einfluß paralysirt.

Gleichwohl darf ein innerer Zusammenhang zwischen dogmatischem Sectirerthum und politischen Propagandisten im modernen Islam nicht geläugnet werden. Sei es in den Steppen-Chanaten Central-Asiens, im alten Eran, in den urclassischen Gefilden Vorder-Asiens, im Nilthal, in den Einöden der Sahara oder fern im Maghreb: überall hat sich neuestens der Islam mit den weltbeherrschenden christlichen Mächten in Widerspruch gesetzt. Die central-asiatischen Stämme und Völker nähren den angestammten Haß gegen die russische Hydra, die sie allmählich zu verschlingen droht; die Afghanen zerfleischen englische Bataillone, das Aufgebot der tunisischen und algerischen Marabuts fordert das Blut französischer Soldaten. In den Senussi-Klöstern Tripolitaniens predigen die Apostel des großen Heiligen von Sarabub den Vernichtungskrieg und zwischen Atlas und Hindukusch sind alle heiligen Ordensbruderschaften in vollster Action »gegen die Uebergriffe der verfl..... Ungläubigen ... Die panislamitische Bewegung durchtränkt alle orientalischen Interessen, sie prägt sich in tausend Vorfällen und Maßnahmen aus, und sie scheint zuweilen wie ein entfesseltes Meer zu branden, als wollte sie noch einmal ihre Ufer überfluthen, wie so oft vorher, da die Machthaber des Islams noch nicht zu Schatten-Existenzen herabgesunken waren.

Trotz alledem ist die islamitische Bewegung, wie sie dermalen zur Erscheinung kommt, wie schon erwähnt, nicht das, als was sie gemeinhin genommen wird. Ein einheitliches politisches Programm liegt ihr so wenig zu Grunde, wie eine einheitliche religiöse Strebung. Zum Theil von fanatischer Eingebung, anderntheils von wilden Instincten aufgerüttelt, erheben die Vertreter der Prophetenlehre da und dort die Häupter, um sich den Anschein von Furchtbarkeit zu geben. Aber wie die Völker des Islams politisch auseinandergerissen sind, so sind sie es auch der Mehrzahl nach in Sachen des Glaubens. Ein organischer Zusammenhang zwischen den einzelnen Pflanz- und Brutstätten des uralten Fanatismus besteht so wenig, wie das Gefühl politischer Zusammengehörigkeit. Nur die Erscheinungen täuschen in dieser Richtung und lassen einen Zusammenhang wenigstens äußerlich als vorhanden erscheinen. Auch im Islam hat die Rassenverschiedenheit die einzelnen Völker mehr oder weniger einander entfremdet, und, weit entfernt, sich gegenseitig zu verstehen, sind es gerade sie, welche einander grimmig hassen, sich verfolgen und gegebenen Falls zur Ehre des Propheten zerfleischen. Der Anatolier verwünscht den Kurden, dieser fällt über den ketzerischen (schiitischen) Perser her und feiert seinen Sieg mit Aufrichtung von Schädelpyramiden; der Araber haßt den Osmanen, der Berber den Araber, der Druse den Namensbruder moslimischen Glaubensbekenntnisses, der Wahabit den ungläubigen Wüstennomaden, der Yezide den Türken und Kurden, der Nasarier den Araber und Kurden u. s. w.

Wo das Sectirerwesen, welches den Islam allerorts tief durchspaltet, in Betracht kommt, geht der Antagonismus natürlich noch viel weiter. Es sind meist historische Erinnerungen, die den Riß seit Jahrhunderten offen halten und den

Der Gouverneur Ben Auda.

alle Agitationskunst der zwischen Turkestan und dem Maghreb auf ewiger Wanderung begriffenen geheimen Ordensbruderschaften nicht zu überbrücken vermag und niemals vermögen wird. Sieht man näher zu, so ist es unschwer, die Wahrnehmung zu machen, daß das Schreckgespenst des Panislamismus eigentlich nur in einer Zahl von Glaubensgemeinschaften, oder religiösen Verbrüderungen, oder localen Wuthausbrüchen des Fanatismus wurzelt, da und dort, bald im fernen Westen, bald weit im Osten, bald auf arabischer Erde, bald in den kurdischen Bergen oder in den weitentlegenen Heimstätten kriegerischer Clane, deren einziges Glaubensbekenntniß die brutale Gewaltthätigkeit ist. Jedes Volk, jeder größere Stamm, der seine religiösen Traditionen aus alten Tagen in unsere Zeit herübergerettet hat, vindicirt sich selber, so gut es geht, eine gewisse privilegirte Stellung in der Welt des Islams.

Es würde zu weit führen, die vorstehende Behauptung durch Vorführung eines sehr weitschichtigen und beweiskräftigen Materiales zu erhärten. Constatiren aber möchten wir, daß gegenüber der reichen und nachhaltigen historischen Bewegung im Islam auf asiatischem Boden eine unleugbare ·Ideenarmuth· in dieser Richtung auf afrikanischem Boden sehr auffällt. Hier giebt es weder streitbare Secten noch Glaubensgemeinschaften von erschütternder oder erhebender historischer Vergangenheit. Dafür hat der Islam in Afrika mehr als irgend sonst wo in der Welt eine Stätte für Ascetenthum, Klosterwesen und mönchischem Glaubenseifer gefunden. Der Einfluß ist aber meist nur ein rein localer. Solche rein locale Bedeutung fällt auch den zahlreichen algerischen und marokkanischen Orden zu; tiefergehende Beziehungen zu den Agitatoren und Geheimbündlern in der übrigen Welt des Islams haben sie wohl kaum, obwohl es gelegentlich der Pilgerfeste zu Mekka an entsprechendem Meinungsaustausch nicht fehlen mag. Ganz außer Betracht bei solchem ·Zusammenhang· kommen aber all' jene Glaubensgemeinschaften, Secten, Separatisten und Schismatiker, welche den Islam nach allen Richtungen durchwühlen und das Schreckgespenst unserer Tage, den Panislamismus, zu Schanden machen.

Ein Dorf am Wege nach Karia-el-Abbassi.

Karia-el-Abbassi.

Das Land zwischen Kus und Sebu. Ein stattlicher Gouverneur. Marsch durch welliges Land. Karawanenbild. — Das Glanddorf Karia-el-Abbassi und ein Frühstück im Hause seines Gebieters. Die Tochter des Gouverneurs. Ungezwungene Unterhaltung der Dorfbewohner. Ihre Neugierde und deren Folgen. — Kranke Frauen. — Ueber marokkanische Frühheiraten. — Eine schreckliche Invasion. Aufbruch der Karawane und Ankunft am Sebu. — Primitive Ueberfuhr.

ir setzen unsere Reise fort und erreichen nach etwa zweistündigem Marsche, während es nicht an Phantasias der zweihundert Reiter Ben-Auda's gebricht, ein kleines Flüßchen, das die Grenzmarke der Provinz Sossiän ist. Wir befinden uns am Ufer des Kus. Drüben, wo eine Bodenerhebung den Horizont abschließt, taucht, fast gespenstisch, über den Horizont herüber, von tiefdunklem Blau des Firmaments wunderbar verklärt, eine ansehnliche Reiterschaar und Allen voran die elegante und anmuthige Erscheinung des Gouverneurs des neuen Regierungsbezirkes, in den einzutreten wir im Begriffe sind.

Es ist Bu-Beko-Ben-el-Abbassi, Reichsverweser und Feudalherr des nicht sonderlich großen Landstriches zwischen den Flüssen Kus und Sebu. In dem Augenblicke, wo wir obige Grenzlinie vorerst erreicht haben, macht das militärische Geleite Ben-Auda's kehrt und verschwindet unter dem Horizont — eine Cavalcade flüchtiger Wüstenschemen!... Nun folgten die üblichen Begrüßungsförmlichkeiten,

Händedrücke, ceremoniöse Verbeugungen und andere Zeichen des Willkomms, die, wie sie angebracht werden, an Majestät und Grazie nichts zu wünschen übrig lassen. Besonders herzlich ist die gegenseitige Begrüßung zwischen dem neuen Gouverneur und Mohammed Ducali, welche alte Bekannte sind... Auch dieser Zwischenfall ist bald vorüber und wir setzen die Reise fort. Aller Augen sind auf den stattlichen Gouverneur geheftet, der in einem feinen, schneeweißen Haïk gekleidet und auf prächtigem Rapphengst beritten, einen nachhaltigen Eindruck auf die Reisegesellschaft macht.

Er ist, was man einen »schönen Mann« nennt: mittelgroße, elastische, fast mädchenhaft zarte Gestalt, lebhafte feurige Augen mit einem einschmeichelnden Schmelz, eine edelgeformte Nase, schwarzen Bart und feingeschnittene Züge. Wenn Ben-Abbassi lächelt, dann schimmern zwei Reihen blendend weißer Zähne zwischen den frischen, leicht aufgeworfenen Lippen hervor. Der Würdenträger, dessen gravitätisch einherschreitendes Roß eine Ahnung von der Majestät des Reiters zu haben scheint, macht den Eindruck eines liebenswürdigen, leutseligen und großmüthigen Mannes, an welchen im Lande Seiner Scherifischen Majestät wahrlich kein Ueberfluß ist. Dieser Eindruck wirkt noch überzeugender, wenn man die militärische Begleitmannschaft durchmustert, die einen weitaus stattlicheren Eindruck macht, als alle bisherigen Provinz-Escorten. Auffallende Ungezwungenheit in der Haltung, freier Blick, freudige Lebendigkeit: das Alles sind Aeußerlichkeiten, welche vermuthen lassen, daß der Gebieter in dieser Provinz ein humaner, nachsichtiger und toleranter Mann sei. Diese Anzeichen finden sich auch in anderer Richtung. Die Landschaft, durch welche wir reiten, macht weniger den Eindruck der Verwahrlosung, der Armuth, ja sie erscheint weitaus belebter, freundlicher, als alle bisher gesehenen, und selbst die Luft, welche aromatisch und weich über das sonnige Gefilde streicht, gemahnt uns daran, daß wir uns in einer Oase in der maghrebinischen Wüstenei uns befinden.

Wir passiren ein Dorf, einen »Duar«, der aus zwei Reihen Zelten besteht. Die letzteren sind aus Kameelfellen und haben einiges Grün, indische Feigen und wilde Oelbäume zwischen sich, wodurch die Ansiedlung an heiterer Belebtheit gewinnt. Hinter den Zelten weidendes Vieh, Pferde und Kühe, weiter, gerade vorne auf der Marschlinie, mehrere, fast nackte Kinder, welche neugierig herandrängen, bescheidene Männer und Frauen, die die Begegnung weder aufregt, noch sie zu fanatischen Ausbrüchen — sei's in Zeichen, sei's in Worten und Ausrufen — verleitet, wie es sonst in Marokko leider fast überall der Fall zu sein pflegt. Uebrigens machen auch diese Leute keineswegs den Eindruck von besonders bevorzugten Kostgängern am Tisch des Lebens. Es sind eben orientalische Staffagen, in denen die traurigen Gestalten, die hinfälligen, knochendürren Greise, die Gebrest haften und Krüppel weitaus überwiegen.

Neben diesen neuen Bildern giebt übrigens auch das Land, welches wir durchreiten, Anlaß zu mancherlei Beobachtungen. Es ist ein charakterloses, flaches Plateau oder Steppenland. In paralleler Richtung streicht eine ganze Reihe von niederen Hügelwellen, auf denen es flimmert und leuchtet von hundertfältiger Blumenzier; reich geformt, entweder im Sonnenbrande leuchtend, oder in farbige Halbschatten getaucht, sind die zwischen den Höhenzügen liegenden Einfaltungen und thalartigen Vertiefungen. Die Karawane, welche diese Reihenfolge von Höhen und Tiefen quert, giebt ein ganz besonderes Schauspiel. Bald verschwinden die stattlichen Reiter, welche voranschreiten, hinter der vorderen Terrainwelle, indeß wir selber immer tiefer in die erste nächste Mulde hinabgleiten; hierauf erneueter Aufstieg: drüben erhebt sich der nächste Hügelkamm, aber noch zeigt sich Niemand auf demselben. Da tauchen wie aus dem Boden emporsteigend, zuerst die Flinten, dann die Köpfe, dann die Oberkörper, schließlich die ganzen Reiter aus der Versenkung und verschwinden ebenso successive, wenn sie jenseits des Kammes wieder niedersteigen. Wendet man sich rückwärts, so wiederholt sich das Schauspiel in verkehrter Anordnung: der Theil der Karawane, der eben niedersteigt, fällt als farbiger Strom in die Tiefe, bis die letzten weißen Haïks, die letzten braunen Gesichter unter den Horizont tauchen. Das Alles macht den Eindruck, als zöge hier nicht eine einfache Reiterkarawane, sondern ein gewaltiges Heer, das die Aufgabe hat, das Land zu invadiren.

Unser Ziel ist diesmal das Gaudorf Karia-el-Abbaßi, dessen Namen auch der Gebieter der Provinz führt. Es ist klein, unansehnlich. Einige Hütten, von Feigen und Oliven umgeben, und ein gehöftartiges Anwesen mit einer Gruppe von Wohnräumen, die ohne Plan und System ineinandergebaut sind. Wahrhaft patriarchalisch einfach sieht es im Innern dieses Heims eines maghrebinischen Machthabers aus. Hinter der nackten Hofmauer erheben sich die schmucklosen, nicht ganz tadellos weißen Wände des Hauptgebäudes, in das man durch ein, von einem maurischen Hufeisenbogen überspanntes Portal tritt. Auch das Innere zeigt nackte, schmucklose Wände, in welchen nicht einmal Fensteröffnungen freigelassen sind. Zwei nischenartige Vertiefungen, eine Matratze, welche dem Würdenträger als Divan dient, Matten auf dem Mosaikboden und einige Sitzkissen, das ist Alles. In einer der Wände erblickt man eine kleine Pforte, welche offenbar zu den intimen Wohnräumen des Gouverneurs führt. Sie wird nämlich in dem Augenblicke, da die Reisegesellschaft, welche Gäste Ben Abbassis sind, in dem Audienz- und Gesellschaftsraume versammelt sind, von unsichtbarer Hand geöffnet, und innerhalb der wenigen Secunden gewahrt man das jugendliche Gesicht eines Mädchens, welches scheu und neugierig in das fremdartige Gewühl blickt und ebenso rasch wieder verschwindet.

Der Gouverneur lächelt, als er die leichtbegreifliche Neugierde auf den Mienen seiner Gäste liest, und nimmt auf der Matratze Platz, welche hart an

Der Gouverneur Bu-bekr-ben-el-Abbassi. (S. 149.)

jene Pforte stößt. Alles nimmt Platz und die bekannte Scene spielt sich mit gewohnter Präcision ab. Schwarze Diener nahen, huschen mit ihren nackten Füßen über die Matten und reichen die maghrebinischen Leckerbissen herum: Schüsseln mit Kuskussu, Backwerk, Milch, Süßigkeiten, Thee und wieder Milch — Dinge, die mancher verdurstende Reisende sammt und sonders gegen ein Glas frischen europäischen Labetrunkes in Gestalt von Gerstensaft hingeben würde. Die Artigkeit erfordert aber, von all diesen Dingen zu genießen. Den Thee bereitet der Gouverneur selber. Ein hübscher lichtbrauner Junge reicht die zierlichen

Begegnung mit dem Gouverneur zu Befr-ben-el-Abbaffi. (S. 170.)

Porzellanschälchen herum und Jedermann schlürft das, dem Geschmack nach von unserem Thee erheblich abweichende Geträuk, mit Behaglichkeit hinab, wenn letztere bei der ungewohnten hockenden Sitzart auf Matten und Pölstern überhaupt auf zukommen vermag. Ben Abbassi aber ist ein liebenswürdiger, ceremoniöser Hausherr. Sein ganzes Gebahren athmet Jovialität, Anmuth, Menschenfreundlichkeit, angeborene Salonsfähigkeit. Und dennoch war dieser Mann nie über die Grenzen seiner Heimat hinausgekommen. Mit den Reisenden unterhielt er sich über alle möglichen europäischen Einrichtungen: über Eisenbahnen und Paläste, über ferne Länder und Städte. Als geborner Weltmann unterdrückt er jede ostensible Neugierde, wendet und dreht das Gespräch immer dahin zurück, wo er seiner Sache sicher ist, um sich vor Blößen zu bewahren. Sein Lächeln ist ungezwungen, zuweilen malitiös, immer freundlich.

Auf die lebhafte Conversation folgt nun eine längere Pause. Das Gemach ist vom Duft der Aloë, welche in einer Räucherpfanne verglimmt, erfüllt. Unter dem maurischen Portale hinweg fällt der Blick auf eine Gruppe von dienstthuenden Sklaven, die, weiterer Befehle gewärtig, dicht am Eingange halten, und mit ihren großen schwarzen Augen neugierig in den dämmerigen Raum blicken. Ob diese Neugierde einzig nur auf die fremden Männer sich erstreckt, oder auf die Becher und Platten, welche die luculischen Herrlichkeiten enthalten, und von denen sie die Rettung eines Theiles, vor dem Riesenappetite der Europäer sehnsüchtig erwarten? ... Der Gouverneur benützt die Pause, erhebt sich gravitätisch, grüßt in die Runde und verschwindet hinter dem früher erwähnten Pförtchen. Es ist also klar, dort harren seiner die Haremsschönen, welche offenbar vor Neugierde vergehen, über die Fremden dies und jenes zu erfahren. Und was mögen es für wunderliche Fragen sein, mit denen man ihn bestürmt! Was sind sie — wer sind sie — wie sprechen, essen, trinken sie, wie sind sie gekleidet? ... Und im Hause hören wir ein süßes Flehen: »O, laß mich sie sehen, geliebtes Herz, einen Augenblick nur, ich vergelte dir die Gnade mit tausend Liebkosungen« ... Und ist dann die Neugierige an der Thürspalte und überfliegt sie mit schüchternem Blick die fremde Gesellschaft, dann könnte ein scharfes Ohr innerhin den Schreckruf hören: »Allah beschütze mich — welch' furchtbare Gestalten!« ...

Das Lager, in welchem wir diesmal die Rast verbringen, ist in einiger Entfernung von der Gouverneurswohnung auf einer Terrainhöhe, welche mit sonnverbranntem Gras bedeckt ist, aufgeschlagen. Diese Dürre ist begreiflich, denn die Sonne brennt mit furchtbarer Intensität herab, obwohl es Frühling und das Mittelmeer verhältnißmäßig nahe ist. Welche Aussichten müssen den Reisenden für den nächsten Tagmarsch erwachsen, der sie in die scheinbar unbegrenzte, dürre und vegetationslose Ebene bringen wird, die sich bis zum Sebu, dem größten nord-marokkanischen Flusse, und darüber hinaus erstreckt!... Aber der Gesammteindruck von Karia el-Abbassi bleibt ein freundlicher, und damit läßt sich vorläufig ein Trost gewinnen. Das erstemal seit unserer Abreise von Tanger sehen wir die Bewohnerschaft zwanglos sich ergehen, ihre Geschäfte besorgen, und sehen die Jugend dem Spiele sich hingeben. Das letztere ist das uns bereits bekannte Ballspiel, dessen Pointe in der Geschicklichkeit besteht, den emporgeschleuderten Ball durch einen möglichst ausgiebigen Hochsprung zu erhaschen. Wer in dem letzteren Meister ist, kann des Triumphes sicher sein, es wäre denn, daß er sein Ziel verfehlte, oder im unfreiwilligen Zusammenstoße mit den anderen Spielern um die Beute käme, oder zu Boden geschleudert werde... Da fällt der Ball, die wir aus nächster Nähe dem Spiele zusehen, uns zu Füßen. Wir lesen ihn auf, vollführen einige geheimnißvolle Taschenspieler-Bewegungen und schleudern ihn sodann über die Häupter hinweg. Niemand rührt sich. Der Ball fällt zur Erde, rollt noch eine Strecke fort, ohne daß sich Jemand fände, ihn aufzulesen. Nach einiger Zeit wagt der Muthigste eine Annäherung an das verhexte Ding, berührt es vorerst mit der Fußspitze, dann mit einem Finger, indeß die Uebrigen neugierig in den Kreis drängen. Fragend blicken sie herüber, ob es wohl gerathen sei, das Ding aufzulesen: wir nicken ihnen zu und lächeln — der Zauber ist gebrochen, der Ball fliegt in die Höhe. Nun werden sie muthiger und umdrängen uns immer neugieriger, endlich erfolgen Betastungen und Berührungen und der Zauberkreis ist geschlossen. Gewalt ist hier nicht am Platze und die unfreiwillige, an sich allerdings harmlose Gefangenschaft, wird immer peinlicher. Weder Zeichen noch Flüche thun ihre Wirkung und der Menschenwall um uns wird umso unerträglicher, als nun auch alle erdenkbaren Gerüche, die kaum mit jenen Arabiens in eine Linie zu stellen wären, unser Geruchsorgan beleidigen... Endlich ein rettender Gedanke! Wir ziehen das Zeichenheft aus der Tasche, nehmen den Griffel zur Hand und schicken uns an, die Verwegensten auf's Korn zu nehmen... Es ist ein elementares Entsetzen! Wie ein Taubenschwarm, in den ein Falke einfällt, stiebt die Menge kreischend auseinander und verschwindet wie eine Schaar neckischer Wüstendämone hinter der nächsten Terrainwelle.

Auf diese bescheidene Zerstreuung folgt eine andere. Eine Gruppe von Frauen nähert sich, und zwar mit größerer Zuversichtlichkeit als sonst, dem Lager, und unwillkürlich denken wir: das wird einen Auftritt absetzen. Dem ist aber keineswegs so, denn die Ankömmlinge sind arme, gebresthafte Weiber, welche — was sich ja an jedem Reisetage zu wiederholen pflegte — Hilfe bei dem Arzte der Expedition suchen. Der Fall ist diesmal ein verwickelter, denn eine der Hilfe

suchenden klagt über Schmerzen an der Schulter, welche der Arzt untersuchen möchte. Er ordnet die Entkleidung des leidenden Körpertheiles an, aber die Kranke bleibt unbeweglich, wie ein Erzbild. Alle Versicherungen, daß nur die Inangenscheinnahme des betreffenden Körpertheiles die Möglichkeit biete, Abhilfe zu treffen, scheitert an dem angestammten und angeborenen Vorurtheile. Dem vielumworbenen Heilkünstler bleibt schließlich nichts Anderes übrig, als die Harthörige zu entlassen. Mit einem Blicke voll unendlicher Traurigkeit, aber schweigend und ohne Vorwurf, entfernt sich die Kranke, und der Arzt wendet sich nun an die übrigen Gebresthaften. Sie haben innere Leiden und da ist Abhilfe leichter. Medicamente werden verordnet, Pillen und Pulver und die Consultation findet ihr Ende... Das Beklemmende an einer solchen Scene besteht übrigens weniger in der auffälligen Hilflosigkeit, in welcher sich ein ganzes Volk, in Folge Abganges jeder Art von Krankenpflege und Heilverfahren befindet, als vielmehr in dem ergreifenden Aussehen der hilfesuchenden Frauen selber, welche den Eindruck von welken, abgelebten alten Weibern machen, obwohl sie selten das dreißigste Lebensjahr überschritten haben. In diesem Lande lebt man eben ungemein rasch: mit zehn, zwölf Jahren erlangen die Mädchen die geschlechtliche Reife; sie heiraten sodann — nach unserem Begriffe noch als förmliche Kinder — Knaben, die oft das fünfzehnte Lebensjahr noch nicht überschritten haben. Die Folge davon ist, daß jedes Weib schon mit zwanzig Jahren den Höhepunkt ihr physischen Entwickelung erreicht. Mit dreißig Jahren ist sie eine welke Matrone, und höher hinauf in den Jahren wird sie zum — Scheusal.

Karia-el-Abbassi ist, wie wir wiederholt hervorgehoben haben, ein verhältnißmäßig glückliches Land. In Marokko aber hat Alles seinen besonderen Maßstab, und auch ein maghrebinisches Paradies kann seine Schrecken haben. Auf unserem diesmaligen Lagerplatze sind es Schrecken, die zu denen gehören, die für unbesiegbar gelten... Welche infernalische Gesellschaft, diese Insectenwelt, die uns da an den Hals rückt! Die sonnverbrannte, dürre Ebene beherbergt ein ganzes Heer von wahrhaft gigantischem Ungeziefer. Da giebt es drei Zoll lange, abscheuliche, fliegende Heuschrecken, von denen bei jedem Schritte ganze Wolken aufschwirren. Große Ameisen, deren Stich schmerzhaft genug ist, ziehen in unübersehbaren Massen, wie sie die Menschengeschichte nur in den Zügen des Xerxes und Sanherib wiederfindet, durch die Lagerstadt, um eine Invasion zu inscenieren, gegen welche es keinen Kampf giebt. Daneben wimmelt es von Käfern aller Gattungen: Cicindela campestris, Meloe majalis, Carabus rugosus — mit langen Leibern und langen Beinen; die dickschalige Cetonia opaca, die runde Pimelia scabrosa und die abenteuerlich aussehende Cossyphus Hoffmanseghi, mit den hornartigen Ansätzen und dem »Donnerkeile« auf dem Rücken... Die scheußlichsten Exemplare aber sind der große Scorpion, der spannlange Tausendfuß und apfelgroße Tarantel (Lycosa tarentola). Wer eine Nacht unter solchem Gewürm ohne Entsetzen zu verbringen vermag, der ist gegen alle Schrecken dieser Welt gefeit.

Wir überlassen es der Phantasie des Lesers sich eine solche Leidensnacht auszumalen und begrüßen die dämmernde Morgenstunde als den Augenblick der Erlösung aus der Gewalt dieser kleinen Höllengeister. Die Sonne erhebt sich über den Horizont und vergoldet mit ihren Strahlenbändern die trostlose Stätte. Dann wird das Lager abgebrochen und in Gesellschaft des liebenswürdigen Gouverneurs Ben Abbassi geht es nach Süden. Unser nächstes Ziel ist der Sebu, der größte Strom im nördlichen Marokko. L. Pietsch vergleicht ihn an der Stelle, wo er von der Reiselinie geschnitten wird, mit der Weser bei ihrem Austritt aus der Porta Westphalica, de Amicis mit dem Tiber in der römischen Campagna. Er kommt von den östlichen Gebirgen, von Tesa, herab, und hält im Großen die ost-westliche Richtung ein, obwohl er in seinem Unterlauf einen großen Bogen gegen Süden beschreibt und schließlich bei Mehedia in vollkommen flachem Gestade land in den Atlantischen Ocean sich ergießt. An seiner Mündung, wie alle Flüsse Marokkos, durch Sandmassen und Schwemmland verbarrikadirt, ist er für die Schifffahrt unbrauchbar und überdies zur Zeit der Hochwässer eine wahre Geißel für alles umliegende Land.

Der Charakter der Sebu-Landschaft prägt sich in einer vollkommen glatten, unendlich ausgedehnten, meist sonnverbrannten Ebene aus, die fast gar keine Culturen und nur vereinzelten, höchst unbedeutenden Anbau aufweist. An der Stelle, wo ihn die herkömmliche Reiseroute zwischen Tanger und Fez schneidet, strömt er zwischen hohen, mauerartigen lehmigen Ufern. Die Ueberfuhr vermitteln zwei oder drei urwüchsige Pontons, deren Lenker eine kleine Hütte am Südufer bewohnen, das einzige Anwesen im ganzen weiten Gesichtskreise. Passagiere, Kameele und Waaren werden mittelst der Pontons befördert; die Pferde aber müssen den Strom, der ein trübes, schlammiges Wasser hat und ziemlich reißend ist, schwimmend zurücklegen, zu welchem Ende sie vorher entsattelt werden. Einige nackte Kerle werfen sich auf die sträubenden Thiere und ziehen sie nicht ohne Anstrengung in den Strom, den sie, sobald sie den Boden unter den Beinen schwinden fühlen, meist ruhig durchschwimmen.

Seit undenklichen Zeiten wird an dieser Stelle der Sebu von Reisenden, Karawanen, Würdenträgern und Heeresabtheilungen übersetzt, und dennoch ist es nie Jemandem eingefallen, an dieser viel frequentirten Stelle eine Brücke zu schlagen. Ja nicht einmal Landungsbrücken für die Pontons sind vorhanden, so daß man beim Verlassen dieser letzteren eine Strecke in knietiefen Koth oder suppigen Brei zurücklegen muß... Bemerkenswerth ist, daß der Sebu die Grenze bildet, welche der Sultan nur im Kriegsfalle überschreitet. Wer also diesen Strom hinter sich hat, befindet sich im eigentlichen Herrschaftsgebiete Sr. Scherifischen Majestät, das, soweit deren volle Autorität in Betracht kommt, zwischen der Küste, dem Sebu und dem großen Atlas sich erstreckt. Wenn der Sultan von Fall zu Fall seine Residenz wechselt, benützt er allemal den Weg, der möglichst weit vom Gebirge durch die Vorberge der Sebu-Ebene nach Mekinez und von hier nach Marokko (Marakkesch) zieht, angeblich um den wilden Tribu der Zairi auszuweichen, welche im Vereine mit den Beni-Mitir den Ruf genießen, die unbotmäßigsten des Atlasgebirges zu sein.

* * *

In dem Augenblicke, da wir das engere Herrschaftsgebiet Sr. Scherifischen Majestät betreten, erachten wir es für nothwendig, einen orientirenden Blick auf das Gesammtreich zu werfen... Das Kaiserthum Marokko (Maghreb ul Aksa) besteht aus den drei Reichen Marokko (Marakkesch), Fez (oder Fäs) und Tafilet, welche einen zusammenhängenden Körper bilden, den im Norden das Mittelmeer, im Westen der Atlantische Ocean, im Osten Algier und im Süden größtentheils die große Wüste Sahara begrenzen. Er erstreckt sich vom Cap Nun bis zum Cap Spartel in einer Ausdehnung von hundertundsieben deutschen Meilen, und vom Cap Cantin bis Fesghelmes, in einer Ausdehnung von ungefähr hundertundachtzig deutschen Meilen. Der größte Theil dieses Reiches ist gebirgig. Das große und kleine Atlasgebirge durchzieht es in zwei ungeheueren Reihen. Das erstere zieht sich zuerst zwischen Marokko und Tafilet in bedeutender Erhebung, theilweise über der Schneelinie, gegen Norden, später aber zwischen Fez und Tafilet gegen Osten hin — das letztere hingegen in minderer Erhebung, oft sogar blos zu einer zusammenhängenden Reihe von Hügeln herabsinkend, begleitet den großen Atlas im Norden und bleibt immer der Meeresküste ziemlich nahe. Beide zusammenhängende Gebirgszüge senden zahlreiche Zweige bis ans Meer und bilden dort schroffe Caps und tiefe Buchten, welche, vor den Stürmen geschützt, treffliche Häfen abgeben.

Zwischen diesen Gebirgszweigen findet man fruchtbare Thäler und im Bereiche der Küste kleine Ebenen, welche von den zahlreichen Strömen bewässert werden, die meist als reißende Torrenten von den Höhen herabstürzen und nicht selten bedeutende Strecken durcheilen. Die kleineren dieser Flüsse trocknen wohl während der heißen Jahreszeit ein, und lassen nichts als ihr versandetes, oft eine beträchtliche Breite einnehmendes Bett zurück: in den größeren Flüssen findet man aber auch im Sommer, der hier zu Lande schon im April mit intensiver Hitze beginnt und erst im November sein Ende erreicht, noch Wasser, in dessen Bereiche sich die üppigste Vegetation entfaltet. Solche bedeutende Flüsse sind im Nordwesten des Reiches der Lucos (oder Kus), welcher bei Alkazar vorbeifließt und bei El Araisch in den Ocean stürzt; dann der bereits genannte Sebu (S'bu), der aus dem Zusammenflusse mehrerer Gebirgsbäche entsteht, von denen einer bei der Hauptstadt Fez, und ein anderer – Enknez – bei Mekinez vorüberströmt. Weiter sind noch zu nennen: der Burargog, der Omirahbih, Taucift, Taflot, Ziz, Ghir u. s. w. Ueber all' die letztgenannten Wasserläufe wollen wir bemerken, daß alle vom großen Atlas gegen Süden, durch das Reich Tafilet ziehenden Flüsse entweder in große Seen sich ergießen, oder im Wüstengebiete versiegen.

Die Tochter des Gouverneurs. (S. 152.)

Das Klima von Marokko ist im Großen und Ganzen ein gemäßigtes, doch wird es, wie es in der Natur der Sache liegt, in den verschiedenen Gebieten des Reiches durch die Lage und die Beschaffenheit des Bodens mannigfach beeinflußt. Im Norden und Westen der erfrischenden Seeluft ausgesetzt, erreicht die Temperatur nie die unerträgliche, für den Fremden gefährliche Höhe, und weiter im Innern wird dieselbe durch die hohen Gebirge bedeutend gemildert. Der heißeste Landstrich mag wohl jener Theil von Tafilet sein, welcher an die Wüste grenzt und durch den Atlas vor den kühlenden Nord- und Westwinden geschützt wird. Hier ist das wahre Land des subtropischen Ueberflusses, und von hier kommen beispielsweise die vorzüglichsten Datteln. Auf alle Fälle ist im Hochsommer die Hitze selbst in den der Seeluft ausgesetzten Gegenden noch immer groß genug, wie die breiten und tiefen Spalten zeigen, mit welchen noch im Monate October die Erde durchrissen ist. In der Regel fällt den ganzen Sommer hindurch kein Tröpfchen Regen vom Himmel, welcher sich mit fast attischer Klarheit und Bläue über dem Lande wölbt.

De Amicis, Marokko.

Marokko ist, sieht man von den Flußstrecken und den Niederlassungen ab, durchwegs baumlos; während der heißen Jahreszeit erstirbt auch die übrige Vegetation. Alle Wiesen, Steppen und Felder liegen verbrannt da, in einen monotonen gelbbraunen Schimmer getaucht. Nur die Fächerpalme wuchert mit ihren harten, spitzen Blättern auf unabsehbare Strecken, erhebt sich aber selten über Gestrüpphöhe. Ganz anders sieht es an den Flußufern und bei den Ortschaften aus. Hier gedeihen die Feldfrüchte vorzüglich und um die Oliven-, Feigen- und Orangenbäume schlingt sich ungepflegt die Rebe mit armdicken Ranken empor und trägt Trauben von einer so ungeheueren Größe, daß man sich hiebei unwillkürlich an das Land Kanaan erinnert. Thurmhohe Dattelpalmen strecken einzeln oder in malerischen Gruppen zwischen den Gärten und meist neben den Moscheen ihre prachtvollen Kronen empor; Oleander mit seinen rosigen Blüthen, bedeckt, wie bei uns das Weidengestrüpp, dicht die Ufer der Bäche; Aloën und indische Feigen (cactus opuntia) bilden undurchdringliche Hecken und ziehen sich in riesiger Höhe, die ersteren mit ihren baumhohen Blüthenstengeln, wie ein dichter Wald an den Bergabhängen hin. Jasmin und Rosen, Myrthe und Lorbeer wachsen ohne Pflege, wo sie eben der Zufall hervorbrachte... Wälder aber sieht man nur an der Nordküste. Da sind die Hügel dicht mit Korkeichen und Gummisträuchern bedeckt. Man genießt hier selbst in der heißen Jahreszeit den Anblick grüner Höhen. Fällt im Herbste der erste Regen — und in der Regel geschieht dies plötzlich und in reicher Fülle — dann ist auch das dürr und verbrannt daliegende Land oft über Nacht ganz und gar verändert. Allerorts sprossen Lilien, Narcissen und andere Frühlingsblumen, und der Boden bedeckt sich mit dem üppigsten Pflanzenwuchse. Mit Ende Februar gleicht das Land einem herrlichen grünen Teppich, in den der Frühling tausendfältige Blüthenzier einwebt.

Es dürfte vom allgemeinen Interesse sein, Einiges über die verschiedenen Nutzpflanzen des Reiches zu erfahren. Da ist zunächst der Oelbaum, welcher besonders an den sanften Abdachungen des kleinen Atlas vorzüglich gedeiht, doch findet eine Ernte nur in den seltensten Fällen statt. Der Orangenbaum kommt in Marokko überall im Freien vor und zwar in erstaunlicher Menge und Größe: die Früchte sind aber nicht allerwärts genießbar. Auch Citronen giebt es in Fülle, ebenso Mandel-, Granat- und Feigenbäume. Weniger dicht tritt im eigentlichen Marokko die Dattelpalme auf. Dagegen bildet sie in Tafilet dichtstämmige und weitläufige Haine und die Ernten sind außerordentlich ergiebig. Die im ganzen Lande vorkommende und die unbebauten Hügel als wildes Gestrüppe bedeckende Fächerpalme erhebt sich selten über einige Fuß vom Erdboden; ihre kleinen Früchte sind nicht schlecht, sollen aber, in größerer Menge genossen, betäubend wirken. Ein ganz vorzüglich schönes Gewächs ist in diesem Lande der Erdbeerbaum. Auch fehlt es nicht an den bekannten Obstbäumen, und die Pfirsiche und Aprikosen erreichen eine unglaubliche Größe. Von den Weinreben war bereits die Rede. Die Trauben haben Beeren von der Größe unserer Pflaumen, sind aber lange nicht so schmackhaft wie die kleinere europäische Frucht. Die Agave, mit ihren zwei bis drei klafterhohen Blüthenstöcken, bedeckt die Bergesabhänge mitunter so dicht, daß man Mühe hat, vorwärts zu kommen. Aus ihren Fasern dreht man sehr haltbare Seile. Die indische Feige wuchert gleichfalls gesträuppartig. Aus ihren dicken, fleischigen Blättern wachsen das ganze Jahr hindurch eine Unzahl von Früchten, welche dem Landbewohner als hauptsächliche Nahrung dienen. Die Früchte, in der Größe von kleinen Citronen, sind in grüne, stachelige Schalen gehüllt, aus welchen sie zum Genusse erst gelöst werden müssen, und bestehen aus einem orangegelben, saftigen Kern von sehr angenehmem süßsäuerlichem Geschmacke.

Marokko ist reich an zahmen und wild lebenden Thieren. Die Viehzucht, sofern man damit den Besitz von Heerden, ohne besondere Pflege, begreifen will, gehört zu den Hauptbeschäftigungen der Bewohner und zur ausschließlichen der Nomaden. Indeß lassen sowohl Rinder, wie Kleinvieh Vieles zu wünschen übrig. Das wichtigste Zuchtthier ist das Kameel. Im Innern des Landes und vorzüglich auf den Märkten der größeren Städte sieht man oft Heerden von mehreren hundert Kameelen, theils belastet, theils ganz frei ihrem Führer folgen, welcher mit einer Art Flageolette an der Spitze des Zuges geht und seinem Instrumente die jammervollsten Töne entlockt, was diese Thiere sehr zu lieben scheinen. Selten sieht man in Marokko das Kameel als Reitthier benützt. Indessen ergiebt sich wohl auch ab und zu die Gelegenheit, einer reisenden Familie zu begegnen, was ein ungemein malerisches Bild abgiebt. Voran schreitet das Kameel mit der Herrin (oder auch mehreren Frauen) auf bunten Teppichen ruhend und in weiße Haïks verhüllt. Dahinter folgt eine Schaar thurmhoch beladener Kameele mit ihrem Führer, zur Seite die Männer auf ihren feurigen Berberrossen.

Von so großem Nutzen nun auch das Kameel sein mag, so bleibt gleichwohl das Pferd dasjenige Hausthier, welches der Marokkaner am meisten liebt. Ueber die Rasseeigenschaften des berberischen Pferdes haben wir an anderer Stelle berichtet. Auch das Maulthier und der Esel sind im Lande als Last- und Reitthiere sehr geschätzt... Wild giebt es allerwärts im Ueberflusse. An der Nordküste wimmeln die Wälder von Wildschweinen und Hasen, und im Süden ist die ergiebigste Jagd jene auf Gazellen. An Federwild ist vorherrschend das rothe Rebhuhn, das sich in ungeheuerer Menge im Gesträuppe der Fächerpalme aufhält. In den sumpfigen Niederungen giebt es Wasserwild von allen Gattungen, von der kleinsten Schnepfenart bis zum Pelikan, auf den Gebirgen aber allerlei Raubvögel. Besonders häufig — meint Freiherr von Augustin — wären weiße Falken. Strauße kommen nur im Süden, im Wüstenbereiche vor, wo auf sie fleißig Jagd gemacht wird. Von reißenden Thieren zeigen sich Schakal und Hyäne schaarenweise im ganzen Lande, Panther und Löwen in den höheren Regionen des Atlas.

An diese allgemeine Uebersicht möchten wir schließlich die Bemerkung knüpfen, daß sich über die herrschenden Culturverhältnisse, über Handel, Industrie und Gewerbe in dieser Richtung zahlreiche Andeutungen in den laufenden Text, namentlich in dem großen Abschnitte über Fez, eingestreut finden.

Eine Tarantel (Lycosa tarentula).

Beni-Haſſen.

Das Land ſüdlich des Sebu. — Der üble Ruf ſeiner Bewohner. — Von allerlei Dieben und ihren Künſten. — Ein würdiger Gouverneur ſeiner Landeskinder. — Dante'ſche Höllengeſtalten. — Die marokkaniſchen »Duars«; ihre Einrichtung und das Leben in denſelben. — Die Dorfſchule, alltägliches Leben, Kleidung und Nahrung der Bewohner. — Feld- und Hausarbeiten. — Hochzeitsfeierlichkeiten. — Einiges über die Ehe in Marokko. — Familienleben, gewöhnliche Lebensverhältniſſe. — Unruhige Diſtricte, Empörungen und ihre Folgen. — Die gegenwärtige Haltung der marokkaniſchen Grenzſtämme gegenüber den Franzoſen in Algier.

s iſt eine endloſe, troſtloſe Ebene, welche wir jenſeits des Sebu zurücklegen. Hin und wieder ein ſchwarzes Zelt, die Silhouette eines Kameels, eine aufſteigende Rauchwolke. Die Sonne brennt mit einer Intenſität hernieder, daß das Sattelzeug glühend heiß wird, die Augen von einem brennenden Schmerz gequält werden, das Athmen Schwierigkeiten macht. Auf dem Wege, den wir zurücklegen, tummelt ſich die uns wohlbekannte Fauna: Scorpione, Taranteln, Tauſendfüße u. ſ. w. Wenn ſo die Karawane ſchweigend ſtundenlang fortzieht, meint man, die Reiſe würde nie ein Ende nehmen, und man empfindet etwas auf ſich laſten, daß dem Fluche des »Ewigen Juden« ziemlich nahe kommt.

Und dennoch ist das Land nicht ohne Interesse, wenn man berücksichtigt, daß es die Heimstätte eines der unbotmäßigsten Tribus des maghrebinischen Sultanats ist.

Die Beni-Hassen (L. Pietsch schreibt Beni-Chsem) sind ein turbulentes, raub- und mordlüsternes Gelichter, dem selbst der schwere Druck des marokkanischen Gewaltregiments nicht imponirt, und die im Laufe der Zeiten unzählige Rebellionen angezettelt haben. Gegenüber den officiellen Machthabern haben sie freilich niemals triumphirt; aber vor ihren Diebs- und Raubgelüsten ist Niemand sicher: kein eingeborner Würdenträger, kein Reisender, selbst officielle Gesandtschaften nicht. Die letzte blutige Empörung fiel in das Jahr 1873, gelegentlich der Thronbesteigung des neuen Sultans. Der erste Schlag wurde gegen das Gouverneursgebäude geführt, aus dem sie die weiblichen Insassen fortschleppten. Besonders erfinderisch erwiesen sie sich damals, wie jedesmal früher, in Ausführung von unerhörten Grausamkeiten. Wittern sie gute Beute, so macht sich eine Bande entweder zu Pferd oder zu Fuß auf und fällt in das benachbarte Gebiet ein, wo sie in der Geschwindigkeit so viel zusammenrafft, als möglich ist. Jeder, der sich ihren Blicken zeigt, wird niedergemacht. Dabei sind diese Banden wohlorganisirt, sie halten Disciplin, folgen blindlings ihren Häuptlingen und üben in ihren Raubgeschäften eine gewisse Zucht. Namentlich den Knaben ist Alles erlaubt und sie werden dem entsprechend ausgenützt. Ein Junge von acht Jahren gilt wenig, ein solcher von zwölf Jahren schon bedeutend mehr, ein fünfzehnjähriger sehr viel. Der Natur der zu raubenden Gegenstände nach, richten sich die einzelnen Gruppen, welche dadurch die Bedeutung von »Specialitäten« in ihrem Fache erlangen. So giebt es Pferde- und Rinddiebe, Schaf- und Geflügeldiebe, Marktmarder und Wohnungseinschleicher. Letztere sind besonders in den »Duars« (Zeltlagern) unwillkommene Gäste, wo sie wie die Wölfe in die Hürde brechen. Um von den Hunden nicht verrathen zu werden, schleichen sie sich halbnackt ein, da jene zum mindesten nackte Beine nicht zu attakiren pflegen.

Eine andere Specialität sind die Straßenräuber, welche es namentlich auf reisende Juden, die im ganzen Lande keine Waffen tragen dürfen, also wehrlos sind, abgesehen haben. Dabei kommt es, und zwar hauptsächlich bei Diebereien in den Dörfern, weniger darauf an, nicht gesehen, als vielmehr nicht erwischt zu werden. Die Duar-Plünderer verrichten daher ihr Geschäft allemal zu Pferde, und man weiß hierbei nicht, was mehr Erstaunen erregt: die grenzenlose Frechheit mit der sie sich ihrer Aufgabe entledigen, oder die rasende Geschwindigkeit, mit der sie sich aus der Affaire ziehen. Aber auch dann, wenn sie ihre Kunst zu

Fuß ausüben, sind sie unübertroffene Virtuosen. In diesem Falle bleiben sie, wie bereits erwähnt, halb nackt und reiben ihren Körper mit Seife oder Oel ein, damit ihnen im Betretungsfalle eine möglichst große Chance hinsichtlich des Entwischens bleibt... Andere Meister vom Fache halten sich oft mitten auf freiem Felde, wo Niemand sie vermuthen würde, versteckt, entweder im hohen Grase, unter einem Blätterhaufen, oder einer Strohschicht, oder in einem Schafsfelle steckend — immer bereit, anzugreifen und unter Arglosen, mögen sie welch' immer eines Alters oder Standes sein, ihre Opfer zu holen. Daß selbst europäische Gesandtschaften vor diesen Musterdieben nicht sicher sind, haben wir bereits erwähnt. Auch in das Lager der italienischen Expedition schlich sich einer derselben ein und trug ein Lamm fort, das im Zelte des Koches angebunden war. Solche Verwegene würden nie vor dem Gedanken zurückschrecken, das Kopfkissen unter dem Haupte eines schlummernden Gesandten wegzustehlen.

So viel über die edle Rasse der Beni-Hassen. Wir sollen sie sofort kennen lernen. Noch auf jener brennenden dürren Ebene mit dem unbegrenzten Horizont treffen wir mit ihnen zusammen. Während die Karawane ruhig vorwärts zieht, belebt sich der Horizont und bald tauchen aus einer dichten Staubwolke ungefähr dreihundert Reiter von wildem Aussehen, aber malerisch costümirt und in allen Farben des Regenbogens schimmernd, also im Wesentlichen ein Bild, wie es uns bereits bekannt ist. Es ist die Schutz- und Geleitmannschaft des Gouverneurs der Beni-Hassen, der selber den Eindruck eines verwegenen Raubgesellen macht. Es ist eine herkulische Gestalt, mit tiefdunkler Gesichtsfarbe und mächtigem, pechschwarzem Barte. In seiner Gesellschaft befinden sich zwei Officiere (Khalifen). Alle drei sind mit Gewehren bewaffnet, was wir bisher bei keinem der Provinz-Gouverneure, mit denen wir zusammengetroffen sind, wahrgenommen haben.

Die Begrüßung ist etwas steif und frostig. Kaum aber ist sie vorüber, so beginnt ein tolles Durcheinander, eine Jagd Einzelner nach Einzelnen, ein sinnbetäubendes Geschrei und infernalisches Geknatter. Diese »Phantasia« unterscheidet sich ganz wesentlich von den bisher gesehenen und die auffallende Zudringlichkeit der Reiter, ihr Hineindrängen in die Colonne, geben dem ganzen Spiele den verdächtigen Anstrich, als handelte sich's um ein kleines Raubmanöverchen. Das waren nicht jene stolzen, prächtigen Lehensreiter — es waren vielmehr tadellose Urbilder von Räubern und Gurgelabschneidern, die statt des Ehrengeleites lieber der ganzen fremden Gesellschaft die Hälse abgeschnitten haben würden. Ein gewisses Alter war unter diesen wilden Gesellen nicht repräsentirt. Man sah uralte Greise und unreife Jünglinge, ausgemergelte Skelette, über welche nur die Haut gespannt war und in denen der Lebensfunke noch schwach glimmte, und junge feueräugige Satane. Und vollends die Physiognomien! Man braucht sie nur einmal flüchtig durchgemustert zu haben, um zu erkennen, daß man sich ihre Eigner nicht anders, denn als Räuber und Diebe denken könne. In manchem dieser wilden Gesichter ist die Geschichte eines blutigen Lebenswandels in deutlichen Zügen eingegraben. Der Ausdruck der Augen ist Gewaltthätigkeit, der um den Mund Verachtung und harter Trotz.

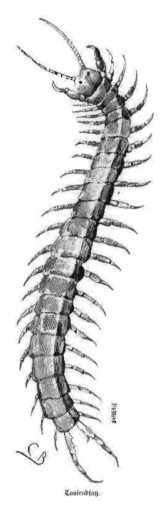
Tausendfuß.

Mit sehr gemischten Gefühlen also beziehen wir unser Lager. Schon von weitem sehen wir den Platz, wo die kleine Zeltstadt sich erhebt, von Landbewohnern umdrängt: Weiber, Greise, Kinder, Reiter zu zwei und drei auf dem Rücken eines Esels; schwarze, fast negerhafte Matronen; ab und zu einen kleinen schwarzen Wildfang auf den Schultern seiner Mutter; Jammergestalten in Silberhaar, von Jünglingen unterstützt: diese gesammte Dante'sche Höllengesellschaft drängt heran und droht uns zu erdrücken. Aber die Escorte-Mannschaft schafft alsbald Abhilfe. Rasch schwärmen einzelne Rotten aus und nun schmettern ihre Gewehrkolben in die Menge, daß ein hundertfaches Wuthgeheul die Luft durchzittert. Ganze Gruppen von müßigen und schreienden Gaffern werden sammt ihren Reiteseln niedergeritten, Greise in den Staub geworfen, Kinder und Weiber von den Pferdehufen getreten... Aber nur auf Augenblicke drängt die Fluth zurück, um alsbald wieder über uns hereinzubrechen. Aus den Wolken von Staub und Pulverdampf sehen wir aber nun einen großen Duar mit seinen weidenden Heerden, dem freundlichen Gartengrün zwischen den Zelten und den aufquirlenden Rauchwolken von zahlreichen Herdfeuern.

Bei dieser Gelegenheit möchten wir einige Bemerkungen über die marokkanischen Duars vorbringen. Gewöhnlich besteht ein Duar aus zehn, fünfzehn

Fahrt über den Fluß Sebu

oder zwanzig Familien, welche durch Verwandtschaftsbande aneinander gekettet sind, doch hat jede Familie ihr eigenes Zelt. Die Anordnung der Zelte erfolgt fast immer in zwei Reihen, und zwar derart, daß zwischen beiden Reihen, welche ungefähr dreißig Schritte von einander abstehen, eine Art Platz von rechteckiger Form freibleibt, der zwei Eingänge an den beiden Enden des Lagers, beziehungsweise der Zeltgasse hat. Unter den Zelten herrscht kein Unterschied, sie sehen sich wie ein Ei dem andern ähnlich. Auf einem Gerüste von zwei Pflöcken, auf denen eine Art Dachsparre horizontal aufliegt, wird die Zeltdecke, welche entweder aus einem Gewebe von Kameelhaaren oder einem solchen aus Palmfasern besteht, gespannt. So müssen jene von Sallust beschriebenen Behausungen der Numidier des Jugurtha ausgesehen haben, welche jener mit einem umgestürzten Kielboote vergleicht. Die Zeltdecke wird übrigens nur in der schlechten Jahreszeit bis auf den Boden herab gespannt, damit sie gegen Wind und Regen schütze; in der schönen Jahreszeit aber werden die Zeltenden weit höher an den Pflöcken befestigt, wodurch eine breite Oeffnung rings herum entsteht, durch die die Luft unbehindert aus- und einströmen kann. Um dennoch nicht ganz ungeschützt zu sein, wird diesfalls um jedes Zelt ein kleiner Zaun aus Binsen, Schilfrohr oder Stauden gezogen. Eine jede derartige, dem Anscheine nach höchst primitive Behausung hat gleichwohl den Vortheil, daß sie im Winter ausgiebigen Schutz gegen die Unbilden der Witterung giebt, im Sommer aber kühl und wohnlich bleibt, Eigenschaften, die auf keine der städtischen Häuser passen, wo es Fenster ohne Glasscheiben oder gar keine Oeffnungen giebt. Die Zelte eines Duars sind selten höher als zweieinhalb Meter, und durchschnittlich zehn Meter lang. Eine Art Vorhang oder Wand von Binsengeflecht trennt die beiden Abtheilungen des Zeltes von einander, von denen die eine den Eltern, die andere den Kindern und anderen Familiengliedern zum Schlafgemache dient. Der Hausrath bedarf keiner eingehenden Beschreibung: eine oder zwei Matten aus Weidengeflecht, eine buntbemalte Truhe, ein runder Spiegel, vielleicht ein Dreifuß aus Rohr, zwei schwere Steine, welche die Handmühle ersetzen, ein alterthümlicher Webstuhl, ein simpler Blechleuchter, Thongefäße und mehreres Andere. Das Geflügel hat freien Zutritt in die Zelte und occupirt meist einen bestimmten Platz; das Getreide wird in Bodenvertiefungen, welche eine Strecke vom Zelte entfernt und mit einer Umfriedung aus losen Steinen versehen sind, aufbewahrt.

Das Wahrzeichen eines jeden größeren Duars ist ein Zelt, in welchem der Schullehrer seines Amtes waltet. Große Fähigkeiten werden von ihm offenbar nicht verlangt, denn die Bezahlung ist nicht darnach: sie beträgt nämlich ungefähr fünf Franken monatlich, nebst Lebensmitteln. Dieses Schulzelt ist der Versammlungsort der hoffnungsvollen Dorfjugend, welche Tag für Tag und Jahr für Jahr immer dieselben Koranverse laut recitirt und mit der Einprägung des trockenen Wortes gleichzeitig das Höchste in der Abtödtung jedes selbstständigen Gedankens leistet. Bis zur edlen Kunst des Schreibens bringen es nur wenige, denn sobald das Bürschchen sich als arbeitsfähig erweist, wird es zur Bestellung der Felder herangezogen, und nach einiger Zeit ist auch das Wenige, das es gelernt hat, vergessen, spurlos verraucht. Andere, welche Neigung zum Studium besitzen, setzen

Aufgeregte Volksmenge. (S. 168.)

dasselbe oft bis in's zwanzigste Lebensjahr fort und übersiedeln dann nach irgend einer Stadt, um dortselbst Schreiber oder Notar zu werden, oder dem geistlichen Berufe sich zu widmen. Der Koran, der religiöses und bürgerliches Gesetzbuch in Einem ist, gestattet eben die Wahl des Berufes nach Neigung und Geschmack.

Natürlich ist auch das alltägliche Leben in einem Duar nichtsweniger als ereignißreich. Man erhebt sich gemeinschaftlich vom Nachtlager, verrichtet das übliche Morgengebet, worauf die Frauen an's Melken ihrer Kühe, die Männer zur Feldarbeit schreiten, um erst Abends wieder heimzukehren. Unter Tags schaffen die Weiber Holz und Wasser herbei, oder mahlen das Getreide, oder weben die groben Stoffe, in die sich Alle, Mann, Weib und Kind, kleiden, drehen Seile aus Palmbast und bringen das Mittagsmahl nach den Feldern, wo ihre Gatten im Schweiße ihres Angesichtes das Dasein fristen. Die Hauptaufgabe des Weibes ist, eine möglichst große Quantität von Kuskussu herzustellen, der die müden Feld arbeiter des Abends für alle erlittenen Strapazen entschädigen soll. Sind die Bäuche voll und ist die Sonne unter dem Horizont, dann überläßt sich Alles dem Schlafe, und im Zelt, im ganzen Duar herrscht Todtenstille. Es gehört zu den außer gewöhnlichen Zerstreuungen, wenn ab und zu ein alter Mann nach dem Abendessen einen Kreis von Zuhörern um sich versammelt, denen er irgend eine abgedroschene Geschichte zum Besten giebt. Während der Nacht herrscht die tiefste ägyptische Finsterniß im Zeltdorf. Nur vor dem Eingange desjenigen Zeltes, welches für Reisende gastfreundlich offen gehalten wird, flimmert ein Lämpchen, damit der nächtliche Wanderer die gastliche Stätte erkenne.

Was das sonstige Aussehen, die Kleidung u. s. w. anbetrifft, so besteht ein eigentlicher Toiletten-Unterschied zwischen den Geschlechtern kaum; es ist immer dasselbe einfache baumwollene Hemd, oder der Haïk, dessen weiße Grundfarbe wohl nur errathen werden kann, da das Kleidungsstück höchstens ein= oder zweimal im Jahre gewaschen wird, und zwar unmittelbar vor den großen reli=

Der Gouverneur Abdallah.

giösen Festtagen: sonst haben die Kleidungsstücke die Schmutzfarbe des Körpers. Besser bestellt ist es mit der Reinhaltung des letzteren. Die vorgeschriebenen Waschungen zu den kanonischen fünf Gebetzeiten müssen beobachtet werden, und wenn jene Waschungen auch nicht immer ausgiebig genug sein mögen, so verhindern sie gleichwohl allzu ausgiebige Schmutzablagerungen auf der Oberfläche des Körpers. Namentlich die Weiber sind der Reinigungsprocedur nichts weniger denn abgeneigt und jeden Morgen schlüpfen sie unter jenen früher erwähnten hohen Dreifuß, der von einem Haïk gardinenartig umhangen ist, um sich am ganzen Leibe zu waschen, wobei sogar v unglaubliches Wunder! – die Seife Verwendung findet.

Mehr Zerstreuung als Feld- und Hausarbeiten, Gebete, Kuskussu-Mahlzeiten, Märchenerzähler und gelegentliche Diebsüberfälle bringen die Hochzeiten in das einförmige Zeltleben der Duars. Am Ehrentage der Braut zieht dieselbe, hoch zu Kameel, die Gestalt in einen weißen Kapuzenmantel gehüllt, in Begleitung ihrer Eltern und Freunde aus dem heimatlichen Duar nach dem des künftigen Gatten. An Flintengeknatter und Freudengejauchze fehlt es natürlich nicht. Der Gatte hat unterdessen die Inwohner der benachbarten Zeltdörfer zum Feste geladen, welche sich in großer Zahl – oft mehrere Hundert — beritten und bewaffnet einfinden. Ist die Braut an Ort und Stelle, so steigt sie vom Kameel herab und nimmt vor dem Zelte ihres Zukünftigen auf einem mit Franjen und Blumen geschmückten Sattel Platz. Das Programm der Festlichkeiten ist nicht sonderlich reich: die Reiter vollführen ihre bekannten Phantasias, indeß die Frauen und Mädchen zum Klange eines Tamburins und einer Flöte einen primitiven Tanz um einen auf dem Boden ausgebreiteten Haïk aufführen, auf den jeder Eingeladene eine Münze als Geschenk für die Brautleute wirft. Abends dann setzen die Tänze aus, die Gewehrsalven verstummen und das große Festmahl beginnt. Es ist ein Ereigniß, wenn ein solches Mahl bis gegen Mitternacht währt, denn für gewöhnlich findet der bürgerliche Tag mit Sonnenuntergang sein Ende. Tags darauf begiebt sich die, in ein weites Gewand gehüllte Braut, die eine rothe Schärpe um den Kopf geschlungen hat, in Begleitung ihrer Eltern und Freunde in die benachbarten Duars, um neuerdings Geldgeschenke einzulösen... Von einem andauernden Eheglücke ist natürlich niemals die Rede. Der Gatte geht wieder nach wie vor seiner Feldarbeit nach, die Gattin wird von den Hausarbeiten erdrückt und die Liebe ist nach wenig Wochen verflüchtigt.

Die Marokkanerin genießt übrigens – wie dies bei allen Stämmen berberischer Abstammung der Fall zu sein pflegt — größere Freiheiten, als sonst unter den Völkern des Islam Sitte oder Gesetz ist. Gleichwohl weicht die Auffassung hinsichtlich der Blutsverwandtschaft, wie sie unter den Marokkanern gang und gäbe ist, auffallend von jener ab, zu der sich beispielsweise die berberischen Tuaregs des Saharagebietes bekennen: ja, es kommen hier complete Gegensätze zur Geltung. Während nämlich bei den Tuaregs die Reinheit des Blutes am Weibe gemessen wird und die Abkunft des Gatten niemals hinsichtlich der Blutqualification des Kindes etwas entscheidet, liegen die Dinge in Marokko gerade verkehrt. Unter dem marokkanischen Adel — Schürfa (Einheit: Scherif) — gilt die Regel, daß das Scherifthum nicht erblich durch die Frau ist; heiratet zum Beispiel ein bürgerlicher Marokkaner eine Scherifa, so sind die Kinder keine Schürfa; aber ein Scherif kann eine Frau aus jedem Stande nehmen und die aus der Ehe entspringenden Kinder werden insgesammt Schürfa. Diese Regel findet sogar auf Jüdinnen, Christinnen und Heiden Anwendung, und es ist bemerkenswerth, daß diesfalls nur die letzteren ihren Glauben wechseln, das heißt Mohammedanerinnen werden müssen.

In Marokko ist die Monogamie die fast ausschließliche Art der Ehe. Selbst die Araber huldigen ihr und nur einige Vornehme unter ihnen machen von der koran'schen Satzung Gebrauch. Liebesheiraten sollen nicht selten sein, doch sind in der Regel fast alle Ehebündnisse Angelegenheiten, die zwischen den beiderseitigen Eltern oder Verwandten abgeschlossen werden. In der freien Wahl des Bräutigams, wo solche stattfindet, entscheidet hier fast einzig der Umstand, daß die Mädchen unverschleiert gehen, und der heiratslustige Jüngling sonach nicht auf Mittels- und Vermittlungspersonen angewiesen ist. Auch wird kein eigentlicher Kaufpreis erlegt, denn die Summe, welche der Werber seinem künftigen Schwiegervater einhändigt, dient lediglich zur Anschaffung der Brautausstattung.

Das Familienleben, obwohl, wie wir gesehen haben, nach patriarchalischem Zuschnitt und nicht ohne sittlichen Halt, weist weniger schöne Züge auf, wie unter anderen Stämmen berberischer Abkunft. Die Kinder erhalten kaum die oberflächlichste Erziehung und bleiben von zartester Jugend an fast ganz sich selbst überlassen. Sind sie hinlänglich herangewachsen, so unterstützen die Mädchen ihre Mütter bei der häuslichen Arbeit, während man die Jungen auf's Feld oder auf die Viehweide schickt. Die Zelteinrichtung, durch welche Eltern und Kinder getrennt schlafen, verletzt das Schicklichkeitsgefühl offenbar weniger, als es sonst unter Zeltbewohnern der Fall zu sein pflegt. Die Frauen genießen übrigens Achtung genug, um selbst in der Phraseologie des täglichen Verkehrs eine Rolle zu spielen, denn viele Höflichkeitsformeln des Marokkaners beziehen sich ganz und gar auf die Frau. So sagt der Marokkaner, wie Rohlfs berichtet, bei einer Verheiratung: »Gebe Gott, daß sie (die Frau) dein Zelt fülle (mit Kindern).«... Oder: »Das Kind möge dir Glück bringen.«... Oder beim Tode der Gattin: »Halte deinen Schmerz an, Gott wird diesen Verlust ersetzen« u. s. w.

Die Marokkanerinnen sind durchschnittlich physisch gut geartet. Im besonderen Rufe der Schönheit stehen die marokkanischen Jüdinnen, Grund genug, daß sie in den Harems der Großen und des Sultans sehr gesucht sind. Zur Besserung des Loses ihrer Glaubensgenossen hat indeß dieser Vorzug nichts beigetragen, und dieses Los ist ein wahrhaft erbärmliches. Erst neuerdings hat eine diplomatische Action platzgegriffen, um in diesen das Jahrhundert der Aufklärung schändenden Verhältnissen eine Aenderung herbeizuführen. Mit welchem Erfolg, das muß die Zukunft lehren.

Die gewöhnlichen Lebensverhältnisse des marokkanischen Volkes sind, wie der freundliche Leser aus den vielen Andeutungen in den vorangehenden Capiteln ohnedies von selber erkannt haben wird, nichts weniger denn glänzend, ja, im Gegentheile, höchst traurige und beklagenswerthe. An dem geringen Erträgnisse, welches man dem schlecht cultivirten Boden abgewinnt, participirt in erster Linie der Scheich des Duars, dann der Provinz-Chef, der seine Stellung mit hohen Summen vom Sultan erkaufen muß, und schließlich die Regierung, die für ihren Theil den Zehent abfordert. Der Feldarbeiter muß für jeden Grund, den ein Ochsenpaar bearbeiten kann, eine Pachtsumme zahlen, die etwa fünfzig Gulden nach unserem Gelde beträgt. Dazu gesellen sich verschiedene Geschenke an den Sultan, zu denen sie verpflichtet sind und die gelegentlich der großen Jahresfeste abgeliefert werden müssen. Sie betragen durchschnittlich zwei bis drei Gulden per Zelt. Eine weitere, ziemlich empfindliche Belastung besteht ferner in der »Muna«, der Lieferung von Provisionen an durchreisende Würdenträger, Gesandtschaften oder Heeresabtheilungen. In dieser Beziehung sind namentlich diejenigen Districte übel daran, durch welche die am meisten frequentirten Reiserouten führen, wie jene zwischen Tanger und Fez und zwischen Fez, Meknez und Marokko. Die Dörfer an der letzteren, welche vom Sultan und seinem ganzen Hofe von Fall zu Fall (wenn er seinen Aufenthalt in einer der drei officiellen Residenzen wechselt) betreten werden, erfahren die grimmigste Brandschatzung, da selbst Seine scherifische Majestät es nicht verschmäht, von seinen bettelhaften Unterthanen sich frei halten zu lassen. Kein Wunder also, daß der Reisende gerade auf den Hauptverkehrswegen eine ungemein dünn gesäete Bevölkerung antrifft; denn wer den ewigen Steuerleistungen in jener Form als Naturallieferung entgehen will, sucht das Weite. Uebrigens will Niemand im ganzen Lande für reich gelten, und wer einiges Baarvermögen besitzt, vergräbt es lieber und nimmt im Nothfalle Gelder für hohe Zinsen auf, nur um für arm zu gelten und so den Erpressungen seitens der Regierung und ihrer Vertreter zu entgehen. Stirbt ein wohlhabender Mann, so beeilen sich die Erben, den Gouverneur ausgiebigst mit Geldgeschenken zu unterstützen, um dadurch eventuellen Gewaltthätigkeiten, Confiscationen, Erpressungen u. dgl. zu entgehen ... Wird das Volk durch fortgesetzte Bedrückung und Aussaugung zur Verzweiflung getrieben und greift es zu den Waffen, dann ist das Resultat einer solchen Revolte allemal ein noch weit traurigeres, als der frühere Zustand von Jammer und Elend. Der Sultan schickt einige Regimenter nach der insurgirten Provinz und die maghrebinische Reiterei stampft ihre Brüder in den Boden und stellt die Autorität auf blutgedüngtem Boden wieder her...

Neuerdings scheint es aber mit dieser Autorität schlecht bestellt zu sein. Die Vorgänge in der algerischen Provinz Oran, der Kampf der Franzosen mit den Rebellenschaaren Bu Amema's, Si Sliman's und Si Madur Ben Hamja's haben auch in den marokkanischen Grenzgebieten die unruhigen Köpfe alarmirt und die active Theilnahme von marokkanischen Truppen an dem heiligen Kriege zur

Typen der Beni-Hassen.

Folge gehabt. Die Gefahr eines Zusammenstoßes mit Marokko lag daher nahe genug. Bisher suchten alle französischen Staatsmänner einen solchen Zusammenstoß nach Möglichkeit zu vermeiden, weil ein Krieg mit Marokko sehr bedeutende Opfer an Geld und Blut fordern und selbst im Falle eines raschen und glänzenden Sieges nichts einbringen würde, als eine Gebietsvergrößerung von höchst zweifel= haftem Werthe, eine Vermehrung der unbotmäßig wilden Elemente der Colonie, welche nur durch eine starke Militärmacht gebändigt werden könnte. Die Unter= bilanz des algerischen Besitzes würde dadurch nur vergrößert. Gambetta meinte freilich, die Franzosen könnten es in Nordafrika machen, wie die Engländer in

Indien, die mit Handelsfactoreien und etwelcher Garnison das Land in Botmäßigkeit erhalten und ausbeuten. Der Vergleich ist aber hinfällig. Thatsächlich sind für Frankreich alle obschwebenden Verlegenheiten aus einer Unterlassungssünde erwachsen. Hätte man im Frühjahre 1881, als aus dem Südwesten Orans die ersten ernsten Anzeichen der Umtriebe Bu-Amema's vorgelegen hatten, hinreichend Geld in die Hand genommen, wie es zur Ausrüstung starker fliegender Colonnen nothwendig gewesen, der Aufstand in den Gebirgen der Uled Sidi Schich würde trotz der Agitation der fanatisirenden Wanderprediger und trotz der aufregenden Winke, welche den algerischen Gliedern des islamitischen Freimaurerbundes der Senussi von ihrem Oberhaupt zugegangen, wiederum, wie so oft vorher, im Keime erstickt worden sein. Dennoch waren die Anstrengungen, das Versäumte nachzuholen, keine geringen. Die Eisenbahn wurde von Saida über die Schots quer durch die ganze kleine Wüste bis Mescheria, am Nordhange des Randgebirges der eigentlichen Sahara, fortgesetzt. Krejder, der Knotenpunkt der Wege, welche durch die Furthen der Schots führen, und Mescheria selber wurden stark befestigt, und bei letzterem wurde ein befestigtes Lager mit großen Vorrathsmagazinen angelegt, um weiteren Operationen gegen Süden und Südwesten in's Land der Uled Sidi Schich als Stützpunkt zu dienen. Als aber General Delebecque bald hierauf in die Ksors (Dörfer) der aufständischen Stämme einrückte, fand er dieselben vollständig verlassen, die Lagerplätze verödet. Diejenigen, welche er suchte, hatten sich nach Süden, in die Oasen der eigentlichen Wüste, und westwärts über die marokkanische Grenze verzogen, von wo sie ab und zu einen verwegenen Einfall machten und die unterworfenen Stämme vor den Augen ihrer französischen Besitzer brandschatzten.

Man weiß, daß bald nach Beginn der Feindseligkeiten ein französischer Oberst das Nationalheiligthum aller Stämme jenes Landstriches, die Grabkapelle von El-Abiod, zerstört hatte. Man nannte diese That eine »Dummheit«, da sie angeblich zur Folge hatte, daß die rivalisirenden Stämme ihren Antagonismus abstreiften und sich zu einer Eidgenossenschaft vereinten, die sich weit in die Sahara-Oasen und in's Marokkanische hinein erstreckt... Der gründlichste Kenner jenes Gebietes — Gerhard Rohlfs — meint aber: »Wenn französische Humanitätsdusler dem tapferen Oberst Negrier Vorwürfe ob der Zerstörung des Grabmales des Schich in Abiod machen, so mögen sie sich beruhigen. Und namentlich die die algerischen Zustände durch eine Pariser Brille betrachtenden Correspondenten des »Temps« werden es erleben: Si Sliman und Si Kadur Ben Hamja werden auch trotz der Zerstörung des Grabes ihres Ahnen sich unterwerfen, sie werden

Pardon und das Grand Croix de la légion d'honneur, sowie eine hohe Pension erhalten und dann werden sie abermals revoltiren! Das ist es ja aber auch gerade, was Frankreich wünscht. Frankreich liebt Algier der constitutionellen Revolten wegen: La revolte c'est la mère de la gloire!! Und so wird es sich sicher verhalten . . .

Sehr interessant ist, was der tüchtige Kenner der algerischen Verhältnisse, Dr. Bernhard Schwarz, hinsichtlich der Bestrebungen der Franzosen in Sachen der Verwaltung mittheilt. Die ältere Epoche findet hierbei nur kurze Abfertigung. Unser Gewährsmann meint, daß geraume Zeit hindurch die Experimente und verfrühten Civil Institutionen an der Tagesordnung blieben . . . So wurde bei läufig unter dem General Gouvernate des Herzogs von Aumale, des vierten Sohnes von Louis Philippe, für jeden der drei Landestheile, Oran, Constantine und Algier, neben dem Militär Gouvernement eine Direction der Civilverwaltung mit je einem Conseil eingesetzt. Die Februar-Revolution aber machte die neue Institution wieder hinfällig, ehe sie noch hatte in Thätigkeit treten können, wie denn überhaupt die steten politischen Umwälzungen im Mutterlande drüben auch auf die Colonie einen ungünstigen Rückschlag üben mußten. Am meisten aber und zugleich am unglücklichsten experimentirte Napoleon. In der ihm eigenthümlichen Eitelkeit hoffte er, durch seine Persönlichkeit allein die Araber gewinnen zu können, und besuchte daher 1865 die Colonie, indem er dabei vielfach mit den Eingebornen in freundlichster Weise anknüpfte. Eine Proclamation an die Araber und ein offener Brief an Mac-Mahon, der seit 1864 General-Gouverneur war, verhießen der Colonie die liberalsten Institutionen und den Eingebornen umfassende Theilnahme an der Verwaltung. . . . Ja, in Napoleon's Kopfe spukte sogar die Idee eines arabischen Königreiches in Algerien, und was dergleichen Absurditäten mehr waren.

Die Thatsachen und Ereignisse bewiesen bald, wie sehr sich Napoleon hinsichtlich seiner algerischen Pläne geirrt hatte. Das Mißtrauen wollte nicht weichen: alles Geld ward vergraben und erbitterte Aufstände, wie sie trotz der erdrückenden Militärmacht und eines Gitters von Festungen, bald hierauf ausbrachen (1869, 1871 u. s. f.), beweisen am besten, wie die Araber das Entgegenkommen ihrer Zwingherren auffaßten. Im Lande hielt man seit Jahren an der Ansicht fest, daß nur die Herren gewechselt hätten, an Stelle der Türken die Franzosen getreten wären, die Bedrückung aber dieselbe geblieben sei. Namentlich in üblem Rufe standen seit jeher die »Bureaux arabes« (seit 1844). Von ihnen wurden die Scheichs, Kaids, Agas (natürlich gegen Erkenntlichkeit) eingesetzt; dann vereinigten sich diese mit den Bureaux zur Ausbeutung ihrer Landsleute. Der französische Offizier wollte, wie der türkische Pascha, Geld und wieder Geld; mit Geld konnte der Reiche sich Straflosigkeit für seine Verbrechen erkaufen; die Justizgewalt aber wurde benützt, um jede Privatrache zu befriedigen... Man erinnere

»Lab el baroud« — Phantasia im [

sich an den Proceß des Capitäns Doineau, des »Sultans von Tlemsen«!... — Alles in Allem: die französische Verwaltung hat nicht gezeigt, daß sie besser sei, als die muselmanische. Die Kluft zwischen den Eingewanderten und den Eingebornen ist noch fast so groß, wie je — ein Unterschied, wie zwischen dem von Pariser Hôtels und Cafés umschlossenen Gouvernementsplatz in Algier (von welchem die breite Treppe zu dem auffallend unbelebten Hafen hinabführt) und der arabischen

Stadt, die mit ihren engen, oft kaum auf's Ausweichen zweier Fußgänger berechneten Treppengäßchen zur Kasbah hinaufsteigt. Auch mögen c die Römer verstanden haben, von deren Erfolg unter den Berbern und Libyphöniziern wir bereits berichtet haben... Uebrigens darf nicht verschwiegen werden, daß auch

...enischen Gesandtschaft.

die Franzosen Namhaftes geleistet haben im Anlegen von Häfen und Leuchtthürmen, Bau von Straßen, Eisenbahnen und Canälen, in Entsumpfung fieberhauchender Ebenen, in Förderung des Ackerbaues. Oasen, deren Bewohner beim Eingehen ihrer Brunnen bereits im Begriff waren, sich in Allah's Willen zu ergeben und mit ihren welkenden Palmen selber abzusterben, wurden zu neuem Leben erweckt, wenn die Bohrmaschine einen gewaltigen Quell hervorspringen machte...

Frankreich blickt übrigens noch weiter aus. Es hat nicht nur seine Colonien vor Augen, sondern trägt sich seit Jahren mit dem Project einer Sahara-Bahn, um zwischen Algerien und den Colonien am Senegal eine Verbindung zu schaffen, die gleichzeitig das ganze nordwestliche Afrika in Bann und Abhängigkeit von den Franzosen bringen würde. Freilich haben sich die Verhältnisse stärker als die Pläne der »geistigen Eroberer« des dunklen Erdtheiles erwiesen. Die Expedition Flatters nahm ein tragisches Ende. Alle Hoffnungen schwanden so rasch, als sie aufgebaut wurden. Hatte doch der Minister für öffentliche Arbeiten, C. de Freycinet, am 12. Juli 1879 an den Präsidenten der Republik ein Schriftstück in Sachen der Sahara-Bahn gerichtet, in welchem es unter Anderem hieß: »Eine Eisenbahn von Algerien an den Niger, so sie zu Stande kommt, wird sicher weniger Kosten verursachen, als die Durchstechung des Isthmus von Panama.« ... Und über Frankreichs Stellung zu dieser Frage hieß es dortselbst: »Vor Allem aber muß Frankreich, das dem afrikanischen Continent viel näher liegt, als die meisten anderen Nationen, das ferner durch seine Besitzungen in Algerien, am Senegal und am Gabon, sowie durch die zahlreichen französischen Handels-Factoreien, die sich längs der Westküste befinden, viel directer, als alle anderen Völker an der Zukunft dieses Continents interessirt ist,« u. s. w. ...

Ein Brüderpaar.

Sidi-Hassem Zeguta Tagat.

Wechsel in der Landschaft. — Blumenauen und Heiligengräber. — Ein Gouverneur, der vor seinen eigenen Leuten nicht sicher ist. — Die Lebensreiterei von Sidi-Hassem. — Abfällige Kritik seitens der Landbewohner und ihre Folgen. — Aufbruch der Karawane und Marsch längs des Sebu. — Eine schreckliche Landplage. — Begegnung mit der Lastkarawane, welche die Geschenke für den Sultan mit sich führt. — Der erste Wagen auf marokkanischem Boden. — Wie der Großherzog von Hessen 1839 seine erste Ausfahrt zu Wagen in Tanger bewirkte. — Eine verhinderte Execution. — Ein Erlebniß Drummond Hay's. — Lager bei Zeguta. — De Amicis in Gefahr. — Am Ufer des Miches. — Ueber Haschisch. — Letzter Tagesmarsch. — Boten aus der Residenz und Vorbereitungen zum Einzuge.

ie Sonne ist längst über den Horizont herauf, als unsere Karawane von ihrer Lagerstation aufbricht. Eine herrliche Ebene mit spärlichem Anbau und weiten blumigen Wiesenstrecken nimmt uns auf. Häufiger als vorher treten uns hier die Merkmale eines dichter besiedelten Gebietes auf: schwarze Kegelzelte, weidendes Vieh, Kameele, kleine Trupps von Bewohnern u. dgl. m. Der Horizont würde als unbegrenzt erscheinen, wenn nicht im fernen Hintergrunde die matten Silhouetten eines hohen Gebirges in den Blick träten. Auf halber Entfernung tauchen jetzt die hellen Mauern und Kuppeln zweier Kuben vor uns auf, wunderbar verklärt vom grellen Sonnenlicht, das sie umfluthet. Es sind die Mansoleen der beiden »Heiligen« Sidi-Ghedar und Sidi-Hassem, zwischen denen, mitten hindurch, die Grenze des Gebietes des Beni-Hassen läuft.

Lange bevor wir unseren diesmaligen Lagerplatz, die Kuba des Sidi-Hassem, erreichen, spielt sich eine seltsame Scene ab. Der Gouverneur Abdallah, jener finstere schweigsame Mann, der selber eine fremdartige Staffage inmitten dieser sonst freundlichen, lebensheiteren Leute abgiebt, bricht sein Schweigen und wendet sich an den italienischen Gesandten, in der Absicht, eine Bitte vorzubringen. Mohammed Dueali eilt herbei und intervenirt... »Der Gesandte von Italien,« beginnt Beni-Hassen, »wird es mir verzeihen, wenn ich mir von ihm die Erlaubniß erbitte, mit meiner Escorte wieder heimkehren zu dürfen...« Darüber erstaunt, fragt der Gesandte nach der Ursache zu diesem Verlangen... »Weil,« antwortete der Gouverneur, »mein Besitz bei längerer Abwesenheit nicht sicher wäre vor den Uebergriffen meiner Leute...« In der That eine seltsame Ueberraschung! Zwei Meilen von seinem Heim ist ein marokkanischer Machthaber nicht sicher, daß es Räuber plündern oder in Brand setzen. Es muß also ein ganz besonderes Glück sein, über ein solches Gelichter Autorität ausüben zu können... Der Gesandte willfahrt dem Ansuchen Beni-Hassen's, dieser ergreift die Hand des Fremden und drückt sie lebhaft und mit Wärme an seine Brust, womit er offenbar ein besonderes Dankesgefühl ausdrücken will. Hierauf wendet die Escorte mit ihrem Herrn und binnen wenigen Minuten ist die dahinrasende Cavalcade unter dem Horizont verschwunden, eine dichte Staubwolke zurücklassend, die erst nach und nach zerstäubt...

Das Gebiet, welches wir nun durchwandern, ist der District der Scherada, der ganz und gar von kaiserlichen Lehensreitern eingenommen und bewohnt wird. Ihre Anzahl ist größer als die irgend einer Provinz, angeblich dreitausend. Sie sehen, zumal die Geleitmannschaft, welche uns nun an Stelle jener des Gouverneurs Beni-Hassen die Honneurs macht, weit martialischer und kriegerischer, als die bisherigen Escorte-Mannschaften aus, während andererseits in ihrem Costüme kein wesentlicher Unterschied zu entdecken ist, mag auch das Arrangement und die Zusammenstellung der einzelnen Kleidungsstücke, des Zaum- und Sattelzeuges noch so mannigfaltig erscheinen. Dagegen bekunden sie während ihrer Kriegsspiele noch größere Geschicklichkeit als ihre Kameraden von anderwärts und, was mehr sagen will, die Spiele gehen in strammerer Ordnung, mit größerer Präcision vor sich, so daß man eine wohldressirte, disciplinirte reguläre Reiterei vor sich zu haben meint.

Unter derlei Betrachtungen erreichen wir die Kuba des Sidi-Hassem, unseren Lagerplatz. Er liegt in keinem Paradiese und die Existenz wird hier namentlich durch die wahrhaft senegambische Hitze unerträglich. Wir beobachten noch vier Stunden nach dem höchsten Sonnenstande 40 Grad C. Jedermann sucht Schutz und Erholung in den Zelten, bis die Temperatur abzunehmen beginnt, worauf jedes einzelne Mitglied der Expedition seinen Neigungen nachzugehen vermag. Es wird gezeichnet und geschrieben, nach der Scheibe geschossen und ausgeritten, entweder zu einer kleinen improvisirten Jagd, oder nach den zunächstgelegenen Duars. Abends, wenn alle Mitglieder beim Schmause im großen Gesellschaftszelte versammelt sind, hat dann jeder etwas Besonderes zu erzählen und die Unterhaltung bleibt animirt bis in die späte Nacht hinein.

Ein „Duar". (S. 170.)

Dabei giebt es auch andere Zerstreuungen. Wir begeben uns vor die ambulante Zeltstadt hinaus, um den Spielen der Lehensreiter zuzusehen und befinden uns unversehens in Mitte einer Menge von neugierigen Landbewohnern, welche, indem wir weiterschreiten, in einiger Entfernung folgen. Wir beachten sie nicht, obwohl uns nicht entgehen kann, daß ab und zu Einer aus ihrer Mitte eine Bemerkung macht, worauf die ganze Rotte in ein leises Gekicher oder verhaltenes Gegrölze ausbricht. Diese kleine Abwechslung müßte sich interessant gestalten, wenn es möglich wäre, die Sprecher zu belauschen, wozu es freilich eines Dolmetschers bedurfte. Doch dieser ist ja zur Hand, der wackere Consul Morteo, der flugs an

De Amicis, Marokko.

sein Geschäft geht... Eben fallen wieder einige Worte, und die Menge bricht in unverhohlenes Lachen aus. Was war's? Der Consul: »Sie machen eine Bemerkung über unsere Rockschöße, deren Bedeutung ihnen nur für den Fall einleuchten will, wenn diese Schürze dazu dienen soll — den Schwanz zu verbergen«... Die guten Leute suchen also bei uns Europäer die geschwänzten Menschen, während bei uns das Umgekehrte der Fall zu sein pflegt, und wir die Existenz solch' fabelhafter Geschöpfe weit in das Innere des dunklen Erdtheiles verlegen.

Eine kurze Pause vergeht, und abermals fallen aus der uns continuirlich begleitenden Menge einige Worte, die das Zwerchfell der guten Leute arg afficiren... Der Consul aber berichtet: »Sie machen sich über unseren rückwärtigen Haarscheitel lustig und meinen: es ist offenbar die Straße, auf der die Läuse ihr lab el barode (Phantasia) ausführen.« Der Commentar ist arg, aber wir lassen ihn uns ruhig gefallen. Da giebt es abermals eine Bemerkung mit obligatem Gelächter. Diesmal sitzt sie recht und entbehrt nicht ganz der Begründung. Der Interpret theilt mit, daß unsere strengen Kritiker die Hilfsmittel lächerlich finden, deren wir uns bedienen, um von möglichst hoher Statur zu erscheinen. Diese Mittel sind in den Augen der Barbaren der hohe Hut und die Stiefelabsätze... Gegen solche, zum Theile begründete Naivetät, wäre nichts einzuwenden. Aber die Geschichte wird schlimmer. Ein Hund, der sich den Bewohnern angeschlossen hat, fühlt sich zu einer Äußerung grimmigster Feindseligkeit veranlaßt, und fährt zwischen unsere Beine. Darob lebhaftes Gelächter. Diesmal aber reißt dem Interpreten die Geduld, denn der Sprecher hat die Frechheit, zu bemerken, der Hund wäre gekommen, um sich unter seines Gleichen zu bewegen. Kaum ist die Lästerung verhallt, so wendet sich der Consul gegen die Menge und apostrophirt sie in derber Weise in ihrer eigenen Sprache... Es ist die Wirkung des Blitzes. Ein kurzer Augenblick und die ganze Volksmasse ist wie vom Sturme hinweggefegt.

Wer näher zusieht, den kann solche herbe Kritik kaum Wunder nehmen. Inmitten dieser farbigen Welt, dieser malerisch costümirten, kecken Reiter, dieses brausenden Lebens, dieses kriegerischen Gehabens u. s. w. sind und bleiben wir Europäer eine klägliche Staffage. Zwar fühlen wir uns als Repräsentanten der Civilisation, aber darüber haben jene kein Urtheil, und was sie sehen und fühlen giebt ihnen Anlaß uns als abgeschmackt und häßlich zu finden. Zu aller und jeder Beurtheilung dient allemal der landesübliche Maßstab. Als der italienische Gesandte sich gelegentlich mit zwei Kaids der Escorte-Reiterei unterhielt, kam es an den Tag, daß beide niemals in ihrem Leben etwas von oder über Italien vernommen hatten. Sie fanden es unbegreiflich, daß dieses Land vierundzwanzig

Millionen Menschen beherberge, während ihre eigene Heimat nur mit einer Million bedacht sein sollte. Aber auch von dieser Ziffer hatten sie keine Ahnung, bevor der Gesandte sie ihnen mittheilte. Einem der beiden maghrebinischen Vielwisser wurde eine Photographie überreicht, welche das Porträt der Frau eines Reisemitgliedes darstellte. Er besah es lange Zeit bewundernd und meinte schließlich treuherzig und naiv: Und die Anderen? ... Der starkgläubige Moslim wußte also nicht einmal, daß Christen im Punkte des Eheglückes nicht von der Gnade des Korans Gebrauch machen können und dürfen, an der Gattenliebe mehrere Frauen theilhaftig werden zu lassen, und er wußte offenbar nicht, daß in seinem eigenen Lande die Monogamie die Regel, die Polygamie die Ausnahme sei ...

Nach dieser Abschweifung kehren wir zu unserem Gegenstande zurück. Wir verlassen zeitlich Morgens das Lager von Sidi Hassem und setzen den Marsch südlich des Sebu fort, diesmal in der Hoffnung beim Eintreffen auf unserem nächsten Lagerplatze endlich jener fernen Berge ansichtig zu werden, die uns seit geraumer Zeit ein Wunderland vorgaukelten. Der Beginn ist übrigens nicht viel versprechend. Ein schwerer Nebel lagert auf der Landschaft und winterliche Kälte schüttelt die Glieder. Die flinken, lebensfreudigen Reiter sind förmlich erstarrt und hüllen sich so gut es geht in ihre weiten luftigen Gewänder. Da bricht die Sonne aus den Dunstschleiern und eine merkwürdige Wandlung geht vor sich. Die Pferde schütteln die Mähnen, werfen die Köpfe in die Höhe und begrüßen mit funkelnden Augen das erwärmende Tageslicht. Auch die Reiter strecken und dehnen alsbald die Glieder und ehe man sich's versieht, rasen sie in den sonndurchleuchteten Dampf hinein, die Luft widerhallt von ihren Jauchzern und weithin vergrollt das Flintengeknatter der Phantasia.

Es ist die Freude mitten im Elend. Wenn wir neuerdings auf dieses Thema zu sprechen kommen, so haben wir diesmal besonderen Anlaß. Es handelt sich nämlich um eine Plage, von der die ohnedies karg bedachten Landbewohner heimgesucht zu werden pflegen — eine Plage, die in gewissen Strichen des Morgenlandes immer einheimisch war und bis in's classische Alterthum hinanreicht ... Es sind die Heuschrecken, jene mehrere Zoll langen Exemplare ihrer Gattung, die zu Zeiten in ungeheueren Massen sich einfinden, und wie ein unvorhergesehenes Elementar-Ereigniß den Anbau vernichten, die Felder in kürzester Zeit in eine trostlose Wüstenei verwandeln.

Während wir schweigsam gen Süden reiten, verfinstert sich weit vorne der Horizont. Es scheint eine Wolke zu sein, aber sie befindet sich in rascher Bewegung, während ringsum kein Hauch zu verspüren ist. Eine Täuschung ist daher nicht möglich, umsoweniger, als die vermeintliche Wolke zeitweilig so tief zum Erdboden sich herabsenkt, daß sie vollständig verschwindet. Dann verstreicht eine kurze Pause, und abermals schwebt das graudunkle Gewölk über die unbegrenzte Ebene hin. Jetzt vernimmt man auch ein Rauschen, ein dumpfes Schwirren, wie wenn eine Windsbraut anheben würde – die Bewohner fliehen scheu auseinander, denn der wandernde Schrecken ist da! Dicht vor uns braust jetzt das schwärzliche Gewölk. Die Araber behaupten, daß die Wanderheuschrecken ihren eigenen Sultan haben,

Ein flüchtender Dieb.

und sie heißen ihn »Jevand«. Unter seiner Führung lassen sie sich aus den luftigen Höhen herab und im Nu ist Alles dicht von ihnen besetzt: die Straßen, die Felder, die Häuser, die Duars und Wälder. Mehr und mehr wachsen die Massen an, es ist ein Schieben und Drängen, ein Getöse und Rauschen — und wieder geht es vorwärts, in rasender Eile — ein vernichtendes Gespenst! Es übersetzt Flüsse und Mauern, schwirrt durch's Feuer, zerstört Gräser, Blumen, Blätter, Früchte, versengt das Getreide und entlaubt die Bäume, Alles in fabelhaft kurzer Zeit. Und dann rast dieses millionenköpfige Gespenst wieder weiter. Niemand wäre im Stande es aufzuhalten, weder die Scheiterhaufen und Feuerbrände, deren sich die Bewohner als Waffe bedienen, noch der gesammte Heeresaufgebot des Sultans. Wenn die ausgewachsenen Thiere absterben, ist der Nachwuchs bereits in Entwickelung begriffen und auf den Leichen von Hunderten werden Tausende von Neuem flügge. Gelangen die Schwärme endlich an's Meer, so findet eine zeitweilige Stauung statt, und dann ist der Anblick noch gräßlicher. Alle Straßen und Plätze der Hafenstadt sind mit dichten Haufen besetzt, der Strand wimmelt, das Meer ist besetzt, die Gärten starren von den gräßlichen Plagegeistern und fressen und fressen, nagen sich durch die dichteste Vegetation bis in die Baum skelette hinein, ohne Rast und Unterlaß, ein Bild immerwährender Bewegung, unvergänglich, unbesiegbar — ein wahrer Fluch des Himmels.

Zum Ueberflusse geschieht es auch häufig genug, daß die ungeheueren Massen der absterbenden Thiere die Luft verpesten und contagiöse Krankheiten erzeugen. Zur Bekämpfung dieser Landplage ist der Mensch, wie schon erwähnt, vollständig ohnmächtig. Zwar ziehen die Bewohner mit Stöcken und Feuerbränden aus, aber was sie erreichen, ist nicht der Mühe werth, denn die Zahl der vernichteten Thiere verschwindet unter den unübersehbaren und daher unbesiegbaren Massen. Eine energische Procedur führt überdies in der Regel aus dem Regen in die Traufe: denn gelingt es die Schwärme zu ver=

Ein Riesen-Kuskussu (Reisgericht).

scheuchen, so lassen sie sich in einer benachbarten Gegend nieder, und aus dem Kampfe gegen das Ungeziefer entspinnt sich ein Kampf der Bewohner untereinander. Die einzige Rettung vor der Plage ist durch einen günstigen Wind möglich, der die Schwärme wie Wolkenfetzen von dem Schauplatze ihrer Vernichtungsarbeit hinweg und in den Ocean fegt. Dort gehen sie zwar massenweise zu Grunde, aber in die Nester und Schlupfwinkel an der Küste, oder in den benachbarten Ebenen legen die Thiere die neue Brut, die tausendfachen Ersatz für die Katastrophe bietet. Die Bevölkerung aber glaubt sich theilweise dadurch schadlos zu halten, daß sie die erschlagenen und vernichteten Thiere in großen Mengen einsammelt und dann ihre Feinde kurzweg auffrißt, gesotten oder geröstet, in

Essig und Oel, gesalzen und gepfeffert. — Wir wünschen den Leuten eine gesegnete Mahlzeit und setzen unsere Reise fort. Unsere diesmalige Begegnung ist die große Lastkarawane, welche die Geschenke für den Sultan von der Küste her auf dem directen Weg nach der Residenz Sr. scherifischen Majestät schleppt. Im Hinblick auf die entsetzlich elenden Verkehrswege und die mitunter nicht unbeträchtlichen untheilbaren Lasten, haben die Thiere große Beschwerden zu ertragen. Die schwersten Stücke, wie beispielsweise ein Pianino, bedürfen besonderer Transportmaßregeln. Man stellt es auf eine Art Tragbahre, welche vorne und hinten je eine Gabel für die einzuspannenden Kameele bildet. Natürlich schwanken und wanken die Thiere, schon ihrer ungleichen Gangart halber, derart, daß der bloße Anblick Einen seekrank machen könnte. Manche Gepäckstücke lassen sich durch Tragthiere gar nicht befördern, und man bedient sich dann eines Transportmittels, das auf marokkanischem Boden gänzlich unbekannt ist. Wir meinen den Wagen oder Karren, ein Ungethüm in seiner Art, denn man hat ihn zu El Araisch ohne Modell gezimmert. Es ist ein vorsündfluthlicher Kasten auf einem plumpen Blockräderpaar ruhend und von Ochsen gezogen.

Die Bewohner aber strömen zusammen, um das Wunderding anzustaunen, und rascher als man meinen sollte, verbreitet sich die Kunde von dessen bevorstehender Ankunft von Duar zu Duar, von Stamm zu Stamm. Selbst die Reitthiere stutzen, oder werden störrisch, wenn sie des merkwürdigen Ungeheuers ansichtig werden. Als vor einiger Zeit (1839) der Großherzog Friedrich von Hessen-Cassel in Tanger den Versuch machte, sich eines Wagens zu bedienen, legte sich die Local-Regierung in's Mittel und erhob Verwahrung gegen solche Neuerung. Nun beeilte sich der Großherzog vom Sultan selbst die Erlaubniß sich zu erwirken, und zwar versprach der Bittsteller im Gewährungsfalle im Lande Fahrstraßen herstellen zu lassen, um dem neuen Verkehrsmittel Eingang zu verschaffen. Der Sultan aber, der offenbar dem fremden Gaste sich dienstwillig zeigen wollte, im Principe aber gleichfalls gegen die Neuerung war, fällte eine wahrhaft salomonische Entscheidung. Er gestattete nämlich dem Bittsteller die Benützung seines Vehikels unter der Bedingung, daß es keine — Räder habe(!). Als Khalif aller Gläubigen könne er sich nicht für eine Einrichtung erklären, bei der die Möglichkeit nicht ausgeschlossen ist, daß einer seiner Unterthanen durch einen Christen gerädert werden könnte. Der Großherzog machte gute Miene zum bösen Spiel und zog die Entscheidung in's Lächerliche. Eines schönen Tages sah man ihn nämlich thatsächlich sein Maulthier-Gefährt durch die Straßen Tangers kutschiren, aber es war kein Wagen, sondern ein — Schlitten.

Die Zeit lehrt Vorurtheile überwinden und so kam neben vielen ihrer Natur nach weit wichtigeren Dingen, auch der Räderkarren auf marokkanischem Boden zur Verwendung. Freilich will ein Statistiker herausgefunden haben, daß es heute im Reiche Sr. scherifischen Majestät genau so viel Räderkarren wie Pianinogebe, nämlich etwa zwölf Stück... Wir lassen das Weltwunder von El Araisch seiner Wege ziehen und verfolgen nun unsere Route, welche allmählich aus der Ebene in die ersten Hügel und Gebirgsansätze — dem heiß herbeigesehnten Ziele so vieler Reisetage — führt. Es folgen sanfte Terrainhebungen und Kuppen, weite Thalmulden und felsige Engpässe, von denen der erste, den wir Mann hinter Mann zurücklegen, das Bab (Thor) Tinea ist. Nachdem wir die Enge zurückgelegt haben und eben in eine liebliche Thalebene hinabsteigen, wobei es an freudigen Ausrufen und primitiven Liedern nicht fehlt, giebt es wieder einige Abwechslung. Abermals wird eine Reiterabtheilung sichtbar, ein neues Geleite prächtig berittener Lehenssoldaten, Greise und kaum den Kinderschuhen entwachsene Jünglinge, angeführt von ihrem Kaid Abu-ben Dschileli. Die Begegnung ist auffallend frostig. Die neuen Ankömmlinge schwenken zu beiden Seiten der Karawane auf und vollführen die wohlbekannten Reitermanöver, indeß der Kaid schweigsam und finster den fremden Gästen sich anschließt. Aber das scheinbar düstere Bild hat trotz alledem Farbe und Leben, einen glänzenden romantischen Anstrich, namentlich dann, wenn man in's Detail eingeht und seiner Bewunderung gegenüber den unvergleichlichen Reiterspielen Einzelner gegen Einzelne freien Lauf läßt. Es ist eine wahre Hexerei, was diese Teufelskerle zum Besten geben. Roß und Reiter sind immer Eins, scheinbar unzertrennbar miteinander verwachsen, eine Seele und ein Körper, ein schäumendes Leben, ein lebendes Bild von Tollheit und unglaublicher Raserei.

Ueber den Charakter Abu-ben-Dschileli bleiben wir nicht lange im Zweifel. Während wir schweigsam dahinwandern, begegnen wir einem jungen Burschen, der ein Ochsenpaar vor sich hertreibt. Er ist halbnackt und macht den Eindruck eines recht armen Gesellen. Auch die Thiere scheinen niemals an einer vollen Krippe gefressen zu haben. Das Ochsenpaar und sein Lenker sind dazu bestimmt, dem früher erwähnten Karren als Vorspann zu dienen, doch hat es den Anschein, daß der ungewohnte Dienst den Burschen verwirrt hat, denn seine Ankunft an Ort und Stelle hätte bereits einige Stunden früher erfolgen sollen. Kaum des Knaben ansichtig, hält der Kaid sein Pferd an und ruft den Unglücklichen herrisch zu sich. In diesem Augenblicke ist dieser kein Mensch mehr, sondern ein Gespenst. Am ganzen Leibe zitternd, Blässe im Gesicht, namenlose Angst in den Augen, scheint er zu ahnen, was er von dem menschenfreundlichen Gebieter zu erwarten habe. Das Verhör besteht nur aus einer Frage und einer Antwort. Hierauf winkt der Kaid dreien Soldaten, die von ihren Pferden steigen und auf den armen Sünder losschreiten, der auf die Bemerkung: »Fünfzig Stockprügel!« willig wie ein Opferlamm auf den Boden sich hingestreckt hat. Der Anblick ist widerlich und empörend zugleich. Als es aber zur Procedur der landesüblichen Bastonnade kommen soll, legen sich die Gesandtschaftsmitglieder in's Mittel. Sie legen Verwahrung gegen Ausübung solcher Barbarei unter ihren Augen ein und verlangen eine mildere Sentenz... Der Kaid wirft den Kopf stolz und nicht ohne Ausdruck von Verachtung in die Höhe, während das vor Schreck fast leblose Opfer sich vom Erdboden erhebt. In seinen Zügen malen sich Furcht und Verwunderung zu gleichen Theilen... »Entferne Dich,« bedeutet ihm der Dolmetsch; »Du bist frei!...« Die einzige Antwort des armen Teufels ist ein nicht wieder zu gebender unterdrückter Ausruf des Erstaunens. Dann verschwindet er... Ob er nachträglich nicht seine fünfzig Hiebe bekommen hat? Ganz gewiß, außer er hat die Flucht vorgezogen, was bei apathischen Menschen dieser Gattung kaum anzunehmen ist.

Executionen gehören überhaupt zu den widerlichsten Dingen, denen ein Reisender auf marokkanischem Boden begegnen kann. Hierüber eine Geschichte... Als eines Tages der englische Vertreter Drummond Hay in den Straßen Tangers promenirte, wurde er eines Trupps Soldaten ansichtig, der zwei gefesselte Gefangene in der Richtung nach dem jüdischen Schlachtplatz mit sich schleppte. Einer derselben war ein Rifiote, vormals als Gärtner bei einem in Tanger domicilirenden Europäer bedienstet, der Andere, ein hübscher Junge von tadelloser Gestalt und sympathischen, einnehmenden Zügen. Auf die Frage des englischen Residenten, was die beiden Unglücklichen verbrochen hätten, antwortete der Anführer des Soldatentrupps: »Unser erhabener Herr, der Sultan, dessen Lebenstage der Allmächtige verlängern möge, hat den Befehl ertheilt, die Beiden wegen ihrer verbrecherischen Schmugglergeschäfte mit den ungläubigen Spaniern an der Rif-Küste um einen Kopf kürzer zu machen.«

»Es ist wohl eine harte Strafe für ein so geringfügiges Versehen,« antwortete der Resident... »Wenn übrigens die Strafe zum abschreckenden Beispiele dienen sollte, weshalb schließt man dann von der Execution die Oeffentlichkeit aus und hält die Bevölkerung Tangers von derselben ab?...« (Zum Verständnisse dieser Einwendung muß nämlich hinzugesetzt werden, daß die Stadtthore versperrt blieben und Drummond Hay selber nur nach Verabreichung eines ausgiebigen Trinkgeldes durchgelassen wurde.)

„Die Auseinandersetzung ist überflüssig, meinte der Officier. Ich habe den Auftrag und bin verpflichtet zu gehorchen."

Die Hinrichtung sollte auf dem südlichen Schlachtplatze statt finden. Der Scharfrichter, in der Kleidung der Schlächter und mit einem langen Messer bewaffnet, war bereits zur Stelle und erwartete seine Opfer. Als Fremder hatte er sich zur Ausübung des traurigen Geschäftes angeboten, da die moslimischen Schlächter Tangers aus Abneigung und Furcht vor eventueller Berufung sich in die Moschee geflüchtet hatten. Der Beginn der Scene war höchst widerlich. Es entwickelte sich nämlich vorerst ein regelrechter Streit zwischen dem Officier und dem Scharfrichter über die Entlohnung, welche letzterem zukommen sollte. Die beiden armen Sünder mußten daher lebend und gefesselt den Zank über das Blutgeld mit anhören. Des gräßlichen Handels überdrüssig, bewilligte der Officier die verlangte Geldsumme (etwa zwanzig Francs per Kopf), und die Execution begann.

Der Scharfrichter ergriff hierauf das erste der beiden, augenscheinlich vor Entsetzen halbtodten Opfer, schleuderte es auf die Erde und setzte ihm ein Knie auf die Brust, gleichzeitig das Messer an die Kehle legend. Drummond Hay wendete sich schaudernd ab... Der Scharfrichter hatte aber bei der Procedur keine Eile. »Gebt mir ein anderes Messer!« rief er gelassen, nachdem der erste

Schnitt ihm mißglückt war. Unterdessen wand sich das Opfer unter furchtbaren Convulsionen und Röcheln auf der nackten Erde. Das verlangte Messer wurde dem Scharfrichter gereicht und nun trennte er das Haupt mit einem Schnitt vom Rumpfe... Die Soldaten aber riefen laut: »Gott verlängere das Leben unseres Herrn und Gebieters!«... Dennoch hatte es den Anschein, daß sie von dem Vorgange tief ergriffen waren.

Hierauf kam das zweite Opfer an die Reihe. Es war der hübsche und sympathische Junge, der abermals Ohrenzeuge von dem Schacher über den Blut=preis sein sollte. Der Officier zog nämlich sein Versprechen zurück und meinte nun, den verlangten Preis nicht für jeden einzelnen der Verurtheilten, sondern für beide zusammen bezahlen zu können. Schließlich mußte der Schlächter sich fügen. Unmittelbar hierauf ersuchte das Opfer den Officier, ihn seiner Fesseln zu ent=ledigen. Als es geschehen war, wendete sich der Verurtheilte an den die Fessel lösenden Soldaten und sagte: »Höret mich! Wir werden uns in einer besseren Welt wiedersehen!«... Hierauf schleuderte er seinen Turban himmelwärts, wohin er einen Blick warf, als wollte er die Gnade eines Höheren erflehen, und schritt dann zur Stelle, wo die Leiche seines Kameraden im Blute lag. Hier rief er laut und unerschrocken: »Es giebt keinen anderen Gott, als Gott, und Mohammed ist sein Prophet!«... Und zum Scharfrichter gewendet: »Da habt mich, aber ich beschwöre Euch, thut Eure Arbeit rascher, als es bei meinem unglücklichen Kameraden der Fall war.« Dann beugte er sich zur blutgetränkten Erde herab und der Schlächter setzt ihm das Messer an die Kehle.

»Ein Gegenbefehl! Haltet ein!« rief in diesem kritischen Augenblicke der englische Minister=Resident.

In der That näherte sich ein Reiter in rasendem Laufe.

Der Scharfrichter zieht das Messer von seinem Opfer weg.

»Es ist Niemand Anderer, als des Gouverneurs Sohn, der der Execution anwohnen will,« wendete ein Soldat ein.

Und so war es.

Kurz hierauf baumelten die beiden blutigen Köpfe in den Händen der Soldaten. Die Straßen der Stadt wurden geöffnet und nun stürzte eine Rotte auf den Schlächter, ihn weit über's Weichbild der Stadt verfolgend, bis er erschöpft und mit Wunden bedeckt zusammenbricht. Tags darauf war er nicht mehr unter den Lebenden. Dem Gesetze der Blutrache gemäß streckte ihn ein Schuß, welchen ein Verwandter eines der beiden Opfer jenem zugedacht hatte, zu Boden. Wo er fiel, ward er eingescharrt. Die tangeritische Behörde scheint den Vorgang vollständig in Ordnung befunden zu haben, denn als der Bluträcher und Mörder unmittelbar nach seiner That in der Stadt sich zeigte, ließ man ihn ungeschoren seiner Wege gehen.

Nachdem die Köpfe der beiden Hingerichteten drei Tage lang öffentlich ausgesetzt waren, wurden sie dem Sultan überbracht, damit derselbe persönlich von der stricten Ausführung seines Befehles sich überzeugen könne... Nun kommt aber die Tragik der ganzen Geschichte... Als die Soldaten mit ihrer unheimlichen Sendung unterwegs waren, stießen sie auf den kaiserlichen Courier mit dem Pardon Sr. Majestät. Die Hochfluthen eines Flusses hatten sein rechtzeitiges Eintreffen in Tanger verhindert.

Mit etwas herabgedrückter Stimmung, die unter so bewandten Umständen begreiflich ist, setzen wir unseren Weg fort. Er führt zwischen einer ununterbrochenen Reihe von Hügeln hin und wohl auch über dieselben hinweg, deren Oberfläche mit grünen Garten- und Weizenfeldern oder mit den weißblühenden Stauden der wilden Möhren bedeckt ist. Auch an Blüthenflor fehlt es nicht; Ansiedlungen aber erblickt das Auge nirgends, nicht ein einziges simples Zelt und ebensowenig ein lebendes menschliches Wesen. Von der Höhe eines Hügels in diesem wie in Zaubersesseln liegenden Garten tauchen die fernen Bergsilhouetten aus dem graublauen, den ganzen Hintergrund wie in einen Schleier hüllenden Dunst, der ab und zu als goldstaubiger Sonnendampf verflüchtigt. Es sind die Höhen von Fez, die sich einige Augenblicke hindurch wie Schattenbilder präsentiren, um wieder unter den Horizont zu sinken, wenn wir in die nächste Terrainsenkung hinabreiten. Die Luft kocht in dieser Vertiefung und mit versengender Gluth lodert die Sonne herab. Erschöpft und über die Maßen überdrüssig erreichen wir Zeguta, unser heutiges Reiseziel...

* * *

Unser diesmaliger Aufenthaltsort ist von wahrhaft zauberhafter Schönheit. Die Lagerstätte befindet sich am Abhange eines Berges, inmitten felsiger Umrahmung, die in fast regelmäßigen Terrassen amphitheaterartig ansteigt, vom grellen Lichte umfluthet, das in weite Ferne ausvibrirt, wo auf schön geformten Höhen ab und zu eine Zeltreihe, ein helles Mausoleum von bleichen Aloëhecken umgeben, oder eine schimmernde Gruppe von hellgekleideten Bewohnern sich zeigt. Alles übrige Land flimmert in den mannigfachen Farben der Ackerfelder und Culturen und blumigen Matten, einem riesigen Schachbrette zu vergleichen, mit Feldern aus glänzendem Sammt und glitzernder Seide. Freilich ist die Luft drückend schwül; die an fast weißlich-grauem Himmelsgewölbe hängende Sonne ist eine Feuerkugel, deren Licht- und Wärme-Intensität uns zwingt, die Augen halb zu schließen, den Kopf zur Erde zu senken. Der Gesammteindruck der Landschaft ist der von einem lieblichen, im tiefsten Frieden liegenden Garten, einer erquickenden Einsamkeit. Nur die Gruppen neugieriger Bewohner, welche sich auf die natürlichen Felsterrassen wie auf die Sitzreihen eines Amphitheaters niedergelassen haben, paralysiren die Täuschung, als befänden wir uns in einem verzauberten, ausgestorbenen Paradiese …

Waffenübung eines Reiters.

Sicher stimmt zu dieser Friedensseligkeit ein Excursus in das Gebiet der künstlich hervorgerufenen Verzückungen und Paradiesesfreuden. Das Mittel hierzu ist das »Haschisch« oder wie es in Marokko genannt wird, das (oder der) »Kif«. Unser Reisechronist erzählt umständlich über die Wirkungen des betäubenden Krautes, doch beschränkt er sich darauf, dieselben mit breiter Weitschweifigkeit rein subjectiven Eindrücken anzupassen. Wir müssen daher zum besseren Verständnisse etwas weiter ausholen.

Als der fromme Scheich Birazdau zuerst jenes Hanf-Präparat den Gläubigen zum Genuß vorsetzte, da dürfte er wohl kaum geahnt haben, daß nach wenigen Jahrhunderten der fünfte Theil aller Menschen des Erdballes (!) diesem entsetzlichen Laster fröhnen werde. Und ein Laster ist der Genuß des Haschisch, so gut wie jener des Opiums. Zwar wirkt das Haschisch-Essen, -Trinken und -Rauchen auf den Organismus des Orientalen in keineswegs so hohem Grade, wie bei Europäern, die dergleichen an sich experimentiren. Immerhin aber zerstört das Präparat Körper und Seele und frühes Siechthum ist der Lohn für die durchträumten Wonnestunden, welche dem

Haschisch oder Kif Genusse folgen. In Marokko ganz besonders wird von dem Kraute der größtmöglichste Gebrauch gemacht und es ist zweifellos, daß die Mehrzahl jener abschreckenden Gestalten, denen man im Lande begegnet, und die dem Fremden durch ihre stieren, blöden Blicke, durch ihren schlotterigen Gang und erschreckende Magerkeit auffallen, die Opfer jenes abscheulichen Lasters sind. Die meisten genießen den Kif nicht allein für sich, sondern mischen ihn mit Tabak und diese Mischung wird aus ganz winzigen Thonpfeifchen geraucht; Andere verschlucken das Präparat mit einer süßen Paste, die man »Madjun« nennt, und welche aus einer Mischung von Butter, Honig und Muskatnuß bereitet wird.

Welches Bewandtniß es im Uebrigen mit dem berückenden Scheinleben hat, das ist nicht ganz leicht zu ergründen. Der Orientale, welcher durch den Haschisch-Genuß eine farbenglühende Welt um sich sieht und alle Paradiesesfreuden in stufenweiser Aufeinanderfolge durchkostet, kennt nichts, was diesem Behagen im Leben gleichkäme. Nicht-Orientalen wissen hingegen von keineswegs wonnigen Empfindungen zu berichten, wenn auch de Amicis vorgiebt, solche gehabt zu haben. Was die persönliche Erfahrung

des Herausgebers dieses Buches anbetrifft, so muß derselbe jener Negation vollkommen beistimmen... Das betreffende Abenteuer hat derselbe zwar an anderer Stelle erzählt, doch dürfte diesfalls eine Wiederholung sicher willkommen sein... Erzählen wir also... Es war gelegentlich einer Schachpartie in einem Kaffeehause Constantinopels. Kurz zuvor hatte ich eine kleine Dosis Haschisch mit einer Tasse schwarzen Kaffees zu mir genommen, aber die Wirkung stellte sich nach vollen zwei Stunden noch immer nicht ein. Da plötzlich brach ich, trotz der ernsten Situation inmitten des Spieles, in convulsivisches Lachen aus: ich sprang auf und wies, bei sonst ungetrübtem Bewußtsein auf ein prächtiges, berückendes Landschaftsbild, das sich vor meinen Blicken entfaltete. Mein Genosse, der wohl wußte, um was es sich handelte, ergriff mich gewaltsam am Arme und drückte mich auf den Sitz nieder... Die Farben begannen zu wechseln, aus hellen Blüthenbeeten rankte phantastisches Gewächs empor, unförmliche Baumstrünke, die mit langen gespenstischen Armen nach mir langten. Ich meinte zu ersticken und griff hastig nach einem bereit stehenden Glase Wasser, um die trockene Kehle zu befeuchten. Die Vision schwand und über die Augen glitten helle Flocken wie Blüthenregen, während das Ohr entzückt gedämpften Melodien lauschte, die wie Geisterchoral auszitterten. In diesem Augenblicke schien der gestörte Organismus sich zu beruhigen, aber unmittelbar hierauf taumelte ich nochmals in die Höhe und klammerte mich entsetzt an die Tischbank... Ich sah einen Feuerball vor mir kreisen, der in ein flammendes Gesicht überging und mir die Züge eines mir wohlbekannten perotischen Mädchens wies. Dann bemeisterte sich des Körpers eine hochgradige Schlaffheit, und mein Freund benützte die Gelegenheit, um mich in meine Wohnung zu transportiren, wo mich ein tiefer Schlaf überfiel, der volle sechszehn Stunden anhielt.

In derselben Zeit machten auch zwei meiner Orientgenossen, selbstverständlich vor nüchternen Zeugen, um jedem Unfalle vorzubeugen, ihr Debut im Haschisch-Genusse. Ein junger ungarischer Cavalier hatte eine gehörige Dosis unter das blonde Kraut Smyrnas gestreut und begann bald unruhig hin- und herzuschwanken. Seine Augen sahen stier, und indem er das Pfeifenrohr aus seiner zitternden rechten Hand gleiten ließ, vollführte er mit der linken Bewegungen, als wollte er zu einer Orchestermusik den Tact markiren. Plötzlich kauerte er nieder und begann wie ein Kreisel sich zu drehen... Ich schwimme! stotterte er... Der Tigris um mich, droben goldene Kuppeln — Musa's Moschee — der Korb ist toll und schwingt wie ein Rad.... Da stieß er einen Schrei aus und brach zusammen. — Béla war kurz vorher in Bagdad gewesen. Er erzählte uns oft von den dortigen eigenthümlichen Stromfähren: kreisrunden, mit Bitumen verpichten Körben, die mittelst Löffelrädern in Bewegung gesetzt werden. Die Vision bewegte sich sonach in einer Erinnerung... Mittlerweile war der andere Gefährte, ein deutscher Techniker, von seinem Sitze aufgesprungen. Er rannte wie toll zwei, dreimal durch's Zimmer, worauf er in einer Ecke zusammenbrach. Hier begann er bitterlich zu weinen, aber nach wenigen Minuten verklärte sich sein Auge und um seine Mundwinkel spielte ein seliges Lächeln... Marie! flüsterte er, ich komme!... Die Höhen nahen mir... ließ unter mir ein Lichtmeer... goldene Thurmspitzen... der Himmel hellt sich auf und die Sterne schauen herab! Er fiel zurück und begann zu schlummern.

Im Allgemeinen beweisen diese schwachen Versuche, daß das Gefühl des Wohlbehagens nur theilweise überwiegt. Bei anderen Europäern, die das Experiment des Haschisch Genusses ausführten, bestand die Wirkung der Hauptsache nach in denselben Erscheinungen, nur traten mitunter Beklemmungen und Blutandränge ein, die ein unbeschreibliches Angstgefühl hervorriefen. Gerhard Rohlfs bestätigt diese letztere Wirkung des Haschisch. Die ersten Symptome sind in der Regel beschleunigte Pulsthätigkeit und das Gefühl totaler Unbeholfenheit, verbunden mit Schwindelanfällen. Bei allen Haschischtollen stellt sich aber das Schwebegefühl ein: der Körper fällt gleichsam stückweise ab, und mehr und mehr fühlt sich der Verzückte emporgetragen, so daß die Hand ängstlich nach Gegenständen tappt, an die sie sich zu klammern versucht. Gänzliche Bewußtlosigkeit tritt selten ein.

Nach dieser Abschweifung kehren wir zu unseren Reisenden zurück...

Auf dem Wege von Zeguta zum Tagat erlebte de Amicis einen kleinen Zwischenfall, der in mancher Hinsicht bezeichnend ist. Wir haben während unserer Reise von Tanger nach der Residenz des marokkanischen Sultans niemals — rechnet man die Unfreundlichkeit einzelner Bewohner oder die Wuthausbrüche eines »Heiligen« ab — störende Auftritte erlebt. Dem Leser müßte sich bei der Lectüre all der, man möchte sagen, glatt sich abspinnenden Vorfallenheiten, unwillkürlich die Meinung aufdrängen, daß Marokko lange nicht jenes schwer zugängliche, barbarische Land sein könne, als welches es allgemein gilt, und zwar leider mit Recht gilt. Das wäre aber eine arge Täuschung: denn wenn ein Gesandter, der Repräsentant einer europäischen Macht, in diesem Lande reist, der noch obendrein freundschaftliche Beziehungen anzuknüpfen hat und Geschenke überbringt, so liegt es in der Natur der Sache, daß ein solcher officieller Reisender im Reiche Seiner scherifischen Majestät anstandslos seiner Aufgabe sich entledigen kann. Ein einzelner, zumal nicht officieller Reisender wäre aber unter dieser fanatischen Bevölkerung sicher schlimm daran, wozu sich uns, wie gesagt, der Maßstab durch den folgenden Zwischenfall ergiebt. De Amicis war in Folge einer Havarie, welche das Sattelzeug erlitten, eine Strecke hinter der Karawane ganz allein zurückgeblieben (was allerdings eine Unvorsichtigkeit genannt werden muß), und nach einiger Zeit langsam seinen Genossen nachgeritten. Nach einer Strecke Weges begegnete er dem eben rückkehrenden Kaid Abu-Ben-Dschileli mit zwölf Reitern. Es war der "Bastonnaden-Kaid", wie der Reisende mit Humor bemerkt. Die humoristische Anwandlung sollte ihm alsbald vergehen, als er dem Blicke des Wütherichs begegnete, einem Blicke, der das Blut in den Adern erstarren machte. Wir

Die Bastonnade.

denken, daß der Reisende sicher auf jenes ausgefallene Bastonnade-Tractament gefaßt hätte sein müssen, wäre er nicht Mitglied einer officiellen Expedition gewesen... Kaum dem unheimlichen Satan entronnen, begegnete de Amicis mehreren Arabern, bei denen der einsame Wanderer Verwunderung erregte. Dabei allein blieb es indeß nicht, und schneller als man sich vorsehen konnte, schwang sich einer der Mordkerle auf einen Baum und brach einen tüchtigen Prügel ab, mit welchem er den Reisenden zu attakiren beabsichtigte. Dieser aber war gefaßt, zog sein Pistol aus dem Gürtel und nun meinte der Heuchler, teuflisch lächelnd: er habe ihm den Prügel zu dem Zwecke überreichen wollen, damit er das träge Thier vorwärts bringe. In diesem kritischen Augenblicke kamen überdies zwei Escorte-

Die Karawane mit den Geschenken an den Sultan von Marokko. S. 190.

Reiter dahergesprengt, welche den Reisenden in Schutz nahmen und zur Karawane zurückgeleiteten.

Diese war indessen in ein schönes, blumiges Thal, mit Höhenzügen zur Seite, auf deren Gipfel weiße Grabmäler leuchteten, eingetreten und lenkte bald hierauf in ein langes Felsen Defilé ein, vor dessen Ausmündung der neue Lagerplatz sich befand. Die Reisenden befanden sich hier am Ufer des Miches (L. Pietsch schreibt Mkis), eines Nebenflusses des Sebu.

Hier sieht man eine kleine Bogenbrücke, die einzige auf marokkanischem Boden! Leider gestaltet sich der Aufenthalt, trotz der Nähe des Wassers, nichts weniger denn behaglich. Tags über wird die Hitze unerträglich und in der Zeltstadt herrscht Todtenstille, die nur von dem Gezirpe der Grillen und der Guitarre Mohammed Ducali's unterbrochen wird. Der Abend aber bringt Abwechslung. Es treffen Couriere aus Tanger und Fez ein, Neugierige aus den benachbarten Dörfern und aus der Residenz ein neuer Gast, der italienische Schützling Schelall, dessen Porträtskizze der Leser nebenstehend findet. Ein Spaziergang längs des Miches-Ufers entschädigt einigermaßen für die überstandene Tageshitze.

Der Mauve Schelall.

Der nächste Tagesmarsch ist der letzte vor dem Eintreffen in Fez. Man begreift daher die Aufregung, welche sich der ganzen Karawane, und zwar sowohl der Europäer, wie der Eingebornen bemächtigt, als mit einem Male die große Culturebene von Fez mit ihren Fruchtäckern und Gärten, mit ihren zahlreichen Duars und Baumgruppen in den Blick tritt. Zwei Flüsse durchädern das gesegnete Land, die »blaue Quelle« und der »Perlenfluß«, welch' letzterer die Residenz durchströmt. Nun rückt auch diese in den Rahmen des Bildes ein, eine lange weiße Linie, überragt von einem Wald von Zinnenthürmen, Minarets und

26*

Palmenkronen — ein Anblick, der an Zauber wesentlich gewinnt, wenn er, wie in unserem Falle, durch einen matten Dunstschleier genossen wird, der die scharfen Contouren verschwinden macht und die minder günstigen Details des Bildes discret verhüllt. Wie auf Lichtwellen scheint das ganze umliegende Land zu schwimmen. In dem Momente aber, wo die Karawane in dieses Eden hinabsteigt, braust es durch ihre Reihen von dem frenetischen Jubelrufe der Escorte-Reiter: »Fez! Fez!« Und Alles hält an, um den Zauber auf sich wirken zu lassen. Es ist eine Ueberraschung, eine Erlösung, und das Bewußtsein, die strapaziöse Reise abgethan zu haben, drängt auf manche Lippe den Freudenruf: »Endlich, wir sind zur Stelle!«

Aber in das gelobte Land selber zieht die Karawane auch heute nicht ein. So will es das Reiseprogramm und alle europäischen Gesandtschaften, welche bisher nach Fez gewandert sind, erhielten ihren letzten Lagerplatz in einer Entfernung von kaum anderthalb Stunden von der Residenz angewiesen. Aber es ist bereits scherifische Luft, die uns umgibt. Boten treffen ein, vom Sultan, vom ersten Minister, vom Groß-Ceremonier, vom Gouverneur der Residenzstadt gesendet. Dann kommen sie der Reihe nach, die seltsamen Gestalten: Officiere in seltsamen bunten Costümen, Haushofmeister, Kaufleute, Angehörige der Begleitungsmannschaft, Neugierige und anderes Volk. Diese Begegnung hat ihren Reiz und man nimmt gerne die Großthuereien mit in den Kauf, die man hinter den lauten Lobpreisungen der neuen Ankömmlinge vermuthet, Lobpreisungen, die sich auf den bevorstehenden glänzenden Empfang, auf das gewaltige Heer und die unübersehbaren Menschenmassen, welche unser harren, auf unser glänzendes Quartier u. dgl. m. beziehen.

Dann senkt sich die Nacht herab und mit Morgengrauen beginnt die große Toilette. Der feierliche Augenblick ist hereingebrochen, das Wunder nimmt seinen Anfang. Die Uniformen und Staatskleider werden angelegt, das Zaum- und Sattelzeug in Stand gesetzt. Die zögernden Minuten beflügeln die Ungeduld, bis endlich der Gesandte das Zeichen zum Aufbruch giebt und die freudig erregte Karawane ihrem lang ersehnten Ziele zuwandert...

Fez.

Aufbruch nach Fez und großartiger Empfang daselbst. Erste Eindrücke von der Stadt. Der Gesandte empfängt die Großwürdenträger. Die Anlage von Fez und seine Befestigungen. Geschichtliches. — Officielle Besuche. Feierlicher Empfang der Gesandtschaft durch den Sultan. - Se. scherifische Majestät Mulen Hassan. — *✷* Neue Einladungen. Nächtlicher Heimgang mit Hindernissen. Privataudienz des Gesandten. Allerlei Zerstreuungen. Ausflug nach dem Berge Zalag (Salar) *✷*. Die »Mellah« (das Ghetto) von Fez. Die Renegaten im marokkanischen Dienste. — Die melancholische Stimmung hält an. - Regentage. Allgemeines über die Zustände in Marokko. Die Regierung und die europäischen Vertretungen. — Der Charakter des Volkes. — Zwei eingeschlagene Zähne und die Folgen hievon. Marokkanische Industrie. — Handel und Verkehr. Das Urtheil eines Mauren über Europa.

albwegs zwischen unserem letzten Lagerorte und der kaiserlichen Residenz nimmt das große Spectakel, von dem seit Wochen die Rede war, seinen Anfang. Ein lebender Strom, in allen Farben schimmernd, wallt uns entgegen. Es sind Fußgänger und Reiter, letztere auf Pferden, Maulthieren und Eseln beritten, häufig zwei Reiter auf dem Rücken eines Thieres, Alles im tollsten Gedränge, in lärmender Aufeinanderfolge. Wir bekommen also früh genug einen Vorgeschmack von dem, was unser noch harrt. Aber schon jetzt sind die Escorte-Soldaten gezwungen, von ihren Waffen Gebrauch zu machen, um die Fluth abzuwehren, und rücksichtslos wettern die Gewehrkolben in die dichtgedrängte tobende Menge…. Unterdessen ist die Stadt mehrmals hinter Terrainwellen unseren Blicken entschwunden und wieder emporgetaucht, bis sie endlich zum Greifen nahe an uns herantritt. In dem verhältnißmäßig beschränkten Raume zwischen unserer Karawane und den Zinnenmauern der Residenz hat der Massenandrang seinen Höhepunkt erreicht. Das Volk, das Heer, die Hofwürdenträger mit ihrem gesammten Beamtenkörper, ein pompöser Aufzug nach dem andern, jeder farbiger und merkwürdiger, als der vorangegangene, in Farben und Gestalten wechselnd, aber immer mit neuen Effecten blendend, das Gesammtbild neu belebend, das Detail vervielfältigend: so ziehen wir in Fez, der vielgepriesenen Stadt des Maghreb, ein ...

Doch nein, noch sind wir nicht am Thore und bis dahin giebt es noch mancherlei zu sehen, zu bewundern. Zunächst ist es eine Abtheilung von Officieren, welche an uns heransprengt und zu beiden Seiten der Colonne abfällt, um eine Art Ehren-Escorte zu bilden. Ihnen folgen Reiter und wieder Reiter, in pompöser Gala und prächtig beritten und angeführt von der Hünengestalt eines Mauren in großem, blendend weißem Turban und rosenrothem Kaftan. Es ist der Groß-Ceremonier Hadji Mohammed Ben Aissa mit den Haus- und Hofofficieren. Er begrüßt den Gesandten und schließt sich hierauf der Escorte an. Unser Weg führt nun zwischen zwei Reihen von Soldaten, welche vielleicht das Merkwürdigste in diesem, an Absonderlichkeiten und Ueberraschendem keineswegs armen Bild und ... Welch' seltsamer Anblick, dieses Gemisch von Greisen und Kindern, von großen und kleinen, von dicken und dünnen, in allen Farben schimmernden Kriegern! Sie tragen rothe Uniformröcke mit Knöpfen, auf denen die Namenschiffre der Königin Victoria zu lesen ist, denn sie sind von Gibraltar importirt; andere sind in blaue, in rothe, in gelbe Lumpen gekleidet; hier schmückt ein Turban, dort ein Tarbusch, weiter eine Capuze den Kopf der mageren, braunen Gesellen, welche ihre Gewehre präsentiren, der eine so, der andere anders, jeder nach Belieben oder Geschmack: die Waffe an der Seite, an der Schulter, vor dem Gesichte, vor dem Bauche, hoch emporgehoben oder tief herabgesenkt — ein Bild, das jedem Berufssoldaten unzweifelhaft Nervenanfälle eintragen würde.

Es sind keine lebenden Wälle, zwischen denen wir vorwärts ziehen, sondern nur zwei lange dünne Linien; so begreift man auch, daß die fünftausend Mann der Garnison von Fez für ein Ehrenspalier ausreichen konnten, das fast eine Stunde lang ist. Von draußen drängt die Menge herzu und manches neugierige Gesicht wird zwischen den Schultern oder Hüften der martialischen Krieger Sr. scherifischen Majestät sichtbar, um uns blöde entgegenzugrinsen. Hin und wieder sehen wir auch eine hocherhobene geballte Faust, aber wir beachten sie nicht und ziehen weiter. Es ist kein freiwilliger Ritt mehr, sondern ein Schieben und Drängen. Jetzt naht eine weitere Reiter-Abtheilung, seltsam aufgeputzte, stolz blickende Gestalten, alle in schneeweiße Haïks gehüllt, durch deren feines, seidenartiges Gewebe bunte Untergewänder schimmern. Es sind die Vornehmen von Fez — die »Aristokraten«

der Residenz, angeführt von dem alten Gouverneur Tschilali Ben Amar, in dessen Gefolge sich auch noch siebzehn Unter Gouverneure befinden... Schon nähern wir uns dem Eintrittsthore der Stadt, aber das merkwürdige Schauspiel nimmt kein Ende. Immer dieselbe tolle Maskerade von gelben, rothen, grünen, weißen, halb nackten und zerlumpten, oder phantastisch herausstaffirten Vaterlands-vertheidigern, von Officieren, die bald als Turcos, bald als Zuaven, bald als Spahis, oder in griechischen oder albanesischen Costümen stecken, alle erdenklichen Hieb und Stichwaffen tragen, vom einheimischen Krummdolch bis zum dünnen europäischen Degen, die Beine nackt, oder in gelben hohen Stiefeln, oder in Pantoffeln, oder in Zugstiefletten; eine wahre Fastnachtskomödie.

Auch Fahnenträger werden sichtbar, oft in Gruppen zu sechs, acht oder zehn, mit rothen, blauen, grünen, weißen, gelben Bannern, daß Einem die Augen über gehen und das ganze Bild das Farbenchaos eines unausgesetzt in drehender Bewegung sich befindenden Kaleidoskop darstellt. Wir fühlen die Sehnerven überreizt und halten einige Momente hindurch die Hand vor die Augen. Aber auch der Gehör-sinn kommt zu seinem außergewöhnlichen Genuß. Tamburins und Trompeten erschallen und weit im Kreise lärmt es in wildem Chorus der rings versammelten, im weißen Lichte wogenden Menge unzähliger, plump vermummter Weiber. Wie man sieht, sind alle Harems der Residenz entvölkert, um andere Staffagen zu diesem merkwürdigen Gemälde abzugeben.

Jetzt gelangen wir an die hohe, zinnengekrönte Stadtmauer. Ein monumentales Thor nimmt uns auf und in den Hufschlag unserer Rosse mengen sich die Klänge eines Musikchores, der kaiserlichen Kapelle. Und nun wieder dieses Dröhnen der Trompeten und Trommeln! Endlich sind Alle versammelt: die Hof- und Stadt-beamten, die Generale, Minister, Höflinge, Officiere, Diener und Sklaven und geben uns das letzte Geleite. Wir sind unter dem Thorbogen hindurch, aber die Stadt selbst betreten wir erst nach einiger Zeit durch ein zweites Portal. Die Zwischenstrecke enttäuscht uns auf Schritt und Tritt. Ueberall entsetzliche Verwahr-losung, Schutt- und Schmutzhaufen, Ruinen, geborstene Mauern, eingestürzte Zinnen, ab und zu der Anblick von Palmen, eine weite Kuba mit grüner Kuppel — der Rest Menschenmasse, Farbengewoge und Stimmengebrause. Und welch' furchtbarer Pfad in diesem Chaos von Schmutz, Schutthügeln, Steinbrocken und Löchern! Bei jedem Tritt drohen die Thiere zu stürzen, aber da sie dicht aneinander-gedrängt einherschreiten, scheinen sie sich wechselseitig zu stützen.

Endlich sind wir in der Stadt und der ungeheuere Zug windet sich zunächst durch einige lange, krumme Gassen mit nackten Häuserfronten zur Seite, ohne

Fensteröffnungen und nur hin und wieder mit Löchern in Form von Schieß=
scharten oder in Kreuzform, aus denen ab und zu ein neugieriges Gesicht hervor=
lugt. Hierauf folgen entsetzlich enge, zum Theile finstere Gäßchen, bergauf und
bergab, immer tiefer in's Labyrinth hinein, bis wir endlich vor einer niederen
Pforte stille halten.

Wir sind zur Stelle, an der Schwelle unseres Heims. Rothgekleidete Soldaten
halten hier die Ehrenwache und vollführen ihre Ehrenbezeugungen, so gut sie es
vermögen. Wir treten ein und werden überrascht von dem Zauber, der uns hier mit
einemmale umfängt, als wäre es ein täuschendes Luftgebilde. Ein kleiner Garten
von schattigen Orangen= und Citronenbäumen nimmt uns zunächst auf und von
dort schreiten wir durch eine niedere Pforte in den säulengetragenen Vorhof, dessen
Hufeisenbogen hoch in den dämmerigen Raum hinaufspannen. Wo sie enden, zieht
rings um die Halle eine Galerie mit hölzerner Ballustrade, deren geschnitzte
Arabesken=Verschlingungen nicht minder herrlich sind, wie die maurischen Stuck=
ornamente an den Bogenwölbungen, an den Capitälen und in den Zwickeln von
Säulenpaar zu Säulenpaar. Ueber die Ballustrade hängen Teppiche und Decken
herab, prachtvolle marokkanische Arbeit, und zwischen jedem Säulenpaar schweben
große Ampeln oder Laternen saracenischen Styls bis auf Stockhöhe herab. Der
Boden flimmert in den discreten Farben schöner Majoliken, welche ab und zu
von einem prachtvollen Teppich bedeckt sind. Ein großes Waschbecken in octagonaler,
fliesengeschmückter Vertiefung ziert die Mitte des Vorhofes, und an einer Wand
unter den Arkaden murmeln zwei mächtige Wasserstränge aus einer zauberisch
schönen Umrahmung von maurischen Stuckornamenten und Majolika=Täfelung in
ein davorstehendes Becken.

In der That, unser Heim läßt nichts zu wünschen übrig. Störend wirken
in dieser echt maurischen Pracht die modernen Spiegel und Pendulen. Für den
Gesandten hat man ein kleines Tischchen und zwei Stühle herbeigeschafft, in den
übrigen Wohnräumen herrscht aber ein solcher Mangel an Einrichtungsstücken,
daß sie aus dem Lager beschafft werden müssen, um ein wohnliches Aussehen zu
bekommen. In allen Innenräumen herrscht rings das sanfte Halbdunkel vor, in
welchem die farbigen grellen Wandmalereien und bunten Majoliken besonders
effectvoll wirken. Die Stille in den Gelassen, das Spiel von Farben und Ornament=
mustern in ewig heiterer Abwechslung, das discrete Leuchten der Teppichfarben,
das Flimmern der grellen Fliesenmuster, das melancholische Rauschen und Gurgeln
der Wasser und der Ausblick auf das helle Grün der Orangen= und Citronen=
bäume oder durch die graugrünen Halbschatten der Gartengewächse, wo Vogelsang

ertönt und leuchtende Käfer summen es ist ein verkörpertes Märchen aus «Tausend und eine Nacht».

Leider werden wir in unseren Beobachtungen und Stimmungen bald gestört. Es erscheinen die Minister und andere Würdenträger, welche dem Gesandten ihren Besuch abstatten und mehr oder weniger lange verweilen, um ihre Neugierde zu befriedigen. Unter ihnen befindet sich auch der Finanzminister, ein Mann, der in den Augen der Eingebornen als erste Autorität nach dem Sultan, und für die verkörperte Wissenschaft gilt. Als Capacität in seinem Fache genießt er einen hohen Ruf, ja, eine fast abgöttische Bewunderung, und es geht von ihm die Mähr, daß er sogar im Stande ist, Rechnungen schneller aus freier Hand zu bewirken, als es mit Hilfe der landesüblichen Rechenmaschine geschehen kann. Sieht man sich aber diesen finanzwissenschaftlichen Halbgott näher an, so will es uns dünken, daß er wohl kaum aus demselben Holze geschnitzt sein dürfte, als seine Ressort-Collegen im Abendlande, von deren Unfehlbarkeit, wie man weiß, kein Mensch überzeugt sein will.

Endlich sind wir auch dieser lästigen Besuche los und wir können uns nun in unserem Heim zwanglos ergehen. Ein Rundgang durch die Räumlichkeiten giebt uns zu der Auffassung Anlaß, daß wir zwar glänzend untergebracht, im Uebrigen aber kaum etwas anderes

De Amicis, Marokko.

als Gefangene sind. Diese ehrenvolle Gefangenschaft prägt sich zunächst darin aus, daß man sich keinem Ausgange des Palastes nähern kann, ohne auf einen förmlichen Wall von Wächtern zu stoßen. Alle Winkel besetzt, überall scharlachrothe Gestalten, schlummernde Polizeimannschaften und Gardesoldaten. An der Gartenpforte kauert der wackere Kaid Hamed Ben Kasem, der Commandant unserer Leib-Escorte, welche uns von Tanger nach Fez gebracht hat. Er verbringt die Nacht im Freien, seinen Säbel als treuen Gefährten an der Seite. Draußen wölbt sich ein herrlicher tiefdunkler Himmel über die schlummernde Stadt und die Todtenstille wird nur durch das Rauschen der Wasser, welche die Stadt nach allen Richtungen durchädern, durchbrausen, durchnässen, unterbrochen. Einen eigenthümlichen Zauber verursacht das Sternenlicht, wenn es mit seinem bleichen Schimmer durch die geöffnete Gartenpforte hereinfließt und die Bodenfliesen magisch erglänzen macht. Lichtfunken irrlichtern um den Springquell und spielen auf die farbigen Ornamente hinüber, oder verglimmen in traulich-dunklen Nischen... Der Schlummer umfängt uns bald und merkwürdige Träume umgaukeln uns in der ersten Nacht, welche wir in den Mauern der scherifischen Residenz zubringen...

Der erste Tag ist ein Tag der Wanderung, der Beobachtung. Wir tragen in uns das begreifliche Verlangen, zuerst die Stadt, ihre Anlage und Ausdehnung, ihre Wunder und Absonderlichkeiten, ihre Plätze, Paläste, Bazar- und Kaufhallen, ihre Männer und Frauen kennen zu lernen. Da stellt es sich denn auch klar und deutlich heraus, daß wir — Gefangene sind. Unser Wunsch, die Stadt zu sehen, muß dem Commandanten der Ehrenwache bekannt gegeben werden, worauf wir Erlaubniß und — Bedeckung erhalten. Ohne solche darf Niemand vom Gesandtschaftspersonale den Palast verlassen. Freilich wäre es andererseits eine harte, ja unlösliche Aufgabe, sich in einer Stadt wie Fez als Fremder zurechtzufinden, von der naheliegenden Gefahr, durch die fanatischen Bewohner attakirt zu werden, gar nicht zu reden. Unsere Ehren-Escorte ist also zugleich eine Art von Schutzwache, und daß wir derselben sehr bedürfen, werden wir sofort sehen.

Treten wir also hinaus in den lärmenden Tag, in das brausende Straßenleben. Die ersten betäubenden Eindrücke von dem gestrigen Einzuge her sind verflüchtigt, und nun beobachten wir mit offenen Augen. Es ist wahrhaftig keine dankbare Aufgabe. Nichts als lange nackte Mauern, wie die einer Festung, hierauf hohe Häuserfronten ohne Fenster, nur ab und zu mit kleinen Gucklöchern in regelloser Unordnung, hier hoch, dort tief angebracht, versehen; viele Mauern zeigen klaffende Risse und die Straßenbahn steigt bald rapid an, bald fällt sie jäh ab, so daß man den Blick weit mehr auf dem Boden als wie auf anderen

Dingen haften lassen muß. Dazu gesellt sich überall Schutt, Schmutz, Steine, dann überdachte, finstere Durchgänge, in denen man sich vorwärts tappen muß, bis eine Sackgasse, wie man sie sich schrecklicher nicht vorstellen kann, den Gang vollends hemmt. In solchen finsteren unheimlichen Löchern weht eine feuchte Luft, modern die Cadaver faulender Thiere Eindrücke, welche theilweise in den offenen Gassen noch überboten werden durch den buchstäblich unwegsamen Boden, durch Staub, Gestank und Fliegenschwärme, die den Athem stocken machen und uns schier verzweifeln lassen. Und dieses ewige Drehen und Abschweifen in krumme Gäßchen hinein, bald rechts, bald links, so daß unser Weg, wollte man ihn nachzeichnen, dem prächtigsten Arabeskenmotiv der Alhambra auf ein Haar ähnlich sehen müßte.

In dieser merkwürdigen Welt giebt es kein eigentliches Leben, sondern nur Töne. Wir vernehmen das Gepolter eines Mühlrades, den näselnden Gesang einer Koranschule, das Surren eines Webstuhles oder das Rauschen eines Baches, sehen aber nichts, da die dicken, hohen Mauern für das Auge undurchdringlich sind. So taumeln wir weiter, immer tiefer in die Stadt hinein, wo nun auch einiges Straßenleben uns zerstreut. Es ist freilich eine Zerstreuung minderer Art, denn bleiben auch die Männer gleichgiltig unserem Aufzuge gegenüber, so lärmen und schreien umsomehr die Frauen, welche bei unserem Erscheinen entsetzt fliehen, als wären wir eine Rotte von Mördern, und die Straßenjugend uns mit geballten Fäusten empfängt allerdings in respectvoller Distanz, denn unsere militärische Begleitung hat sich von Haus aus mit Stöcken und Knotenstricken versehen, mit denen Niemand gerne Bekanntschaft machen möchte. Hin und wieder ist das Gedränge so stark, daß die Soldaten, welche unsere Führer sind, sich gegenseitig die Hände reichen müssen, um nicht von einander abgeschnitten zu werden... So gelangen wir auf unserem Marterwege nach und nach an freundlichere Stellen, an Brunnen mit Mosaikschmuck, an hohen, gewölbten, stylvollen Eingangspforten und offenen Hallenhöfen vorüber. Es sind dies die sogenannten »Funduks«, die Waarenhäuser der Kaufleute, mehrstöckige Gebäude mit arcadengesäumten Hofräumen, mit hübschen Holzbalustraden und einem Brunnen in der Mitte des Hofes.

Solche Lichtblicke auf unserer Wanderung giebt es leider nur wenige. Meist müssen wir uns durch tunnelartige Gänge vorwärts tappen, worauf dann das an die Finsterniß gewöhnte Auge ab und zu wieder einem grellen Lichtreize ausgesetzt wird, der bei öfterer Wiederholung schmerzhaft wird. Dieser Jammer findet einen vorläufigen Abschluß, wenn wir in die zwei Meter breite Hauptstraße einlenken. Hier stoßen wir auf vieles Volk, welches neugierig herzudrängt und häufig die Passage ganz und gar versperrt. Wir müssen also oftmals stillehalten, was auch dann nothwendig ist, wenn ein vornehmer Maure zu Pferd oder ein mit blutigen Schafsköpfen beladener Esel, oder eine hoch zu Kameel daherkommende, tief verschleierte Frau vorüber wollen. In dieser Hauptstraße sieht man häufiger als sonst hochspannende Thorbogen, weite Hallen, rechts und links die dicht mit Menschen besetzten Bazars, Waarenhallen, Moscheenpforten u. s. w. Die Leute scheinen auf den Fußspitzen einherzuschleichen. Die Luft, die man hier athmet, ist geschwängert mit dem Gerüche von Aloë, Gewürzen, Weihrauch und Kif (Haschisch), so daß man meint, sich in einem Droguen-Magazin zu befinden. Wir begegnen ganzen Rudeln von Kindern mit Grindköpfen und ekelhaften Wunden oder Narben am Körper, weiter alten, abscheulichen Weibern mit nackten Brüsten, Heiligen oder vielmehr Narren, die völlig unbekleidet einherschreiten oder mit einer Hand die Schamblöße bedecken, während sie in der anderen einen Zweig schwingen. Sie sind mit Blättern und Blumen bekränzt und singen, tanzen und lachen. Ein anderes, überaus wohlgenährtes, aber hinfälliges Exemplar dieses Heiligengelichters kommt mühselig dahergewankt, indem er sich auf eine mit rothem Tuch ausgeschlagene Lanze stützt. Sein Blick drückt Haß, Verachtung und Fanatismus aus, und dasselbe mag von den paar Worten gelten, die er bei unserem Vorüberschreiten hervorgrölzt... Dann wieder ein anderes Schauspiel. Einige Soldaten führen einen über und über mit Blut bedeckten Unglücklichen daher, dem eine Schaar tobender Kinder folgt. Es ist ein auf frischer That ertappter Dieb, denn die blutdürstigen Kleinen schreien ununterbrochen: »Die Hand! Die Hand! Haut ihm die Hand ab!«... Weiter stoßen wir auf zwei Männer, die auf einer Tragbahre einen Leichnam fortschleppen. Er ist mumienhaft ausgedörrt und in einen leinenen Sack gehüllt, der am Halse, um die Hüften und bei den Knieen zugeschnürt ist... Faßt man solche und ähnliche Bilder zusammen, so fragen wir unwillkürlich, ob wir träumen oder wachen, ob dieses alles düsterer Zauberspuk oder Wirklichkeit, ob die Städte Paris und Fez auf ein und demselben Planeten liegen!...

Wir werfen noch einen flüchtigen Blick in die Bazare, mit ihren unzähligen Buden und der staubigen, schmutzigen Straßenbahn, die von defecten Rohrmatten und Baumzweigen überdacht ist, so daß Licht und Schatten in grellem Wechsel aufeinander folgen, und lenken in's Freie. Hier gewinnen wir erst einen Gesammtüberblick über die Stadt. Sie ist in Form eines großen Achters um zwei Hügel herum erbaut, welche von alten, verfallenen Befestigungen gekrönt sind. Weiter folgt eine Reihe von Bergen, welche den Hintergrund begrenzen. Zwischen den beiden Hügeln hindurch strömt der Perlenfluß (Wad Fez nennt ihn L. Pietsch), welcher die

Stadt in zwei Hälften theilt: am rechten Ufer das alte Fez, am linken Neu Fez Das Ganze ist eingeschlossen von einer alten, meistentheils baufälligen oder ruinenhaften, von starken Thürmen unterbrochenen Zinnenmauer. Steigt man auf eine der beiden oben erwähnten Höhen, so genießt man einen möglichst günstigen Totalanblick von Fez: ein weitgedehntes weißes Häusermeer mit darüber ragenden Zinnenthürmen, Minarets, grün glasirten Kuppeln und hohen Palmen kronen. Das Alles ist prächtig und überraschend, aber von unserem Aussichtspunkte aus erkennen wir gleichzeitig, daß Fez eine weit größere Stadt gewesen sein muß, und daß das Vorhandene gewissermaßen nur das Gerippe jener älteren Anlage darstellt. Weit draußen nämlich, wo die Ebene und Gärten sich erstrecken, gewahrt man imposante Ruinen von Baulichkeiten aller Art: Kuben, Heiligengräber, Klöster, Bogen von verschwundenen Wasserleitungen, Befestigungen — Zeugen einer anderen Zeit. Nun ist an Stelle des Verschwundenen ein grünes, blüthenreiches Gartenland getreten und überall hin fluthet und strömt das belebende Element, theils in Bächen, theils in Canälen ...

In der That war das alte Fez eine große volk- und gewerbreiche Stadt,

Der Groß-Ceremonier. (S. 206.)

deren Ruf weit über die Grenzen Afrikas hinausging. Sie ward überschwenglich gepriesen und ein arabischer Schriftsteller nannte sie den Mittel- und Vereinigungspunkt aller Reize dieser Welt. Sie war die Mutter, die Königin über alle Städte des Maghreb. Ihre Gründung fällt in den Beginn des IX. Jahrhunderts unserer Zeitrechnung. Der Abbaßide Edris Ibn Abdallah, dessen Partei in einer Familienfehde unterlegen war, flüchtete nach dem fernen afrikanischen Westen und hielt sich durch längere Zeit in den Atlasschluchten verborgen, wo er ein Ascetendasein fristete. Seine Frömmigkeit, sowie der Zauber seiner Persönlichkeit verschafften ihm alsbald einen großen Anhang unter der berberischen Bevölkerung und nach kurzer Zeit schwang er sich zu ihrem Beherrscher auf, indem er Heiden, Christen und Juden, wo es erforderlich war, gewaltsam zur Annahme des neuen Glaubens zwang.

Edris stand am Gipfel seiner Macht, als er einem heimtückischen Anschlage seines mächtigeren Gegners Harun er Reschid unterlag. Dieser hatte einen bestochenen Arzt nach dem Maghreb entsendet, damit er Edris vergifte. Der Gegen-Khalif und seine Dynastie sollten vernichtet werden. Das Volk aber hatte anders entschieden und erklärte sich für den posthumen Sohn des Verewigten, Edris-Ibn-Edris, der im Alter von zwölf Jahren zur Herrschaft gelangte und im Jahre 808 den Grundstein zu der neuen Residenzstadt Fez legte, »in einem großen Thale, zwischen zwei waldgeschmückten hohen Bergen und am rechten Ufer des Perlenflusses, dessen tausend Wasserläufe den Boden durchrieselten« ... Edris war auch der Gründer der nach ihm benannten Moschee und eines zweiten moslimischen Tempels, der Karnim-Moschee (de Amicis schreibt fälschlich »El-Caruin«). Es war der erstgenannte Prachtbau, welcher der Stadt Fez den Beinamen eines »Mekka des Westens« verschaffte. In ihr Inneres ist übrigens noch kein Nicht-Moslim eingedrungen, und auch unser Reisender mußte sich damit begnügen, das uralte Wahrzeichen der Stadt aus der Ferne zu besehen.

Wir müssen übrigens sofort hinzusetzen, daß weder die Karnim-Moschee, noch jene Edris' mit den ältesten Bauten dieser Namen identisch ist. Dies geht zunächst aus einer Beschreibung des berühmten Historiographen Ibn Khaldun hervor, der an dem Tempel mancherlei vermißt, von dem die ältere Tradition berichtet. Was speciell diese letztere anbetrifft, so reicht sie bis in's Jahr 859, also bis zum Gründungsjahr zurück. Es war eine kleine vierschiffige Moschee, zu deren Herstellung Kairuan (die »heilige Stadt« von Tunis, die Gründung des Okba Ibn Nafi) die Geldmittel gesendet hatte. Im Laufe der Zeiten erfuhr sie immer ausgiebigeren Umbau oder entsprechende Vergrößerung, so daß sie nach und nach den Höhepunkt ihrer Größe und ihres Ruhmes erreichte. Iman Achmed Ibn Aby Bekr pflanzte auf die Spitzen des Minarets eine goldene, mit Edelsteinen reich besetzte Kugel, und ließ in deren Hohlraum das Schwert des Edris-Ibn-Edris hineinlegen. Auch sonst weiß die Tradition nur von mirakulösen Dingen zu berichten. Das Mihrab beispielsweise war von einer solchen Pracht, daß es während der Anwesenheit der Beter verhüllt werden mußte, um diese nicht von ihrer Andacht abzulenken. Zweihundertundsiebzig Säulen bildeten sechzehn Schiffe: man trat durch fünfzehn monumentale Thore und zwei kleine Pforten (letztere zur alleinigen Benützung der weiblichen Moscheebesucher) in das Heiligthum ein, welches während hoher Festtage, namentlich während des Ramazans von siebzehnhundert Ampeln erhellt wurde. Ibn Khaldun behauptet, die Moschee hätte zweiundzwanzigtausend siebenhundert Personen Raum gewährt, was eine arge, in die Augen springende Uebertreibung ist.

Nach diesen historischen Erinnerungen begeben wir uns wieder in Gesellschaft unserer Reisenden, die uns auf einem weiteren Spaziergange Führer sein sollen. Wir machen hierbei Bekanntschaft mit einem barbarischen Brauch, den die Behörden nicht einmal während der Anwesenheit der europäischen Gäste zu unterlassen für nöthig fanden. Als nämlich de Amicis und der italienische Viceconsul von El Araisch durch ein Thor traten und sich umsahen, gewahrten sie zwei lange Blutstreifen, die an der Thorfronte bis tief herabreichten. Nur zögernd schlugen sie die Augen nach aufwärts: über dem Thorgesimse hingen zwei Köpfe an den Haarschöpfen, von denen der eine einem jungen Manne von höchstens fünfzehn Jahren, der andere einem älteren von dreißig bis fünfunddreißig Jahren angehört haben mochte. Beide Köpfe zeigten den maurischen Rassentypus und waren offenbar in der Nacht, welche auf den Tag des Einzuges der italienischen Gesandtschaft folgte, ausgesetzt worden, denn das Blut war kaum geronnen, die Schnittfläche an den Hälsen noch nicht eingeschrumpft. Die Köpfe waren also keineswegs aus einer insurgirten Provinz, wie den Reisenden bedeutet wurde, hergeschafft worden, um dem Sultan gezeigt zu werden, sondern rührten offenbar von Einwohnern der Stadt her. Uebrigens gab man den entsetzten Fremden die Versicherung, daß demnächst »eine größere Sendung« eintreffen werde. Diese Barbarei ist so tief eingewurzelt, daß kein Mensch an ihr Anstoß nimmt. So oft eine Provinz rebellirt und ein ausmarschirendes Armeecorps die Ordnung wieder herzustellen hat, treffen Massen solcher Köpfe in Fez ein, wo sie an einem Stadtthore exponirt, nach einiger Zeit in die anderen Residenzen u. s. w. gesendet werden, bis sie mumienhaft eingeschrumpft, verfault, unkenntlich und zu wahren Todtenschädeln geworden sind.

Wir kehren in unser Heim zurück, mit Empfindungen, die eben nicht solche erhebender Natur sind. Hier erwartet uns eine Einladung, die erste in der langen Reihe solcher Vergnügungen, die wir in der Residenz Sr. scherifischen Majestät noch reichlich genießen sollen. Diesmal, am Tage vor der feierlichen Audienz beim Sultan, bittet uns dessen erster Würdenträger, Sidi-Musa, zu sich. Er ist nicht Großvezier, nicht Minister-Präsident, nicht Kanzler; er ist einfach »Sidi-Musa«, ein Mann, der unmittelbar hinter Sr. scherifischen Majestät rangirt, der Vertraute Muley-Hassans, die Seele der Regierung, die personificirte bureaukratische Macht. Nennen wir ihn also den ersten Beamten des Reiches. Er ist ein Greis in Silberhaar und bekleidet ein Menschenalter hindurch seine Stelle. Er hat Reichthümer gesammelt und besitzt ein wohldotirtes Harem von auserlesenen Schönheiten. Ob er dort ein gern gesehener Gast ist, möchten wir bezweifeln, denn Sidi-Musa ist nichts weniger als das, was man einen »schönen Greis« nennt, geschweige ein aufgeweckter Lebemann. Sein Gesicht ist ledern, die große Nase steht weit hervor und wenn er den welken Mund öffnet, werden einzelne auffallend

Soldatentrupp. (S. 206.)

lange Zähne sichtbar. Von der dürren Gestalt sieht man nichts, denn sie ist in einen schneeweißen bauschigen Haïk gehüllt und die Kapuze überdies über den grobknochigen, großen Kopf gezogen.

Der Empfang bei Sidi-Musa ist, wie es in der Natur der Sache liegt, ein sehr ceremoniöser. An der Schwelle des in einer engen Gasse von Neu-Fez versteckt liegenden Ministerhôtels werden wir von einer Schaar maurischer und schwarzer Diener empfangen und in einen kleinen, von hohen Mauern eingeschlossenen Garten geführt, in dessen Hintergrund unter einer niederen Portalwölbung der Gewaltige, umgeben von seinen Hausofficieren, unser harrt. Der Empfang ist herzlich, doch wird man gut thun, dem alten Fuchs nicht zu trauen. Wir treten in ein ziemlich schäbiges Gemach, in welchem man nichts von den Millionen seines Eigners

Einzug der italienischen Gesandtschaft in Fes.

verspürt, und genießen eine mündliche Unterhaltung, die uns alsbald die Ueberzeugung aufdrängt, daß Sidi Musa ein großer Mann mit kurzem, sehr kurzem Verstande ist. Er macht den Eindruck, als ob er vor allen europäischen Dingen großen Respect, die größte Meinung aber von sich selber habe.

Vom Empfangssaal geht es in's Speisezimmer, wo wir auf dieselbe schäbige Nüchternheit des Ameublements und der ganzen decorativen Ausstattung stoßen, im Uebrigen aber durch die Anwesenheit eines Möbelstückes überrascht werden, das wir hier nimmer vermuthet hätten. Es ist ein veritabler langer Tisch, und auf demselben befinden sich nicht weniger als zwanzig wohlgefüllte Schüsseln mit Backwerk; im Uebrigen viele Flaschen Wasser, aber kein Tropfen Wein. Wir nehmen Platz und die solenne Abfütterung nimmt ihren Verlauf. Es sind enorme Quantitäten von Hammelfleisch mit Knoblauch, Hühner mit Oliven und Zwiebeln, gebratene Tauben, alle erdenklichen Ragouts, Wild, abermals Hammelfleisch und neuerdings Hühner und Fleischspeisen in allen erdenklichen Zubereitungen. Eine einzige Schüssel würde hingereicht haben, alle Gäste zu sättigen, und ein halbes Dutzend derselben hätte ein ausgehungertes Dorf befriedigen können. Die Schüsseln aber zählten nur nach Hunderten.

Nach dem »Speisen« eine neue Begegnung. Der Großscherif Bacali, nach Sidi-Musa sicher die einflußreichste Persönlichkeit im Reiche, tritt ein oder wankt vielmehr herein, und begrüßt den Gesandten mit ausgesuchter Liebenswürdigkeit... Ob er auch einer der schwarzen Komödianten ist, die am Hofe Sr. scherifischen Majestät das große Wort führen?... Wir wollen es nicht weiter untersuchen. Uebrigens dreht sich die Unterhaltung um die einfältigsten Dinge. Nach wechselseitiger ceremoniöser Begrüßung verlassen wir das Ministerhôtel und genießen, in unser Heim zurückgekehrt, wohlthuende Erholung.

Dennoch sehen wir mit Ungeduld dem morgigen Tage entgegen, der uns das seltene Glück bringen wird, Se. scherifische Majestät von Angesicht zu Angesicht zu sehen. Nach dem zu urtheilen, was wir über und von marrokanischer Dynastie und Herrschern wissen, dürften wir gerade nicht mit gehobener Stimmung vor den maghrebinischen Sultan treten. Wir haben über einzelne Repräsentanten der Scherif-Dynastie bereits in unserem einleitenden Capitel Notizen gebracht. Ihr Gründer war ein Scherif aus der Oase Tafilet, der es verstand, Felder und Palmen mit reichem Segen zu beglücken und in Folge dessen großen Anhang gewann. Das war zu Anfang des XVII. Jahrhunderts. Zu seinen Nachfolgern gehört, außer anderen Scheusalen, Muley Ismael (bis 1727), dessen Greuelthaten eine unerschöpfliche Fundgrube für orientalische Schauergeschichten sind. Sie waren nur möglich mit Hilfe einer Negergarde, die gezüchtet wurde aus zu diesem Zweck im Lande angesiedelten Negerstämmen. Nach dem Vorbilde der Janitscharen sollte auch diese Negergarde ihren Schutzheiligen haben (wie jene den Hadschi Begtasch), und dazu erwählte Ismael den berühmten Koran-Commentator Al Bochari, auf dessen Buch der Fahneneid zu leisten war. Wie die Janitscharen wurden aber auch diese Schwarzen sich bewußt, daß die Gewalt eigentlich in ihrer Hand, und mußten wiederholt von Regenten, die sich auf dem Thron behaupten wollten, verrätherisch ins Verderben geschickt werden. So that schon Ismaels Sohn, der sechsmal verjagt wurde und sechsmal wieder zur Herrschaft gelangte. Ihm folgte Muley Abdallah, ein Mann, ganz nach dem Zuschnitte seines Vaters.

Ansätze zum Besseren erscheinen in der Regierung Sidi Mohammeds, welcher Mogador (den Hafen auf der Westküste) gründete und den wieder aufgenommenen Handelsverkehr mit den Ungläubigen sogar vor der Geistlichkeit zu rechtfertigen wußte ... »Ich brauche Waffen und Schießbedarf zur Vertheidigung der Religion. Wenn ich alles kaufen lasse, erschöpfe ich den Schatz. Ist es nicht erlaubt, dagegen das Getreide zu geben, das in unseren Silos verdirbt?« Auch die Christensklaverei wurde abgeschafft (im Vertrag mit Ludwig XVI., 1777). Nach einem scheußlichen Rückfall unter der nächsten Regierung, die hauptsächlich nur dem Henkergeschäft in allen Gestalten oblag, versuchte Muley Sulejman (1817) dem Piratenthum ein Ende zu machen und kaufte sogar die Schiffbrüchigen los, die in Gefangenschaft der Nomaden südlich von Marokko gefallen waren. Selber ein Ascet, verbot er den Tabak und ließ alle Tabakpflanzungen zerstören. Da aber Tausende von Familien davon lebten, kam es zum Aufstand der Gebirgsbewohner, der berberischen Schilluks. Dank der Grausamkeiten von Sulejman's Sohn Ibrahim überwältigte man diesen Aufstand, und gingen Vater und Sohn darin unter.

Da die regierenden Scherifs von Marokko durchaus keine Abneigung vor schwarzen Gemahlinnen haben, ist die Familienfarbe immer schwärzer geworden und kann der Prophet noch vollkommene Neger unter seine Nachkommen zählen. Muley Abderrahman, Sulejman's Nachfolger (seit 1822), soll große Schätze zusammengerafft haben, lebte aber patriarchalisch einfach inmitten eines bettelhaften Hofes. Was der Kenntnißkreis eines marokkanischen Kaisers aus verhältnißmäßig naheliegender Zeit war, zeigt Abderrahman's Frage (erzählt bei Maltzan, IV. 241), ob der jetzige Beherrscher der Franzosen die »Publik« (Republik, auf den Münzen als Frauenkopf dargestellt) geheiratet habe? ... Seine Macht war sehr beschränkt; in der eigenen Residenz konnte er die Christen und Fremden nicht gegen den Fanatismus des Volkes schützen. Ueber die Landesbevölkerung (die wilden Gebirgsbewohner berberischen Stammes: Amasirhs, Schillahs, verfügte er nur dann, wenn er die Marabuts auf seiner Seite hatte.

Wenn man vom marokkanischen Kaiser spricht, will man auch etwas vom marokkanischen Papst hören. Zu Ouesan im nordwestlichen Marokko, in weinn

Der Gouverneur von Fez. (S. 267.)

und olivenreicher Gegend, residirt der Ordensgeneral der Muley Taieb, Sohn eines Heiligen und selber schon als solcher verehrt. Wenn dieser Scherif einen Umzug im Lande hält, dann strömt Alles herbei, dem wundervermögenden Manne kostbare Geschenke darzubringen und dafür seinen Rath oder nur seine Berührung anzusprechen. Kein Unwetter hält die Bevölkerung ab, ihn zu erwarten, ihn mit Fahnen und Gesang zu begleiten; selbst nomadische Berberstämme, die sich sonst wenig aus den Bräuchen des Islam machen, küssen, was dem Scherif gehört, bringen Kranke, sie damit zu heilen. Im großen Atlas, den man sonst nur in Karawanen von tausend bis zweitausend Köpfen übersteigt, endet der Raubanfall mit Verzeihungbitten, Händeküssen, Segenerflehen, wenn man hört, daß der Angefallene vom Scherif in Luejan kommt. Da dieser marokkanische Papst (Sidi el Hadsch) aber vorurtheilsfrei genug ist, einem Christen die eindringlichsten Empfehlungsschreiben (»bei Verlust seines Segens«) mit auf den Weg zu geben, wie beispielsweise an G. Rohlfs, der unter moslimischer Maske, aber dies mit Wissen des Scherifs, reiste, dürfte das Eindringen gesunderen Denkens, der Sturz des wilden Barbarenthums auch in Maghreb keine Unmöglichkeit sein. Vorerst denkt man sich im südlichen Marokko, wohin noch keine Gesandtschaft vorgedrungen ist, die Christen als die verworfensten Menschen, und ist sehr erstaunt, wenn man selber in die Welt kommt, z. B. nach Tanger oder auf der Fahrt nach Mekka, und es keineswegs so findet. Vorläufig steht freilich fest, daß ein neues Leben in Maghreb nur aus den Ruinen der islamitischen Institutionen sich entwickeln könnte. Wie die Dinge heute liegen, ist es jedoch zweifellos, daß die Unwissenheit die beste Schutzwehr des Reiches, die Barbarei die einzige Garantie der nationalen Unabhängigkeit ist.

Auf diesen geschichtlichen Rückblick kehren wir nun zu unserem Gegenstande zurück. Der Tag des großen Empfanges seitens des Sultans ist hereingebrochen. Im Hause der Reisenden herrscht große Geschäftigkeit; die officiellen Mitglieder der Gesandtschaft legen ihre Uniformen an, die nicht-officiellen Frack, Claque und weiße Cravatte, als gings zu einem europäischen Ball und nicht zu dem farbigen, malerischen Aufzug, in welchem eine so barbarisch-geschmacklose Toilette, wie unser Gesellschaftsanzug, die denkbar kläglichste Rolle spielen muß. In der That, die Vermuthung war begründet. Kaum ist die Gesellschaft beim Thore hinaus und inmitten des Straßengewühls, als sich auch schon scheele Bemerkungen und heimliches Gelächter über die vier nicht-officiellen Nachzügler des Gesandtschaftszuges bemerkbar machen. Diese vier Nachzügler sind unser Autor, de Amicis, der Arzt der Expedition und die beiden Maler Biseo und Ussi. Mohammed Ducali reitet in ihrer Gesellschaft und so ist der Interpret bei der Hand. Was er berichtet, ist höchst charakteristisch: Das Volk hält die in unheimliches Schwarz gekleideten Herren mit der thurmartigen, scheußlichen Kopfbedeckung für die — Gerichtsvollstrecker (um nicht »Henker« zu sagen) der Gesandtschaft.

Auf dem weitläufigen Platze vor der Stadtmauer von Neu-Fez, wo die Gesandtschaft von Sr. scherifischen Majestät empfangen werden soll, treffen wir auf einen Theil der Garnison, etwa zweitausend Mann, welche uns Ehrenbezeugung leisten, indem jeder einzelne Soldat sein Gewehr präsentirt, wie er kann und wie er will. Hierauf legen wir eine Strecke zurück, passiren auf einer Brücke den Perlenfluß und gelangen so auf einen Platz, der von drei Seiten von den altersgrauen Zinnenmauern, auf der vierten offenen Seite von dem genannten Gewässer begrenzt wird ... Wir sind zur Stelle und werfen einen flüchtigen Blick auf die zwei großen, aus Generalen, Ceremonieren, Beamten, Edlen, Officieren und Dienern bestehenden Gruppen inmitten des Platzes. Sie sind in zwei Linien auf etwa dreißig Schritte von einander aufgestellt. Der Zweck dieser Aufstellung in ein Doppeltreffen, Front gegen Front, wird uns später klar werden. Wir bemerken hinter diesen beiden Abtheilungen den vollständig ausgerückten Marstall des Sultans und in einiger Entfernung einen Wagen, eine veritable Karosse, prächtig vergoldet, aber nur als Paradestück figurirend. Es ist ein Geschenk der Königin von England, das bei keinem feierlichen Empfange seitens Sr. scherifischen Majestät fehlen darf. Auch bei der, zwei Jahre nach der italienischen Gesandtschaft in Fez anwesenden deutschen war das Vehikel exponirt!

Im weiteren Umkreise stehen die weißgekleideten Garden des Sultans und in letzter Linie, vier flammendrothen Linien gleich, die Fußtruppen. Jenseits des Perlenflusses drängt sich das Volk in großer Menge zusammen, namentlich Weiber, die Augenzeugen dieses seltsamen Schauspieles sein wollen. Aber es ist auch für die Europäer ein Act von außerordentlicher Solemnität. Die ganze Situation ist so fremdartig, neu und abwechslungsreich, daß jeder der Anwesenden in den Anblick des Totalbildes versunken ist. Ja, sogar eine unleugbare Aufregung macht sich geltend, eingedenk der Thatsache, daß die Fremden hier des Repräsentanten einer Dynastie harren, deren Geschichte, wie wir gesehen haben, überall die blutigsten Spuren aufweist. Man darf daher auf die Erscheinung, die Persönlichkeit dieser Majestät, gespannt sein. Die Begegnung mit einem orientalischen Autokraten oder vollends mit einem Tyrannen vom Schlage der maghrebinischen Sultane, kann eben nicht verfehlen, die Phantasie in übermäßiger Weise in Anspruch zu nehmen.

Die Wahrheit aber bleibt hinter der Vorstellung weit zurück, wie wir sogleich erfahren werden. Alles ist bereit, die Aufstellung ordnungsmäßig bewirkt. Die Gesandtschaftsmitglieder haben sich derart postirt, daß sie jene Doppelreihe von Würdenträgern auf der dritten Seite, mit der Front gegen die Mauer, aus denen der Sultan mit seinem Gefolge hervorbrechen wird, hufeisenförmig abschließen. Der Gesandte nimmt einige Schritte vor den übrigen Mitgliedern Aufstellung, hinter diesen folgen die Geschenke und noch etwas weiter zurück die Escorte=Mannschaft. Die Aufstellung, welche einer strengen Vorschrift unterliegt, wird durch den Groß-Ceremonier bewirkt... Hierauf eine längere Pause, die plötzlich durch ein Gemurmel und dumpfes Geräusch unterbrochen wird, das von einer der Bastionen herüberdringt. Wir werfen einen Blick hin und gewahren hinter einer Anzahl vergitterter Fenster Frauenköpfe in unbestimmten Umrissen. Wir haben also auch weibliche Zuseher in nächster Nähe, offenbar die Frauen Sr. Majestät, die liberal genug ist, seinen geliebten Lebensgefährtinnen den Anblick von fremden Männern zu gönnen, die immerhin hübsch genug sind, um als mehr denn blos zur Schau gestellte Objecte gelten zu können. Dagegen geht unsere Neugierde ganz leer aus, denn man nimmt aus der Entfernung und hinter der Fensterumrandung absolut keinen Kopf, kein Gesicht wahr.

So vergehen weitere zehn Minuten, als plötzlich das ganze Lager in Bewegung geräth. Ein Brausen geht durch die Truppen, ein Farbenmeer wallt auf, da schmettern die Hörner, ertönen die Klänge eines Marsches und aus den Mauern ergießt sich ein neuer Menschenstrom auf den Platz heraus. Es ist das engere Gefolge des Sultans. Kaum wird dieser erblickt, so fallen die Garden, die Soldaten und die Mannschaften des Marstalls in die Knie und weithin braust's in tausendfachem Stimmenwechsel: »Gott beschütze unseren Herrn!« (nach L. Pietsch, der dieselbe Scene gelegentlich des Empfanges der deutschen Gesandtschaft beschrieben hat, lautet dieser Ausruf: »Gott verleihe dir Sieg über deine Feinde!«)... Der Sultan, auf prächtigem Schimmel, dessen grünes Zaum- und Sattelzeug von Goldbeschlägen und Juwelen funkelt, nähert sich langsam, steif, mit mäßig erhobenem Haupte. Seine ganze Gestalt ist von einem weißen Haïk mit übergezogener Capuze umhüllt, so daß man nicht einmal die Hände sieht. Hinter ihm folgt ein zahlreiches Cortège zu Fuß. An der rechten Seite schreitet ein Diener, dem ein ganz besonders delicater Dienst zufällt. Er hat nämlich über dem Haupte Sr. Majestät einen großen seidenen Schirm zu halten, und zwar derart, daß der Kopf und der Oberkörper allemal beschattet werden. Dieser Schirm ist das Symbol der kaiserlichen Autorität. Er ist auf seiner oberen Fläche mit rother, an seiner unteren Fläche mit blauer Seide ausgeschlagen und reich vergoldet. (Nach Pietsch oben roth und unten gleichfalls roth mit grünen Streifen, die vom Mittelpunkte radial und mit convergirender Begrenzung, nach der Peripherie des Schirmes auslaufen.) Der Griff ist etwa drei Meter lang; als Knauf figurirt eine große goldene Kugel.

Einige Schritte vor der Gesandtschaft hält der Sultan sein Pferd an. Wir müssen nachtragen, daß sämmtliche Theilnehmer an diesem Empfange noch vor dem Erscheinen des Sultans von ihren Pferden abgestiegen sind. So will es die Hofsitte. Als vor längerer Zeit der spanische Gesandte, bei Feststellung des Empfangs-

Ceremoniells, vor dem Sultan zu Pferde erscheinen wollte, weigerte sich derselbe, dies zuzugeben. Er meinte: Jeder europäische König empfange die Gesandten anderer Regenten sitzend auf seinem Throne; sein Thron aber sei das Pferd, sein Baldachin die Himmelsdecke. Natürlich fügte sich hierauf der spanische Gesandte

Ankunft im Absteigequartier. (S. 208.)

dieser Logik. — Während der Sultan stille hält, ruft der Ceremonienmeister: »Der Gesandte von Italien!« und der Aufgerufene nähert sich mit seinem Dolmetsch bis dicht an die linke Seite der Majestät. Diese macht nichts weniger als den Eindruck von einem Wilden, einem blutdürstigen Tyrannen. Von zarter Gestalt, feinen Gesichtszügen, mit großen freundlichen Augen und feingeschnittener

Nase, einen dünnen Bart als Umrahmung des leichtgebräunten Gesichtes, gleicht der Sultan einem hübschen, sympathischen Jüngling, wie sich ihn die Phantasie einer Odaliske nicht günstiger ausmalen könnte. (Diese Schilderung weicht von jener L. Pietsch's erheblich ab. Dieser beschreibt die »ideale Jünglingsgestalt« folgendermaßen: »Das gelbbraune, von kurzem schwarzen Bart und sogar von einigen verschont gebliebenen krausen Haaren an den Schläfen eingefaßte Gesicht des Sultans entbehrt nicht der Formenschönheit und Größe. Aber ein tief schmerzlicher, leidender Ausdruck weicht keinen Moment von der Stirn, den leise an der Nasenwurzel hinaufgezogenen Brauen, den tief eingesunkenen, großen dunklen Augen, deren glänzendes Weiß etwas von dem gelblichen Anhauch zeigt, der auf beginnende Leberkrankheit deutet.«) . . .

Die Conversation zwischen dem Gesandten und dem Sultan ist nicht sonderlich lebhaft, denn letzterer verharrt ununterbrochen in seiner idolenhaften Starrheit, die Augen auf den Kopf seines Pferdes geheftet. Auf ein freundliches »Willkommen« erkundigt sich der Sultan nach dem Verlauf der Reise, nach den verschiedenen Ehren-Escorten der Provinz-Gouverneure, und ob der Gesandte mit ihnen gut ausgekommen . . . »Ich bin — setzte er nach einer Pause fort — angenehm überrascht, daß der König von Italien eine Gesandtschaft zu dem Zwecke hierherbeschieden habe, um die alten Bande der Freundschaft, welche uns umschlingen, noch fester zu knüpfen. Ich verehre das Haus Savoyen, und ich habe immer mit großer Freude und Bewunderung die großen Fortschritte bewundert, welche sich unter dessen Herrschaft in Italien geltend machten. Im Alterthum war Rom-Italien das mächtigste Reich der Welt. Da zerfiel es in sieben Staaten. Meine Vorgänger waren Freunde dieser sieben Staaten; jetzt, da das Land vereint ist, schenke ich dem neuen Reiche dasselbe Maß von Liebe, wie meine Ahnen sie für die früheren italienischen Staaten hegten.«

Dieser Vortrag wurde etwas schleppend gehalten und war wiederholt von Pausen unterbrochen, so daß man den Eindruck gewann, als hätte ihn der Sultan zuvor einstudirt. Zu verwundern ist dies kaum, eingedenk der Thatsache, daß auch bei uns jede solche Ansprache zuvor memorirt werden muß, will der betreffende Monarch dieselbe nicht einfach vom Papier ablesen, was jedenfalls den Effect noch erheblich mehr schmälert, als eine noch so vorsichtig und stückweise gehaltene freie Ansprache . . . Im weiteren Verlaufe der Audienz sprach Se. scherifische Majestät seine lebhafte Befriedigung darüber aus, daß der König ihm sein Porträt geschickt habe. Er werde es — meinte jener — in seinem Schlafcabinete aufstellen, und zwar so, daß beim Erwachen der erste Blick es treffe, der erste

Gedanke bei seinem Urbilde sein müsse... Arme Favorit Sultanin!... Solche Porträtbilder scheinen dem Sultan überhaupt viel Freude zu bereiten: als zwei Jahre später der deutsche Gesandte neben anderen Geschenken auch das Bild des deutschen Kaisers präsentirte, gab Se. scherifische Majestät eine ähnliche Versicherung ab, wie zwei Jahre vorher an den Abgesandten Victor Emanuel's.

Nach einigen weiteren liebenswürdigen und, wie es den Anschein hatte, an richtig gemeinten Bemerkungen seitens des Sultans, überreichte der Gesandte seine Creditive und stellte dann die übrigen Mitglieder vor, zuerst die officiellen, dann die nicht officiellen. Er streifte nur flüchtig jeden Einzelnen, indem er in seiner idolenhaften Starrheit verharrte, da die Decorationen auf der Brust des Einen, dort die Uniform eines Anderen betrachtend. Den Arzt ließ er sich besonders vorstellen, blickte ihn eine Zeit lang unverwandt an, ohne ihn mit einer Ansprache zu beglücken... Damit war die Audienz an's Ende gelangt, und mit einem solennen, von einer anmuthigen Handbewegung begleiteten: »Der Friede sei mit Euch!« wendete er sein Pferd und der ganze Schwarm verschwand hinter der Zinnenmauer wie er gekommen. Das Volk, die Garden und Soldaten fielen wieder in's Knie und riefen: »Gott beschütze unseren Herrn!

Unmittelbar hierauf umdrängten die Würdenträger und Minister die Gesandtschaft, um sie zu beglückwünschen, daß der Empfang so gnädig und glänzend verlaufen. Auf allen Gesichtern malte sich freudige, festliche Stimmung. Sidi-Musa überbrachte überdies die Einladung des Sultans, in dessen Garten der Ruhe zu pflegen. Auf dies hin stieg Alles zu Pferd, durchritt den Paradeplatz bis zur Mauerpforte, welche in den erhabenen Bezirk des kaiserlichen Stadtviertels führt, und weiter durch enge, gewundene, im geheimnißvollen Halbdunkel liegende, von hohen nackten Mauern eingeschlossenen Gäßchen, über kleine Plätze, durch Höfe, unter hochspannenden Thorbögen, an Ruinen und unvollendeten Neubauten vorüber. Ueberall und allerorts stieß man auf Diener, Sklaven, Schildwachen oder Soldatentrupps. Das Ziel dieser geheimnißvollen Wanderung - der kaiserliche Garten — ist nichts weniger denn eine Merkwürdigkeit; de Amicis vergleicht ihn mit einem Klostergarten, wohl der hohen Mauern wegen, die ihn umschließen. In diesem Garten befinden sich zwei grüngedeckte Kioske und eine enorme Menge von Orangen-, Granat-, Maulbeer- und Feigenbäumen. Obwohl in diesem Asyle Vieles, namentlich die Blumenpflege, arg vernachlässigt ist, so meint L. Pietsch, der ihm eine kurze Beschreibung gönnt, gleichwohl, daß er ein anmuthiger, stiller, weltentrückter Zufluchtsort sei, aber in allen Einrichtungen dürftig bis zur Armseligkeit, wie ein deutscher provinzialer Wirthshausgarten in alter Zeit.

Ein Thor in Fez.

Mit der feierlichen Audienz haben die Ereignisse ihren Höhepunkt erreicht, und alle anderen Zerstreuungen und Vorfallenheiten treten, was unmittelbares Interesse anbelangt, tief in den Schatten zurück. Die »ehrenvolle Gefangenschaft«, in der wir uns befinden, bringt ohnedies wenig Abwechslung, und die Langeweile müßte uns unfehlbar niederdrücken, gäbe es nicht gütige Seelen, welche uns des Lebens Einerlei versüßten. Zu diesen gehören in erster Linie die verschiedenen Würdenträger, die es der Reihe nach auf Attentate, zum Glück nur auf solche, die einzig nur unsere Magen treffen können, abgesehen haben. Jeden Tag giebt es officielle Einladungen, opulente Mahlzeiten bei Wasser und Limonade, Stunden der Conversation, des gegenseitigen Ausgussens und Ausharrens. Diesmal ist es der Großvezier, der uns zu sich bittet. Ein Bote tritt ein, und nachdem er vom Gesandten empfangen worden ist, entledigt er sich mit Stolz und Würde seines delicaten Auftrages... Der Großvezier Taib Ben Jamani Boascherin bittet den Gesandten von Italien und seine Begleitung, heute bei ihm speisen zu wollen... Der Gesandte dankt... Der Großvezier Taib Ben Jamani Boascherin setzt der Bote fort bittet den Gesandten und seine Begleiter, sowohl Gabeln und Messer, wie auch ihre eigenen Diener mitzubringen, damit diese bei Tisch ihres Amtes walten könnten.«

Wir begeben uns mit hereinbrechendem Abend nach der Wohnung des Gastgebers, Alle im schwarzen Gesellschaftsanzuge, mit weißer Cravatte und dem unvermeidlichen Claque. Der Weg bis dahin ist einer von jenen, welche geeignet sind, die Geduld des hartgesottensten Phlegmatikers, die Ausdauer des zähmsten Maulthieres zu erschöpfen. Winkelwerk in allen Richtungen, enge Zugänge oder stinkende Löcher, finstere Gassengewölbe, Ruinen, Schutt, Schmutz, ein Thor um's andere u. s. w. Endlich sind wir zur Stelle. Wir steigen von unseren Maulthieren und treten in einen weiten rechteckigen Hof mit Bodenfliesen und ringsum laufenden Arcaden, daran die uns wohlbekannte Zier von Stuckornamenten und grünen Malereien. Eine Anzahl von Springbrunnen verursachen in dem nicht allzu hellen Raume ein Geräusch als ob es regnete. An einer der beiden Seitenpforten, von denen jede in ein anderes Gemach zu führen scheint, empfängt uns der Herr des Hauses. Er ist in Gesellschaft von zwei alten Mauren, dessen Verwandten, und einer Schaar von Dienern.

Es folgen die üblichen Begrüßungen und hierauf postirt sich seine Excellenz mit untergeschlagenen Beinen auf einen an der Wand hinlaufenden Divan, oder richtiger Matratze, von der er den ganzen Abend nicht mehr fortrückt. Wir haben daher vollauf Gelegenheit, den Gewaltigen uns genauer anzusehen. Er ist ein Mann von ungefähr fünfundfünfzig Jahren, von regelmäßigen Körperformen und lebhaftem Temperamente. Was an dieser Erscheinung stört, das ist sein lauernder Blick, hinter dem sich Etwas birgt, welches die ganze Persönlichkeit keineswegs zu einer sympathischen macht... Zwischen der Excellenz und dem Gesandten entspinnt sich alsbald eine lebhafte Conversation, welche sich zunächst um das Thema der Ehe bewegt. Der Großvezier bedauert nämlich, daß sein Gast unverheiratet und in Folge dessen ohne Gattin in Fez erschienen sei. Er wünschte, daß alle Gesandten der europäischen Regenten verheiratet wären und ihre Frauen mitbrächten, um sich mit diesen zu unterhalten. Dazu bemerkte er weiter, daß der englische Gesandte seine Tochter mitgebracht habe und diese sich in seinem Hause und überhaupt in Fez vortrefflich befunden und gut unterhalten habe.

Die Unterhaltung ist auch sonst nicht sonderlich geistreich. Bald hierauf setzen wir uns zu Tische, den unsere Escortesoldaten gedeckt und hergerichtet haben. Ein Diener des Hauses stellt drei Leuchter mit dicken, farbigen Wachskerzen darauf und das Service, Eigenthum des Großveziers. Nicht zwei Teller sind gleich; es giebt große und kleine, weiße und gemalte, solche der feinsten und der ordinärsten Gattung; als Servietten figuriren Wolltücher von verschiedener Größe, die meisten unregelmäßig und derart schlecht beschnitten, daß man der Meinung wird, das letztere sei erst unmittelbar vor dem Diner geschehen. Das Menu bedarf keiner näheren Beschreibung; es ist dem Leser von der vorangegangenen officiellen Abfütterung beim Kanzler her wohlbekannt. Dreißig volle Schüsseln, die Teller mit dem Back=werk ungezählt! Da die schwer verdaulichen Speisen ohne Nachhilfe des Weines bald widerstehen, läßt der Gesandte auf dem Wege über den Dolmetsch und den Leibsoldaten Selam Se. Excellenz fragen, ob er etwas dagegen habe, wenn er Champagner bringen lasse. Es wird hin und her geflüstert und endlich erfährt man, daß der Großvezier dagegen nichts einzuwenden hätte, er gebe aber zu bedenken... der Mangel an Becher... dann, so ganz öffentlich... der Geruch... die Neuheit der Sache...

Genug, wir verstehen. Wir begnügen uns also mit dem vorhandenen unedlen Naß und begrüßen mit ungeheuchelter Freude das Ende des Mahles. Während der Gesandte eine neue Conversation mit dem Großvezier anknüpft, schleichen wir uns aus dem Saal und besichtigen das große Nebengemach. Hier sehen wir unseren Kaid und seine Officiere sich gütlich thun in Gesellschaft der Secretäre Sr. Excellenz. Alle Fenster, welche in den Saal herabsehen, sind von Frauen und Kindern besetzt. Ja, wir werfen sogar einen flüchtigen Blick durch eine halbgeschlossene Thür in einen hellerleuchteten Raum, in welchem die Frauen und Concubinen des Groß=veziers im Kreise versammelt sind — ein wahrer Zauberkreis. Wie dienstbare Geister einer anderen Welt huschen die Sklavenjungen und Mädchen durch mehrere Pforten hin und her, ohne daß man einen lauten Tritt, ein lautes Wort hörte. Elfen können nicht geheimnißvoller, nicht discreter ihres Amtes walten. Aber die Medaille hat auch ihre Kehrseite. An einer der Säulen sehen wir eine Knute hängen und einer der Sklavenjungen, den wir über den Zweck dieses Instrumentes befragen, giebt uns die lakonische Antwort: »Damit prügelt man uns.«...

Es ist Nacht, als wir aufbrechen. Eine undurchdringliche Finsterniß liegt über der Stadt, und kein Talisman würde uns aus diesem Labyrinthe führen, wäre uns nicht eine große Zahl von Dienern mitgegeben, welche mit Laternen, vorne, in der Mitte zwischen uns und hinter uns einherschreiten und den halsbrecherischen Pfad nach Möglichkeit beleuchten. Die Todtenstille ringsum berührt seltsam. Auf den erdfahlen oder schmutzigweißen Mauern strecken und recken sich gespenstisch unsere Schattenbilder und über den lehmigen Boden zucken grelle Lichtflecken. Nach längerer mühseliger Wanderung halten wir endlich stille... Was giebts? Die ganze Colonne geräth in's Stocken. Wir befinden uns an einem jener zahlreichen Thore im Innern der Stadt, welche die einzelnen kleinen Quartiere, oft einzig nur eine Gasse von der anderen absperren. Wächter giebt es nicht, und wer die Sperre versäumt, kann am nackten Straßenboden übernachten. Unsere Escorte Mannschaft macht aber kurzen Proceß, und alsbald wettern ihre Gewehrkolben gegen die morschen Thorflügel. Es währt eine Zeit, dann brechen sie krachend zusammen und durch die Bresche ziehen wir wie triumphirende Sieger in unser Heim ein. Hier leistet uns noch die scharlachrothe Ehrenwache — welch' phantastische Gestalten im grellrothen Laternenlichte! — ihre Ehrenbezeugung. Es ist der letzte Act einer wunderlichen Phantasmagorie, welche wir »Ein Abend im Hause des Großveziers in Marokko« betiteln möchten...

Den nächsten Tag empfängt Se. scherifische Majestät den Gesandten in Privat-Audienz. Sie findet in einem großen, gefängnißartigen Saale mit nackten, schmucklosen Wänden statt. Als einzigen Schmuck sieht man eine große Anzahl von Wanduhren von allen Größen, allen Formen, theure und schlechte Waare. Der Sultan hat in einer Nische auf meterhohem, hölzernem und gänzlich schmucklosem Thronsessel mit untergeschlagenen Beinen Platz genommen. Seine Gestalt ist ganz und gar von einem weißen Haïk eingehüllt, selbst die Hände. Wie ein indisches Götzenbild kauert er in seiner Nische, die müden Augen vor sich geheftet. Anwesend ist der »Staatskanzler« Sidi-Musa, dann der Gesandte und sein Dolmetsch. Der Gesandte nimmt in einiger Entfernung auf einem Sessel, den man ihm zu diesem Zwecke bereithielt, Platz; das Zeichen zum Niedersetzen erfolgt vom Sultan selbst. Se. scherifische Majestät spricht langsam und scheint jedes Wort wohl zu überlegen. Dabei macht sie nicht die geringste Bewegung. Ob Alles, was sie sagt, ihrer inneren Ueberzeugung entspricht, mag dahin gestellt bleiben. Einem europäischen Ohre klingt es aber immer angenehm, wenn ein orientalischer Despot über die Nothwendigkeit von Reformen und der Anbahnung des Fortschrittes spricht. Muley Hassan spricht über Handel und Verkehr, über Industrie,

Verträge und stellt überdies dazwischen mancherlei Fragen. Nach ceremoniösen, man möchte sagen: einschläfernden Wechselgesprächen neigt der Sultan leicht die Stirne und die Audienz ist zu Ende...

Wir verbringen nun Tage um Tage in strengster Zurückgezogenheit. Zwar fehlt es in unserem Heim nicht an Abwechslung aller Art. Wir erklimmen die Dachterrasse des Palastes, an deren Rande eine überhohe Brustwehr läuft, so daß wir weder einen Ausblick genießen, noch ein Einblick von einer benachbarten

Leichentransport. (S. 212.)

Terrasse möglich ist. In der Brustwehr aber ist ab und zu ein kleines Fensterchen — eine Schießscharte möchten wir sagen — eingeschnitten und durch diese schmale Ritze entrollt sich eine neue Welt vor unseren Blicken: Alle Dachterrassen — der gewöhnliche Tummelplatz der marokkanischen Frauen — sind von Haremsinwohnern, Weibern, Mädchen, Dienerinnen und Kindern, dicht besetzt. Es ist ein Farbengewoge, ein Schäkern und Lachen, ein Jauchzen und Kichern in ununterbrochener Folge und entzückender Abwechslung von Terrasse zu Terrasse bis in weite Ferne, wo das Auge nur mehr helle und farbige Pünktchen zu erkennen vermag und der

Hof eines Hauses in Fez. (S. 208.)

Schall der Stimmen leise auszittert. Steigen wir wieder hinab und sehen wir nach, was es unten Neues giebt. Eben sind die Maler von einer Excursion eingetroffen. Sie hatten, trotz der ihnen beigegebenen Escorte, harte Arbeit. Neugierige drängten massenhaft hinzu und die Stöcke der Soldaten mußten in Action treten. Einer der Fanatiker hetzte sogar die Menge auf und meinte: die Moscheen würden nur deshalb abgezeichnet, damit gegebenen Falls ein feindliches christliches Heer sie sofort herausfinde und zusammenschießen könne. Aber auch daheim haben die Künstler einen schweren Stand. Kein Mensch will sich abconterfeien lassen; dabei ist die Geringschätzung seitens der braven braunen Kunstverständigen so groß, daß sie den Vicekönig von Aegypten für einen Narren erklären, als man ihnen erzählt, er habe ein Bild von Meister Ussi (einer der Maler der Expedition), welches den Auszug der Mekka-Karawane aus Kairo darstellte, mit fünfzehntausend Thaler bezahlt ...

Das ist aber noch nicht das Aergste. Verlangt man nach einem arabischen Buche, so sehen uns die Leute erstaunt an und sagen: In Fez habe Niemand ein Buch. Es möge wohl der Eine oder der Andere eines besessen haben, in welche Hände es aber mit der Zeit gelangt, sei unbekannt. Zeitungen giebt es keine. In Fez giebt es nur einen einzigen Abonnenten einer solchen, und das ist der Sultan, der sie aus Algier zugeschickt erhält.

Wir müssen uns also die Zeit, so gut es eben geht, mit Zerstreuungen aller Art ausfüllen. Wir spielen Schach und widmen uns dem Gesange, plaudern mit Besuchern, mit Kranken, die den Doctor bis hierher verfolgen, mit den Bazarhändlern, welche ihre Schätze feilbieten, mit den jüdischen Schönen, die uns Blumensträuße bringen u. s. w. Wir haben auch eine Wäscherin unter uns, das einzige weibliche Wesen, mit dem wir verkehren. Aber ihre Kunst ist nicht weit her, was begreiflich, da in ganz Fez keine Plätte anzutreiben ist. Wer mag eine solche besitzen? Vorhanden mag sie vielleicht sein, aber sie ausfindig machen, ist unmöglich.

So geht es auch mit anderen Dingen. Die Leute erzählen, es sei in Fez auch ein Piano vorhanden. Man erinnere sich noch der Zeit — es ist schon einige Jahre her — da man es zum Stadtthore hereingeschleppt, aber wohin es gelangt, in wessen Besitz es sich befindet, darüber kann Niemand Auskunft geben. Von dem einzigen in Fez vorhandenen Wagen, jenem des Sultans, wissen wir, daß er nie zum Fahren, sondern nur als Paradestück benützt und gleich den vier Geschützen, welche Se. scherifische Majestät besitzt, bei festlichen Anlässen, die der Sultan mit seiner Anwesenheit beehrt, zur Schau gestellt wird.

Nach einiger Zeit werden uns die Mauern zu enge und wir entfliehen in's Freie, natürlich unter militärischer Bedeckung. Es geht zunächst durch das Weichbild der Stadt, wo wir die Leute nach der Scheibe schießen lassen, damit sie die Prämie, die wir ausgesetzt, gewinnen. Aber diese sind mit der Handhabung der Revolver nicht vertraut, und so gelangt der Geldbetrag zur Vertheilung an Alle. Eine Bäuerin, von der wir einen Krug Milch käuflich erworben haben, nimmt das Geld mit nach rückwärts gewendeter Hand, wobei sie uns den Rücken kehrt, in Empfang und entfernt sich dann rasch, um in einem Augenblicke, da sie sich unbemerkt glaubt, den Krug an einem Felsblocke zu zerschmettern.

Uns berührt dieser Zwischenfall wenig, und ohne ihn weiter zu beachten, schreiten wir weiter. Unser Ziel ist der steile, felsige, kegelförmige Zalag (Salar schreibt Pietsch), der höchste Berg im Bereiche von Fez. Nach einer Stunde mühseliger Kletterarbeit, wobei wir der ausgiebigsten Unterstützung seitens unserer Begleiter bedürfen, erreichen wir den circa dreitausend Fuß hohen Gipfel, von dem aus wir eine ungemein großartige Rundsicht genießen: fern im Süden die blauen Silhouetten des großen Atlas mit allen Zwischenformen, die er gegen Fez und Meknez vorschiebt; im Nordwesten der Sebu mit seinen Zuflüssen, südlich davon die weite, unübersehbare herrliche Culturebene von Fez, und fern im Norden die Thaleinsenkung von Teza mit der gleichnamigen Festung einschließlich des romantischen Rif-Gebirges im äußersten Hintergrunde.

Wir genießen geraume Zeit dieses herrliche Bild, das uns einen großen Theil von Nord-Marokko wie auf einem riesigen Reliefplane vorführt, und begeben uns hierauf wieder heim in unsere alte — Gefangenschaft. Vielleicht plant in diesem Augenblicke einer der Würdenträger von Fez einen neuen Anschlag auf unsere Verdauungsorgane. Wir haben bisher beim Kanzler und beim Großvezier dinirt, beim Kriegsminister gefrühstückt, und wissen nun, daß die Kraft dieser Herren in ihren Mägen liegt.

Beim Kriegsminister vollends haben wir einige Stunden der heitersten Zerstreuung auf wackeligen Stühlen und bei defectem, mitunter schäbigem Service genossen. Dort hatten wir auch einen Lauscher, einen hochgewachsenen Ehrenwächter in Zuaven-Uniform, der zwar wie eine Bildsäule an der Wand postirt war, von dem aber der Dolmetsch vermuthete, er könnte, als geborener Tunisier, das eine oder das andere Wort, welches natürlicherweise die herbste Kritik unserer pitoyablen Situation ausdrückte, verstehen. Armer Kriegsminister, wenn er unseren Tadel erführe! Aber der rothe Recke scheint stumpf und taub zu sein und so scherzen wir lustig darauf los.

Das Frühstück war zu Ende. Wir erhoben uns, nahmen Abschied von dem liebenswürdigen Gastgeber und defilirten an dem Tunisier vorüber. Dieser aber lächelt verschmitzt und lispelt in tadellosem Italienisch: Signori, stiamo bene!

»Ah, Mordkerl!« schreit einer der Maler.

Der Tunisier aber war spurlos verschwunden...

*　*　*

Wie jede größere marokkanische Stadt, hat auch Fez sein eigenes Juden Quartier — »Mella« (Mellha) genannt. In der Mella von Fez sollen dreitausend Juden hausen, ein geschäftiges, fleißiges, wohlhabendes Völkchen, aber gründlich verachtet von seinen moslimischen Mitbewohnern. Wenn schon die Sultansresidenz ein abschreckender, verwahrloster, ruinenhafter Kehrichthaufen ist, so gilt dies für die Mella im superlativen Sinne. Es sind enge, mit tiefen Löchern versehene Gassen, mit Bergen von Unrath, die selbst vor den Hausthüren die Passage stören. Ein unbeschreiblicher Gestank brütet in dieser Riesencloake. Aber die Leute selbst sehen gut und freundlich aus, die Frauen und Mädchen sind von der Natur aus mit körperlichen Reizen überreichlich bedacht, ihre Tracht ist reich, Schmuck besitzen sie im Ueberflusse. Während unseres Besuches in der Mella drängen deren Insassen von allen Seiten auf uns ein und wir haben Noth, uns der Kinder zu erwehren, welche unsere Hände küssen wollen. Die großen, klugen und schönen Augen der Frauen funkeln in fascinirender Gluth und ihr Lächeln, wenn sie uns ein freundliches »buenos dias« zurufen, ist geradezu bezaubernd. Das ganze Viertel ist in Aufregung, und als wären wir ihre langersehnten Erlöser, überschütten sie uns mit Glück- und Segenswünschen.

Gelegentlich eines Empfanges einer Juden-Deputation im Palaste der Gesandtschaft erfahren wir mancherlei Details über die Stellung dieser Paria von Marokko, über die harte Existenz und die Demüthigungen, die sie ununterbrochen erdulden müssen. Außerhalb der Mella darf kein Jude und keine Jüdin mit irgend welchem Schuhwerk an den Füßen sich blicken lassen. Wie sie die erste Gasse der mohammedanischen Stadt betreten, müssen sie die Pantoffel abstreifen und bloßen Fußes umhergehen. Es ist aber kein stolzes, kein selbstbewußtes Einhergehen. Scheu schleichen sie durch die engen Gassen, zwischen den dichten Gruppen ihrer feindlichen Mitbewohner hindurch, jeden Anlaß zu unliebsamen Zwischenfällen vermeidend. Alle Verachtung, die man ihnen seit undenklichen Zeiten angedeihen ließ, hat indeß nicht vermocht, das zähe Völkchen niederzudrücken. Sie sind, wie anderwärts in der Welt, die Seele aller einträglichen Handelsgeschäfte, und in mancher Hinsicht sowohl dem Lande, wie der übrigen Bevölkerung unentbehrlich. Aus diesem Grunde existirt für sie eine gesetzliche Bestimmung, nach der ihnen die Auswanderung versagt, den Mädchen die Schließung von Ehen außer Landes strenge verboten ist. Von den Sultanen hatten sie jederzeit weniger zu leiden, und wenn sie ihre Geldgeschenke, zu deren Leistung sie an gewissen hohen Festtagen verpflichtet waren und noch immer sind, bewirkten, ließ man sie von allerhöchster Seite meist ungeschoren. Ja, hin und wieder traf es sich, daß ein liberaler Sultan, wie beispielsweise Sulejman, ihnen aufhelfen wollte und die Erlaubniß ertheilte, daß sie Schuhe auch außerhalb ihres Quartieres tragen durften. Die Ausführung dieser Erlaubniß scheiterte aber an dem Fanatismus der Mauren, welche über die Juden herfielen und sie durchprügelten oder massakrirten. Schließlich mußten sie selber den Kaiser bitten, die Erlaubniß zu annulliren.

Ein Uebelstand, der auf die Moralität und den Familiensinn nur schädigend wirken kann, sind die Frühheiraten unter den Juden. Bräute mit zehn, neun, ja acht Jahren (!) sollen nichts Seltenes sein. Frauen im durchschnittlichen Alter von zwölf Jahren giebt es die schwere Menge, und wenn eine Mutter darüber klagt, daß eine ihrer Töchter, wie wir zu sagen gewohnt sind: »sitzen geblieben« ist, da ist man sehr verwundert, eine solche »alte Jungfer« vor sich zu sehen, die kaum das — vierzehnte Lebensjahr überschritten hat. Indeß versichern die Leute, daß jene Frühheiraten weder auf das physische Gedeihen, noch auf die Moralität verderbliche Rückwirkungen ausüben. Von dem ersteren werden wir vollkommen überzeugt, wenn wir die Menge prächtiger Frauengestalten und wohlgeformter, physisch gesunder Jünglinge betrachten. Was die Moralität anbetrifft, so behalten die jungen Gatten oft viele Jahre noch ihren kindlichen Sinn, spielen miteinander wie die Kinder, und unterwerfen sich willig der Autorität ihrer Eltern oder Schwiegereltern. Unerquickliche, häusliche Scenen sollen unbekannt, geschlechtliche Ausschreitungen nie vorkommen. Macht man die Leute dennoch auf all' die abschreckenden Bedenklichkeiten aufmerksam, so sind sie zunächst höchlich erstaunt darüber und weisen schließlich jede derartige Beleidigung mit Entschiedenheit und mit dem vollen Bewußtsein, Recht zu haben, zurück ...

Die gründlichste Mißachtung von Seite der Mauren genießen neben den Juden auch die Renegaten. Ihre Zahl ist nicht groß, man schätzt alle im Kaiserreiche sich befindlichen Apostaten auf circa dreihundert Seelen. Meist sind es Leute, welche durch irgend eine Schandthat in ihrer Heimat sich unmöglich gemacht, oder die vollends den Armen der Gerechtigkeit, die sie bereits umfaßt hatten, entschlüpften. Die spanischen Galeerensträflinge stellen das größte Contingent. Natürlich ist es diesen Leuten unmöglich, in ihre Heimat zurückzukehren, obwohl sie im Laufe der Jahre eine gewaltige, kaum zu unterdrückende Sehnsucht dahin erfaßt. Nachdem sie Jahre lang ihrem alten Glauben den Rücken gekehrt haben, ohne in dem neuen, in dem sie nur flüchtig das Formenwesen sich aneignen, Ersatz zu finden, beginnt bei den Unglücklichen, die ja als Spanier die christliche Frömmigkeit mit der Muttermilch eingesogen haben, die Folter der Gewissensbisse und ihre ganze Existenz wird haltlos und schaal. Mancher von diesen Bedauernswerthen würde gerne seine zehn oder mehr Jahre Kerkerstrafe absitzen, wenn er Aussicht hätte, auf heimatlicher Erde die letzten Augenblicke seines Lebensabends zuzubringen.

Besser ist es mit jenen Renegaten bestellt, die ein abenteuerliches Leben in die marokkanische Wildniß verschlagen hat. Die Reisenden machten mit einem solchen Abenteurer, einem Franzosen, der in algerischen Diensten gestanden und den Dienst einfach nur seiner Einförmigkeit halber aufgegeben haben will, vorübergehende Bekanntschaft. Er bekleidete, wie Viele seines Kalibers, eine militärische Charge und hatte ein höchst abstoßendes, herausforderndes Wesen. Für ihn war Marokko das einzig wahre Eldorado auf dieser Welt, ein Land mit dem besten fürsorglichsten Herrscher, mit einem braven Volke. Für Alles, was außerhalb dem Kaiserreiche vorgehe, versicherte er, nicht das geringste Interesse zu haben. Selbst seine engere Heimat habe er vollkommen vergessen, er scheere sich um nichts, was in Frankreich vor sich gehe. Als de Amicis ihn frug — fünf Jahre nach dem deutsch-französischen Kriege! — ob er von diesem Weltereignisse nichts vernommen habe, antwortete er trocken: »Nicht ein Wort.« Seine einzige Frage war, wer in dem Kampfe gesiegt habe und als es hieß, die Preußen, zuckte er gleichgiltig die Achseln und meinte: »C'est égal... je n'ai plus de patrie... ça ne me regarde pas...«, und empfahl sich...

Von einem anderen Renegaten weiß unser Reisender zu erzählen, daß er ein Deutscher von Geburt war und auf Grund seiner mechanischen Fertigkeit einen Capitänsposten erhielt. Der Mann war seinerzeit aus Algerien nach der Oase Tafilet geflüchtet, wo er zwei Jahre verblieb, die Landessprache erlernte und hierauf nach Fez übersiedelte, wo seine Kunstfertigkeit zu Ohren des Sultans drang. Seine Besoldung betrug circa vierzig Kreuzer unseres Geldes, also wesentlich mehr, als sonst ein marokkanischer Capitän zu erhalten pflegt. Es erhalten nämlich per Tag, und zwar: die gemeinen Soldaten fünf Kreuzer, die Oberofficiere fünfundzwanzig bis dreißig. Gehalte bis zu zwei Francs täglich sind das höchste Ausmaß, und kommt ein solches nur höchst selten vor. Alle Renegaten sind gezwungen, gleichzeitig mit dem Uebertritte zum Islam einheimische Mädchen oder Frauen zu heiraten, die im Bedarfsfalle vom Sultan selber zur Disposition gestellt werden. Auch übernimmt dieser die Kosten der Ausstattung und der Hochzeitsfeierlichkeiten. Diese Ehen sind aber fast immer unglücklich, denn auch der eigenen Frau, ja selbst den Kindern gegenüber bleibt der Gatte der mißachtete und verhöhnte Renegat...

Eine Straße in Fez.

Wie man sieht, fördert ein Aufenthalt in Fez Erscheinungen und Thatsachen zu Tage, die jeden Reisenden, abgesehen von der ganzen übrigen trostlosen Situation, arg herabstimmen. Das Land ist eine Hölle, ein Gefängniß. Selbst das ungewohnte Klima, oder nennen wir es die Luft, hat seine bösen Einwirkungen. Der Kopf wird schwer, die Zunge lallend, das Blut aufgeregt, die Körperkraft erheblich herabgedrückt.

Man schleicht wie ein Träumender umher und fühlt eine ungeheuere Leere rings um sich. Alles lastet mit Centnergewichten auf uns, die Empfindung wird abgestumpft, das Denken zur Plage, ja selbst das Sehen und Beobachten zu einer mühevollen Arbeit. Nach einigen Tagen fühlt sich die ganze Reisegesellschaft krank und elend. Wie nie zuvor sehnt jeder Einzelne in seine Heimat sich zurück,

Pantoffelhändler.

und für den Anblick eines europäischen Frauenzimmers, wär's aus noch so großer Entfernung, für den Klang einer Glocke, für den Genuß der Lectüre eines Maueranschlages gäbe man alle marokkanische Seligkeit hin ... Nichts als schwarze, unheimliche Gesichter ringsum, fremdartige Erscheinungen, elendes Barackenwerk, feindselige Weiber, welche mit den Fäusten drohen, oder sich, wie es mit einem der Maler sich zutrug, mit Katzengeschwindigkeit in unsere Schulter einkrallten und den »Christenhund« verfluchen: eine fremdartige, aber anwidernde Welt, die zu umfassen, zu durchdringen, verstehen zu lernen, nicht tausend Augen genügen würden.

Diese desperate Stimmung erreicht an einem Regentage ihren Gipfel. Welch' niederdrückendes Bild! Die Straßen sind zu Bächen, die Höfe zu Seen, die öffentlichen Plätze zu Sümpfen geworden. Alles und jedes Ding hat den fahlen Erdton des Straßenkothes, der die Dinge förmlich inkrustirt. Hinter dieser Kruste verschwindet das Fell der Hunde, die durch die Kloaken waten, verschwinden die nackten Beine der Fußgänger und Pferde. Aber von diesen selbst giebt es wenige in den Straßen der Stadt, die den Eindruck macht, als wäre sie eine Stunde vorher von ihren Bewohnern verlassen worden. Alle Terrassen sind entvölkert und die Todtenstille wird nur unterbrochen von dem unerträglichen, einförmigen, ertödtenden Geplätscher des niederfallenden Regens. In unserem Heim brüten wir stundenlang in's Leere und sind dem Verzweifeln nahe. Draußen rauscht das nasse Element — im grauen Nebel sieht man die Orangen- und Citronenkronen triefen; aller Vogelsang ist verstummt. Der Eindruck solcher Trostlosigkeit schnürt uns das Herz zusammen. Und in diese melancholische Stimmung schleicht sich ein seltsames Bild. Wir schweifen im Geiste in die zurückgelegten Landschaften hinaus, und erinnern uns jenes armen Teufels, der den Courierdienst auf der langen Strecke zwischen Tanger und Fez besorgt. In diesem Augenblicke steht er vielleicht an einem der hochangeschwollenen Ströme, dessen Fluth ihm das Leben kosten kann, wenn er frei durchschwimmt. Aber die Zeit drängt, die Verantwortung fordert die That. Der arme Teufel springt in die Wellen, welche er mit gewaltiger Anstrengung bekämpft und zwischen den zusammengepreßten Zähnen hält er die Ledertasche fest, welche vielleicht den Brief enthält, den wir einige Tage vorher an unsere Lieben daheim abgesendet haben...

Die Zeit schleicht dahin mit bleierner Schwerfälligkeit, das Wetter bessert sich, und nun giebt es wieder einige Abwechslung. Ein Kranker wird vorgeführt, der die Hilfe des Arztes der Expedition anruft. Er ist mit dem grauen Staar behaftet, den er operirt sehen möchte. Eine förmliche Menschenfluth drängt mit ihm in den Hof des Palastes herein und postirt sich sehen und schweigend ringsum. Eine andere Menschenmasse harrt draußen auf der Straße mit fieberhafter Ungeduld dem Ausgange der Operation. Als der Kranke sich derselben unterziehen soll, wird er einen Augenblick lang schwankend, doch schließlich nimmt er resignirt Platz... Die Freunde und Verwandten, die ihn hieher begleitet, stehen unbeweglich wie die Götzenbilder und harren des Wunders. Die Weiber halten sich umschlungen, die Kinder klammern sich an die Kleider ihrer Mütter, Alles lauscht mit geöffneten

Lippen und großen neugierigen Augen. Der Arzt macht sich an's Werk — die Operation gelingt. Mit dem ersten Lichtstrahl, der in das gerettete Auge fällt, läßt der Geheilte einen Freudenjauchzer erschallen und sinkt vor dem Wundermann in's Knie... Blitzschnell hat sich der Erfolg in der ganzen Stadt verbreitet und in den nächsten Tagen ist der Arzt so glücklich, eine Einladung in das Harem des Großscherifs Bakali zu erhalten, damit der die Kranken unter dessen Frauen untersuche...

Nach solchen und mancherlei ähnlichen Beobachtungen drängt sich uns unwillkürlich die Aufgabe auf, das Räthsel, welches diese seltsame Rasse darstellt, zu lösen. Welche Stellung sie gegenüber den Christen, zumal den Europäern einnimmt, haben wir bereits in dem einleitenden Capitel auseinandergesetzt. Zu den unliebsamen historischen Erinnerungen gesellt sich dann die verhängnißvolle Erziehungsmethode. Schon in frühester Jugend wird den Kindern in den Koranschulen der Haß gegen die »ungläubigen Christenhunde« eingeimpft. Diese Doctrin erstreckt sich auch auf den äußeren Verkehr mit den Fremden und die altgläubige, strengorthodoxe Phalanx würde am liebsten jede Verbindung mit den Europäern lösen, da sie wohl weiß, welch' schädigenden Einfluß sie auf das Land, den Glauben und die Macht des Sultans ausübt. Es entgeht diesen Eiferern nicht, daß Tanger bereits zum Vorposten der fremden Macht und des fremden Einflusses geworden ist, daß derlei Vorposten sich von Jahr zu Jahr vermehren und heute bereits alle Küstenstädte am Atlantischen Ocean besetzt halten. Für Jene handelt es sich bei den verschiedenen Gesandtschaftsreisen weniger um Höflichkeitsacte und um die Ueberbringung von Geschenken, denn vielmehr um das Recht, officiell im ganzen Lande umherspioniren zu dürfen, von Allem und Jedem Kenntniß zu nehmen, Alles aufzuzeichnen, zu notiren, Beobachtungen anzustellen u. s. w. Auf diese Weise soll das Terrain vorbereitet werden, um die nachfolgende Action zu erleichtern. Alles an uns erscheint ihnen verdächtig: unser Geschäftsgeist, unsere Neugierde, das unsinnige Geschäft des Schreibens und Zeichnens, die Handhabung des Feldstechers und anderer zum täglichen Gebrauche nothwendigen, den Barbaren aber unverständlichen Geräthe. Von unserer Heimat, oder von Europa überhaupt, haben sie zwar, wie es in der Natur der Sache liegt, keine rechte Vorstellung; aber von Einem sind sie durch und durch überzeugt: von unserer Macht. Was sonst im Abendlande vorgeht, dünkt ihnen nicht mehr und nicht weniger, als eine betäubende babylonische Verwirrung, welche dem alleinigen Gotte der Rechtgläubigen ein Gräuel ist... — Solche, von Haß und Fanatismus, aber auch von Furcht eingegebene Vorstellungen halten Schritt und Tritt mit der geistigen Inferiorität dieser Rasse. Die arabische und türkische Rasse bringt auch heute noch manchen bedeutenden Mann hervor, während die maurische in dieser Richtung als völlig unfruchtbar sich erwies. Wir haben hierbei selbstverständlich nur unsere Zeit vor Augen. Der Maure hat wenig geistige Anlagen. Man vermißt solche selbst in den höchsten Sphären, und daß die marokkanischen Großwürdenträger mit türkischen oder ägyptischen keinen Vergleich aushalten, darüber muß sich der Leser des Vorstehenden selber ein verneinendes Urtheil verschafft haben. Keine orientalische Regierung ist aus ähnlichen Ignoranten zusammengesetzt, wie die marokkanische. Dabei aber verfügen diese Halbwilden über die diplomatische Kunst aller Orientalen, jeden officiellen Verkehr gewissermaßen resultatlos zu machen. Wenn beispielsweise der Staatskanzler mit einem europäischen Vertreter unterhandelt, dann bedarf es seitens des letzteren ungewöhnlicher Geduld, den Faden der Verhandlungen festzuhalten. Es vergehen Stunden, ehe auf den eigentlichen Gegenstand eingegangen werden kann, und dann Stunden, wo sich alle Gespräche wie im Kreise drehen und nie zu einem Ziele gelangen. Und all' dies nicht im directen mündlichen Verkehr, sondern auf dem zeitraubenden Umwege mittelst des Dolmetsches. Dabei dominirt seitens der marokkanischen Excellenz allemal die Illogik, der Trugschluß, und eine Ideenassociation, die einer besseren Sache würdig wäre. Jede Bemerkung, jedes Wort, lenkt jenen auf einen anderen Gegenstand ab, immer weiter und weiter, so daß zuletzt gar nicht mehr von Verträgen, von Schutzrecht, Judenemancipation die Rede ist, sondern von der »schönen Gegend« von Fez, von den Geschenken des betreffenden Monarchen, von den Claque's der Civilpersonen der Gesandtschaft; und so fort mit Grazie.

Endlich ist auch die Lammsgeduld des europäischen Diplomaten erschöpft und er fordert den Abschluß der Verhandlungen. Der Kanzler aber hat noch nicht alle Patronen verknallt. In dem Augenblicke, da er den Ernst an der Sache merkt, giebt er vor, er müsse Instructionen einholen, Nachrichten aus Tanger, einen Boten aus irgend einer der südlichen Oasen, Tuat, Tafilet ꝛc. abwarten. Darüber vergehen viele Tage, ja Wochen. Die Zeit der Abreise der Gesandtschaft naht, es wird abermals unterhandelt, der Gesandte muß greifbare Resultate seiner Mission heimbringen und fängt an unangenehm zu werden — da wird der marokkanische Bismarck nachdenklich und meint: man müsse Geduld haben, es gehe nicht so rasch... der Fanatismus des Volkes... die alten Satzungen und Traditionen... die Geistlichkeit, die bisher bestandenen Staatseinrichtungen... das Alles bedinge ein langsames Fortschreiten... Und des Pudels Kern? Fortschritt macht sich allerdings geltend, aber er ist so minimaler Natur, daß er einem

Stillstand verzweifelt ähnlich sieht, ja in mancher Hinsicht sogar ein Rück
schritt ist . . .

Nichts besseres darf man von der immerhin bemerkenswerthen Zahl von
Kaufleuten erwarten, welche sich in's Ausland verfügen, und daher in der Lage
wären, die nothwendigsten civilisatorischen
Elemente zu importiren. Aber von einem
solchen Import verspürt man in ganz Marokko
blutwenig. Die Sache ist betrübend, aber sehr
begreiflich, wenn man erwägt, daß den Ein
heimischen jeder Maßstab für den Werth
und die Bedeutung irgend eines Cultur
fortschrittes fehlt, und anderseits der in
Europa erleuchtete Glaubensbruder und
Landsmann kein Interesse hat, für Dinge
Propaganda zu machen, der sein Ansehen,
seine Reputation und seine ganze Person
zum Opfer fallen müßte. Er würde als
Abtrünniger verhöhnt werden und seine
Stimme, wie die des Propheten in der Wüste,
wirkungslos verhallen. Daher schweigen diese
gereisten Marokkaner lieber und ziehen aus
ihren Erfahrungen und Verbindungen Vor=
theil, ganz für sich allein, wobei sie am
besten fahren. Der Rest ist Heuchelei . . .

Bezeichnend für die Verhältnisse in
Marokko ist, daß in diesem Lande Diebstahl,
Lug und Betrug sozusagen an der Tages=
ordnung sind. Das Lügen ist derart im
Schwange, das es wohl kaum ein Individuum
giebt, das die Wahrheit spricht. Und pro=

Jude.

fessionsmäßige Lüge hat wohl immer Betrug und Diebstahl im Gefolge. Das
Faustrecht, Raub und Mord herrschen in allen Theilen des Landes, die nicht von
der Armee des Sultans erreicht werden können, und Niemand findet auch etwas
Außerordentliches darin. Namentlich im Schwange aber ist die Blutrache . . .
Wenn wir den Einen oder Anderen unserer Escorte-Soldaten näher in Augenschein
nehmen, entdecken wir ein fehlendes Ohr. Er hat es vor einiger Zeit vor Zeugen

unter den Händen seines Opfers lassen müssen, dem er zuerst ein Ohr abgeschnitten hatte. Das Gesetz der Wiedervergeltung, wie es in Marokko in Kraft steht, fordert Rache: Aug' um Aug', Zahn um Zahn. Der Mord wird mit Mord, die Verstümmelung mit Verstümmelung, Prügel mit Prügel vergolten. Der Rächer vollführt seine That am gleichen Tage, am gleichen Orte, mit der gleichen Waffe und bringt seinem Opfer womöglich dieselben Wunden bei, die derjenige erhalten, den er rächt, wenn er nicht selber sich zu rächen hat.

Sehr bezeichnend für den Ernst und die Bedeutung dieser uralten, unausrottbar eingebürgerten Gepflogenheit ist die nachfolgende, vollkommen verbürgte Geschichte... Vor einiger Zeit lebte in Mogador, der Hafen- und Handelsstadt tief im Süden an der atlantischen Küste, ein englischer Kaufmann. Gelegentlich eines sehr lebhaften Markttages hatte er das Unglück, in einer engen, von Thieren und Menschen vollgepfropften Gasse ein altes maurisches Weib niederzureiten, die hierauf mit dem Gesichte gegen einen Steinblock fiel und sich zwei Vorderzähne einschlug. Nach der ersten Verblüffung sprang die Verletzte, welche auf diese unangenehme Art ihre zwei letzten Zähne verloren hatte, in die Höhe, indem sie dem Engländer die wildesten Flüche nachsandte und ihn bis zu seiner Wohnung verfolgte. Hierauf verfügte sie sich zum Kaid und forderte energisch nun Genugthuung. Dem Gesetze nach, meinte sie, habe sie das Recht, von dem Engländer zwei Zähne zu fordern, und es sei daher die Pflicht des Kaid, dem Fremden die zwei Zähne auszubrechen.

Der Casus war etwas verwickelter Natur, denn mit der Zahnbrecherei konnte der Kaid an den Engländer, beziehungsweise an den englischen Gesandten denn doch nicht herantreten. Er beruhigte daher die Wüthende und ersuchte sie, in diesem Falle zu vergeben. Schon hatte es den Anschein, daß die Alte anderen Sinnes geworden sei, als sie nach drei Tagen wiederkehrte und mit erneuerter Heftigkeit ihr Recht geltend machte. Dem Kaid wurde bedeutet, daß hier an dem verfluchten Christen ein Exempel statuirt werden solle. Jener aber gab sich nun den Anschein, als müßte in der That etwas geschehen, und damit lud er sich die Furie vollends auf den Hals. Einen ganzen Monat hindurch erschien sie jeden Tag vor dem Citadellenthore, nach Rache schreiend. Um sich ihrer zu erwehren, blieb dem Kaid nichts anderes übrig, als den Kaufmann zu sich zu bitten, um ihn über die Gebräuche der Blutrache in diesem Lande aufzuklären, und ihn auf die gefährlichen Folgen aufmerksam zu machen, die eine Verweigerung der verlangten Genugthuung nach sich ziehen müßte. Natürlich wies der Engländer die Zumuthung, sich die Zähne einstoßen zu lassen, mit umso größerer Entschiedenheit zurück, als jene andere Verletzung ja ganz unabsichtlich geschehen sei. Nach dieser bündigen Erklärung ließ der Kaid die Alte bedeuten, sie solle sich nicht wieder in der Cita delle blicken lassen. Das goß Oel in's Feuer; die Verletzte erklärte unter grimmigen Verwünschungen, daß sie sich nicht abfertigen lasse und auf ihrem Recht beharre. Wenn es in Mogador keine echten Moslims gebe, die einer alten Frau, welche Mutter von Schürfa's sei, zu ihrem Rechte verhelfen wollten, dann werde es ganz gewiß der Sultan thun. Und sie schlug, ganz allein, den weiten Weg von der atlantischen Küste bis Fez ein, wo sie ihre Klage Sr. scherifischen Majestät vorbrachte. Es war der Sultan Abderrahman, ein Mann, der mit den Engländern in sehr guten Beziehungen stand, und zweier Zähne halber es nicht zu einem Bruche kommen lassen wollte. Auch er besänftigte das rachedurstige Weib, natürlich vergebens. Als man ihr eine große Geldentschädigung antrug, wies sie dieselbe mit der Bemerkung zurück, sie sei alt und hinfällig und bedürfe einer solchen Gnade nicht; was sie aber verlange und immer verlangen werde, das ist, daß der Sultan, der Fürst der Gläubigen, das Haupt des Islam, der Vater seiner Unterthanen, im Namen des Koran handle und einer schwer beschädigten Gläubigen zu ihrem Rechte verhelfe. Das Gesetz schreibt die Wiedervergeltung vor, und dem Gesetze müsse Genüge geleistet werden.

Der Sultan, der mit seinem Latein zu Ende war, zögerte in seiner weiteren Entschließung, als eines Tages die Kunde zu ihm gelangte, daß das alte Weib in der Stadt ihre Angelegenheit Jedermann mittheile und das Volk haranguire. Die zwei eingeschlagenen Zähne schienen also thatsächlich das Reich in Gefahr zu bringen. Ein einziger Ausweg konnte Rettung bringen, und er war gar nicht übel ausgeheckt und zwar vom Sultan selber. Er schrieb dem englischen Consul in Mogador, ob sein Landsmann und Glaubensgenosse nicht gewillt wäre, für ein ihm zu gewährendes Handelsprivilegium, sich die zwei Zähne, welche die Verletzte so nachdrücklich und unerbittlich verlange, ausbrechen zu lassen. Die Antwort fiel, wie von einem praktischen Engländer nicht anders zu erwarten war, im bejahenden Sinne aus. Die Alte verließ mit Segensworten auf den guten Landesvater die Stadt Fez und kehrte nach Mogador zurück, wo in ihrer Gegenwart und in Anwesenheit vielen Volkes dem »Nazarener« die verlangten zwei Zähne ausgebrochen wurden. Als die Hartnäckige sie zu Boden fallen sah, stieß sie ein Triumphgeschrei aus und las sie mit wildem Haß von der Erde auf. Der Engländer aber, Dank des ihm gewährten Privilegiums, brachte es im Verlauf von nur zwei Jahren zu einem großen Vermögen, mit welchem er nach seiner Heimat zurückkehrte . . .

Wir möchten nur noch einige Bemerkungen über marokkanischen Gewerbefleiß und Einschlägiges an dieser Stelle einschalten. Diejenigen Arbeiten der einheimischen Industrie, welche sich mit Recht bei Allen des meisten Beifalls erfreuen, sind: Waffen (Flinten, Säbel und Dolche), Lederarbeiten (Sättel, Tischdecken, Kissen, Taschen, Pantoffel und weiche Stiefel), Edelmetall und Bronzewaaren (Armbänder, Schmuck, Ketten, gravirte Messingteller, Lanzen), Flechtarbeiten, hauptsächlich aber die zahlreichen Gattungen von Geweben aus Wolle, Baumwolle und Seide (Tücher, Burnusse, Djellabstoffe, Haïks und Teppiche). Die Textilindustrie ist vorwiegend durch Fez und Marokko (Marafesch) vertreten; ein bekannter Artikel sind die

Barbier.

rothen, im ganzen Orient in verschiedenen Formen wiederkehrenden Mützen, die nach ihrem ältesten Erzeugungsort (Fez) den Namen führen. Die schönsten Teppiche kommen aus Rabat, Marokko, Schiadma und Schiania. In Tetuan werden große Mengen von Feuerwaffen mit damascirten Läufen erzeugt, in Meknez und Fez blanke Waffen, namentlich prächtige Krummdolche. Von Lederwaaren sind die scharlachrothen von Fez, die gelben von Marokko, die grünen von Tafilet die vorzüglichsten, und erfreuen sich noch immer ihres altangestammten guten Rufes. Die Topf- und Vasenfabrikation ist im argen Rückschritt begriffen; nach altem Muster wird gar nicht mehr gearbeitet, und das Hauptgewicht auf grelle Farben und bizarre Muster in der Zeichnung gelegt. Die Arbeiten aus Edelmetall spielen

Schuhmacher-Bazar.

in Marokko eine höchst untergeordnete Rolle, da die strengen rituralen Vorschriften der Secte der Moabiten, der die Marokkaner angehören, überflüssigen Tand verbieten. Sehr kunstvoll dagegen sind die verschiedenen musivischen Arbeiten aus Majolika, welche, wie wir mehrfach gesehen haben, in der maurischen Architektur noch immer eine große Rolle spielen.

Der Handel ist seiner Hauptsache nach ein Tauschhandel, namentlich im Innern des Reiches und im Verkehr mit dem Sudan. Von dort werden gebracht: Sklaven, Goldstaub, Straußenfedern, weißer Gummi (vom Senegal), Droguen, Elfenbein und Salz. Was die Einfuhr anbetrifft, so haben sich zwar englische, französische und deutsche Fabrikate im Lande Eingang verschafft, aber in weit geringerer Menge als im östlichen Orient. Vorherrschend ist auch heute noch in diesen Arbeiten – wie L. Pietsch meint – der ureigene marokkanische Stempel. »Dieser giebt ihnen für den verständnißvollen Sinn einen Reiz, der auch über manche Rohheit der Detailausführung hinwegsehen läßt. Europäische Formen- und Ornamentenmuster sind hier noch nirgend bestimmend geworden. Desto unverkennbarer und unheilvoller aber macht sich in der Farbengebung der Stoffe, Gewebe, Stickereien, ein leidiger europäischer Einfluß geltend: der überwiegende Gebrauch von Anilinfarben. Der ursprünglich feine Sinn und Geschmack gerade für die Farbenwahl und Zusammenstellung, welche sich mit der echt orientalischen Vorliebe für die entschiedensten, glühendsten Farben sehr wohl vertrug, geht dadurch mehr und mehr verloren. Man kann sich eines seltenen Glückes rühmen, wenn man beim Durchsuchen der Bazarbutiken einmal einen gewebten, gewirkten, glatten oder gemusterten, respective gestickten farbigen Stoff findet, dessen Grundton oder Decoration nicht gleichsam inficirt, dessen Schönheit nicht verkümmert wäre durch jenes Roth, Violett, Grün, welche der Tod jeder vornehmen malerischen Erscheinung und Wirkung sind...« Im Allgemeinen ist die Handelsbewegung zwischen Europa und den europäischen Staaten gering, obwohl diese in den letzten Jahren große Anstrengungen gemacht haben, das Land dem abendländischen Import zu erschließen und ihm ein neues Absatzgebiet zu schaffen. Sicher ist, daß Marokko, sowohl seiner natürlichen Hilfsquellen halber, wie auf Grund seiner vorzüglichen geographischen Lage, das wahre Eingangsthor für den gesammten Handel zwischen Europa und dem westlichen Sudan ist.

Was die Erziehung der Marokkaner – und der Orientalen im Allgemeinen – für eine bessere Zukunft betrifft, so legt man bekanntlich großen Werth auf die Eindrücke, welche jene gelegentlich ihrer Reise nach europäischen Ländern empfangen. Logisch ist es allerdings, wenn man annimmt, daß die sichtbaren Zeichen der abendländischen Culturarbeit, die großartigen staatlichen und bürgerlichen Einrichtungen, die Erfindungen der Neuzeit und ihre Ausnützung zum allgemeinen Wohle, der Reichthum der Völker, die Pracht der Städte, Ordnung und Gesetze, Heere, Flotten u. s. w. auf einen Halbbarbaren eine gewaltige Wirkung ausüben müßten. Die praktische Erfahrung hat aber zumeist das Gegentheil erwiesen.

Auch die Marokkaner anerkennen unser Uebergewicht, unsere Macht in gewissen Dingen, sie anerkennen ferner die größere Wohlhabenheit, constatiren aber im Tone philosophischer Resignation, daß nicht Alles was glänzt Gold sei, und daß es sehr darauf ankomme, zu erfahren: welche von beiden Gesellschaften, die europäische oder marokkanische, die glücklichere, die zufriedenere sei. Auch hinsichtlich des sittlichen Werthes der Völker sind sie anderer Ansicht... Hören wir, wie in dieser Richtung ein maghrebinischer Kaufmann denkt, mit dem de Amicis in ein längeres Gespräch sich einließ. Die Parallelen, welche er zwischen beiden Gesellschaften aufstellt, entbehren, so absurd und widerspruchsvoll sie in mancher Hinsicht sind, nicht ihres Kernes und liefern überdies den Beweis, daß die Orientalen bei jeder Gelegenheit und immer wieder nur die Gebrechen des modernen Cultur- und Völkerlebens, ihre Schatten-, nicht aber ihre Lichtseiten gewahren, geschweige richtig auffassen.

Unser Kaufmann hat Einiges »von der Welt« gesehen. Er hat die meisten großen Städte Europas besucht, und vollführt alljährlich Geschäftsreisen nach den Hafenstädten des südwestlichen Europa. In Tanger, wo er sich längere Zeit aufhielt, erlernte er etwas Spanisch, und ist daher in der Lage, sich ohne Dolmetsch verständlich zu machen, was bei solchen Anlässen immer von Vortheil ist... Wir beginnen mit der Frage, wie es dem Maghrebiner in unseren großen Städten gefallen, worauf wir die etwas frostige Antwort erhalten: »Große Straßen, schöne Kaufgewölbe, stattliche Paläste, vorzügliche Anstalten — Alles in der musterhaftesten Ordnung.«

Diese Anerkennung wäre uns also nicht versagt, aber eine weitere will nicht auf den Fuß folgen. Wir fragen ihn, ob er sich sonst auf nichts Schönes und Gutes zu erinnern wisse?... Er richtet einen fragenden Blick auf uns, als fände er es unbegreiflich, an ihn eine Zumuthung dieser Art zu stellen. Das schreckt uns nicht ab, und wir geben ihm zu verstehen, daß ein Mann von seiner Erfahrenheit und Weltkenntniß in dieser Richtung doch ein Urtheil haben müsse, ein zutreffenderes wenigstens, als der nächstbeste unerfahrene Dorfbube, der ja am Ende auch seinen Duar von dem Palaste des Paschas zu unterscheiden wisse. —

»Verzeihen Sie, mein Herr,« antwortet er gleichgiltig, »meine Antwort ist die, daß ich Euch nicht verstehe. Wenn ich jene Dinge, in welchen Ihr uns überlegen seid, rückhaltlos anerkenne, weshalb wollt Ihr von mir noch ein Uebriges? Ich wiederhole: Eure Straßen sind breiter, als die unseren, Eure Kaufläden sind schöner, Ihr habt schöne öffentliche Anstalten, deren wir entbehren, und habt Paläste, denen gegenüber die unseren Hütten sind. Ich denke, damit hätte ich Alle gesagt; weiter will ich zugeben, daß Ihr ein größeres Wissen besitzt, weil Euch Bücher zur Disposition stehen, die Ihr fleißig studirt.«

Wir machen eine Bewegung, welche unser Erstaunen ausdrückt. »Geduld, Caballero,« setzt der maghrebinische Philosoph fort; »Ihr werdet mir zugeben, daß die hervorragendsten Eigenschaften am Menschen, welche ihm erst den wahren Werth verleihen, die Rechtschaffenheit, die Lauterkeit der Gesinnung, die persönliche Ehrenhaftigkeit sein müssen. Ist dem nicht so? Gut; in dieser Richtung glaube ich, daß Ihr Europäer uns um keine Haaresbreite voraus wäret. Das ist Eines!«

»Langsam: wollt Ihr mir nicht sagen, was Ihr unter »Ehrenhaftigkeit« versteht?«

»Die Ehrenhaftigkeit, wie sie der Kaufmann versteht, Caballero. Die Mauren, ich gebe es zu, betrügen mitunter die Europäer, aber Ihr Europäer betrügt uns Mauren weit häufiger und ausgiebiger. An Beweisen fehlt es nicht, denn Thatsachen dieser Art tragen sich jeden Tag zu. Ich will sofort mit einer Probe aufwarten. Ich

Passage-Störung.

war in Marseille, kaufte Baumwolle, wähle die beste Qualität und sage: diese Nummer, diesen Ballen, in der und der Menge, sendet mir: ich zahle, kehre heim, und in Marokko angekommen, erhalte ich die Sendung. Es ist das Gewebe von der bestellten Nummer, derselbe Ballen, aber die Qualität ist dermaßen schlecht, daß sie für nichts taugt und ich Tausende von Franken verliere. Ich laufe zum Consul — nichts! . . . Ein anderer Fall. Ein Kaufmann aus Fez bestellt aus Europa rothes Tuch, so und so viel Stücke, so breit und so lang — das Geschäft ist abgemacht, der Kaufmann zahlt. Nach einiger Zeit trifft die Sendung ein, der Empfänger öffnet sie und untersucht die Waare: die ersten Stücke sind die rechten, darunter finden sich kürzere, an den letzten fehlt je ein halber Meter! Sie nützten zu nichts, der Kaufmann ist ruinirt... Noch ein Fall. Ein Kaufmann aus Marrakesch (Marokko) schreibt nach Europa, ihm tausend Meter Goldborden, wie sie die Officiere verwenden, zu schicken und sendet den Betrag ein. Die Borden kommen an, man schneidet ein Stück ab, prüft es auf seinen Goldwerth und findet — Kupfer!... Seid Ihr also, wenn ich fragen darf, rechtschaffener, wie wir?«

Darauf kommt er auf die Religion zu sprechen... »Ihr wollt religiöser sein als wir? Niemals. Man braucht nur einmal in einer Euerer »Moscheen« gewesen zu sein, um zu wissen, wie man daran ist...« In Sachen der Polygamie ist dem maurischen Philosophen vollends nicht beizukommen... Er sagt: »Immer dieselbe Geschichte! Als ob Ihr Abendländer nur mit einer einzigen Frau Euch zufrieden gebt! Und das wollt' Ihr uns glauben machen? Allerdings hat ein Abendländer nur eine Frau, die die seine ist; aber er hat auch solche, die recht= mäßig — Anderen gehören. Und dann, was für eine Bewandtniß hat es mit jenen zahllosen Weibern, die Allen und Niemandem gehören, von denen alle Café's, alle Straßen in Paris und London voll sind? Es ist eine Schande! Und da unterfangt Ihr Euch unsere Ehe, unsere Haremswirthschaft zu tadeln?«

Wir müssen dem Hartnäckigen mit anderen Waffen an den Leib rücken, andere Argumente in's Treffen führen. Vielleicht besticht ihn unsere Lebensweise, unser Comfort, und wir richten an ihn die Frage, ob sich da nicht mancherlei Vortheile ausfindig machen sollten... »Gewiß,« antwortet er in einem beleidigenden ironischen Tone; »Ihr habt es bequem; Sonne — Schattenspender; Regen — Schirm; Staub — Handschuhe; Flaniren — Spazierstock; Umschau — Nasen= klemmer; Spaziergänge — Equipagen; Speisen — Eßinstrumente; ein kleines Unwohlsein — Arzt; Sterben — Standbild; Ach! wie viele Dinge bedürft Ihr, um leben zu können! Was sind das für Männer — Kinder, por Dios!«

Wir lassen uns nicht einschüchtern und versuchen es mit der Architektur, mit unseren Häusern, unseren Wohnungen. Aber auch hier begegnen wir der nacktesten Negation. »Was, wie denn?« frägt er ereifert; »lebt Ihr nicht mehrere Hundert in einem Hause, Einer über dem Andern, in schlechter Luft, bei mattem Licht und ohne Gartengrün?...« »Und unsere Gesetze, unsere Staatseinrichtungen, die Regierungsmaschinerie, unsere Freiheit — ist das Alles Pappenstiel?« beginnen wir von Neuem. Einen Augenblick lang bleibt er uns die Antwort schuldig, dann sieht er uns mit einer impertinenten Geringschätzung vom Kopf bis zu den Füßen an, und antwortet trocken: Mal vestidos! (schlecht gekleidet!)... Wir ant worten: die Kleidung thut nichts zur Sache; übrigens müsse ein Volk, das die Zeit mit nützlichen Arbeiten aller Art ausnützt, denn doch höher stehen, als ein solches, welches mit untergeschlagenen Beinen einen Tag um den andern vergeudet, verträumt. Der Maure aber meint: gerade jene Arbeitshast sei ein grosser Fehler; ein Leben, das eine Jagd ist, das mit Zerstreuungen und Unterhaltungen aus gefüllt sein muß, um erträglich zu sein, ist am Ende doch nur ein armes Leben... »Aber seht doch,« wenden wir ein, »welch' trauriger Anblick sind diese Euere Städte, welche trostlose Einsamkeit, welche niederdrückende Stille, welch' ergreifendes Elend... Seid Ihr nie in Paris gewesen? Nun vergleicht doch einmal die Straßen von Paris mit jenen von Fez!«

Hier wird der Maure sichtlich ernst gestimmt. Dann aber springt er mit erzwungenem Lachen in die Höhe, und, als wollte er seinen Worten Nachdruck verleihen, gesticulirte er mit den Armen in's Weite... »Ein tolles Durcheinander! Wägen von dort, Wägelchen von da, ein Höllenspectakel, das betäubend ist — zugeknöpfte Herren, die die Taschendiebe fürchten — an jeder Straßenecke ein Wächter des Gesetzes, der unermüdlich auslugt, als wäre die Stadt voller Diebe — Kinder und Greise, welchen jeden Augenblick angstvoll über die Straße taumeln, um nicht von den Equipagen der Reichen niedergeführt zu werden — unverschleierte Frauen und unreife Kinder, welche frech um sich blicken — Jeder mann mit der Cigarre im Munde — an allen Ecken und Enden Leute, welche in die Schenken und Wirthshäuser laufen, um sich vollzusessen, um Biere und geistige Getränke zu verschlingen — Butiken, in denen man sich putzt, sich die Haare brennen läßt, in die Spiegel blickt — Gecken, welche sich vor jedem Kaffee= hause aufpflanzen und den vorüberschreitenden Frauen unanständige Dinge in's Ohr flüstern — und dann, welche lächerliche Manier zu grüßen, auf den Fuß= spitzen einherzuschreiten! Neugierig seid Ihr aber viel mehr als wir. Wenn in unsere abgelegenen Städte, in unsere Duars ein Europäer kommt, dann mag dies allerdings ein Ereigniß sein, denn die Leute sehen und erleben nichts, ver= bringen ihr Leben in trostloser Einförmigkeit, und sind jenes fremdartigen Anblickes ungewohnt. In Europa aber — so sollte man meinen — wo es nichts Unbekanntes, nichts Ueberraschendes, nichts Außergewöhnliches giebt, sollte man einen Orientalen, der in seiner Tracht auftritt, denn doch ungeschoren lassen. Und dennoch war ich selber einmal in der Lage, das Gegentheil zu erfahren. In einer Stadt Italiens, wo ich es gewagt hatte, in meiner Tracht die Stadt zu betreten, wäre ich von der herandrängenden neugierigen Menge fast erdrückt worden. Ich mußte nach der Herberge zurückkehren und europäische Kleider anlegen.«

Wir werden mißgestimmt und lenken das Gespräch — als letzter Versuch — auf andere Dinge: auf die europäische Industrie, auf die Eisenbahnen, die Telegraphen, die großen öffentlichen und bürgerlichen Anstalten. Es ist das

Ein „Heiliger".

einzige Mal, wo der Maure uns sprechen läßt, ohne Einwendungen zu machen. Kaum aber sind wir mit unserem Vortrage fertig, so wendet er leicht seufzend ein: »Zu was sind all' diese Dinge gut, da wir doch Alle sterben müssen?«... Und nach einigem Nachdenken setzt er fort: »Nehme ich Alles in Allem, so komme ich zu der Ueberzeugung, daß Ihr im Großen und Ganzen kaum besser lebt wie wir, daß Ihr nicht gesünder, nicht besser, nicht religiöser, nicht zufriedener seid. Euer Bestreben, uns für die Art, wie Ihr lebt, wie Ihr das Glück auffaßt, zu gewinnen, ist überflüssig. Wir alle bewegen uns in dem Kreise, den uns Allah vorgezeichnet hat. Zu welchem Zwecke hat Gott zwischen Afrika und Europa das Meer eingefügt? Respectiren wir seine Weisheit! ... Und, nur zu schließen, glaubt Ihr, daß Ihr immer dasselbe bleiben werdet, was Ihr seid, daß nie eine

Vorhalle in einer Moschee.

Wandlung vor sich gehen werde?« ... »Ich weiß es nicht,« antwortet der Maure. »Ihr habt die Macht, und so werdet Ihr thun, was Euch beliebt. Was zu Grunde gehen soll, ist längst im Schicksalsbuche vorgezeichnet. Sicher aber ist: möge was immer geschehen, Allah wird seine Gläubigen niemals verlassen ...« Indem er dies sagt, drückt er unsere Rechte, preßt sie an's Herz und entfernt sich langsamen, majestätischen Schrittes ...

Auf die Theoreme unseres biederen Mauren haben wir eine passende Antwort. Wir kleiden sie in die Worte Schopenhauer's, der Nachfolgendes behauptet: »Manche Irrthümer halten wir unser Leben hindurch fest, und hüten uns, jemals ihren Grund zu prüfen, blos aus einer uns selber unbewußten Furcht, die Entdeckung machen zu können, daß wir so lange und so oft das Falsche geglaubt und behauptet haben... Ist es der Geist, ist es die Erkenntniß, welche den Menschen zum Herrn der Erde macht, so giebt es keine unschädlichen Irrthümer. Und zum Troste derer, welche dem edlen und so schweren Kampf gegen den Irrthum in irgend einer Art und Angelegenheit, Kraft und Leben widmen, setze ich hinzu, daß zwar so lange, als die Wahrheit noch nicht dasteht, der Irrthum sein Spiel treiben kann, wie Eulen und Fledermäuse in der Nacht; aber eher mag man erwarten, daß Eulen und Fledermäuse die Sonne zurück in den Osten scheuchen werden, als daß die erkannte und deutlich und vollständig ausgesprochene Wahrheit wieder verdrängt werde, damit der alte Irrthum seinen breiten Platz nochmals ungestört einnehme. Das ist die Kraft der Wahrheit, deren Sieg schwer und mühsam, aber dafür, wenn einmal errungen, ihr nicht mehr zu entreißen ist...«

Empfang einer Juden Deputation.

Süd-Marokko.

Die Gebiete des marokkanischen Kaiserreiches jenseits des Atlasgebirges. — Gerhard Rohlfs' Reisen in den Jahren 1862 und 1864. — Die Oase von Tafilet. — Fehden und Verwüstungen. — Die Palmencultur. — Die Oase Boanan. — Verrätherischer Ueberfall auf Rohlfs und dessen schwere Verletzung. — Das Draa-Gebiet. — Mardochaï Abi Serur und dessen Schicksale — Die südwestlichsten Küstenlandschaften von Marokko. — Das Gartenthal Wadi Sus. — Allgemeines über den Atlas. — Von Ktana zur Südgrenze von Marokko. — Von Tafilet nach Igli. — Die Formen der Wüste. — Der Saura-Fluß und die Karawanenstationen Beni Abbes und Karsas. — Die Route nach Tuat. — Allerlei Gesichter. — Die Oase von Tuat. — In-Salah; seine Bewohner, Zustände und Anderes. — Das Project einer transsaharischen Eisenbahn.

Wir würden von dem ziemlich ausgedehnten Reiche Sr. Scherifischen Majestät nur eine unvollkommene Vorstellung erhalten, wenn wir uns lediglich mit den Bildern und Eindrücken auf der herkömmlichen Reiseroute Tanger-Fez begnügen wollten. Zwar die nachfolgenden Schilderungen haben mit der Reise de Amicis' nichts zu schaffen und stehen auch sonst mit dem Hauptgegenstande nur im losen Zusammenhange. Immerhin erscheint es uns aber geboten, den Rahmen dieses Buches erheblich zu erweitern und demselben auch jene Gebiete im Süden des Atlasgebirges einzubeziehen, die noch allenthalben den Stempel urwüchsiger maghrebinischer Zustände tragen und nur von wenigen Europäern besucht wurden. Freilich ist es in diesem Falle hauptsächlich die Natur des Landes, welche wir kennen lernen werden; von der reichen und farbigen Abwechslung von ethnographischen und socialen Bildern, wie wir sie bisher den Lesern geboten haben, kann in jenen entlegenen Gebieten, die bisher nur im wissenschaftlichen Sinne durchforscht wurden, umso weniger die Rede sein, als jene Forschung an sich nur von einer einzigen Persönlichkeit, dem unerschrockenen und thatkräftigen Gerhard Rohlfs repräsentirt wird, d. h. unter Umständen durchgeführt wurde, welche Detailbilder von der Art der bisher vorgeführten ganz und gar ausschließen...

Es war dies eine der kühnsten Reisen, die je im nordwestlichen Afrika unternommen wurden. Neuerdings hat jene Unternehmung ein Seitenstück in der des Timbuktu-Reisenden Dr. Oskar Lenz gewonnen, deren Ergebnisse wir aber schon aus dem einfachen Anlasse nicht vorgreifen möchten, da bis zu dem Augenblicke, da diese Zeilen in die Presse gehen, der betreffende umfassende Original-Reisebericht noch nicht erschienen ist. Bleiben wir also bei den Erlebnissen und Beobachtungen des »Königs aller Afrika-Reisenden«, Gerhard Rohlfs. Es war im Jahre 1864, daß dieser vielgewandte und hocherfahrene Pionnier von der Fezer Gegend aus den hohen Atlas überstieg. Es geschah dies durch Ueberschreitung des 2589 Meter hohen Tisint-el-Rint-Paß, der von Fez aus (in südöstlicher Richtung) gerade so weit entfernt ist, wie dieses von Tanger. Es war also schon eine bedeutende Leistung nur überhaupt bis zum Hauptzuge des großen Atlas vorzudringen, was gleichfalls mit mühevoller Ueberschreitung anderer, dazwischen liegender Pässe verbunden war. Von dem genannten Passe geht die Karawanenroute durch den Ued (oder Wadi) Sis nach dem Oasen-Archipel von Tafilet. Der hohe Atlas ist in der Regel nur mit Karawanen zu tausend bis zweitausend Köpfen zu überschreiten, der lauernden Berber wegen. Rohlfs, der als Scherif von Uessan reiste, konnte eine solche Passage immerhin wagen, erntete aber gleichwohl in Tafilet seitens der Bewohner ungeheuchelte Bewunderung für die vollbrachte That.

Wenn wir uns von Tanger über Fez und den Tisint-el-Rint-Paß nach Abuam, dem Hauptorte der Oase Tafilet, eine gerade Linie, die alle diese Punkte miteinander verbindet, gezogen denken, so finden wir Fez am Ende des ersten, den Paß am Ende des zweiten, die Oasen-Capitale am Ende des dritten Drittels liegen. Es ist also eine sehr bedeutende, in directer Richtung etwa 80 deutsche Meilen betragende Entfernung. Weit im Südosten des Atlaszuges gelegen, ist Tafilet für uns weniger von localem Interesse, wohl aber deshalb wichtig, weil die Oase einerseits die bedeutendste und wichtigste der Sahara ist, zu der der ganze Süden Marokkos gehört, andererseits, weil sie die Wiege der herrschenden

Scherif Dynastie ist ... Gründer dieser Dynastie ist Mulen Ali Scherif. Sein Grab berichtet Gerhard Rohlfs liegt eine kleine Stunde südöstlich von Abuam: ein ziemlich geräumiger Dom, rechtwinkelig und inwendig fast ohne allen Schmuck, überdacht den mit einem rothen Tuch überhangenen Sarkophag.

Wenn man von Tafilet spricht, so muß wohl unterschieden werden, ob es sich hier um den gesammten Oasen Archipel handelt, der aus den Oasen Mdaghra,

Topf- und Vasenhändler.

Ertil, Tissimi Uled Sahra und Tafilet besteht, oder blos um letztere allein. Tafilet im engeren Sinne ist die auf drei Seiten von Gebirgen umschlossene, nur im Süden offene, und von mehreren Flüssen befruchtete Oase im Süden von Tissimi. Wenn man vom großen Atlas herabkommt, so ist sie die letzte in der Reihe der genannten Oasen. Eröffnet wird die Reihe mit Mdaghra, hierauf folgt Ertil, dann Tissimi und zuletzt Tafilet. Wir nehmen also an, den ungeheuer beschwerlichen und der Bergbevölkerung halber alle Zeit gefährlichen Weg zwischen

Fez und den Atlas Pässen, sowie diese selber hinter uns zu haben. In Mdaghra kehren wir zuerst an. Zahlreiche sogenannte Ksors (Dörfer), im Grün der Palmen und Obstbäume begraben, erquicken das Auge. Es ist ein ungemein lebensvolles Bild, das wir umso lieber festhalten, als die südlicher liegenden Gebiete diesen friedlichen Eindruck erheblich verwischen. Dort in der Oase Ertil machen sich allerlei Anzeichen geltend, daß des Sahara-Menschen besseres Theil der — Krieg ist. Wenigstens sah Rohlfs seinerzeit fast ausnahmlos verwüstetes Ackerland, umgehauene Obstplantagen, und fand nur die Palme — diesen heiligen Baum aller Moslims — von der Zerstörungswuth der Bewohner verschont. Auch waren alle Ksors verbarricadirt. Beherrscher dieser Oase sind die berberischen Aït Atta, ein Stamm, der aus dem Süden (wie es heißt aus dem Ued Draa) vor etwa hundertundzwanzig Jahren nordwärts einbrach und das gesegnete Land am Ued Sis für sich in Anspruch nahm...

In der nun folgenden Oase Tissimi waltet die marokkanische Autorität ihres Amtes; zwei Schlösser sollen den Tafileter Kreis im Zaume halten, sind es aber nicht im Stande. Die Wachposten selber haben die Aufgabe, jede böswillige Ableitung des Sis-Wassers zu verhindern, was bei den unausgesetzten Fehden zwischen den einzelnen Stämmen und Oasen häufig genug zu geschehen pflegt. Was der Krieg verschont, kann die Sommerdürre nachholen; wenn sie die Wasseradern versiegen macht, dann kann auch in dem gesegneten und wohlhabenden Tafilet empfindlicher Mangel herrschen und die Bewohner sind auf die Zufuhren aus dem Draa-Lande (südwestlich von Tafilet) angewiesen. Immer lebhaft aber ist die Handelsbewegung, die sich auf die Hauptlinie Timbuktu-Fez, oder über Figig nach Tlemsen erstreckt und im Allgemeinen für ganz Nordwest-Afrika von großer Bedeutung ist.

Wie anderwärts im Tafileter Gebiet haben auch in der Hauptoase die Berber die ursprüngliche Bewohnerschaft, welche arabisch war, und es noch immer überwiegend ist, aus ihren Sitzen verdrängt und deren Ksors in Besitz genommen. Solcher Ksors zählte man zu Rohlfs' Zeit über hundertfünfzig, welche ungefähr hunderttausend Seelen beherbergten. Uebrigens liegt sich hier die Bevölkerung fast immerwährend in den Haaren und jedes Dorf hat seine Wachmannschaft am Thore, um Putsche und Ueberfälle zu verhindern. Gleichwohl findet man zahlreiche Dorfruinen, aber die Triebkraft der Natur sorgt dafür, daß mindestens der Segen der Oase nicht versiege und die Gewaltthaten der Menschen paralysire. Hauptschmuck der Oase sind ihre weitläufigen Palmenwälder, die ein bedeutendes Erträgniß abwerfen. Die Palme ist ja überhaupt unter allen tropischen Pflanzen die einzige, welche sich allen Anforderungen dieses tyrannischen Klimas anbequemt hat, indem sie in ihrer Sphäre gewissermaßen dem Beispiel des Kameels folgt, dessen Organisation derart ist, daß es Entbehrungen ertragen kann, die jedes andere Wesen erdrücken würden. Mehr als jeder andere Baum braucht die Dattelpalme Wärme, um ihre Frucht zur Reife zu bringen und weniger als jeder andere hängt sie von der Qualität des Wassers ab, wenn es ihr nur in hinreichender Menge geliefert wird. Daher das arabische Sprichwort: Die Dattelpalme will ihr Haupt im Feuer, ihre Füße im Wasser haben. Dieser Baum, welcher für die Bewohner der Oasen eine providentielle Rolle spielt, nimmt deshalb auch eine ausnahmsweise Stellung in der Geschichte, sogar in ihrer Theologie ein. Nach einer Legende der Berber wäre der Dattelbaum mit dem Menschen am sechsten Tage geschaffen worden; denn, heißt es weiter, der Dattelbaum ist der Bruder des Menschen... Behufs Bewässerung der Palmengärten wird in den meisten Oasen Marokkos das Wasser aus einiger Entfernung in einer Linie von Brunnen herbeigeführt, die etwa drei bis vier Meter von einander abstehen und deren Tiefe durch das Niveau des Beckens bestimmt wird, das sie speisen sollen.

Etwas abseits (nach Nordosten) von den eben geschilderten Oasen liegt, auf der Route nach Figig, die Oase Boanan, die unter der Gilde der Afrika Forscher üblen Ruf genießt in Folge der verrätherischen That, die der Scheich dieser Oase an dem Reisenden Gerhard Rohlfs beging. Es war im Jahre 1862. Der genannte Forscher befand sich auf der Reise von Tafilet nach Géryville und fand bei dem erwähnten Oasen-Häuptling — Thaleb Mohammed Ben Abdallah — gastfreundliche Aufnahme... »Zehn Tage lang war er sein Gast und aß mit ihm aus einer Schüssel. Den Berichten solcher Reisenden, die nur einen oberflächlichen Blick in das Leben der Mohammedaner geworfen haben und erzählen, wer mit einem Muselman aus einer Schüssel gegessen habe, werde für heilig und unverletzlich gehalten, vertrauend, beging er die Unvorsichtigkeit, eines Tages sein Geld sehen zu lassen. Von dem Augenblicke an war aber bei dem Scheich der Uled Boanan der Entschluß gefaßt, den Reisenden zu ermorden. Mit einem Führer, den der treulose Scheich Rohlfs aufgedrungen, verließ der Reisende Abends die Oase, um nach der Oase Kenatsa zu ziehen. Nach kurzem Marsche lagerte der kleine Zug und der Führer beeilte sich, ein helles und hochloderndes Feuer anzumachen, um seinem Herrn den Ort zu zeigen, wo der Christenhund lagere. Rohlfs und sein Diener waren bald eingeschlafen. Doch bald erwachte der Reisende unter der Detonation eines Schusses und sah den Scheich der Oase Boanan dicht über sich gebeugt, die rauchende Mündung seiner langen Steinschloßflinte auf seine Brust gerichtet. Rohlfs fühlte seinen linken Oberarm zerschmettert; im Begriffe, mit der Rechten seine Pistole zu ergreifen, hieb ihm der Scheich mit dem Säbel die rechte Hand auseinander. Rohlfs sank darauf, durch den Blutverlust ohnmächtig, zusammen, sein Diener rettete sich durch die Flucht. Als Rohlfs den folgenden Morgen zu sich kam, fand er sich mit neun Wunden bedeckt allein, denn als er schon bewußtlos lag, hatten diese Unmenschen noch auf ihn geschossen und gehauen; sein Geld und seine Reisegeräthe waren verschwunden. In dieser hilflosen Lage blieb Rohlfs zwei Tage und zwei Nächte, eine gefährliche Situation, denn der Reisende konnte von Hyänen und Schakalen leicht angefallen und lebendig verzehrt werden. Endlich am dritten Tage kamen zwei Marabuts von der nahen kleinen Sauya Hadschni. Sie hatten eiserne Hacken auf den Schultern, um den Todtgeglaubten zu beerdigen, beeilten sich aber, als sie Rohlfs lebend fanden, ihn zu retten, und brachten ihn nach der Sauya, woselbst er im Hause des Scheichs der kleinen Oase die uneigennützigste und sorgsamste Pflege fand... Endlich nach langem Schmerzenslager war Rohlfs soweit hergestellt, um seine Weiterreise über Kenatsa und Figig nach Géryville antreten zu können, woselbst er im Hospital der Garnison bis zur gänzlichen Genesung auf das liebevollste gepflegt wurde...« Auch bei seinem zweiten Besuche dieses Gebietes im Jahre 1864 war Rohlfs, trotz der Maske als Scheich von Uessan, keineswegs ganz sicher, wie man doch meinen sollte. Neben allerlei Verdächtigungen, mußte er sich auch gefallen lassen, daß man ihn für einen Spion hielt, dem es weniger um die »Medicin«, denn vielmehr darum zu thun sei, das Land auszukundschaften, um es an die Ungläubigen verrathen zu können. Mord und Brandschatzung lauern eben auf allen Wegen jenseits des Atlasgebirges, und wohl dem, der nach mühevoller Wanderung der Perfidie, dem Fanatismus und der brutalen Gewaltthätigkeit glücklich entronnen ist...

Nach dieser Abschweifung von unserem Hauptthema wenden wir uns demselben wieder zu und gehen nun auf das weite Gebiete über, das sich im Süden des Atlasgebirges von der Oase Tafilet im Osten bis zum atlantischen Gestade im Westen erstreckt und im Süden eine vage politische Grenze hat. Natürlich kann in diesem weitläufigen Landgebiete, welches fast die Hälfte des marokkanischen Gesammtterritoriums begreift, von der Autorität Sr. Scherifischen Majestät nicht die Rede sein... An Tafilet zunächst grenzt das sogenannte El Draa, ein Oasen-Archipel, dessen größte und blühendste die Ktaua-Oase ist. Hier ist der vom Atlas herabkommende Wassersegen so ausgiebig, daß die Vegetation mit unglaublicher Ueppigkeit sich entwickeln kann und die Oase selber den Anstrich einer »Insel der Glückseligkeit« bekommt. Das Draa-Land selber findet seine Begrenzung im Nordwesten durch das saharische Randgebirge — den Dschebel Saghreru, der zum großen Atlas parallel streicht und dazwischen eine zweite Parallelkette der Anti Atlas liegen hat. Der Hauptfluß dieses Gebietes, der Wadi Draa, hat seine Quellen im großen Atlas liegen, befruchtet aber nur die Ländereien längs seines Oberlaufes beständig und zu allen Jahreszeiten, während die Land

Fleischer.

schaften am Mittel= und Unterlaufe häufig an Dürre leiden und nur während der Schneeschmelze im Atlasgebirge das zur Cultur nöthige Wasser erhalten. Der Wadi Draa selber ist der bedeutendste Flußlauf Marokkos. Anfangs in südöstlicher Richtung verlaufend und die Oase Ktaua befruchtend, wendet er sich zwei Tagreisen unterhalb dieser letzteren nach Südwesten, hierauf vollends nach Westen, welche Richtung er bis zu seiner Einmündung in den Atlantischen Ocean südlich des

Cap Nun beibehält. Die Zuflüsse, die vom Dschebel Saghrern (oder Dschemla) herabströmen, sind mitunter bedeutend, führen aber nicht immer Wasser. In seinem mittleren Theile durchströmt der Wadi Draa den Salzsumpf El Debaia.

Die einzigen und somit umso werthvolleren Mittheilungen über das Draa-Land verdanken wir Gerhard Rohlfs, der es im Jahre 1862, also vor seiner Uebersteigung des Atlas und großen Tour nach dem äußersten Südosten des maghrebinischen Reiches, besuchte. Die Autorität Sr. Scherifischen Majestät ist durch einen Kaid vertreten, der in der Provinz Ternessa (nordwestlich von Ktaua) residirt, im übrigen aber ohne allen Einfluß ist. Im ganzen Draa-Gebiete herrscht die denkbar weitgehendste Dezentralisation und Selbstverwaltung: fast jede einzelne Ortschaft oder Gemeinde ist von der anderen unabhängig; Provinzial-Regierungen giebt es nicht, wie denn auch das gesammte Draa-Gebiet eines politischen Mittelpunktes entbehrt. Als religiöser Hauptort wird indeß Tamagrut anerkannt (südlich von Ternessa), da dort eine hochangesehene kirchliche Genossenschaft ihren Sitz hat... Wenn hier von Ortschaften und größeren Niederlassungen die Rede ist, so braucht wohl kaum hinzugesetzt zu werden, daß man damit keine besonderen Vorstellungen verbinden dürfe. Die Localfehde und der Stammes-Antagonismus haben auch hier, wie anderwärts in Süd-Marokko, die einzelnen Ortschaften in enge Lehmmauern eingeschnürt, und an Licht und Luft ist nirgends Ueberfluß. Erdgebaute Hütten, die einen Hof einschließen, drängen sich aneinander und bilden enge, dumpfe und schmutzige Straßen. Selten steigt eine solche Hütte stockhoch auf. Hauptschmuck der Oasen-Niederlassungen sind die Dattelhaine, welche bei dem fast nie versiegenden Wassersegen ganz und gar sich selbst überlassen werden und nur sehr geringer Pflege bedürfen. Dagegen ist Ackerland in geringer Ausdehnung zur Disposition. Man nützt den Boden zum Gemüsebau aus und hat da und dort — wie beispielsweise in der Oase Ktaua — wohl auch mit dem durch den Wasserüberfluß hervorgerufenen Wildwachs (namentlich Süßholz) zu kämpfen.

Die Bevölkerung des Draa-Gebietes ist hauptsächlich berberischen Stammes: das arabische Element, das stellenweise sogar vollständig reinblütig auftritt, führt zum Theile einen harten Existenzkampf, da die dominirende Rasse ihr Uebergewicht möglichst geltend macht. Man begreift, daß in einem Landgebiete, welches an der Schwelle der Sahara liegt und fast in ununterbrochenem Contact mit dem Sudan steht, auch der Negerbevölkerung keine unbedeutende Rolle zufallen mag. In der That finden wir hier das schwarze Element ziemlich zahlreich vertreten, doch sollen Mischungen zwischen ihm und den Berbern nicht vorkommen.

Wenn dem wirklich so sein sollte, so dürfen wir gleichwohl nicht vergessen, daß die Einwirkungen des Negerblutes den Atlas längst hinter sich haben, und selbst die herrschende Dynastie, wie wir anderwärts bemerkt haben, heute bereits Neger blut in sich aufgenommen hat. Auch wäre kaum zu verbergen, daß der Prophet nun auch unter den marokkanischen Negern tadellose Nachkommen aufzuweisen hat. Ausnehmend gut scheint es im Draa Lande den Juden zu gehen, und wenn sie auch ab und zu Vexationen ausgesetzt sind, so haben sie gleichwohl durch ihre gewerbliche Thätigkeit sich unentbehrlich zu machen verstanden und damit eine leidliche Existenz errungen.

In dieser Richtung ist eine Geschichte nicht ohne Interesse. Sie betrifft nämlich einen diesem Gebiete (eigentlich der Landschaft Akka am Südwestende des Zaghrern) entstammten Juden, Mardochaï Abi Serur, dessen Bestrebungen und Thaten eines gewissen sensationellen Anstriches nicht entbehren. Sie fallen in die allerjüngste Zeit und sind demnach sozusagen von actuellstem Interesse. Seit Lenz den Atlas überstiegen und die große Wüstentour nach Timbuktu vollbracht hat, weiß man mehr als je vorher, was damit gesagt sein will. Auch Mardochaï, der arme Eltern zu ernähren hatte, trug sich vor einiger Zeit mit der Absicht, die Handelsverbindung zwischen Süd-Marokko und Timbuktu entsprechend auszunützen, obwohl ihm in seiner Eigenschaft als Jude die größten Hindernisse zur Verwirklichung des Planes gegenüberstanden. Früher noch verließ er seine Heimat und gelangte, einem mächtigen Wandertriebe nachgehend, schließlich bis Jerusalem. In seine Heimat zurückgekehrt, dachte er an die Verwirklichung seiner Timbuktu-Reisen. Aber das Vorurtheil legte sein Veto ein. Timbuktu, das für Juden ebenso verschlossen blieb, wie für Christen, sollte Mardochaï vorläufig nicht sehen und er mußte sich damit begnügen, in El Aranan, wohin er nach ungemein beschwerlicher über sechswöchentlicher Wüstenreise gelangt war, Station zu halten. Der dortige Scheich hielt ihn nämlich zurück und bedrohte sogar sein Leben. Man wird sich erinnern, daß hier in El Aranan der Reisende Laing 1826 ermordet worden war. Die Aussichten Mardochaï's konnten daher kaum solcher hoffnungsreicher Art sein. Nun mußte das Geld Wunder thun, der Scheich ward bestochen und der jüdische Reisende kam nach Timbuktu, wo er — nach abermaliger Nachhilfe durch Geldgeschenke — in den Jahren 1861 und 1862 ein äußerst ergiebiges Handelsgeschäft führte. In seine Heimat zurückgekehrt, dachte er in Timbuktu eine jüdische Handelscolonie zu gründen und der Absicht folgte die Verwirklichung auf dem Fuße. Doch hatte das Unternehmen durch Brandschatzungen, räuberische Ueberfälle u. dgl. derart zu leiden, daß zuletzt Mardochaï selber bettelarm nach Akka zurückkam.

Später stellte sich der unternehmende Jude französischen Gelehrten zur Disposition und 1874 kam er sogar nach Paris. Henri Duveyrier war es namentlich, der sich für ihn interessirte und so sehen wir Mardochaï als Mandatar französischer Naturforscher das südwestlichste marokkanische Küstenland bereisen und zwar mit Erfolg.

Das Geburtsfest des Propheten Moha

Die Heimat Mardochaï's, die Landschaft Affa, ist der Bergdistrict im Westen des Draa-Landes. Dort streicht die Kette des saharischen Randgebirges zwischen den beiden Flüssen Draa und Assaka und endet am Atlantischen Ocean. Hauptort des Assaka-Thales ist Ogilmim, eine Stadt, welche von Panet 1850 besucht und als bedeutender Marktort bezeichnet wurde. Wie es aber den Anschein hat, dürften es weniger die Handelsstrebungen und deren Erfolge, denn vielmehr das marokkanische Strandrecht sein, dem die Ait Haççan Araber, welchen Stadt und Gebiet gehören, ihre verhältnißmäßig bedeutende Wohlhabenheit verdanken. Nur so können wir nämlich Chavanne's Bemerkung verstehen, die sich auf die Männer von Tasumut bezieht und worin es heißt: Dank den häufigen Schiffbrüchen an der Küste

auf dem Marktplatze in Tanger.

sind die Wohnungen der Reichen mit Holz ausgetäfelt, und ihr Meublement ist ziemlich luxuriös..." Es war bereits andernorts von der gefahrvollen Schifffahrt längs der marokkanischen Küste die Rede; immerhin aber wäre in früherer Zeit vieles Gut zu retten gewesen, wenn die Küstenbewohner nicht dort nachgeholt hätten, wo das Element sich als schonender erwies, als die Menschen. Als die Piraterie sogar in verhältnißmäßig naheliegender Zeit, und im unmittelbaren Bereiche von

Gibraltar ihre Triumphe feierte, mußte den Kanonen das Wort gegeben werden; seitdem darf der Schiffbrüchige wenigstens am nördlichen marokkanischen Gestade auf mildere Behandlung hoffen. Am südlichen ist es freilich anders, und es bleibt vollends unerfindlich, wie die fremdländische Autorität an einem Gestade sich geltend machen könnte, hinter welchem die unermeßlichen Gebiete unabhängiger Mauren- und Berberstämme sich erstrecken, Gebiete, die, einige Strecken abgerechnet, noch keines Europäers Fuß betreten hat.

Mehr Interesse, als das Assaka-Thal mit seiner erdgebauten Hauptstadt dürfte das Wadi Sus, das Parallelthal weiter im Norden, zwischen Atlas und Anti-Atlas für sich beanspruchen. Dort erstreckt sich zwischen dem Küstenorte Agadir und der Binnenstadt Tarudant ein wahres Paradies, ein einziger Fruchtgarten, voll der herrlichsten Orangen-, Granaten- und Feigenhaine, prächtiger Olivenwaldungen und üppiger Obstplantagen. Befruchtet wird dieses südmarokkanische Eden von dem reichlich Wasser führenden und selbst in der Sommerdürre niemals versiegenden Sus, der seine Quelle im westlichen Atlas liegen hat. Wer bis zur Thalwurzel hinaufstiege, der würde nordwärts den Anblick von Schneehäuptern genießen, die bis zu 4000 Meter ansteigen. Dort wurzelt der Anti-Atlas am Hauptstock und führt der Tagherat-Paß in 3500 Meter Seehöhe nordwärts zur Residenzstadt Marokko hinab. Jenseits (d. i. im Osten) des Anti-Atlas liegen bereits die Quellen des Draa-Flusses und führt der Weg zurück in die Oase Ktana... Es ist also ein vollständiger Ring, denn wir hier geschlossen sehen: von Ktana, oder vielmehr von Tamagrut, dem Hauptorte der Oase, längs des ungemein langen Draa-Flusses bis zur Küste, von hier nordwärts über den Saghrern in's Assaka-Thal und nach Ogilmim, in der Folge wieder nordwärts in's Gartenland des Sus mit dem Hauptorte Tarudant, und schließlich ostwärts thalauf bis zur Verknotung des Atlas und Anti-Atlas und über die Wasserscheide hinab in südöstlicher Richtung über die Oasen-Etapen Tinjanlin, Ternata und Tamagrut nach Ktana.

Ueber das allgemeine Bodenrelief des Atlasgebirges (in seiner Totalität als Atlas-»System«) giebt J. Chavanne das folgende sachliche und lichtvolle Bild... »Wenn wir, dem gegenwärtigen Stande unserer Kenntniß entsprechend, das Erhebungssystem des Atlas seiner Reliefform nach bezeichnen wollen, müssen wir, entgegengesetzt den in den Lehr- und Handbüchern der Erdkunde bisher gebräuchlichen Darstellungen, von einer Generalisirung des Atlas absehen und die drei Partien unterscheiden, welche durch Aufbau und Gliederung der Formen sich in charakteristischer Weise von einander trennen. Wenn schon ein Alleinbegriff für

die Reliefform des Atlas Systems gebraucht werden soll, so darf dies wohl nur als ein System von Bergketten, Hochplateaux und isolirten Bergmassiven, nicht aber als eine durchaus einheitliche Gebirgskette mit ununterbrochenem Kamme bezeichnet werden. Wenn wir das ganze Erhebungssystem vom Cap Nun bis zum Cap Bon (Ostspitze von Tunisien) verfolgen, so werden wir finden, daß nur der westliche und centrale, dabei die größte absolute Höhe erreichende Atlas (mithin der marokkanische Theil desselben) die charakteristische Form einer Hauptkette mit mehreren, mehr oder minder parallel zu diesen verlaufenden Nebenketten zeigt, deren sämmtliche Kämme in der Richtung von WSW. nach ONO. streichen, und daß der Hauptkamm auf der ganzen Linie seiner Erstreckung vom Cap Ghir bis zum Gebirgsknoten des Dschebel Aiaschin (zwischen Fez und Tafilet) die Wasserscheide zwischen dem Tell, respective der Küstenstufe, und der Sahara bildet...
Ueber den marokkanischen Atlas spricht sich der genannte Afrikaforscher des weiteren wie folgt aus... »Südwärts des Cap Ghir, zwischen den beiden Ueds (Wadis) Tamarakt und Sus als Dschebel Ida Mahmed steil und schroff über den Ocean aufsteigend, streicht die als großer Atlas bekannte Hauptkette anfänglich in der Form von zwei bis vier Gebirgsrücken in ostnordöstlicher Richtung mit einer mittleren Kammhöhe von 1200 bis 1500 Meter, welche Höhe etwa 10 Kilometer östlich von der Küste auf 1000 Meter sinkt, um bald darauf stetig anzuwachsen, je weiter die Kette von der Küste sich entfernt. Schon im östlichen Theile der Provinz Hahla erreichen die über den Kamm aufragenden Gipfel eine Höhe von 3050 Meter. Etwa 100 Kilometer von der Küste schneidet der Paß von Bidanan, durch welchen die Straße von der Residenz Marokko nach dem Hauptorte der Sus-Landschaft, Tarudant, führt, in den Kamm der Kette eine ziemlich breite und tiefe Bresche. Oestlich dieses Einschnittes erreichen die Gipfel bereits die Höhe von 3300 bis 3500 Meter; so z. B. der Dschebel Tezah 3350 Meter: 180 Kilometer von der Küste und im Südwesten der Stadt Marokko erleidet der Kamm abermals eine Einsenkung, durch welche ein zweiter Paß in 2130 Meter Seehöhe aus dem Thale des Ued Nesis in das obere Sus-Thal führt. Unmittelbar östlich dieser Paßeinsenkung und genau südlich von der Stadt Marokko bildet das Gebirge einen über 50 Kilometer langen, ununterbrochenen Rücken von 3650 Meter Seehöhe, aus dem vier bis fünf isolirte Pics noch 150 bis 240 Meter über das allgemeine Kamm-Niveau emporragen, so daß man den Culminationspunkt des ganzen Atlas-Systems, soweit es bisher bekannt ist, kaum auf mehr als 3900 Meter schätzen kann... — Die Oase Ktana ist eine Etape auf der großen Karawanenroute Tafilet-Timbuktu. Soweit also noch die marokkanische

Sahara in Betracht kommt, müssen wir diese Strecke zurücklegen, obwohl von einer feststehenden politischen Grenze des Sultanats im Süden nicht die Rede sein kann. Was wir thun können, ist, an jener Grenzlinie festzuhalten, die auf den Karten angenommen wird. Haben wir diese Linie erreicht, dann müssen wir

Bazar für Kleidungsstoffe.

umkehren, um von Tafilet aus ein anderes Saharagebiet Marokkos — Tuat — im äußersten Südosten des Reiches und an der Südgrenze Algeriens gelegen, zu besuchen. Jene Karawanenstraße von Ktaua aus führt zunächst nach Beni-Hainu, der volkreichsten Oase des Draa-Landes. Gewöhnlich sammeln sich hier die Theil- karawanen aus dem ganzen Gebiete südlich des Atlas, denn möglichst stark die große Wüste zu queren ist schon aus Gründen der persönlichen Sicherheit unvermeidlich. An Wegelagerern fehlt es hier nie und sie sparen ihr Pulver so wenig, wie jene anderen Wüstenstämme, die die Straße von Tafilet nach Tuat unsicher machen. Verhältnißmäßig sicher ist die Wegstrecke bis Minsina und Bunu, stark befestigte Ortschaften am großen Knie des Draa Flusses, der, wie man sich

Der Kaiser. (S. 224.)

erinnern wird, unterhalb Ktana sich zuerst nach Südwesten, in der Folge gänzlich nach Westen wendet. Wir rasten in den dichten Palmenhainen jener Ortschaften und verschmähen auch den Schatten jener anderer Plantagen nicht, die bis El Harib (oder Arib) einander folgen und vorläufig gar nicht ahnen lassen, welch' wüste Strecken der Karawane in Folge noch harren.

Dieses wüste Land meldet sich bereits außerhalb der Bannmeile von El Harib an, wo die »Hammada«, das trümmerbesäete, vollkommen öde Felsplateau, in ihre Rechte tritt. Der Islam freilich macht selbst aus wüster Felslandschaft ein Eden, wenigstens ein religiöses, wie dießfalls ein auf unserem Wege liegendes Heiligengrab verräth. Um von Gebresten geheilt zu werden, hängt man die Kleiderfetzen, welche den schadhaften Körpertheil bedecken, in der Nähe des Heiligthums auf. So ist es in der ganzen moslimischen Welt Sitte, wenn auch die Cur erfahrungsgemäß nichts nützt... Die Oase El Harib selber ist das große natürliche Transport-Sammelhaus für Tragthiere, denn die rührige maurische Bevölkerung hält allezeit eine bedeutende Zahl für den Karawanendienst bereit. Sie sind überdies selber gewiegte und verläßliche Kaufleute, haben aber mit der Abneigung der nicht-maurischen Bevölkerung des Gebietes zu kämpfen.

Von Mimsina bis El Harib lief unsere Route in südwestlicher Richtung; nun schwenkt sie direct nach Süden ab und ein hammada-artiges, mit Tamarisken und Kameeldorn bestandenes Uebergangsterrain nimmt uns auf. Die nächste Strecke ist ein großartiger wilder Felspaß, durch den die Karawane sich hindurchwinden muß, kolossale Felsmassen auf der einen Seite, Abgründe auf der andern. Selbst die Kameele sträuben sich, den bedenklichen Pfad zu betreten, und von ihrem Gebrüll widerhallt die enge schauerliche Schlucht. Wo sie endet, ist wieder Hammada und auf ihr der Brunnen Sibica, ein von Palmen umkränzter und zwischen Granitblöcken liegender Quell, der letzte auf marokkanischem Boden. Denn zwischen Sibica und der nächsten Brunnenstation Majara läuft die »ideale« Grenze des maghrebinischen Reiches. An ihr findet natürlich auch unsere kurze Schilderung ihr Ende... Um weitere Umschau auf süd-marokkanischem Boden zu halten, bleibt uns nichts anderes übrig, als den ausgiebigen Sprung von Sibica nach Tafilet zurückzumachen und von dort die Route nach Tuat einzuschlagen.

Ausgangspunkt unserer Route ist Abnam, die palmengeschmückte Hauptstadt der genannten Oase. Wo sie im Osten endet, ragt die hohe Steilkante eines Wüstenplateaus empor, das in einer Breite von drei und einer Länge von fünf Tagreisen den ganzen Raum zwischen dem Wadi Sis und dem Quellsystem des großen Wadi Saura ausfüllt. Es ist ein mühevolles Wandern über diese steinige, dem furchtbarsten Sonnenbrande (60 Grad C. in der Sonne!) ausgesetzte Hochfläche. Einmal zurückgelegt, ändert sich aber die Landschaft so gründlich, daß man glaubt, in eine ganz andere Erdregion versetzt zu sein. Das Flußthal, welches wir zunächst erreichen, und das uns durch seinen reichen Pflanzensegen erquickt, ist das Wadi Ghir, das westlichste der drei Gewässer, die vom Atlas herabströmen und den großen Wüstenfluß Wadi Saura bilden. Die beiden anderen Quellen arme sind der Wadi Menatha und der Wadi Zusfana. Die Vereinigung aller drei Flüsse, welche namentlich zur Zeit der Schneeschmelze bedeutende Wassermengen führen, erfolgt bei Igli, 100 Kilometer von dem Orte entfernt, den wir im Ghir Thale zuerst betreten, wenn wir jene Hammada hinter uns haben.

Dieser Ort, oder beziehungsweise das ganze Gebiet, führt den Namen »Bahariat«, ein Name, der uns zum Schlüssel für die merkwürdige Terrainformation wird, die wir hier kennen lernen. Bahariat heißt nämlich soviel wie »kleines Meer«, und in der That deuten die vorhandenen in ihrer Art großartigen Merkmale einst stattgehabter Erosionen auf den Ursprung dieser Landschaft hin. Der kürzlich verstorbene Gelehrte Desor, einer der gründlichsten Sahara Kenner, hat mit großer Sachkenntniß und unleugbarem Scharfsinn auf die verschiedenen Formen der Wüste hingewiesen und darnach die Dreitheilung in Plateauwüste, Auswaschungswüste und Dünenwüste geschaffen. Diese drei Typen der Wüste, die auch auf marokkanischem Boden alle vorkommen, sind übrigens trotz ihrer Verschiedenheit nach Form und Aussehen gleichwohl, was Ursprung und Zusammensetzung anbelangt, eng miteinander verbunden. Der Boden ist aber überall derselbe, doch auf verschiedene Weise geformt und modellirt, je nach den Ereignissen, die ihn während des Abflusses oder seit dem Abflusse des Sahara=Meeres betroffen haben. Nach Desor ist die Plateauwüste die ursprüngliche Form, der Boden des inneren Beckens, so wie er nach Abfluß des Sahara=Meeres gestaltet war: eine flache oder leicht gewellte Ebene. Diese Form nimmt fast drei Viertel des ganzen Sahara=Gebietes ein; sie weist im Allgemeinen, wenn ihre Einförmigkeit nicht von Dünen unterbrochen wird, ebene Flächen auf, die fern am Horizont mit dem Himmel verschwimmen und unwillkürlich in uns den Gedanken an das Meer wachrufen. Nach der Ansicht des Naturforschers Martius sind die Plateauwüsten nicht ganz unfruchtbar: sie sind vielmehr von einer im Sommer durch Sonnenhitze verbrannten, nach erstem Winterregen aber frischgrünenden Vegetation vollständig bedeckt. »Es sind Dornsträuche, welche die Erde um sich her festhalten können und deshalb ebenso viele kleine Erhebungen bilden; dann sind es Staudengewächse mit fleischigen, zähen, knotigen und verkümmerten Blättern, die theilweise von Kameelen und Schafen angefressen sind ... In Senkungen des Bodens, wo dieser noch etwas Feuchtigkeit bewahrt, bedeckt sich die Erde mit einem feinen Rasen von schönstem Grün; die Judendornen schmücken sich hier mit Blättern, die Tamarisken werden zu wirklichen Bäumen und schaukeln ihre weißen oder blaßrothen Blüthenbüsche; die auf dem Boden hinkriechende Coloquinte ist mit kugelförmigen Früchten bedeckt. Das sind die Wiesen der Sahara, auf welche der Araber während des Winters seine Schafe und Kameele zur Weide treibt.«

Was nun die früher erwähnten Erosions-Erscheinungen betrifft, so sind dieselben ausgedehnte Senkungen des Terrains, oder Becken mit flachem Boden ohne augenfällige Unterbrechungen. Die Terrainsenkungen sind manchmal von dem Plateau durch hohe Böschungen getrennt, welche sich am Horizont wie Gebirgslinien hinziehen; an anderen Orten ist die Böschung nur wenige Meter hoch. Alle diese Terrainsenkungen, sie seien nun trocken oder mit Wasser bedeckt, können nur eine Wirkung dieses letzteren sein, freilich unter Bedingungen, die weit verschieden sind von denen, welche unter den gegenwärtigen Verhältnissen vorherrschen. Denn heutzutage besteht keine sichtbare Beziehung mehr zwischen der Ursache und der Wirkung, zwischen der Winzigkeit der Flüsse und dem Umfang der Auswaschungsflächen in der Sahara. Die Thäler, welche vom Atlas abtauchen, überraschen durch ihre Weite, die in gar keinem Verhältnisse zu dem eigentlichen Thalweg steht. Nicht selten ist dieser schwer zu erkennen und oft entdeckt man erst im Schatten einiger dürrer Büsche eine schmale Wasserrinne, oder auch nur ein weißes, ausgewaschenes Kieselbett, welches von der Wirkung des Wassers Zeugniß giebt; wenn dieses auch scheinbar fehlt, so weiß doch der Araber, oder Maure, oder Berber, daß er sicher welches findet, wenn er längs der Rinne nachgräbt. Im Gebiete des Wadi Ghir ist allerdings auch jetzt noch Wasser, und zwar zu Tage fließendes, im Ueberfluß vorhanden, die Erosions-Erscheinungen von Bahariat sind aber viel zu großartig, um sie als das Werk von Flüssen zu betrachten. Sie sind Erscheinungen einer ganz anderen Ordnung.

Die dritte Form der Wüste ist die Dünenwüste. Wir finden dieselbe unweit von Igli, wo die drei Quellflüsse des Saura zusammenströmen. Der gleichnamige Ksor selber ist von gewaltigen Sanddünen umgeben, die continuirlich vorrücken, so daß stellenweise nur mehr die Kronen der Palmen über dieselben emporragen. Diese Sandregion — nach dem arabischen Namen »Areg«, d. h. Sandhügel, auch »Areg-Region« genannt — bildet eine breite Zone bis zur Oase Ksur im Nordosten und nach El Golea (in Algerien) im Osten. Ganz richtig meint Desor, daß die Dünenwüste die populärste Form der Wüste sei, diejenige, welche das Gemüth am schaurigsten ergreift, da sich hier zur Unfruchtbarkeit des Bodens noch die Unstätigkeit desselben gesellt. Indessen ist die Vegetation, wie Martins hervorhebt, nicht vollständig erloschen, so lange der Sand durch das Bindemittel des Gypses eine gewisse Festigkeit bewahrt. Die Höhe der Düne variirt zwischen 8 und 15 Fuß. Trotz ihrer Unbeweglichkeit reißen sie doch zur Bewunderung hin durch die Schönheit ihrer Linien, welche auf der Windseite, besonders da, wo der Sand Festigkeit genug bietet, um sicheren Schrittes auf demselben einher zugehen, die anmuthigsten Wellenformen beschreiben. Die Rückseite der Düne ist gewöhnlich steiler, besonders an ihrem Gipfel, welcher in der Regel einen kleinen Absturz bildet, ungefähr wie die Schneewehen bei uns. Wenn die Gipfel dieser Hügel sich beim Winde in einen leichten Schleier feinen Sandes hüllen, dann wird die Täuschung vollständig. Uebrigens mögen immerhin Gipfel und Wände

Frauen des Großveziers. (S. 250.)

einer Düne von Jahr zu Jahr, ja von einem Sturm zum anderen sich verändern, die Düne selber bleibt am Platze, und man hat sich überzeugt, daß ihr eine natürliche Bodenerhebung als Kern dient.

Der Weg von Bahariat nach Igli (oder Igeli) führt durch das Ghir-Thal, und durch stellenweise wohlbebautes, allerorts aber wasserfrisches Land, wenn auch das Element nur unterirdisch vorkommt und sein Vorhandensein durch feuchte Sandstrecken mit Tamariskendickicht verräth. Eine solche Landschaft erscheint allemal heiter belebt durch Vogelschaaren und Rudel von Gazellen. Ueber Igli hinaus, nach Südosten, ändert sich das Bild. Wir haben zu unserer Linken (ostwärts) die Areg=Region, rechts wüstes Plateauland. Als erste Etappe dient uns der Ksor Beni Abbes in schmalem Palmenthal zwischen öden Strecken. Ansehnlicher ist Kersas, eine »Stadt«, die es nicht nöthig hat, sich von engen Wallmauern ein= schnüren zu lassen, da sie im Rufe besonderer Heiligkeit steht. Die frommen Brüder der hiesigen Sauya verstehen sich übrigens auch etwas auf das Handels= geschäft und zählen zu den rührigsten Kaufleuten auf der Strecke zwischen Tuat und Nord=Algerien einerseits und Marokko andererseits. Ob ihre Gottähnlichkeit sie gegen die Langfinger der Mnema=Berber, die überall längs des Wadi Saura — also an der Karawanenstraße — im Hinterhalte liegen, feit, mag dahingestellt bleiben. Die Ueled Boanan, deren Scheich Rohlfs so übel zugerichtet hatte, sagen von ihnen, sie würden den Propheten selber ausplündern, wenn er des Weges käme. Natürlich geben die derart gekennzeichneten Biedermänner den Vorwurf doppelt zurück und behaupten, unter den Boanen wäre Allah in eigener Person nicht sicher. Thatsache ist, daß die Mnema gelegentlich einen Scheich von Uesan erschlugen; man sieht das Grabmal dieses Opfers berberischer Wüstenromantik zu Igli, das wir weiter oben verlassen haben.

In Gesellschaft eines solchen Gelichters wird der lange Weg im Thale des Saura eine harte Aufgabe. Auch gehört es nicht zu den Annehmlichkeiten dieser Welt, tagelang zwischen öden Strichen steinbesäeter Hammadas zu wandern, mit dem Ausblicke auf die Dünenhügel der unbegrenzt bis zum Horizont verlaufenden Areg=Region. Wer den Strapazen und den Kugeln der Mnema=Berber entronnen ist, begrüßt mit lobenswerther Genügsamkeit die ersten Oasen von Tuat, und zwar zunächst die Oase Tsabit, dann die Oase Sua und schließlich die Land= schaft Gurara mit ihrem großen Salzsumpf und den Handelsstädten Tamentit und Timimun. Erstere ist eine der merkwürdigsten Städte Tuats. Sie zählt fast sechstausend Bewohner, welche sammt und sonders dem religiösen Heerbanne des Großscherifs von Uesan angehören und als solche ein Abzeichen tragen. Als Fanatiker waren die Tamentiter seit Jahren verschrieen, und ihrer schlecht ange= wendeten Energie ist es zuzuschreiben, daß die ursprünglich jüdische Bevölkerung des Ortes theils ausgerottet, theils gewaltsam zur Annahme des Islam gezwungen wurde. Sicher ist der specifische jüdische Handelsgeist ein Erbe aus früherer Zeit.

Auf unserem weiteren Wege berühren wir die Oase Aulef, zu der es über eine steinige Ebene geht, und legen in der Folge ein ähnlich ödes Gebiet zurück, bis wir den Palmengürtel queren, der uns von In=Salah, der Capitale des ganzen Oasen=Complexes von Tuat, beziehungsweise von Tidikelt, trennt. Hier aber wollen wir länger verweilen und die Verhältnisse schildern, wie sie zur Zeit im äußersten Südostende Marokkos, hundertdreißig deutsche Meilen in der Luftlinie von Fez entfernt, herrschen...

Es geschieht dies vorwiegend aus dem Grunde, weil Tuat unter allen Gebieten Süd-Marokkos dasjenige ist, welches den europäischen Interessen insofern am nächsten liegt, als Frankreich, eingedenk seiner Position in seiner nordafrikanischen Colonie, und im Hinblick auf seine senegambischen Besitzungen, auf den Oasen-Complex im Süden von Golea, also jenseits der idealen Grenze Algeriens, seit Langem ein Augenmerk geworfen hat. Daß die Bestrebungen vielartiger als die Resultate sind, braucht kaum besonders erwähnt zu werden. Thatsächlich ist es bisher keinem Franzosen gelungen, das fragliche Gebiet auch nur zu betreten. Zwar der unternehmende Paul Soleillet konnte mit Hilfe eines Schaamba-Häuptlings bis auf den jenseitigen Hang des großen Plateaus gelangen, welches die Tuater Oasen im Osten und Nordosten begrenzt; nach In-Salah aber sollte er nicht gelangen, denn das herrschende Haupt dortselbst erklärte, trotz des schwer in die Wagschale fallenden Schutzes, den der Reisende in der Person des genannten Schaamba-Scheichs genoß, er könne als »Unterthan des Kaisers von Marokko« nicht dulden, daß ein Christ in das Gebiet eindringe. Da er gleichzeitig zu verstehen gab, daß er den Fremden vor der Wuth des Volkes nicht schützen würde, mußte Soleillet mit seinem Begleiter umkehren.

Was jene so scharf betonte »Unterthanschaft« anbetrifft, so besteht sie thatsächlich nur in religiöser, nicht aber in politischer Beziehung. Die Tuater anerkennen blos die geistliche Herrschaft der Scherif-Dynastie, sind aber politisch unabhängig. Der Tribut wird gleichfalls nur mit Betonung der religiösen Zugehörigkeit zum Reiche des »wahren und einzigen Khalifen« geleistet. Uebrigens genießt der Groß-Scheich von Uessan und das Haupt der religiösen Genossenschaften von Timbuktu ein ähnliches Vorrecht, denn jeder Pilger, der von diesen beiden Heiligen-Stützen kommt, oder unter dem Zeichen der genannten religiösen Oberhäupter reist, erhält Almosen und Spenden in häufig beträchtlicher Höhe...

In politischer Beziehung sind die Tuater, wie gesagt, unabhängig. Die Oasen bilden eine Art von Conföderation ohne gemeinsames Oberhaupt, dessen mitunter sogar die einzelnen Oasengruppen entbehren. Größere Gemeinden oder Ksors haben ihre eigene Verwaltung und dulden keinerlei Oberherrschaft oder Oberaufsicht. Auch sind die Formen dieser primitiven Selfgovernments verschieden, je nach der Rasse der Bewohner. Bei den berberischen Gemeinschaften überwiegen demokratische Einrichtungen, bei den arabischen werden die Traditionen hervorragender Familien hochgehalten und die Herrschaft führt meist ein angesehenes Haupt derselben u. s. w. Uebrigens ist die Masse der Bewohnerschaft auch politisch, ja sogar religiös gespalten, was den allgemeinen Zuständen natürlich nicht zum Vortheile gereicht.

Rückkehr vom Diner beim Großvezier. (S. 231.)

In Tuat tritt das schwarze Bevölkerungselement stellenweise (namentlich im Norden) in überwiegender Majorität auf; ob sie der eigentlichen Negerrasse angehören oder schlechtweg Nachkommen der sogenannten jubäthiopischen Rasse sind, ist nicht entschieden, doch neigt sich der französische Forscher Duveyrier der letzteren Ansicht zu. Daß Tuat bereits in den ältesten Zeiten durch Lage und Ausdehnung eine gewisse Rolle in der nördlichen Sahara gespielt haben dürfte, mag als zweifellos

Empfang beim Großvezier. (S. 229.)

gelten, und damals mag die Bewohnerschaft ausschließlich der dunklen Raſſe angehört haben. Später drängten die Tuareg von Süden, die Berber von Norden in die Oaſe und zuletzt ſiedelten ſich arabiſche Triben an, welche den Islam ein bürgerten und ihr Idiom zum herrſchenden machten. Trotz der beſtehenden Raſſen verſchiedenheit herrſchen im Gebiete von Tuat im Großen und Ganzen friedliche Zuſtände, und Rohlfs, der einzige Europäer, von dem wir überhaupt Nachrichten über dieſes intereſſante Land haben, ermangelt nicht, der Bevölkerung ein günſtiges Zeugniß auszuſtellen. Daß die Tuater Biedermänner ihn gleichwohl getödtet haben würden, wenn ſie von ſeiner Herkunft Kenntniß gehabt hätten, wiſſen wir aus verſchiedenen Zwiſchenfällen des Reiſenden während ſeines dortigen Auf enthaltes. Ein Targi Scheich erklärte ſich beiſpielsweiſe gegenüber dem Oberhaupte von In Salah, dem Rohlfs vom Großſcherif von Ueſan auf das Beſte empfohlen war, bereit, einen Eid zu leiſten, daß der Fremde kein Moslim, ſondern ein Chriſt ſei. Solche Verdächtigungen machte der ehrwürdige Hadſch Abd el Kader damit wett, daß er erklärte: erſtens würden die räuberiſchen und gewaltthätigen Wüſtenſtämme zwiſchen Taſilet und Tuat einen Chriſten ſicherlich aufgehoben haben und zweitens ſei von dem heiligen Haupte des Ueſaner Großſcherifs nicht anzunehmen, daß er einen Ungläubigen mit Empfehlungsbriefen und Reiſe directiven verſehen hätte. Dennoch ermangelte Abd-el-Kader nicht, gelegentlich zu äußern: er würde jeden Chriſten, der ſich in ſeinem Gebiete einfände, nieder hauen laſſen. Die Lage Rohlfs' war dadurch, wie ſelbſtverſtändlich, keine roſige. Er ſelber äußert gelegentlich in ſeinem Tagebuche (unter dem 25. September 1864): »Ich ſuche mich immer mehr mit dem Hadſch Abd-el-Kader zu befreunden, um im Nothfalle auf ihn zählen zu können. Ich lege ihnen ſpaniſche Fliegenpflaſter oder brenne ihnen Moxen (die Araber nennen nur den einen geſchickten Arzt, der ſie zu quälen verſteht) und laſſe dies langſam heilen, ſo daß ſie alle Tage meiner Hilfe bedürfen. Auf dieſe Art bin ich ſicher, daß mir ihrerſeits nichts Böſes zuſtoßen kann…« Selbſt der grimmige und mißtrauiſche Si-Othman, jener Targi-Scheich, wurde ſchließlich umgeſtimmt und Rohlfs konnte unbehindert weite Ausflüge im Oaſenbereiche machen, die denn auch der Wiſſenſchaft zu Gute kamen.

Die Furcht der Tuater vor der Fremden-Invaſion datirt aus dem Jahre 1860, wo der franzöſiſche Commandant von Géryville in Uniform im nördlichen Tuat, allerdings in Begleitung des Hauptes der Uled Sidi Schich, erſchien. Damals glaubten die Tuater, das Ende ihrer Unabhängigkeit ſei gekommen, und man dachte ſogar an maſſenhafte Emigration nach den rauhen, wilden und unwohnlichen, dafür aber umſo unnahbareren Hochbergen der Ahaggar-Tuareg im Südoſten von Tuat. Nun, die Befürchtungen waren grundlos, die Tuater wurden aber von diesem Zeitpunkte ab derart mißtrauisch gegen jeden Fremden, daß sie ihr Oasengebiet hermetisch gegen außen abschlossen, trotz der bestehenden lebhaften Handelsbeziehungen mit Algerien, auf das sie angewiesen sind, um überhaupt existiren zu können. Denn ein sehr ertragreiches Land ist Tuat nicht; dazu herrscht eine unglaubliche Uebervölkerung und Viele sind gezwungen im weiteren Bereiche der Sahara oder in den angrenzenden Ländern ihr Fortkommen zu suchen. Ueberdies sind auch die umwohnenden Tuareg auf die materielle Aushilfe der Tuater angewiesen, und diese müssen sich diese Mitesserschaft gefallen lassen, da anderseits ohne den mittelbaren oder unmittelbaren Schutz jener vom Schicksal mager bedachten Kostgänger es nicht möglich wäre, eine einzige Karawane nach Timbuktu oder Rhadames abzulassen. Was aber der eine Stamm verspricht, braucht der andere nicht zu halten, und so ist und bleibt die Unsicherheit auf den Reisewegen in der Sahara an der Tagesordnung. Dank der landesüblichen Freibeuterei und systematischen Raubzüge, welche die Ahaggar-Tuareg auf unglaublich weite Distanzen ausführen; das geraubte Gut bringen sie in ihre heimatlichen Berge in Sicherheit, denn bis auf das Plateau Jedales und in die zerklüfteten Bergmassen, von denen es umschirmt wird, verirrt sich kein Rächer.

Wasserträger.

Wir wollen nun ein orientirendes Gesammtbild vom Tuater Gebiet geben. Nach Chavanne nimmt es einen Flächenraum von circa 48.000 Quadratkilometer ein und besteht aus einer Conföderation von drei- bis vierhundert befestigten Städtchen oder Dörfern, sogenannten »Ksors«, die sammt und sonders in der Depression liegen, welche sich am Rande des Tedmait-Plateaus in westlicher und südwestlicher Richtung erstreckt. Das Gebiet umfaßt eine Anzahl Oasen, deren südwestlichste Tuat, deren südöstlichste Tidikelt heißt. Die erstgenannte Oase hat dem ganzen

Gebiete den Namen gegeben. Es wird von den Flüssen bewässert, welche von jenem Plateau herabströmen und sich in den uns wohlbekannten Wadi Saura ergießen, der am äußersten Südrande des Oasen Complexes den Akaraba, seinen bedeutendsten Flußlauf, aufnimmt. Auch dieser Akaraba ist kein Fluß in landläufigem Sinne; sein Sandbett zeigt vielmehr an, daß das Wasser unterirdisch seinen Weg nimmt; einige Spatenstiche genügen, um auf dasselbe zu stoßen. Das Tedmait Plateau selber ist eine nicht sehr hohe Erhebungsmasse mit viereckiger Begrenzung und mit ausgesprochenem Hammada Charakter. »Je mehr wir uns ihrem Südrande nähern, desto häufiger finden wir ganze Strecken mit schwarzen, wie die Flächen eines polirten Achats glänzenden Steinen der verschiedensten Größe übersäet, unter denen der röthliche und felsharte Thonboden der Hammada sich erstreckt. So sehr wir uns auch bemühen, eine Spur organischen Lebens auf diesen Flächen zu finden, unser Suchen ist erfolglos; nicht ein Grashalm, nicht ein Insect belebt diese todten Gegenden. Dagegen sind sie der Schauplatz der abenteuerlichsten Luftspiegelungen...«

In-Salah, das Centrum des Tuater Gebietes, ist keine Stadt im gangbaren Sinne. Um eine Anzahl größerer mit Erdwällen umzogener Niederlassungen schließen verschiedene

Eine Straße in Fez.

andere kleinere Ksors einen weiteren Ring wie um einen Kern und bilden so eine leicht zu vertheidigende Gruppe von Ortschaften, die von einander unabhängig bestehen und keine gemeinsame Verwaltung besitzen. Durch diese topographische und politisch-administrative Eigenthümlichkeit erhält In-Salah sein specifisch ruatisches Gepräge. Wichtig ist diese Dörfer-Gemeinschaft — denn eine Stadt kann man

In Salah, wie aus Obigem hervorgeht, doch nicht nennen als Handelscentrum für weite Gebiete. Von hier ist es gerade so weit nach Timbuktu im Süden, wie nach Murzuk im Osten, wie nach Mogador im Westen, nach Tanger im Nordwesten, Algier im Norden und Tripolis im Nordosten. Dieser centralen Lage verdankt In-Salah seine hervorragende Bedeutung als Mittelpunkt alles Verkehres in der nördlichen Sahara, als Sammelbecken aller Völker- und Rassen-Repräsentanten von ganz Nordwest-Afrika, als Hort des Islam im Innern des dunklen Erdtheiles, wo der Einfluß des maghrebinischen Papstes von Uessan, des Semsi Oberhauptes und des heiligen Hauptes der Timbuktiner religiösen Genossenschaften sich die Wage halten. Alles dies mag genug Gründe in sich schließen, daß die Tuater keinen fremden Einfluß in ihrem Gebiet dulden, um die Rolle, die sie spielen, aufrecht zu erhalten.

Freilich genügen Fanatismus und jene Art von Localpatriotismus nicht immer, um Freistaaten zu halten. Auch die Tuater, die ja kein einheitlicher Stamm sind, mußten darauf bedacht sein, durch Freundschaftsbündnisse mit benachbarten fremden Stämmen, wie beispielsweise mit dem mächtigen Araberstamm der Uled Bu Hammu, ihre Suprematie zu sichern und den Uebergriffen der Tuareg zu steuern. Natürlich läuft auch diese primitive Politik auf Gewalt hinaus, wie es unter derlei Halbbarbaren nicht anders denkbar ist. Gegen Blutmischungen, die auf die Dauer eine homogene Rasse schaffen müßten, und alles individuelle Leben verwischen, d. h. einen Zustand allgemeiner Gesetzlosigkeit oder die Herrschaft des Einzelnen über den Einzelnen mit sich bringen würden, dagegen schützt das strenge Kastenwesen, welches unter den Schürfa, den Marabuts, den freien Arabern und den anderen Gesellschaftsclassen (Sklaven und Abkömmlinge von Freigelassenen) besteht...

Was neuerdings Tuat wieder in den Vordergrund des Interesses gerückt hat, das ist das große Project der transsaharischen Bahn, welche von einem algerischen Hafen ausgehend, die ganze Colonie in südlicher Richtung durchschneiden, durch die Tuater Oasen und das unermeßliche, ebene Tanesrift (oder Tangerist) bis Timbuktu ziehen und von dort durch Senegambien an den Atlantischen Ocean geführt werden soll. Wir haben über dieses Project, welches selbst unter den gründlichsten Kennern der Sahara (Soleillet, Duponchel u. A.) warme Verfechter gefunden hat, bereits flüchtig Erwähnung gethan. Wie man in französischen Regierungskreisen über dieses Unternehmen denkt, darüber giebt am besten ein Actenstück Auskunft, das in Folge seines officiellen Charakters von großem Interesse ist... Wir entnehmen den deutschen Wortlaut desselben aus Dr. B. Schwarz's »Algerien« (pp. 381 bis 385). Das Document lautet:

Paris, den 12. Juli 1879.

Herr Präsident!

Die Entdeckungen der Reisenden in den letzten Jahren haben bewiesen, wie Central-Afrika weit entfernt ist, das zu sein, was man vermuthete.

Da, wo man nur unermeßliche Wüste und unfruchtbare Landstriche annehmen zu müssen glaubte, leben im Gegentheile erwiesener Maßen große Massen von Menschen in einem Zustande, der mehr oder weniger einer Halbcivilisation gleich kommt. Städte, die durch die Zahl ihrer Einwohner in Wirklichkeit bedeutungsvoll sind, erheben sich an den Ufern von Seen und längs der fließenden Gewässer. Selbst die Sahara ist nicht so beschaffen, wie sie nach unvollständigen und oberflächlichen Beobachtungen geschildert wurde. Der Flugsand, den man auf weite Strecken hin für ein unüberwindliches Hinderniß hielt, ist in Wahrheit nur eine locale Erscheinung, und fast überall zeigt der Boden eine feste Beschaffenheit, so daß er sich in keiner Weise vom europäischen Terrain unterscheidet.

Der Sudan dürfte wohl der ansehnlichste Theil dieses ungeheueren Terrains sein. Seine Bevölkerung wird von glaubwürdigen Reisenden auf mehr als hundert Millionen Seelen geschätzt. Ein großer Fluß, der Niger, durchfließt die Hälfte seines Gebietes. Die Bewohner sind arbeitsam und die Grundbedingungen für einen internationalen Handel scheinen im hohen Grade vorhanden zu sein. Von zwei Seiten, von Algerien aus, und mittelst des Senegal, kann dieses Land erreicht werden, allerdings nicht ohne daß vorher mehr oder minder beträchtliche Schwierigkeiten überwunden worden sind. Das Problem hat bereits seit zwanzig Jahren eine Masse Köpfe beschäftigt, jetzt aber scheint der Augenblick gekommen, seine endgiltige Lösung herbeizuführen.

Schon sind es zwei Jahre, daß ein Ober-Ingenieur der öffentlichen Wege, Duponchel, von der Regierung ermächtigt wurde, sich nach Algerien zu begeben, um daselbst die Informationen, in deren Besitz man bereits war, sowohl hinsichtlich der Beschaffenheit des Sudans, wie derjenigen der Sahara, zu erweitern. In der That hat nun auch dieser Mann, indem er sich auf verschiedene bedeutsame Berichte, namentlich Duveyriers, stützte, indem er ferner Ergänzungen dazu seitens der Karawanenführer sich verschaffte, sowie mannigfache Aufklärung bei altbewährten Officieren, denen reiche Erfahrung aus den militärischen Streifzügen im Süden von Algerien zu Gebote stand, einholte, und endlich auch für seine eigene Person eine Erforschungstour am Nordrande der großen Wüste ausführte, ein sehr interessantes Schriftstück zu liefern vermocht, welches die Möglichkeit einer Verbindung mit dem Niger mittelst einer Eisenbahn von einer Gesammtlänge von

2000 Kilometer erkennen läßt. — Wie kühn auch ein solcher Gedanke erscheinen mag, so darf man ihn dennoch nicht für unausführbar halten, angesichts der wunderbaren Resultate, die der menschliche Geist erreicht hat, angesichts besonders des großen Schienenstranges, der San Francisco mit New-York, trotz Hindernisse aller Art, auf einer Strecke von 6000 Kilometer verbindet. Eine Eisenbahn von Algerien an den Niger, so sie zu Stande kommt, wird sicher weniger Kosten verursachen als die Durchstechung des Isthmus von Panama, in der Gestalt wenigstens, wie sie vor Kurzem von dem internationalen Congreß, der unlängst in Paris tagte, beschlossen wurde.

In Folge des Duponchel'schen Berichtes glaubte auch ich nicht unthätig bleiben zu dürfen. Ich bildete vielmehr aus einigen hervorragenden Gliedern meines Personales eine vorläufige Commission und forderte ihr Urtheil über den Werth der von Duponchel entwickelten Ideen ein. Nach einer eingehenden Berathung hat diese Commission am 22. Juni ein motivirtes Gutachten abgegeben, dessen Schlußthesen ich hiermit vorlege:

1. Die Commission ist der Ansicht, daß im Sudan die Bevölkerung eine zahlreiche, der Boden ein fruchtbarer ist und Naturreichthümer vorhanden sind, die der Ausbeutung werth erscheinen. Es ist von außerordentlicher Wichtigkeit, daß für die letzteren commercielle Abzugscanäle eröffnet werden, mit der Richtung auf die französischen Besitzungen, welche dafür die günstigste Lage haben... Gut wäre es auch, wenn Frankreich nach dem Vorbild von England, im Innern von Afrika so viel als möglich dem Sklavenhandel entgegenzuarbeiten suchte, der durch die Karawanen an der Grenze seines unbestrittenen Territoriums und inmitten der Lande ausgeübt wird, die anerkanntermaßen von der Macht der Paschas von Algier abhängig waren und über die nun Frankreich alle Rechte in der Hand hat.

2. Um dieses doppelte Resultat zu erzielen, ist die Eröffnung einer Eisenbahn nothwendig, die unsere algerischen Besitzungen mit dem Sudan verbände.

3. Ebenso dringend scheint es geboten, den Senegal mit dem Niger in Communication zu bringen.

4. Die Erörterungen oder Vorarbeiten, die dazu in's Werk gesetzt werden müssen, haben gleichzeitig vom Senegal und von Algerien auszugehen und die betreffenden Gesetzentwürfe müssen sich auf beide Linien erstrecken.

5. Im Süden von Algerien erfordert die Ungewißheit, welche in Hinsicht auf Topographie, Klima, natürliche Beschaffenheit, Hilfsquellen und Bewohner gewisser Theile der Sahara besteht, mit Vorsicht vorzugehen, um Fehlgriffe und militärische Verwickelungen zu vermeiden.

6. Geboten erscheint es zu gleicher Zeit, zur Anbahnung des Hauptprojectes Vorstudien über eine Linie zwischen Bistra und Wargla vornehmen zu lassen, deren Länge 300 Kilometer betragen würde. Diese Bahn könnte das Hodna durchschneiden und so an die Linie Algier-Constantine angeschlossen werden. Bis nach Wargla dürften die gewöhnlichen militärischen Escorten von geringer Stärke zum Schutz der Operationen genügen.

7. Jenseits Wargla gegen den Niger und nach allen anderen in Betracht kommenden Richtungen hin müssen die Erörterungen durch einzelne Persönlichkeiten ausgeführt werden. Die mit solcher Untersuchung beauftragten Männer werden auf eigene Verantwortlichkeit handeln, jedoch von der Regierung Instructionen und die nothwendigen Mittel erhalten.

8. Es ist ein Credit von zwanzigtausend Francs zu fordern, um damit sowohl die Kosten für die Vorarbeiten, als auch die Subventionen für die, welche das Terrain zu sondiren haben, zu bestreiten.«

Hätte ich nun auch nach diesem bedeutsamen Gutachten noch irgend ein Bedenken haben können, so würde doch selbst der letzte Zweifel überwunden worden sein durch den Strom der Begeisterung, der in Betreff dieser Frage gleichzeitig in den beiden Kammern sich bemerklich machte. Im Abgeordnetenhause hat die Budget-Commission, die über ein Amendement von Paul Bert zu beschließen hatte, durch den Mund ihres Berichterstatters Ronvier in folgenden Worten ihre Ansichten geäußert:

»Ihre Commission, meine Herren, kommt dem, worauf sich dieses Amendement bezieht, mit großer Sympathie entgegen. Afrika zieht mehr und mehr die Aufmerksamkeit der civilisirten Völker auf sich. Vor Allem muß Frankreich, das dem afrikanischen Continent viel näher liegt, als die meisten anderen Nationen, das ferner durch seine Besitzungen in Algerien, am Senegal und Gabon, sowie durch die zahlreichen französischen Handelsfactoreien, die sich längs der Westküste befinden, viel directer als alle anderen Völker, an der Zukunft dieses Continentes interessirt ist, auf alle Fälle Theil an der Bewegung nehmen, die Europa nach den afrikanischen Ländereien, deren Reichthümer man zu ahnen anfängt, hinzieht. Erheischt es nicht in der That die Sorge um die Größe und das Wohl unseres Vaterlandes, daß wir uns an die Spitze dieser Bewegung stellen?«

Im Senat hat sich die Commission für das Eisenbahnwesen Algeriens kaum weniger deutlich ausgelassen. Ihr Berichterstatter Pomel schloß sein Referat über ein Amendement von Caillaux mit folgenden Sätzen:

»Die Majorität der Commission glaubte aus dem eben angegebenen Grunde das Amendement Caillaux's ablehnen zu müssen. Indeß erklärt sich die Commission einstimmig für die Vornahme von Vorarbeiten, die, wenn irgend möglich, die Ausführung der transsaharischen Linie anbahnen sollen. Sie ist durchdrungen von der Ueberzeugung, daß ein großes, patriotisches und nationales Interesse uns gebietet, zu eigenem Vortheil das Problem eines Zuganges zum Nigerbecken zu lösen und uns zum Vorkämpfer der Civilisation in den Gegenden zu machen, zu denen uns unser algerisches Frankreich die Wege ebnet . . ."

Die Commission hatte sogar gewünscht, daß ein oberflächlicher Voranschlag für die Linie von Algerien nach dem Sudan aufgestellt würde. Wenn sie dann auf diese Idee verzichtet hat, so geschah es in Folge eines Versprechens, welches der Minister der öffentlichen Arbeiten von der Tribüne herab (Sitzung vom 5. Juli 1879) gab, nämlich, daß er eingehendere Vorstudien veranlassen werde.

Gegenüber dieser Sachlage hat die Regierung also die Pflicht, mit aller Energie, wenn auch zugleich mit der nöthigen Vorsicht, auf der Bahn, die ihr vorgezeichnet ist, vorzugehen. Ich habe dem zu Folge die Ehre, Ihnen, Herr Präsident, vorzuschlagen, daß Sie eine erweiterte Commission ernennen möchten, in welcher die verschiedensten Fachmänner vertreten sein müßten, und zu der auch Mitglieder des Parlaments heranzuziehen wären. Diese Commission hätte als ihre Aufgabe den Entwurf eines Planes für die zu unternehmenden Vorarbeiten zu betrachten. Sie würde das Programm, das durch die vorberathende Commission bereits entworfen worden ist, weiter auszuführen haben. Sie würde sodann die Instructionen für die, die mit der Untersuchung des Terrains betraut werden, verfassen. Sie würde weiter die Bedingungen bestimmen, unter welchen diese Untersuchungen angestellt werden müssen, um genügendes Material zu liefern, ohne jedoch das Vorgehen Frankreichs bloßzustellen oder Menschenleben zu gefährden. Sie würde endlich alle erreichten Resultate zusammenfassen und von dem Ganzen eine entscheidende Darlegung zu geben suchen, die einen Schluß auf die praktische Ausführbarkeit einer Verbindung Algeriens und des Senegal mit dem Sudan vermittelst eines Schienenweges ziehen ließe. — Was aber auch das Resultat eines solchen Unternehmens sein mag, immerhin würde schon der Versuch Frankreich zur Ehre gereichen. Derselbe dürfte aber auch insoferne von wirklichem Nutzen sein, als dadurch in der bedeutsamsten Weise die Grundlage für eine zukünftige Ausführung gegeben sein würde.

Wenn Sie diese Ansicht theilen, Herr Präsident, so bitte ich, gegenwärtigen Bericht, gleicherweise wie das beigegebene Decret, mit Ihrer Unterschrift versehen zu wollen.

Genehmigen Sie u. s. w.

Der Minister der öffentlichen Arbeiten:
C. de Freycinet.

Ueber die durchgeführten Vorarbeiten sind verschiedene Details bekannt geworden, die eines allgemeinen Interesses nicht entbehren. Soleillet, welcher die erste dieser Expeditionen führte, reiste am 16. Februar 1880 von St. Louis in Senegambien ab, wurde aber 20. März in Adrar von Straßenräubern ausgeplündert und zur Rückkehr gezwungen. Besseren Erfolg hatten die drei anderen Expeditionen. Der Ingenieur Choisy prüfte zwei parallele Linien in der algerischen Sahara, von Laghuat nach Golea; er vermochte für die ganze Strecke Wargla Biskra genaue Aufnahmen zu machen, ebenso für einen Theil der Strecke Laghuat Golea. Ueber letzteres hinaus konnte Choisy sich überzeugen, daß die größeren Dünen, welche den Weg nach Tuat versperren, überwunden werden können: sie haben eine Breite von anderthalb Kilometer. Zudem wurde die Längenlage von Golea bestimmt, die Grundlage zur allgemeinen Topographie der Sahara gelegt und die geologische Karte der durchforschten Gegend festgestellt. Oberstlieutenant Flatters endlich hatte den Auftrag, in das Land der Tuareg einzudringen und zu prüfen, ob das Hogargebirge überwunden werden könne.

Er überschritt die von Wargla nach El Biodh sich ausdehnenden Dünen und fand eine Strecke, welche von Wargla bis 150 Kilometer über El Biodh eine flache und feste Ebene ohne allen Sand bildet. Den Erkundigungen zufolge darf man annehmen, daß dieser Weg sich in gleicher Weise bis zur Spitze der Wasserscheide des Jhaghar und des Ballul-Basso ausdehnt. Flatters, der einige Monate nach seinen ersten Untersuchungen die Arbeiten wieder aufnehmen sollte, wurde bekanntlich von den Tuareg überfallen und mit einem Theil seiner Begleitung niedergemetzelt. Der Rest entkam nach Ueberwindung unsäglicher Mühsale.

Es ist begreiflich, daß in der Frage der transsaharischen Bahn das Urtheil französischer Männer, die im Interesse des Mutterlandes arbeiten, allein nicht maßgebend sein könne. Mit großem Interesse nehmen wir daher die Anschauung des größten Kenners aller auf das Saharagebiet bezüglichen Angelegenheiten, des Forschers Gerhard Rohlfs, zur Kenntniß. Er sagt: »Als natürliche größere Etappe (einer transsaharischen Bahn) erscheint Allen, welche sich mit dieser Frage beschäftigt haben, die große und reiche Oase Tuat... Sowohl die Generale von Wimpffen, wie de Colomb sind daher ohne Bedingung für die Route über Tuat, während der General de Colonien sie nur bedingungsweise gewählt wissen will. Wir gestehen es offen, daß uns die von den Generälen Wimpffen und de Colomb über Figig (nach) Tuat) vorgeschlagene Route viel zweckentsprechender scheint, als die von Colonien patronisirte (über Tiaret und El Maia nach Tuat), denn ohne Kampf wird es so wie so nicht abgehen. Und gewiß ist es besser, in der Oase Figig von vornherein ein unterjochtes Volk zu haben, als freie Feinde. Und was für Feinde! Außerdem finden sich auf der von Colonieu vorgeschlagenen Route via Tiaret zwischen Géryville und El Aghouat hindurchgehend, bedeutend größere Terrainhindernisse, als auf dem westlichen Wege, wo man einfach dem nach Inat führenden Ued Saura folgen kann...« Uebrigens meint Rohlfs, die Franzosen müßten vorerst ihre falsch angewendete Philantropie gegenüber jenen Barbaren aufgeben, und sich nicht wie bisher der Selbsttäuschung hingeben, »so sehr von den Eingeborenen geliebt zu sein.« Wie die letztjährige Erfahrung beweist, steht die Verwirklichung einer transsaharischen Bahn in fernerer Zukunft, denn je zuvor...

Krankentransport.

Der spanisch-marokkanische Krieg im Jahre 1860.

Der permanente Kriegszustand zwischen Spanien und Marokko in den letzten zwei Jahrhunderten. — Das Piratenunwesen und die spanischen Presidios. — Ohnmacht der seefahrenden Mächte gegenüber den Rifioten. Der Zwischenfall vor Ceuta im Jahre 1859. — Das Ultimatum der Königin Isabella II. Ausbruch der Feindseligkeiten. — Die ersten Kämpfe bei den Redouten auf der Sierra Ximera. — Todesverachtung der marokkanischen Truppen. — Vormarsch der Spanier gegen Tetuan. — Die Treffen bei St Castillejos und im Passe des Monte Negro. Ankunft vor Tetuan und erster Zusammenstoß mit der feindlichen Hauptmacht. — Gefechte und Vorbereitungen zum Entscheidungskampfe. Die Schlacht am 4. Februar 1860. — Vollständiger Sieg der Spanier. — Einzug in Tetuan. — Die letzten Kämpfe in den Gebirgen. Waffenstillstand und Abschluß der Friedenspräliminarien.

Unter allen europäischen Völkern sind es die Spanier, welche am häufigsten und langwierigsten mit den Marokkanern in Händel verwickelt waren. Sieht man genauer zu, so ist unschwer zu erkennen, daß die kriegerischen Beziehungen der beiden Völker zu einander eigentlich seit dem Auftreten des Islam im Westen des Mittelmeeres, nie eine langanhaltende Unterbrechung gefunden haben. Jedes Jahrhundert hat einen oder auch mehrere Kriege zwischen den, gegenseitig von Haß und Kampfeswuth erfüllten Gegnern aufzuweisen. In der Zeit nach der Maurenvertreibung aus Europa war und blieb Spanien die eigentliche Vormacht des Christenthums gegen den Islam. Der einmal großgezogene Antagonismus konnte nie paralysirt werden. Eine vorübergehende Unterbrechung fanden diese Wechselkämpfe an den spanischen und marokkanischen Küsten nur in jener Epoche, wo durch politische Verhältnisse die Spanier in die Angelegenheiten Europas verwickelt wurden und auf den Schlachtfeldern des Continents ihr Blut vergossen.

Dann kam wieder eine Zeit, wo das alte blutige Spiel an den maghrebinischen Gestaden seine Fortsetzung nahm. Spanien hatte in jener Zeit, da es mit seinen Interessen in europäische Angelegenheiten verwickelt war, in Marokko schrittweise an Terrain verloren. Sicher war es eine unkluge Politik, in den Tagen der Bedrängniß dem Erbfeinde Concessionen zu machen, ja von Fall zu Fall sogar dessen Hilfe zu beanspruchen. Die Folge war eine continuirliche Einbuße an dem älteren Besitzstande im nördlichen Bereiche Marokkos. So trat ein Zeitpunkt ein, wo Spaniens Macht in dem fremden Erdtheile thatsächlich nur mehr auf wenige Punkte beschränkt blieb — Punkte, die zwar in der Folge von den Sultanen und »wahren Khalifen« vielfach bestritten und angegriffen wurden, im Uebrigen aber bis auf den Tag in spanischen Händen verblieben.

Man begreift, daß ein solcher Zustand der Dinge die Fehde nie aufhören machen konnte. Ein Krieg folgte dem andern. Die Marokkaner machten die größten Anstrengungen, die Fremden ein= für allemal von dem heimatlichen Boden zu vertreiben. Der energischeste Widerstand war seiner Zeit in der Person des Sultans Muley Ismaïl verkörpert, jenes blutdürstigen Tyrannen, von dem wir andernorts bereits berichtet haben. Da er so wenig, wie irgend ein anderer Machthaber der Scherif=Dynastie, die Stämme seines Reiches ohne plausiblen Grund aufbieten konnte, haranguirte er dieselben zu einem »heiligen Kriege« gegen die verhaßten Christen, ein Beginnen, das seine Wirkung nimmer verfehlen konnte. In kürzester Zeit war eine Armee von vierzigtausend Mann auf den Beinen und rückte vor Ceuta, die wichtigste »Colonie«, welche die Spanier auf marokkanischem Boden besaßen. Das war im Jahre 1694. Mit bloßem Fanatismus und Haß war es aber nicht gethan und so zog sich der Krieg endlos dahin. Ueber sechsundzwanzig Jahre währte die Belagerung des festen Platzes, der in früheren Jahrhunderten so oft seine Beherrscher gewechselt hatte. Hauptgrund zu diesen ohnmächtigen Anstrengungen war die Unmöglichkeit, Ceuta seeseits zu blockiren. Die Vertheidiger unterhielten während der ganzen Dauer der Belagerung unbehinderten Verkehr mit dem Mutterlande.

König Philipp V. endlich fühlte sich berufen, diesem überaus lästigen Zustande ein Ende zu machen. Er sandte den General Leda mit circa sechzehntausend Mann nach Ceuta, wo dieser sofort zur Offensive schritt und die Marokkaner vollständig aufs Haupt schlug (1720). Der Sieg war ein so vollständiger, daß Leda dem

Könige den Vorschlag machte, um einen Siegeszug längs der ganzen Piratenküste bis nach Tunis hinein zu vollführen. Die Piraten — zumal jene der Rif Küste — waren eben seit jeher die ärgsten Bedränger der Presidios, wie Spanien seine marokkanischen Besitzungen nannte. Hohe Staatspolitik mußte gegen solche Pläne ein Veto einlegen. König Philipp hatte den europäischen Reichen gegenüber Verpflichtungen übernommen, die mit der geplanten Eroberungs-Politik in directem Widerspruche standen. Da man in damaliger Zeit Spaniens Macht wenig schätzte und überdies in Nordafrika keine ernstlichen Interessen zu vertreten hatte, so läßt sich für jene Abmachungen kein stichhaltiger Grund ausfindig machen. Immerhin hatten die Marokkaner die Erfahrung gemacht, daß ihre Zeit vorüber und die dominirende Rolle der europäischen Waffen nicht mehr zu brechen sei.

Erfahrungen dieser Art pflegen leider ein kurzes Gedächtniß zur Folge zu haben. In der That standen die Marokkaner bereits in der allernächsten Zeit von ihren früheren Bemühungen nicht ab. Das Ergebniß solcher Kriegszüge war immer ein gleich klägliches. Mit dem Regierungsantritte des Sultans Muley Suleyman trat endlich insoferne ein Umschwung ein, als dieser friedliebende Herrscher des ewigen Haders müde wurde, mit den Spaniern in ein friedliches Einvernehmen sich setzte (1798)... Man kann sagen, daß mit diesem Zeitpunkte die »officiellen« Feindseligkeiten auf lange Jahre hinaus ruhten. Damit war aber der Sachlage selber umso weniger gedient, als im Reiche der Scherif-Dynastie dem bestehenden und bestandenen Zustande gemäß, das Staatsoberhaupt viel zu geringen Einfluß auf seine Unterthanen hatte, um locale Fehden zu hintertreiben. Hierzu fehlte den Sultanen allemal sowohl die Macht, wie der gute Wille. An Stelle des officiellen Krieges traten die Raub- und Beutezüge der einzelnen Stämme und der Rif-Piraten, die, wenn auch weniger opferreich, wie jene, immerhin lästig genug waren und den spanischen Presidios mancherlei Schaden zufügten. Die schlimmsten Zustände herrschten seit jeher im Rif-Gebirge. Wir haben das ehrenwerthe Gelichter, welches jenes Gebiet bewohnt, bereits flüchtig kennen gelernt. Der Rifiote ist ein geborener Freibeuter. Er hat sich nie bewogen gefühlt, die Oberhoheit der Sultane zu respectiren. Seinen eigenen Scheichs gegenüber kennt er keine Disciplin, gegen seine eigenen Glaubensgenossen keine Schonung. In einem öden, mit kargem Bodenerträgnisse bedachten Lande hausend, und vorwiegend als Jäger thätig, fühlte und fühlt er das Stiefmütterliche seiner Existenz und trachtet demgemäß sich entsprechende Entschädigung zu verschaffen. Die Piraterie ganz besonders sagte in früherer Zeit seinem Geschmacke zu, denn die zahlreichen, von Felsbergen umrahmten und klippengeschützten Häfen seiner

Heimat, erwiesen sich zu jenem sauberen Handwerke allemal ganz besonders günstig. In diese Schlupfwinkel konnten sich wohl die kleinen Segelboote der Piraten bergen, nicht aber die ihnen nachstellenden Kreuzer der Spanier und anderer seefahrender Mächte. Besonders ist es die Küste westlich des Cap Tres Forcas,

Frühstück beim Kriegsminister. (S. 236.)

welche wegen ihrer Beschaffenheit den Rifioten einen äußerst günstigen Basispunkt zu ihren Operationen abgab. Hier lagen ihre Boote in Grotten versteckt, oder mit Baumzweigen bedeckt, am Ufer, während ihre Besitzer von vorzüglichen Auslugplätzen aus, das davorliegende Meer beobachten und von allen Vorgängen auf demselben Notiz nehmen konnten. Strandung oder Bergungsversuche hatten immer Plünderung und Massacres zur Folge. Auch auf Irreführung der in Gefahr

Garten und Frauenbad in einem vornehmen Hause.

schwebenden Fahrzeuge, verstanden sich die Rifioten. Sie zündeten Signalfeuer an und steckten weiße Fahnen aus, ein Verfahren, das nie seine Wirkung verfehlte. Zwar fehlte es keineswegs an Maßregeln seitens der seefahrenden Mächte, sie führten aber niemals zum Ziele. So schickte beispielsweise England im Jahre 1852 den Admiral Napier nach der Rif Küste, um sich für stattgehabte Räubereien Genugthuung zu verschaffen, kehrte aber unverrichteter Dinge zurück, da die Piraten bei Zeiten ihre Schlupfwinkel verlassen und sich in das schwer oder gar nicht zugängliche Innere des Landes zurückgezogen hatten. Auch eine preußische Expedition aus ähnlichem Anlasse blieb erfolglos. Etwas mehr erreichte 1854 der Capitän des französischen Schiffes »Newton«, bei Gelegenheit einer in unmittelbarer Nähe der Küste vorgenommenen Streifung. Als derselbe sich nämlich plötzlich von einer großen Zahl kleiner Boote, die ihn mit Flintenschüssen empfingen, umringt sah, antwortete er mit Kanonen. Nun fanden sich einige Häuptlinge ein und baten um Einstellung der Feindseligkeiten. Sie gelobten, in Zukunft die Schiffe französischer Flagge zu schonen, baten aber den Capitän, Veranlassung zu treffen, daß jene sich unter allen Umständen in einiger Entfernung von der Küste halten mögen, da sie für die Worttreue einzelner Piraten nicht Bürgschaft leisten könnten. Fürwahr, eine drastische Art von Ehrlichkeit seitens dieser Galgenvögel!

Eine zweite Gewohnheit, durch die sich die Rifioten in allen Zeiten bemerkbar machten, ist die der Brandschatzung der Presidios. Zwar die Ortschaften selber ließen sie in Frieden, nicht etwa, weil sie sich zu schwach fühlten in dieser Richtung etwas zu unternehmen, sondern einfach deshalb, weil eine Vernichtung der Presidios gleichbedeutend mit der Vernichtung ihrer hervorragendsten Erwerbsquelle gewesen wäre. Ohne Spanier kein Raub und ohne Raub kein Erwerb. Die spanischen Coloniestädte mußten daher geschont werden, nicht aber die Spanier selber. Mordthaten an christlichen Kaufleuten der Presidiosstädte waren daher noch in den letzten Jahrzehnten sozusagen an der Tagesordnung, und eine derselben bildete denn auch im Jahre 1859 den Anlaß zu politischen Verwickelungen, die endlich zum Kriege zwischen Spanien und Marokko führten.

Da diese militärische Action die einzige in unsere Zeit fallende ist, so nehmen wir Anlaß, derselben in ausführlichster Weise zu gedenken. Die Kriegsbegebenheiten, wie sie sich vor den Augen des Lesers entrollen, werden in vieler Hinsicht einen vorzüglichen Commentar zu unseren bisherigen Schilderungen und Mittheilungen abgeben. Sie bilden eine interessante, und man darf wohl sagen auch actuelle Illustration zu den eigentlichen Zuständen im Reiche der Scherif-Dynastie, Zustände, die näher besehen, einigermaßen von den Voraussetzungen abweichen, die man auf

Grund jenes friedlichen und vorwiegend amüsanten Gesandtschaftszugs zu machen geneigt, und bis zu einem gewissen Grade sogar berechtigt wäre.

In einem älteren Vertrage hatte Spanien von der marokkanischen Regierung erwirkt, daß zwischen dem weiteren Gebiete von Ceuta und jenem der Rifioten eine schmale Zone neutralen Terrains abgesteckt wurde. Diese letztere respectirten die Spanier bei jeder Gelegenheit, erbaten aber, gelegentlich einiger Verbesserungen und Verstärkungen der Festungswerke, den Schutz marokkanischer Truppen für die auf dem weiteren Terrain lagernden Arbeiter. Die biederen Rifioten, die selber nie einen Buchstaben all' der abgeschlossenen Verträge respectirt hatten, waren sofort zur Stelle und erklärten den ganzen Vorgang für einen Vertragsbruch. Die Arbeiter mußten sich zurückziehen, worauf die Rifioten, trotz des marokkanischen Cordons, in die neutrale Zone eindrangen und von einem Brunnen hart an der Grenze des spanischen Territoriums das königliche Wappen herabschlugen. Tags darauf schossen sie vollends nach den Schildwachen, deren drei tödtlich getroffen wurden. Ein Officier trug eine Verwundung davon. Das marokkanische Militär machte nicht die geringste Miene einzuschreiten. Auf die unmittelbar hierauf erfolgte Beschwerde seitens des Madrider Cabinets erhielt dieses von der Regierung Sr. scherifischen Majestät die bestimmte Zusicherung, die Sache »untersuchen« zu wollen. Darauf aber konnte man sich in Madrid nicht einlassen. Es erfolgte seitens der Königin Isabella ein Ultimatum an den marokkanischen Vertreter, womit derselbe gleichzeitig aufgefordert wurde, die verlangte Genugthuung vom Sultan zu erwirken. Diese letztere bestand im Wesentlichen darin, daß das spanische Wappen wieder aufgerichtet, die Uebelthäter unter den Mauern von Ceuta bestraft, und durch eine gemischte spanisch-marokkanische Commission neuerdings eine genaue Absteckung der Grenzgebiete vorgenommen werden sollte.

Das Ultimatum der Königin Isabella hatte, wie ja unter den obwaltenden Umständen zu erwarten war, keine Wirkung. Vielleicht wäre es dem immerhin thatkräftigen Sultan Abdurrahman gelungen, die Differenzen auf friedlichem Wege beizulegen. Die Angelegenheit war indeß kaum zur brennenden Tagesfrage dies- wie jenseits des Canals geworden, als der genannte Sultan starb und Sidi-Mohammed den Thron seiner Väter bestieg. Die Autorität dieses letzteren war aber gleich Null. Die Marokkaner nannten ihn verächtlich den »Flüchtling von Isly«. That er nun einen Schritt im Sinne der spanischen Forderungen, so stand sein Leben auf dem Spiele. Die Folge war, daß der Termin, welcher im Ultimatum angesetzt war, ablief, ohne daß die marokkanische Regierung einen begütigenden Schritt in der Sache gethan hätte. Zwar wurde eine Fristerstreckung erbeten, in Madrid aber glaubte man mit Recht, solchen Verschleppungen keinen Vorschub zu leisten... So erfolgte kurz nach Ablauf des erwähnten Terminus (13. Novem ber 1859) seitens der Königin von Spanien die Kriegserklärung.

Dieses entschiedene Auftreten überraschte nirgends mehr als in England. Mit der den englischen Staatsmännern eigenthümlichen Gewohnheit, jeden energischen Schritt einer anderen Macht als eine Bedrohung der Interessen des Inselreiches anzusehen, indeß sie in eigener Angelegenheit frei von solchen Scrupeln

Eine marokkanische „Officiers-Messe".

sind, wußte auch diesmal Lord Russel das Vorgehen der Spanier als eine Action von unberechenbarer Tragweite hinzustellen. Es kostete dem spanischen Minister des Auswärtigen, Calderon Collantes, große Mühe, seinen britischen Collegen zu beruhigen und die Affaire auf ihre wahre und einzige Bedeutung zurückzuführen. Es wurde auf das Unerträgliche der Lage in den Presidios hingewiesen, der frechen Piraten-Ueberfälle gedacht, die ja auch englischen Schiffen bereits mehrfachen und empfindlichen Schaden zugefügt hatten, und schließlich das gute Recht betont, in welchem sich die Königin Isabella befand, indem sie mit bewaffneter Macht eine Insulte wettzumachen gedachte, die man der spanischen Krone und dem spanischen Volke zugefügt hatte. Die englische Engherzigkeit ließ sich aber nur schwer brechen. Zwar Lord Russel schien mit der abgegebenen Erklärung sich zufrieden zu geben. Die öffentliche Meinung aber schlug nach wie vor gewaltig Lärm, und es fehlte nicht an Stimmen, welche eine Intervention zu Gunsten der marokkanischen Piraten und Gurgelabschneider forderten. In Madrid ließ man sich aber keineswegs einschüchtern; es erfolgte eine letzte Erklärung seitens des spanischen Cabinets, in welcher es unter Anderem hieß: »Gestützt auf sein gutes Recht wolle die Regierung, ohne selbstsüchtige Hintergedanken und ohne Uebereinkommen mit einer gewissen anderen Macht, dem unerträglichen Zustande, in welchem sich seine festen Plätze in Folge der unausgesetzten Feindseligkeiten der Marokkaner befänden, ein Ende machen. Es würde hierbei die bestehenden Interessen und die Rechte aller Völker respectiren und für längere Zeit keinen Punkt besetzen, der Spanien ein bedrohliches Uebergewicht in Sache der Schifffahrt im Mittelländischen Meere verschaffen könnte...« Auf das hin beruhigten sich die Gemüther in Alt-England und die Regierung ihrerseits machte noch einen letzten Versuch, den Sultan Sidi-Mohammed zum Einlenken zu bewegen. Der vermittelnde Schritt blieb ohne Erfolg und so mußte den Waffen die Entscheidung überlassen werden.

In Spanien war, wie begreiflich, nichts populärer als ein Krieg mit dem »maurischen Erbfeind«... Längst verblaßte Kriegsthaten wurden in der Erinnerung wieder lebendig, der Enthusiasmus geschürt, die Kampflust in jeder Richtung genährt... »Solo hay Españoles en España!« Das kampfmuthige Hidalgothum dürstete nach den langentbehrten Lorbeeren. Arme und Dürftige, Vornehme und Niedere wetteiferten in Opferwilligkeit. Der Freiwilligen-Zufluß war ausgiebig genug. Die baskischen Provinzen stellten dreitausend Mann, Catalonien desgleichen. Der Patriarch beider Indien, sowie andere Kirchenfürsten, brachten namhafte Geldopfer, und dem nachahmenswerthen Beispiele folgten rasch viele andere Würdenträger und Begüterte. Das nationale Gepräge, welches die ganze Bewegung trug, verschaffte der Kriegsaffaire selber eine Bedeutung, die weit über die wirklichen Verhältnisse hinausging. Kurz, es hatte den Anschein, als ob die Tage des glühendsten Patriotismus und Opfermuthes von anno 1808 sich wiederholen sollten.

Durch den starken Zuzug von Freiwilligen war es möglich, noch vor Ablauf des Ultimatums, bei Algesiras — also im Angesichte von Gibraltar — dreiundzwanzig Bataillone zu concentriren, an deren Spitze der Marschall Graf Leopoldo O'Donnell trat. Mit großer Energie schritt nun dieser, als Ober-

Commandant der Expedition, zur Organisirung der erforderlichen Truppenmacht... Die aus zweiundfünfzig Bataillonen, zwölf Escadrons und vierundsiebzig Geschützen bestehende Expeditionsarmee zerfiel in folgende Unter Abtheilungen: I. Armeecorps, unter dem Befehle des Divisions Generals Echague, in der Gesammtstärke von dreizehntausend Mann und achtzehn Geschützen; II. Armeecorps, unter dem Befehle des General Lieutenants Zavale, in der Gesammtstärke von siebzehntausend Mann und achtzehn Geschützen; III. Armeecorps, unter dem Divisions General Rios de Olano, mit zusammen sechzehntausendfünfhundert Mann und vierzehn Geschützen; die Reserve Division, unter dem Befehle des Generals Prim, in der Gesammt stärke von achttausendfünfhundert Mann und zwölf Geschützen; endlich die Cavallerie Division des General Majors Galiano, in der Gesammtstärke von zweitausend Mann und zwölf Geschützen... Die ganze Armee zählte demnach siebenundfünfzig tausend Mann und hatte vierundsiebzig Geschütze zur Disposition.

Gleichzeitig mit den militärischen Anstrengungen der Spanier waren auch die Marokkaner thätig, dem verhaßten Feinde möglichst ausgiebigen Widerstand entgegenzusetzen. »Die Marabuts durcheilten, den heiligen Krieg verkündend, die Stammgebiete, und auch die Regierung des Sultans unterließ kein Mittel, den Fanatismus des Volkes zu wecken und zu steigern. So wurde zu Rabbat drei Tage hindurch der heilige Schlüssel der Stadt Cordoba der Verehrung der Gläubigen ausgesetzt und auf diese Weise die alte Hoffnung der Mauren, einstmals wiederum in den Besitz der von den Voreltern in den lieblichen Fluren Andalusiens bewohnten Städte zu gelangen, von Neuem in der Erinnerung belebt...« Die Bemühungen blieben nicht ohne Erfolg. Der rechtgläubige Zulauf vermehrte sich von Tag zu Tag und die Wogen der Begeisterung gingen zum mindesten so hoch, wie drüben auf spanischem Boden. Der Strauß konnte also immerhin ein harter, blutiger werden. In Marokko hatte sich fast jeder waffenfähige Mann in die Reihen der Glaubensstreiter gestellt. An die Spitze des marokkanischen Heeres trat Sidi Muley el Abbas, der jüngere Bruder des Kaisers. Derselbe besetzte Anfangs mit nur fünfzehntausend Mann eine starke Position zwischen Tanger und Tetuan. Später wuchs die Zahl der Regulären bis auf dreißigtausend, die der Irregulären sogar auf siebzigtausend Mann an, so daß das gesammte marokkanische Aufgebot fast noch einmal so stark war, wie die spanische Expeditions-Armee.

Gleichwohl konnte über den Enderfolg des ganzen Unternehmens kein Zweifel sein. Mit bloßen Allahrufen und dem Schwenken grüner Prophetenfahnen geht es bekanntlich heute nicht mehr; man jagt damit zum mindesten keine europäische

Armee in die Flucht. Zudem hatten die Spanier einen vorzüglichen Basispunkt für ihre Operationen — das stark befestigte und für die im Festungskriege ungeschulte marokkanische Armee unangreifbare Ceuta... Wir müssen uns diesen Platz etwas genauer ansehen, um nähere Bekanntschaft mit diesem spanischen Bollwerke auf marokkanischer Erde zu machen. Wenn man von Ceuta spricht, so ist damit nicht blos die Stadt, sondern das ganze, allerdings sehr unbedeutende Gebiet des gleichnamigen Presidios gemeint. Das letztere ist eine keulenartig ins

Schleifer.

Meer ausspringende Halbinsel, auf welcher die eigentliche Stadt und das isolirt, auf dem höchsten Punkte der Halbinsel erbaute Fort liegen. Je mehr sich die Halbinsel dem Festlande nähert, desto schmäler wird sie. An der schmälsten, kaum 200 Meter breiten Stelle liegt die mauerumgürtete Altstadt, rings vom Meer umgeben, da man an zwei Stellen (im Westen und im Osten) den Isthmus durchgegraben hat. Es ist also eigentlich eine Insel, auf welcher die enge und winkelige Altstadt sich erhebt. Im Westen derselben setzt man über den einen der beiden, weiter oben erwähnten Meerescanäle auf das Festland, wo eine Art

Brückenkopf errichtet ist. Eine Reihe von Wachthäusern liegt vor dem äußersten Glacis. Hier erstreckt sich das ganz unbedeutende Festlandsgebiet, welches zu Ceuta gehört. Es ist eine mit dichtem Gestrüpp und Buschwerk bedeckte Ebene, in deren Mitte sich das alte, verfallene maurische Königsschloß El Zerratijo erhebt. Jenseits desselben ziehen in geringer Entfernung von einander zwei parallele, mit

Ein Kameel und sein Treiber.

mannshohen Stechpalmen und anderem Gebüsch überkleidete Bergketten, die eine bewachsene, von sumpfigen Wiesenstrecken unterbrochene Ebene zwischen sich nehmen...

Soweit die Situation westlich der Altstadt. Oestlich derselben — also nicht auf dem Festlande, sondern auf der Halbinsel — erstreckt sich das eigentliche, verhältnißmäßig geräumige und wohlgebaute Ceuta. Es füllt nur stellenweise die ganze Halbinsel von Meer zu Meer aus. Ein Theil der ersteren ist auf der Südseite unverbaut. Die Uferränder sind allerorts steil, oft senkrecht in's Meer abstürzend und werden von einer bastionirten Front gekrönt, die rings um die

Stadt läuft. Die Verbindung mit der Altstadt ist durch zwei Zugbrücken hergestellt. An den Isthmus, auf welchem die beiden Stadttheile liegen, schließt der Keulenkopf der Halbinsel, dessen in der Mitte ansteigender Berg von dem starken Fort Acho gekrönt ist. Es besteht aus älteren und neueren Befestigungen. Diese zeigen eine, auf dem höchsten Steilsturz angebrachte bastionirte Front mit sechs Bastionen. Die Abdachungen des Berges bilden ein natürliches Glacis, die steilen Abstürze der Ufer auf allen Seiten ein äußeres, von der Natur geschaffenes Hinderniß. Der Kopf der Halbinsel ist von Wegen durchzogen, welche concentrisch nach dem Fort verlaufen. Die exponirtesten Punkte der Halbinsel sind mit kleineren Bollwerken versehen: im Norden Fort Sta. Catalina; im Westen Fort de S. Amaro; im Süden die Forts Inuntilizado del Sarchal, del Cuemadero und de la Palmera; im Osten Fort Desnarigado und Almina. Außerdem ist der ganze Küstenrand mit zahlreichen Batterien versehen, so daß die Gesammtanlage der Halbinsel Acho als ein äußerst vertheidigungsfähiges Reduit sich darstellt. Dasselbe würde selbst dem Angriffe einer europäischen Heeresmacht längere Zeit zu widerstehen vermögen; für eine Kriegsmacht aber, gleich jener Marokkos, die weder Festungsgeschütze, noch Kriegsschiffe besitzt, ist und bleibt Ceuta ein uneinnehmbarer Platz. Setzt man die einzig mögliche Art des Angriffes — den von der Landseite — voraus, so müßten nacheinander folgende Vertheidigungsabschnitte mit Sturm genommen werden: zuerst der formidable Brückenkopf auf dem Festlande, dann die rings vom Meere bespülte Altstadt (eine Festung für sich), hierauf die eigentliche Stadt (eine zweite Festung für sich) und endlich das ganze System von Forts und Batterien, nebst dem ungemein starken Reduit auf dem Berge Acho. Man begreift also, daß den Spaniern um den schließlichen Erfolg nimmer bange sein konnte. Die Halbinsel Ceuta bietet Raum für eine Armee von mehreren hunderttausend Mann; die Verbindung mit dem Mutterlande ist leicht und beträgt zwischen Ceuta und Algesiras nicht ganz fünf deutsche Meilen.

Was die Vergangenheit dieses Waffenplatzes anbetrifft, so können wir uns kurz halten. Ceuta's Gründung fällt in die karthagische Periode; es wurde später römisch, in der Folge vandalisch, gothisch, genuesisch und fiel, in der Mitte des zweiten Jahrzehnts des 5. Jahrhunderts in die Gewalt der Portugiesen, die es dritthalb Jahrhunderte festhielten. Portugal betrachtete Ceuta als eine Schule für den Krieg, etwa wie heute Frankreich Algerien. Es mag erwähnt werden, daß es Ceuta war, wo der Dichter und Waffenheld Camoëns im Kampfe gegen die Mauren ein Auge verlor. Im Jahre 1668 kam Stadt und Gebiet an die Spanier, die es bis auf den Tag behielten. Es bildet das wichtigste Glied in jener Kette von spanischen Besitzungen, welche den Namen Presidios führen und in jenen Theilen des marokkanischen Reiches liegen, welche unter dem Namen des Amalat el Rif und des Amalat el Gharb bekannt sind. Unter der ersteren Bezeichnung versteht man den Theil der afrikanischen Küste zwischen Tetuan und der algerischen Grenze; von Tetuan bis Mahamora am Atlantischen Ocean erstreckt sich das Amalat el Gharb.

Nach diesen militärischen und topographischen Erläuterungen gehen wir auf unser eigentliches Thema über. In dem Kriegsrathe, welchen der spanische Ober-Commandant O'Donnell mit seinen Generalen am 11. November 1859 in Cadiz hielt, kam auch der Plan zur Sprache, sich von Ceuta aus des wichtigsten marokkanischen Küstenpunktes, Tangers, zu bemächtigen. Der Plan war militärisch wohl begründet, nicht aber politisch. Der Umstand sowohl, daß Tanger alle seine Bedürfnisse aus Gibraltar beziehe, sowie die englischen Erinnerungen, welche sich an diese Stadt knüpfen, würden diplomatische Verwickelungen, wenn nicht Schlimmeres im Gefolge gehabt haben. Der Plan mußte, wollte man nicht Englands Intervention geradezu herausfordern, fallen gelassen werden... An Tangers Stelle trat Tetuan, die wichtigste marokkanische Handelsstadt im Rif-Gebiete. Nach ihrem Falle und eventuellem Siege über die Kriegsmacht des Sultans, sollten die Operationen unverzüglich nach dem Innern des Landes ausgedehnt und im Vereine mit der Flotte an die Eroberung der westlichen Küstenstädte: El Araisch, Rabbat, Mogador u. s. w. geschritten werden.

Elf Tage nach dem Kriegsrathe zu Cadiz wurden die ersten Truppen in Algesiras eingeschifft. Sie bewirkten die Ueberfahrt in einem Tage. Es war das Corps Echague; nach erfolgter Landung unter den Kanonen des früher erwähnten Brückenkopfes, erfolgte die Besetzung des alten Maurenschlosses El Seralio und wurden mehrere Redouten errichtet, um den andrängenden Mauren, welche vor den bereits genannten Gebirgszügen in die sumpfige Ebene herabstiegen, den ersten Widerstand entgegensetzen zu können. Das erste Rencontre ließ nicht lange auf sich warten. Die Marokkaner stürzten sich mit wildem Geheul auf die eine jener passageren Befestigungen -- die »Isabella-Redoute« -- um nach verzweifelten Anstrengungen mit blutigen Köpfen abgewiesen zu werden. Vergebens feuerten die Marabuts die einzelnen Schlachthaufen zum Siege an; sie stürzten zwar mit verzweifelter Wuth, aber ohne Vorsicht und regellos bis unter die Wälle der Redoute vor, wo sie massenweise zusammengeschossen wurden. Dieser erste Kampf fand am 22. November statt. Bedenklicher wurde die Sachlage drei Tage später, wo die Marokkaner, diesmal viertausend Mann stark, ihren Angriff erneuerten. Es

gelang ihnen in die Redoute einzudringen und fast die sämmtliche Bedienungs=
mannschaft der Geschütze niederzuhauen. Daß die Infanterie-Besatzung nicht von
der Uebermacht erdrückt wurde, verdankt sie lediglich der Unerschrockenheit und
Tapferkeit des (bereits verwundeten) commandirenden Generals, der in den Kampf
persönlich eingriff und durch sein Beispiel die Truppe zur verzweifelten Gegenwehr
anspornte. Endlich gelang es, den Feind aus dem Werk hinauszuwerfen. Achtund=
vierzig Stunden später traf das II. Armeecorps fast vollzählig in der Position
von El Seraljo ein — gerade zur rechten Zeit; denn bereits am 30. November
erneuerten die Marokkaner den Angriff gegen die, die Sierra Ximera krönende
Isabellen=Redoute, und zwar in der Stärke von zehntausend Mann. Auch diesmal
gelang es den vereinigten Anstrengungen der Vertheidiger, welche der Ober=
Commandirende O'Donnell persönlich führte, den Angriff abzuweisen. Gleichwohl
kostete dieser Tag den Spaniern dreihundert Todte und Verwundete. Auch war
die Erfahrung, welche man bei diesem Anlasse machte, nicht ohne Belang: der
seltene Elan und die große Todesverachtung der maurischen Truppen. Mit diesen
Factoren mußte in Zukunft gerechnet werden. Der anfänglichen Unterschätzung und
Mißachtung des Gegners folgte eine Art von Bewunderung, die, wenn nichts anderes,
den Vortheil in sich schloß, daß leichtfertige oder übereilte Actionen für die
Zukunft nicht zu befürchten waren. Auch war es für die spanischen Heerführer
wichtig, sich mit der Kampfweise ihres Gegners vertraut zu machen, um darnach
ihre Dispositionen richten zu können. Der Geist der Expeditions=Armee und das
Vertrauen ihrer Führer fanden übrigens, trotz der gemachten Erfahrungen, keine
Schmälerung . . .

Das Massacre unter den Mauren in und vor der Isabellen=Redoute hatte
noch ein nicht minder opferreiches Nachspiel. Ungefähr zweitausend Marokkaner,
welche von ihrer Rückzugslinie abgedrängt wurden, gelangten in unmittelbare
Nachbarschaft des Meeres. Sie hatten die Wahl zwischen dem Tod durch die feind=
lichen Waffen und dem im Meere. Sie zogen das letztere vor und gingen samnt
und sonders zu Grunde. Vor der Redoute hatte der Feind im Augenblicke der
Flucht gleichfalls ungeheure Verluste durch den Kartätschen= und Granatenhagel
erlitten. Gleichwohl war seine Kriegslust nicht gebrochen, wenn auch zunächst eine
kleine Waffenpause eintrat. Dieselbe wurde von den Spaniern zur Completirung
ihrer Streitkräfte ausgenützt. Die Verluste in den ersten Gefechten waren eben
empfindlich genug. Ueberdies brach im Lager in Folge des feuchten und stürmischen
Wetters und der ungewohnten Strapazen im fremden Lande die Cholera aus,
welche gleichfalls beträchtliche Opfer heischte.

Als erste Verstärkung traf und zwar noch während der letzten Gefechte die Division Prim auf afrikanischem Boden ein. Daß sie nicht genügte, lag auf der Hand. Es erging daher seitens des Marschalls O'Donnell unverzüglich an den General Ros de Olano, der mit dem III. Armeecorps in Malaga stand, der Befehl, seine Truppen nach Ceuta einzuschiffen. Gleichzeitig wurde die Bildung eines IV., aus Freiwilligen zusammenzustellenden Corps angeordnet, und erhielt überdies die Escadre in der Havana den Auftrag, sich nach den marokkanischen Gewässern zu begeben, um durch Blockirung der am Atlantischen Ocean gelegenen Handelshäfen einen Theil der feindlichen Streitkräfte dortselbst festzuhalten. Alle diese Maßnahmen beweisen in erster Linie, daß man im spanischen Lager sich des Ernstes des Situation bewußt war, und für die Zukunft keineswegs auf leichte und gefahrlose Operationen rechnete... Wie wenig überdies die Mauren, selbst durch so opferreiche Niederlagen, wie am 30. November, einzuschüchtern waren, beweisen eine Kette von Offensiv-Unternehmungen, die am 10. December begannen und bis 21. desselben Monats in fast ununterbrochener Reihenfolge inscenirt wurden. Der erste dieser Offensivstöße erfolgte am erwähnten Tage mit etwa zehntausend Mann gegen die Redouten »Isabella« und »Francisco D'Assis«. Auch diesmal gab es ein förmliches Gemetzel. Die Mauren sollen dreihundertfünfzig Todte und über tausend Verwundete gehabt haben. Aber auch der spanische Verlust war verhältnißmäßig bedeutend: dreihundertfünfzig Todte und Verwundete.

Ausgesetzte Köpfe von Hingerichteten.

Zwischen dem 13. und 15. December setzte das III. Armeecorps auf afrikanischen Boden über. Ehe noch die Vereinigung dieser Verstärkung mit der

Hauptarmee vollständig erfolgen konnte, ergriffen die Mauren abermals die Offensive. Es geschah dies am 15. December. Bei fünfzehntausend Mann schickten sich zu einem Sturme auf die Alfonso-Redoute an, und führten denselben auch mit großer Bravour durch, ungeachtet des vernichtenden Eisenhagels, den die Geschütze der Vertheidiger den Angreifern entgegenschleuderten. Auch diesmal sollen die letzteren bei tausendfünfhundert Mann an Todten und Verwundeten eingebüßt haben, was für die kurze Zeit vom Beginne der Feindseligkeiten am 22. November bis zum 15. December — also in drei Wochen — für die Marokkaner einen beiläufigen Gesammtverlust von sechstausenddreihundert Mann an Todten und Verwundeten ergäbe. Wir nehmen nicht Anstand, diese Verlustziffer als übertrieben zu erklären. Die Spanier konnten sich bei derlei Angaben nur auf eigene Schätzungen befassen, da die Mauren nach althergebrachter und noch immer in Uebung stehender orientalischer Sitte ihre Todten und Verwundeten nach jedesmaligem Rencontre mit sich schleppten. Auch wäre zu berücksichtigen, daß die Berichterstattung in diesem Kriege nur auf einer Seite — auf der spanischen nämlich — fungirte, wodurch der Erfindung und Uebertreibung uncontrolirbarer Spielraum gegeben war.

Das Gefecht vom 15. December bildete gewissermaßen die einleitende Action zu der großen, vom Marschall O'Donnell geplanten Offensiv-Bewegung gegen Tetuan. Des langwierigen und opferreichen »Positionskrieges« im Angesichte von Ceuta der sich unter Umständen endlos hinziehen konnte — überdrüssig, ordnete der Ober-Commandant den allgemeinen Vormarsch auf der Strecke gegen Tetuan an. Als erstes Directionsobject wurde eine, hart am Meere südlich von Ceuta gelegene und »El Castillejos« genannte maurische Thurmruine auserwählt. Ein gangbarer Weg dahin existirte leider nicht. Er mußte, zwischen Strauchwerk und Gestein, erst geschaffen werden. Die Mauren, welche von diesen Wegarbeiten sofort Wind bekommen hatten, beeilten sich, dieselben zu stören, und nöthigenfalls auch die Hauptmacht anzugreifen. Daß dies nicht gelang, ja, im Gegentheile den Mauren große Verluste zuzog, haben wir weiter oben vernommen. Die Wegarbeiten konnten daher in den nächsten Tagen fortgesetzt werden. An Kämpfen gab es in dieser Zwischenzeit keinen Mangel. Am 17., 20. und 21. December wurden die Divisionen Prim und Ros de Olano wiederholt angegriffen. Auf die Dauer mußten diese fortgesetzten Attaken ungemein lästig werden. Der Geist der Truppen erlitt sichtlich Einbuße. Die eigenen Verluste waren immerhin empfindlich, das Lagerleben strapaziös, die Verpflegung leider mangelhaft, das Wetter fortgesetzt ungünstig, die Cholera noch immer im Wachsen begriffen. Mitunter kämpften spanische

Abtheilungen aus reiner Verzweiflung. Die Jäger von Mérida hatten gelegentlich den Feind nur mit dem Bajonette, ohne vorher einen Schuß gethan zu haben, angegriffen, was seine große Wirkung auf die Mauren hatte, denen diese Kampfesart vollkommen neu war. Bajonettangriffen gingen sie auch in der Folge schon aus dem Wege.

Es war O'Donnell's Energie, welche den wachsenden Mißmuth zu bannen wußte. Zwar die englische Presse ermangelte nicht, mit unverholener Schadenfreude sich über den schleppenden Gang der Operationen lustig zu machen. Man glaubte nun den Beweis zu haben, daß man sich unnöthiger Weise über die Gefahren einer Invasion Marokkos durch die spanische Armee ereifert hatte. Die Ohnmacht O'Donnell's habe gezeigt, daß bei dem Unternehmen vom Anbeginn her mehr Ruhmredigkeit und südländische Phantasie im Spiele waren, denn wirkliche Thatkraft und reale Machtmittel. O'Donnell war aber nicht der Mann, sich durch derlei Bosheiten irre machen zu lassen. Er befahl die Errichtung eines V. Armeecorps und erklärte gleichzeitig Ceuta für einen Freihafen, um den Zufluß von Lebensmitteln in ausgiebigstem Maße zu ermöglichen... Auch eine andere Verlegenheit, welche die englische Regierung heraufbeschworen hatte und die hart an gemeine Perfidie streifte, wurde glücklich abgewendet. Das Cabinet Russel erinnerte sich nämlich, daß Spanien noch aus dem Carlistenkriege her einen Betrag von sechsundfünfzig Millionen Realen für gelieferte Waffen und Munition schulde, und urgirte nun diese Forderung. Der Schritt wurde damit motivirt, daß Spanien, welches sich in der Lage befinde, einen kostspieligen Krieg zu führen, offenbar gut bei Cassa sein müsse, daher auch älteren Verpflichtungen nachkommen könnte. Die Madrider Regierung konnte gegen solche Logik nichts einwenden, protestirte aber gegen die Höhe der angesetzten Summe, indem sie erklärte, nur von einer Schuld von siebenundvierzig Millionen Realen zu wissen. Auf dem Wege einer allgemeinen Nationalsubscription wurde die Forderung noch im Laufe des Februar 1860 auf Heller und Pfennig beglichen.

Das Jahr 1860 wurde mit einer größeren Schlacht eingeleitet, welche in unmittelbarer Nachbarschaft jenes mehrgenannten El Castillejos stattfand. Das ganze vor Ceuta operirende marokkanische Aufgebot hatte sich den auf der Strecke nach Tetuan vordringenden Spaniern — die Division Prim und einige Abtheilungen des Corps Zavala — entgegengestellt. Der Kampf war von kurzer Dauer, aber ungemein heftig. Die Spanier zählten fünfhundert Todte und Verwundete, die Marokkaner angeblich dreimal so viel. O'Donnell verhehlte sich übrigens keineswegs die Gefahr, die bei dem weiteren Vordringen der Expeditions-Armee noch

Marokkanische Waffen und Geräthe.

drohen konnte. Namentlich bekümmerte ihn die numerische Ueberlegenheit des Feindes und der schlechte Zustand der Straße nach Tetuan. Auch die Terrainhindernisse vergrößerten sich zusehends und so konnte man erst nach vier Marschtagen die verhältnißmäßig kurze Strecke bis zum Fuß des Monte Negro zurücklegen. Dieses Gebirge tritt hier hart an's Meer und bildet einen beschwerlichen Engpaß, der vom Feinde leicht vertheidigt werden konnte. Er hielt indeß nicht Stand und am 7. Januar lagerten die Truppen jenseits des Cap Negro ... Hier wurde für längere Zeit Halt gemacht, da sich durch heftige Stürme Schwierigkeiten in der Verpflegung einstellten. Diese Calamität hätte die verhängnißvollsten Folgen nach sich ziehen können, wenn den Führern der Marokkaner mehr strategisches Geschick eigen gewesen wäre. Die längs des Meeres hinlaufende Operationslinie der Spanier konnte ohne Schwierigkeiten da oder dort unterbunden, die Nachschubslinie verlegt werden. Ein Verkehr mit der spanischen Flotte war tagelang ganz unmöglich geworden. Zu wiederholten und energischen Flanken-Angriffen bot sich den Feinden auf der ganzen Marschlinie Gelegenheit. Sie dachten aber nicht daran, und als am 12. Januar das Wetter sich besserte, brach O'Donnell aus seinem Lager beim Cap Negro auf und trat mit seiner ganzen Macht den Weitermarsch nach Tetuan an.

Am 15. Januar, nach vollbrachtem Tagemarsche erblickten die Spanier zum erstenmale Tetuan das Ziel ihrer Operationen. Die Stadt, verhältnißmäßig sauber und wohlhabend, liegt auf einem Hügel, zwei Stunden vom Meere und am Ufer des Martil-Flusses. Der Ost- und Westrand des Hügels sind steil, der Nordrand verläuft flach nach dem Meere hin. Die Küstenebene ist sandig und hat dort, wo sie vom Martil bespült wird und eine Art Hafen besitzt, ein Fort, um den Zugang zu decken. Die Stadt selber ist von alten, durch Thürme verstärkten Zinnenmauern umgürtet und hat eine Kasbah als Reduit. Rings ist sie von einem Kranze hoher, meist mit Buschwerk bestandener und nur schwer zu passirender Höhen umgeben, über die eine einzige gangbare Straße in's Innere führt. Sie gabelt sich jenseits des Funduk-Passes nach zwei Richtungen: nach Fez und nach Tanger. Es lag auf der Hand, daß dieser Paß, der fast mehr militärischen Werth besitzt, als das ziemlich exponirte Tetuan, genommen werden mußte, um einen nachdrücklichen, ja entscheidenden Erfolg zu erzielen. Vorderhand aber mußte alles Augenmerk auf Tetuan selber gerichtet werden. Schon am 16. wurde die Division Rios, unter thätiger Mitwirkung des Geschwaders, bei der Mündung des Martil-Flusses ausbarkirt und die in ihrem Bereiche sich befindlichen schwachen Forts überrumpelt. Die Action war also immerhin gut eingeleitet. Man erbeutete mehrere Geschütze und bedeutende Mengen von Munition. Hierauf erfolgte die tactische Verbindung der Hauptmacht mit der ausgeschifften Division und wurde zur Errichtung von Erdbefestigungen geschritten, welche die Stellung der Truppen verstärken sollten. Sie erwiesen sich übrigens nachträglich ohne eigentlichen Nutzen, da die Marokkaner die Offensive scheuten und sich selber in ihren Positionen befestigt hatten. Angriffe, welche ihrerseits am 20. und 21. Januar erfolgten, können nicht eigentlich als Angriffs-Affaire gelten, da den Führern des Gegners einleuchten mußte, daß die ansehnliche spanische Macht im ersten wüthenden Anlaufe unmöglich über den Haufen gerannt werden konnte. Dennoch war das Rencontre am 31. ziemlich blutig; die Spanier verloren bei fünfhundert Mann, konnten aber den Verlust sofort ausgleichen, da fast zur selben Stunde die ersten Abtheilungen des mittlerweile zu Cadiz und Malaga gebildeten V. Armeecorps auf marokkanischem Boden eingetroffen waren.

Wenn die Befestigungen der spanischen Stellungen einen Zweck hatten, so war es gewiß der, die Herbeischaffung des schweren Festungsgeschützes zu ermöglichen. Zwar konnte man voraussehen, daß eine siegreiche Schlacht unter den Mauern von Tetuan auch dieses letztere den Spaniern in die Hände liefern werde. Was aber, wenn der Feind einer Schlacht auswich und mit seinen Heerhaufen, die auf mindestens 40.000 Mann geschätzt wurden, theils in Tetuan, theils in den umliegenden Bergen starke Vertheidigungsstellungen einnahm?... Ein minder heißblütiger, tactisch geschulter Gegner würde diese Kampfesweise dem ungestümen Rencontre in der Ebene vorgezogen haben. Immerhin war die Stellung des Feindes keine unvortheilhafte. Seine Hauptmacht unter Muley Abbas lagerte auf einem vom Gebirge in die Ebene vorspringenden Bergrücken und auf den anstoßenden Höhen. Die von Natur aus vortheilhafte Position war überdies durch eine dreifache Schanzenlinie verstärkt. Im Vordergrunde erstreckte sich das sumpfige Feld des Mantil-Flusses, im Hintergrunde lagen die Gärten von Tetuan.

Wir übergehen die Angriffs-Dispositionen des Marschalls O'Donnell. Sie bestanden im Wesentlichen darin, den Feind in seiner Hauptstellung durch einen energischen, von der Artillerie nachdrücklichst unterstützten Frontal-Angriff zu erschüttern, durch Aufstellung eines Reservecorps aber die feindliche Flankenstellung im Schach zu halten, damit eventuell das Eingreifen dieser Truppe in den allgemeinen Kampf verhindert werden konnte. Da die Angreifer durch das früher erwähnte Sumpffeld auf große Distanz ungedeckt vorgehen mußten, so mußte man auf größere Verluste sich gefaßt machen. Die Weitläufigkeit des Zwischenfeldes war überdies von Uebel, da die Artillerie, welche hauptsächlich aus Vierpfündern bestand, auf solche Entfernung kaum zur Geltung kommen konnte... Der 4. Februar, auf den der Angriff festgesetzt war, ließ sich trüb und regnerisch an. Der Marschall zögerte einen Augenblick — offenbar wegen der Gefährlichkeit des vorliegenden Sumpffeldes — anzugreifen. Als aber nach wenigen Stunden das Wetter sich besserte, wurde sofort der Befehl zum allgemeinen Angriffe ertheilt. Die Truppen überschritten den Cantara-Fluß — der ein Nebenfluß des Martil — auf mehreren während der vorangegangenen Nacht geschlagenen Brücken und legten im feindlichen Feuer eine Strecke von etwa anderthalb Kilometer zurück. Es war für die Commandanten sicher eine angenehme Ueberraschung, als sie die verhältnißmäßig leichte Gangbarkeit des von Wasserläufen durchäderten Flachlandes wahrnahmen. Aber für die Wirksamkeit der Artillerie war die Entfernung von den feindlichen Stellungen noch immer viel zu groß. Es wurde also eine weitere Strecke vorgerückt und gleichzeitig das gesammte Geschützmaterial auf einem bestimmten Punkte concentrirt, die Infanterie und Cavallerie aber in geschlossenen Massen zum Angriffe rangirt. Diese Disposition, so wenig sie einem tactisch geschulten und ebenbürtig bewaffneten Gegner gegenüber zu entschuldigen gewesen wäre, verfehlte in diesem Falle keineswegs ihre nachhaltige Wirkung. Für's erste mußte das artilleristische Uebergewicht die marokkanischen Stellungen erschüttern, und zweitens die

Entfaltung grosser geschlossener Massen auf den Gegner grossen Eindruck machen. Es war hier in der Ebene des Cantara Flusses das erstemal, dass die Afrikaner eine bedeutende europäische Truppenmacht vereint und zum wuchtigen Angriff möglicherweise mit der blanken Waffe, die jene so sehr scheuten, bereit sahen. Bald verstummte das feindliche Geschützfeuer und auch die Gewehr Dechargen liessen sichtlich nach. Auf das Lager der Marokkaner fiel ein dichter Eisenhagel nieder. Munitions und Pulvervorräthe flogen in die Luft, dichter Dampf hüllte die Stellungen des Gegners ein. Als überdies ein Theil des Zeltlagers in Brand gerieth, erachtete O'Donnell den Zeitpunkt für günstig, die Position mit dem Bajonnette anzugreifen. Die Entscheidung drängte. Schon hatten sich einzelne Abtheilungen des rechten marokkanischen Flügels, der eine vorzügliche Flügelstellung inne hatte, vorgewagt und die Spanier in Rücken und Flanke bedroht. Ein energischer Bajonnettangriff trieb sie zurück. Eine Kürassier-Attake verfehlte gleichfalls ihre Wirkung nicht. Die Hauptmacht des Gegners stand aber noch immer unerschüttert. Sie musste, und zwar so rasch als möglich, delogirt werden. Das II. Corps sollte den Frontalangriff bewirken, das III. eine Diversion gegen die feindliche

Barbierstube.

Flanke machen. Mit grossem Ungestüm drangen die Truppen vor. General Prim, an der Spitze eines Jägerbataillons und der katalonischen Voluntäre, war der erste, welcher in das feindliche Lager eindrang und mit blanker Waffe auf den Feind einhieb. Immerhin hätte diese Kühnheit einen Misserfolg nach sich ziehen können, wenn nicht im rechten Momente eine Abtheilung des III. Corps die feindlichen Vertheidigungslinien umgangen und die Marokkaner im Rücken gefasst haben würde. Alle Hartnäckigkeit, alle Bravour fruchtete nichts; nach mehr als einer halben Stunde war der Feind delogirt, die Schlacht gewonnen. Es wurden sämmtliche Geschütze, Munitions- und Proviantvorräthe, sämmtliche vom Brande verschonten Zelte (achthundert Stück), darunter die kostbaren der marokkanischen Generale und des Ober-Commandanten Muley Achmed, erbeutet.

Der Feind stob in wilder Flucht auseinander, ohne daß er von der noch immer intacten Heeres-Abtheilung Muley Abbas' unterstützt worden wäre. Es war die Schuld dieses letzteren, daß die Schlacht für die Marokkaner so rasch und entschieden verloren ging. Der Sohn des Sultans dachte aber anders und am nächsten Tage ließ er die geschlagenen Generale zu sich bescheiden, um sie dem Henker zu überliefern. Sie wurden nach kurzem, summarischem Urtheile vor der Front der Truppen der Reihe nach um einen Kopf kürzer gemacht.

Die Raschheit des Erfolges brachte es mit sich, daß der Feind diesmal fast alle seine Todten und Verwundeten am Platze ließ. Ein spanischer Bericht giebt zwar keine Zahl an, erwähnt aber, daß das Lager »mit Todten bedeckt« gewesen sei. Der eigene Verlust wurde mit siebenundsechzig Todten, darunter zehn Officiere, und eintausendneunzehn Verwundeten, darunter dreiundfünfzig Officiere, im Ganzen also tausendsechsundachtzig Mann angegeben. Auch die Flotte hatte in diese Affaire nachdrücklichst eingegriffen, indem einige ihrer Kanonenboote in den Martil-Fluß einfuhren und sich bis auf Kanonenschußweite dem Gefechtsfelde näherten. In dem nahen Tetuan herrschte die vollste Anarchie. Ein großer Theil der flüchtenden marokkanischen Truppen, namentlich große Massen von Irregulären, waren in die Stadt eingedrungen, und begannen sofort zu plündern und zu zerstören. Thore wurden eingeschlagen, Häuser von oben bis unten ausgeräumt, Gräuelthaten aller Art vollbracht. Kein Wunder also, daß nach Ablauf der Frist, welche O'Donnell den Bewohnern gewährt hatte, sich freiwillig den Spaniern zu ergeben, eine Deputation im Lager des Marschalls erschien und um sofortige Einrückung der spanischen Truppen bat. Als am 6. Februar die Vorhut derselben die ersten Gassen betrat, bot sich denselben ein Bild der gräulichsten Verwüstung dar. Allerorts Berge von Trümmern, Einrichtungsgegenstände zu förmlichen Barrikaden aufgethürmt, eingeschlagene Thore, verödete Höfe, rauchgeschwärzte Mauern und die Leichen von Erschlagenen. Es hatte also wenig gefehlt, und das hübsche und blühende Tetuan wäre von den maurischen und berberischen Freibeutern gänzlich vernichtet worden. Auch sonst war die Stadt verödet, förmlich entvölkert. Ein großer Theil der Einwohner war theils von den eigenen Brüdern, theils aus Furcht vor den nachrückenden Spaniern in die Berge geflohen. Was zurückgeblieben war, hatte sich verborgen. Nach einiger Zeit belebte sich die Stadt wieder; die Zaghaften, welche die Wahrnehmung machten, daß die verhaßten und gefürchteten Feinde weitaus milder verfuhren als die eigenen Brüder und Landsleute, krochen aus ihren Verstecken hervor; hierauf begannen sich auch die Flüchtlinge einzufinden. Dennoch gestaltete sich das Verhältniß zwischen den spanischen Truppen und den

Eingeborenen nichts weniger als herzlich. Die Milde und Nachsicht der Eroberer wurde mit mehreren an Soldaten begangenen Meuchelmorden beantwortet, so daß O'Donnell zu den strengsten Maßregeln greifen mußte. Die Spanier ihrerseits witterten überall Verrath, und zwar mit umso größerer Berechtigung, als der geschlagene Feind sozusagen in Sicht der Stadt auf den umliegenden Höhen auf der Lauer lag und ein Ueberfall nicht ausgeschlossen war. Zu erwähnen wäre noch, daß die Sieger auf den Wällen von Tetuan dreiundsiebzig Kanonen, darunter mehrere, welche aus der Zeit Dom Sebastian's herrührten, vorfanden... Sie wurden gleichzeitig mit der militärischen Besetzung der Stadt in Stand gesetzt und mit Bedienungs Mannschaft versehen. In Spanien aber war der Jubel groß. In allen Kirchen wurden Dankgottesdienste celebrirt. Dem Marschall O'Donnell aber, dem glücklichen Sieger, wurde von der Königin Isabella der Titel Herzog von Tetuan verliehen.

Im spanischen Hauptquartier blieb man nach dem geglückten Schlage von Tetuan und nach Besetzung der Stadt keineswegs unthätig. Schon am 8. Februar wurde eine größere Recognoscirung nach den Gebirgen im Süden der Stadt organisirt und hierbei in Erfahrung gebracht, daß der Feind in großen Massen sich daselbst festgesetzt habe. General Prim, der diese Recognoscirung leitete, sprach seine Besorgniß aus, daß es auf jenen Höhen noch zu erbitterten Kämpfen kommen werde, da ein Theil der vor Tetuan zerstreuten Truppen sich an dem Kreuzungspunkte der Straße nach Fez und Tanger, auf fast uneinnehmbarer oder doch schwer zu bezwingender Paßhöhe concentrirt hatten. Diese Stellung befand sich in einer Entfernung von fünf Stunden im Süden der Stadt. An eine sofortige Aufnahme der Offensive war nicht zu denken, da die Truppen nun, was den eventuellen Nachschub an Verstärkungen, hauptsächlich aber die Verpflegung anbelangte, nicht mehr auf die Flotte rechnen konnten. Es mußte also in der Folge nothwendigerweise ein bedeutender Troß in Action gebracht werden. Zu diesem Ende wurden Hunderte von Kameelen und Tausende von Maulthieren herbeigeschafft. Inmitten dieser Vorbereitungen erschienen Abgesandte Muley Abbas', der auf die Widerstandskraft seiner demoralisirten Schaaren wenig Hoffnung zu setzen schien, im spanischen Hauptquartier, um Verhandlungen anzubahnen, die zur Einstellung der Feindseligkeiten führen sollten. Dieses Zugeständniß der Schwäche seitens des marokkanischen Ober-Commandanten bestimmte die spanische Armeeleitung, die Situation nach Kräften auszunützen. Die von letzterer vorgeschlagenen Friedensbedingungen fielen demgemäß ungemein hart aus. Es wurde das ganze eroberte Gebiet zwischen Ceuta und Tetuan beansprucht, ferner eine Kriegsentschädigung von vierhundert Millionen Realen, sowie eine formelle Genugthuung für das Attentat auf das spanische Wappen. Vor solchen Forderungen des Marschalls O'Donnell schreckte Muley Abbas zurück. Die Verhandlungen wurden abgebrochen und beide Theile rüsteten sich zu neuem Kampf.

Die Reihen der Feinde hatten in der letzteren Zeit ansehnliche Verstärkung durch den Zulauf zahlreicher Rifioten-Schaaren erhalten. Andererseits war am 29. Februar das in Andalusien von dem General Pavia organisirte V. Armee-

Maure sein Pferd liebkosend.

corps in der Stärke von siebentausend Mann in Tetuan eingetroffen und zehn Bataillone unter dem Befehle Echagne's von Ceuta herangezogen. Letzterer erreichte in drei forcirten Märschen unangefochten seinen Bestimmungsort. Marschall O'Donnell verfügte nun im Ganzen über 50.000 Mann, eine Streitmacht, mit der immerhin etwas zu beginnen war. Von dieser Truppenmacht sollten ungefähr 10.000 als Besatzung in Tetuan zurückbleiben, die Hauptmacht aber sofort die Offensive ergreifen. Der Gegner hatte ohnedies in den letzten Tagen, offenbar in der Meinung, daß die Spanier sich zum Angriffe zu schwach fühlten, Streifungen im Bereiche von Tetuan vorgenommen und die Truppen in ihren Stellungen vielfach belästigt. Am bedenklichsten gestaltete sich die Situation am 11. März, wo große Massen des Feindes von den Höhen niederstiegen und mit großer Unerschrockenheit die spanische Vorhut (Echague) angriffen. Es waren vorwiegend Kisioten, welche diesen Vorstoß ausführten. Die spanische Vorhut mußte sich durch volle vier Stunden damit begnügen, die feindlichen Stöße abzuwehren, damit die Hauptmacht sich entwickeln konnte. Als dies geschehen war, erfolgte der allgemeine

Eine Sklavin.

Angriff. Die Marokkaner wurden auf der ganzen Linie zurückgeworfen, fanden aber in dem äußerst coupirten Terrain so vorzügliche Deckung, daß der Schaden, welcher ihnen zugefügt wurde, nicht sehr groß gewesen sein konnte. Anderseits sahen sich die spanischen Truppen gezwungen, trotz des tactischen Erfolges, den sie errungen hatten, noch denselben Abend ihre alten Stellungen aufzusuchen, da die Position im Gebirge sich vorläufig als unhaltbar erwies. Die ganze Affaire kostete der Armee hundertzwanzig Mann an Todten und Verwundeten. Ueber die Verluste des Feindes konnte nichts ermittelt werden.

De Amicis, Marokko.

Nach dem Gefechte kam abermals eine marokkanische Deputation mit Friedens-Anerbietungen ins Hauptquartier O'Donnell's. Der Sprecher erklärte, daß Muley Abbas nach wie vor sein ganzes Bestreben auf die Einstellung der Feindseligkeiten gerichtet habe und daß der letzte Angriff ihm nicht zur Last gelegt werden könnte, da nur die unbezähmbaren Gebirgsstämme ihn bewirkt hätten, nicht aber die Truppen Sr. Majestät. O'Donnell, der diesen Betheuerungen keinen Glauben schenken wollte und nicht ganz unberechtigt den Verdacht schöpfte, es sei dem gegnerischen Ober-Commandanten lediglich um Zeitgewinn zu thun, ging auf seine Anträge zwar ein, meinte aber, daß er in seinen Offensiv-Maßnahmen sich nicht beirren lassen könnte. Wie sich nachträglich herausstellte, war Muley Abbas vom Sultan thatsächlich autorisirt, mit den Spaniern in Friedens-Unterhandlungen zu treten, aber erst nach einem letzten energischen Versuch, die Invasions-Armee von den Höhen von Fonduk zurückzuwerfen und so wenigstens Tanger, das man in Fez ernstlich bedroht wähnte, zu retten. Wie man sieht, hatte O'Donnell das Richtige getroffen, als er sich in seinen Offensiv-Maßnahmen nicht beirren ließ.

Dieselben wurden am 23. März, also nicht ganz zwei Wochen nach jenem letzten Treffen im Gebirge, in Scene gesetzt. Die Stärke der Angriffsarmee betrug nach Abschlag der Besatzungen und Nicht-Combattanten etwa 25.000 Mann. Jeder Soldat trug außer Tornister, Mantel und Zelt noch für sechs Tage Lebensmittel und siebzig Patronen. Der Vormarsch war mit Schwierigkeiten verbunden. Zuerst behinderte ein dichter Nebel jede Aussicht. Die Verbindungen zwischen den einzelnen Truppen-Abtheilungen waren in Folge des unwegsamen Terrains nur schwer herzustellen. O'Donnell selber marschirte an der Spitze des I. Armeecorps auf dem Wege, der das Geluthal aufwärts über die Buceja-Brücke nach der in der Mitte zwischen Tetuan und Tanger gelegenen starken Stellung der Höhe von Fonduk führt. Die Spanier hatten geglaubt, bis in unmittelbare Nähe dieser Vertheidigungsstellung vordringen zu können, täuschten sich aber hierin, da sie den Feind bereits nach kurzem Marsche auf den Vorhöhen zwischen dem Geluthal und der Sierra Bermeja antrafen. Eine seitens der Spanier geplante Flankenbewegung wurde durch die gleiche Absicht des Feindes wettgemacht. Es kam zu einem kurzen Kampfe, in welchem die Marokkaner unterlagen und hierauf fluchtartig die Vorhöhen räumten. Sie erschienen aber alsbald wieder, diesmal bedeutend stärker, in der Flanke der Spanier, so daß diese in ihrer Offensiv-Bewegung aufgehalten wurden, und dem Marschall nichts anderes übrig blieb, als das Mitteltreffen direct zum Angriffe der vorliegenden Höhen zu beordern. Ein damaliger Schlachtbericht meldete: »Anfangs avancirten die Truppen ruhig mit

Schützenlinien vor sich, während von marokkanischer Seite das Feuer nicht sehr nachdrücklich unterhalten wurde. Plötzlich wurde dasselbe jedoch gegen den Gipfel des Berges hin heftiger, und man konnte deutlich sehen, wie ein grosser Theil des Feindes diesem Punkte zueilte. Die spanischen Signalhörner ertönten, und im lebhaften Tempo rückten die Bataillone mit gefälltem Bajonnet vor, um die Spitze des Berges zu erkämpfen. Auf einmal sprang ein riesiger Marokkaner, nur mit seinem Yatagan bewaffnet, über den Rand des Berges hervor und stürzte mit raschen Sätzen gegen die vorderste Abtheilung. Ihm nach folgte ein dichter Schwarm mit dem lauten Rufe: »La Illah il Allah! ... Das erste Bataillon wich zurück, die folgenden geriethen ins Stocken. Vergeblich riefen die Officiere ihr »Adilante!« vergeblich sprangen die Begleiter O'Donnell's an die Spitze der Truppen, vergebens ertönten die Signale zum Angriff: die Bataillone wichen zurück und konnten erst nach einiger Zeit zum Stehen gebracht werden. Minuten peinlichster Erwartung vergingen, ehe Verstärkungen herangezogen werden konnten. Auch sie wurden von mörderischem Gewehrfeuer empfangen. Zum zweiten Male ging man zum Angriffe vor, aber auch dieser scheiterte an der Tapferkeit der Marokkaner. Erst als die Generale sich an die Spitze der Truppen stellten, gelang es, den Feind zu delogiren und einen nachhaltigen Erfolg zu erringen.«

Im Verlaufe der Schlacht mussten übrigens einige Positionen zu wiederholten Malen angegriffen werden. So stürmte Prim dreimal ein Dorf, welches die Marokkaner durch volle zwei Stunden auf das heldenmüthigste vertheidigten. Die Spanier verloren bei dieser einzigen Affaire siebenhundert Mann! Dass der Maure kein zu verachtender Gegner ist, beweisen zahlreiche Episoden aus jenem Kampfe, von denen wir einige herausgreifen möchten ... Während jenes ersten Angriffes wollte General Prim den Truppen Luft machen und rückte gegen die linke Flanke des Feindes vor. Die Bewegung wurde durch einen Cavallerie-Angriff eingeleitet, den zwei Escadrons Lanciers in Scene setzten. Die Wirkung blieb aus, da der Feind sich fechtend vollständig auflöste, so dass das eigentliche Angriffsobject für die Attacke verloren ging. Die Cavallerie sah sich daher gezwungen, zurückzugehen, und nun brachen die Mauren mit wildem Ungestüm von allen Seiten hervor, stürzten sich mit blanker Waffe auf die Lanciers und richteten unter ihnen ein förmliches Blutbad an. Eine der beiden Escadrons liess, bei einem Stande von hundertdreiundzwanzig Mann, siebenundachtzig Todte und Verwundete am Platze. Sie war also sozusagen aufgerieben... Ein anderer charakteristischer Vorfall spielte sich wie folgt ab ... Auf einer Vorhöhe der Sierra Bermeja wurde ein Dorf von der spanischen Artillerie in Brand geschossen, dennoch aber von den Marokkanern hartnäckig vertheidigt. Als eine Abtheilung der Spanier mit gefälltem Bajonnet vorging, sprang aus einem der brennenden Häuser ein Maure, ergriff, ehe es die Mannschaft verhindern konnte, den an der Spitze vordringenden Officier und stürzte sich mit diesem in das brennende Haus. Die Erstürmung dieses einzigen Dorfes kostete den Spaniern dreihundert Mann allein an Todten!... Eine dritte Episode ist die folgende: Während des Hauptangriffes bemerkte man den marokkanischen Führer der Reiterei, welcher einige Tage früher als Abgesandter des Muley Abbas im spanischen Hauptquartier verweilt hatte, auf einem prächtigen Hengste wiederholt im heftigsten Gewehrfeuer gegen die feindlichen Bataillone heransprengen. Hier vollführte er kühne Phantasiaritte, wobei er sich nach allen Seiten umsah. Nach dem Friedensschlusse klärte sich das Räthselhafte dieses Benehmens. Als nämlich jener Reitergeneral das letzte Mal in Tetuan war, hatte ihn ein spanischer General sehr gastfrei bewirthet und ihm beim Abschiede zugerufen: »Auf Wiedersehen in der Schlacht!«... Der ritterliche Maure hatte dies für eine persönliche Herausforderung genommen und entschuldigte sich später bei dem General, daß er ihn in der Schlacht nirgends habe finden können... Wie zähe sich die Marokkaner vertheidigten, beweisen übrigens die im Verlaufe unserer Schilderungen angeführten Verluste der Spanier. Sie betrugen einschließlich der eben geschilderten Kämpfe, welche die letzten des Krieges waren, 5100 Mann an Todten und Verwundeten. Bei der primitiven Kampfweise, der schlechten Bewaffnung und dem Mangel an Artillerie, muß jene Ziffer als sehr bedeutend bezeichnet werden. In der Schlacht von Custozza (1866) beispielsweise, in welcher 80.000 Oesterreicher und 120.000 Italiener, im Ganzen also mindestens doppelt so viel Combattanten sich gegenüberstanden, als während des ganzen spanisch-marokkanischen Krieges, betrug der Gesammtverlust an Todten und Verwundeten auf österreichischer Seite 5154 Mann (also gerade so viel wie dort), auf italienischer Seite aber blos 3792 Mann (also beträchtlich weniger).

Neger-Sklavin.

Man begreift, daß Marschall O'Donnell das erneute Anerbieten Muley Abbas', Frieden zu schließen, diesmal mit Freuden begrüßte. Die großen Verluste, die Strapazen, die Ungewißheit über den Verlauf eines Feldzuges im Innern des Landes, der umso gefährlicher werden mußte, je weiter das Heer von der Küste sich entfernt und die Nachschubslinien sich verlängern; ferner die Nothwendigkeit,

Neger-Sklavin.

jeden Verwundeten-Transport von starken Escorten begleiten lassen zu müssen, wodurch die Operations-Truppe erheblich geschwächt worden wäre: dies Alles machte den Marschall gefügiger und so konnten bereits achtundvierzig Stunden nach der letzten Schlacht die Friedensverhandlungen beginnen. In den Präliminarien wurde in neun Artikeln im Wesentlichen folgendes vereinbart: Abtretung einiger kleiner Gebietsstriche; Regelung des Vertrages hinsichtlich der Presidios; Zahlung einer Kriegsentschädigung in der Höhe von zwanzig Millionen spanischen Thalern, bis zu deren vollständiger Begleichung die Stadt Tetuan von den spanischen Truppen besetzt bleiben sollte; Abschluß eines Handelsvertrages, Accreditirung eines ordentlichen Gesandten am Hofe des Sultans und die Errichtung eines spanischen Missionshauses in Fez.

In der Zwischenzeit bis zur Ratificirung des definitiven Friedensvertrages, welche am 26. April erfolgte, versuchten die unbändigen Rifioten die Feindseligkeiten wieder aufzunehmen, wurden aber diesmal von den marokkanischen Truppen selber in die Schranken gewiesen, und zwar nach ziemlich hartnäckigem Kampfe. In Tetuan verblieb das III. Corps unter Prim, indeß die übrigen Truppen nach Spanien sich einschifften und ihren Siegeseinzug in Madrid hielten...

Mekinez.

Mekinez.

Die Route von Fez nach Mekinez. Reisebegegnung. — Erstes Nachtlager am M'ouma-Bache und Charakter der Landschaft. Das Wassernetz der Culturebene. — Erster Anblik von Mekinez. Begegnung mit dem Gouverneur. Selam's Erzählungen von dem Palaste des Sultans Muley Ismael, dem alten Mekinez und dem »Könige«, der über die Dämonen gebot. Besuch der Stadt. — Ihr inneres gutes Aussehen. Die Gassen und Plätze. Das Gouverneursgebäude. Ein herrliches maurisches Thor. — Unangenehmer Zwischenfall. Das Palastgebiet und die Sultansgärten. — Ein marokkanischer Roman.

Die Rückreise von Fez nach Tanger erfolgt — so will es das officielle Marschprogramm für alle Gesandtschaften — nicht auf denselben Routen wie auf der Hinreise. Sie berührt ganz andere Städte, und zwar vorerst Mekinez, die zweite Residenz des Sultans, das »Versailles Marokkos«, ferner El Araisch und Arzilla, welch' letztere beiden Punkte an der Küste des Atlantischen Oceans gelegen sind, und zuletzt Ain-Dalia, unsere erste Raststation von Tanger aus. Die Route von Fez nach Mekinez, welche beide Städte circa fünfzig Kilometer von einander entfernt sind, beansprucht zwei Tage zu ihrer Zurücklegung. Das Zwischenland ist eben, stellenweise bebaut, trägt aber keineswegs jenes Gepräge von Üppigkeit und Cultivirtheit, wie man es voraussetzen würde. Weite Strecken liegen brach und nur die zahlreichen Duars, sowie der auffällig lebhaftere Verkehr, der auf dem als breite Zone ausgetretenen Pfaden zwischen beiden Städten sich bewegt, giebt der unübersehbaren Ebene den Anschein von Leben und Abwechslung. Was übrigens die Reise diesmal mehr als je zuvor unerquicklich macht, das ist die wahrhaft afrikanische Hitze. Wir haben den Mai hinter uns und die Sonne des Juni versengt alles Land ringsum. Das Thermometer zeigt 42 Grad C. und wir haben die angenehme Aussicht, daß die Quecksilbersäule noch ausgiebig hinaufrücken werde. Die weißgetünchten Heiligengräber, welche von Zeit zu Zeit über den Horizont tauchen und irgend eine bebuschte Höhe schmücken, blenden schon von weitem das ohnedies empfindlich gemachte Auge.

Außer den Wanderern, welchen wir begegnen, bietet die Route wenig Abwechslung. Jene ziehen, meist einzelne Familien, in langen Zügen über die Ebene, voraus einige bewaffnete Diener, dann, auf schwerfällig einherkeuchendem Maulthier der Herr mit einem zwei- oder dreijährigen Kinde vor sich auf dem Sattelknopfe, ein Weib — offenbar die Lieblingsfrau — hintenauf, dann in einiger Entfernung die übrigen Familienglieder, Weiber und Kinder, Diener und die bis hoch hinauf bepackten Tragthiere. Es ist ein Kaufmann, der nach Fez reist. Die Begegnung mit uns rüttelt ihn keineswegs aus seiner Gemächlichkeit auf; kaum daß er uns eines Blickes würdigt. Die getreue Ehehälfte verbirgt ihr Gesicht hinter dem breiten Rücken des Gatten, der kleine Knabe stößt einen Angstschrei aus — sonst gleitet das Bild schattenhaft vorüber.

Halbwegs zwischen den beiden Städten wird — nach fünfundzwanzig Tagen — wieder das erste Lager unter freiem Himmel bezogen. Es ist eine Lust, eine Erquickung, obwohl die erhitzte Luft wie über glühenden Metallplatten vibrirt und vom Boden auf Schritt und Tritt Staub aufwirbelt. Aufgeschlagen ist unsere Zeltstadt unfern eines kleinen Flüßchens, des M'duma, über den eine Brücke mit einem einzigen Bogen spannt. Von solchen Bächen oder kleinen Flüssen giebt es ein ganzes Netz, heiter belebt durch Olivenwäldchen und Palmengruppen und die vielen Duars... Den nächsten Marschtag haben wir eine ganze Reihe solcher Bäche zu queren. Aus der Ferne unsichtbar, unterbrechen sie plötzlich die Route und man muß dann die steilen Ufer auf und ab, um ein schmales Zwischenland zurückzulegen und hierauf abermals das tiefeingerissene Bett einer Wasserader zu queren.

Bald nach Aufbruch von unserem ersten Lagerplatz taucht aus dem fernen Schleier ein weißer Häuserfleck, der beim Näherrücken als eine helle Terrassenstadt mit unzähligen sie überragenden Thürmen und Minarets sich entpuppt, rings von anmuthigem Gartengrün umrahmt. Es ist Mekinez. Vom Sonnendampf

De Amicis, Marokko.

umwallt, leuchtend wie Schnee, bietet sie selbst aus der Ferne einen großartigen, imposanten Anblick. Leider wird derselbe durch die früher erwähnte Configuration des Terrains erheblich geschmälert, denn jedesmal, wenn wir in ein Flußrinnsal hinabsteigen, sinkt die Stadt wie das Trugbild einer Luftspiegelung unter den Horizont, um wieder emporzutauchen und wieder unterzusinken, bis das letzte Rinnsal passirt ist und wir dicht vor die marokkanische Gartenstadt gelangen.

Auf eine Entfernung von zweihundert Schritten vor dem zunächstliegenden Thore, deren die Stadt dreizehn, darunter wahre Prachtstücke maurischer Architektur, besitzt, wird das Lager bezogen. Aus dem Thore aber sprengt ein farbiger Reitertrupp heran, der junge, bildhübsche Gouverneur mit seinen Verwandten und Officieren, um uns zu begrüßen. Alle sind von tadelloser Nettigkeit und machen den Eindruck, als kämen sie direct aus einem Boudoir. Ein lieblicher Parfum schwängert die Luft. Der Gouverneur ist so freundlich, uns in sein Palais zu bitten, was natürlich mit Freuden angenommen wird. Aber die Hitze ist groß, und so verbleiben wir noch einige Zeit im Zelte, um uns von Selam, dem Leibkawassen des Gesandten, einige Geschichten über Mekinez erzählen zu lassen.

In Mekinez sind die schönsten Frauen von Marokko, die zaubervollsten Gärten von Afrika, die schönsten Paläste der Erde... So beginnt unser brauner Gewährsmann. Und nach einer kurzen Pause setzt er fort: der Ruf von der Schönheit dieser Sultansresidenz geht weit über die Grenzen Marokkos hinaus. Der kaiserliche Palast, ein Wunder in der islamitischen Welt, wurde vom Sultan Muley Jsmael erbaut, der hier im Jahre 1703 bei viertausend Frauen und über achthundert Knaben sich hielt. Der Palast hatte zwei Miglien im Umfange, und die Säulen, die ihn schmückten, wurden aus dem Pharaonenlande, aus Livorno und Marseille hierher gebracht. Bei diesem Palaste befand sich eine große Markthalle, in der die kostbaren Producte Europas feilgeboten wurden, und welche durch eine Allee von hundert Bäumen mit dem Sultansschlosse verbunden war. Außerdem gab es einen ungeheueren Park von Oelbäumen, einen großartigen Geschützpark, welcher die Berberstämme des nahen Gebirges im Zaume hielt, und ein kaiserliches Schatzhaus, in welchem 500 Millionen Francs aufbewahrt wurden. Bewohnt war die Stadt von 50.000 Menschen, die die lebenslustigsten und gastfreundlichsten des Reiches waren.

Mit dem Schatz — meint Selam — hat es sein besonderes Bewandtniß. Das Merkwürdigste daran sei, daß auch heute noch Niemand wisse, wo er eigentlich sich befindet. Die Fama sagt, daß er in einem zweiten Palaste, welcher innerhalb des ersteren liege, verwahrt sei. Dieser Palast erhält nur Oberlicht und ist auf drei Seiten von hohen Mauern eingeschlossen. Um an die bestimmte Stelle zu gelangen, müsse man durch drei, hintereinander liegende eiserne Thüren treten, und von der letzten Thüre aus durch einen langen, finsteren Gang, dessen Wände, Boden und Decke ganz mit schwarzem Marmor getäfelt seien. Grabesluft wehe in diesem unheimlichen Raume. Wo er endet, liege ein Saal, in welchem eine

Krämerbuden.

Fallthüre, die in den eigentlichen, unterirdischen Schatzraum führe. Aus diesem geheimnißvollen Verließe würfen dreihundert Schwarze viermal im Jahre über Auftrag des Sultans den Goldregen aus der Tiefe in die Hände des Gebieters. Die Schwarzen, welche im Verließ arbeiten, sind für das ganze Leben in demselben eingeschlossen; sie verlassen nur als Leichen ihre Behausung. Rings in dem früher erwähnten Saale zeige man zehn Behälter mit Menschenschädeln, welche von zehn Sklaven herrühren, welche in der Zeit Muley-Sulejmans des Diebstahls überwiesen und vom Sultan hingerichtet wurden. Niemand, der Sultan ausgenommen, ist je lebend aus jenem Palaste herausgetreten.

Soweit die Geschichte Selams. Der maurische Märchenerzähler hat aber noch eine zweite bei der Hand... Vor einiger Zeit, berichtet er, lebte zu Meknes ein prachtliebender, mächtiger König, dem es in den Sinn kam, die Stadt mit der dritten Residenz des Reiches, dem fernen Marrakesch, durch zwei große parallel laufende Mauern mit einander zu verbinden, so daß auf diesem Wege Jedermann unbesorgt und sicher reisen könne. Der König war ein großer Zauberer und hatte

Ein Schulmeister, der seine Autorität geltend macht.

Gewalt über die Dämonen, die er sich denn auch zu diesem Zwecke dienstbar machte. Unzählige Schaaren kamen aus den Bergen herbeigestürzt und thürmten bei dem Baue Felsblöcke übereinander, welche ein sterblicher Mensch nicht um Haares Breite von der Stelle zu rücken vermocht hätte. Als einige der dienstbaren Geister sich weigerten, mitzuthun, ließ er sie lebendig einmauern. Die Knochen von diesen Opfern seien noch vorhanden. (Selam irrt: allerdings haben die früheren Sultane von Marokko das Lebendigeinmauern mit Vorliebe betrieben, aber die es traf, waren keine Dämonen, sondern — gefangene Christen. Zu Sali und Rabatt kann man die Knochen dieser Unglücklichen noch immer in den dortigen Mauern finden...) Das Ende von der seltsamen Geschichte ist, daß eines Tages, als die Arbeit bereits weit fortgeschritten war, dem Sultan sich ein altes Landweib mit der Frage in den Weg stellte: wohin diese Straße führen solle… »Zur Hölle!« antwortete der erzürnte Sultan… »So fahre dahin,« schrie das Weib und der durch Allah Verdammte versank spurlos in den Erdboden…

Sehen wir uns nun die Stadt, über welche derartige Wundergeschichten circuliren, etwas näher an. Gegen Sonnenuntergang begeben wir uns dahin, begleitet von vier Escortesoldaten, welche die Waffen in den Zelten zurücklassen und dicke Stöcke oder Knuten mitnehmen. Diese Vorbereitungen machen uns stutzig; aber Meknez genießt den Ruf, die gastfreundlichste Stadt des Reiches zu sein, und was die Soldaten thun, mag also ihrem Uebereifer zugeschrieben werden. Der Eintritt erfolgt durch eines der prächtigen Portale mit hochgestrecktem maurischen Hufeisenbogen. Der erste Anblick des Innern ist überraschend. Anstatt, wie vorauszusetzen war, eine Stadt im Style jener von Fez zu treffen, finden wir lange, gerade und außergewöhnlich breite Gassen, von niederen Mauern eingefaßt, so daß von allen Seiten eine benachbarte Terrasse, ein Thurm, oder eine Baumkrone hereinblicken. Mit Grün ist Meknez überhaupt reichlich versorgt — es ist eine wahre Gartenstadt. Alle Augenblicke stoßen wir auf einen Brunnen, oder auf ein hübsches Portal, oder auf eine schattige Baumgruppe, oft inmitten der Gassen oder Plätze. Letztere sind ganz besonders weitläufig, sauber, luftig und licht und von einem belebenden Duft überhaucht, der von der nahen Gartenlandschaft herüberweht. Besonders herrlich ist der Platz vor dem Gouverneurspalaste. Dort ist die ornamentgeschmückte Wandfläche von einem graziösen hufeisenförmigen Thorbogen unterbrochen, dessen Mosaikfliese in allen Farben funkeln. Eben fallen die letzten Strahlen der Sonne auf die flimmernden Platten, welche magisch in farbigen Flammen erglühen, als wären dort im Gemäuer lauter kostbare Steine eingelassen, wie in jenem »Perlenpalaste« des orientalischen Märchens. Ein anderes Prachtstück ist ein Außenthor, wo die Mosaiken im Golde der Abenddämmerung wie ein Meer von Rubinen, Saphiren und Smaragden erglühen.

Leider wird uns der Genuß all' dieser Herrlichkeiten arg geschmälert. Während wir durch eine Anzahl von Gassen reiten, hat sich eine große Zahl von Buben zusammengerottet, welche uns vorerst aus respectvoller Entfernung verhöhnen, dann aber immer frecher herandrängen und zu thätlichen Ausschreitungen sich hinreißen lassen. Zwar bleiben unsere Soldaten nicht müßig und es regnet hageldicht Prügel. Ja sogar an dem Auftritte ganz unschuldige Personen, denen wir begegnen, werden von dieser rohen Begleitung attackirt und niedergehauen. Schließlich giebt es einen argen Scandal und wir sind gezwungen, uns endlich zurückzuziehen, begleitet und verfolgt von dem wilden Gejohle des Pöbels und Steinwürfen. (Dieser ganze Scandal wurde offenbar von den Escortesoldaten provocirt. Als zwei Jahre später die deutsche Gesandtschaft der zweiten Sultansresidenz ihren Besuch abstattete, verlief derselbe — wie L. Pietsch erzählt — ohne jedwede Störung. Ja, es trugen sich viele der Bewohner aus freien Stücken zu Führerdiensten an . . .)

Den Sultanspalast hat de Amicis nicht besucht. Er scheint überhaupt, wenn der Sultan nicht anwesend ist, nicht zugänglich zu sein, denn auch die deutsche Gesandtschaft kam nicht hinein. Das Palastgebiet liegt an der Südseite der Stadt.

Endlos scheinen sich die Palastmauern auszudehnen, hauptsächlich deshalb, weil es blos einförmige, ziemlich hohe, selten von einem Thurme unterbrochene Mauern sind. Ueber diese Mauern ragt der Thurm einer Moschee hervor und hier und da das Dach eines Pavillons mit vergoldetem Knopfe, oder die Baumwipfel der in den Räumen des Palastes (Kasba) befindlichen Gärten. Nach Freiherrn von Augustin, der den Palast besucht hat, befindet sich dessen Haupteingang auf der Stadtseite, und vor ihm ein großer Platz, auf welchem zwischen Ruinen der Stadtmauer einige Hütten aus Lehm und Rohr das Bild des Elendes und Schmutzes darbieten. Er besteht aus einem großartigen, kühngewölbten maurischen Thorbogen, um welchen sich ein breites Mauerband mit arabischen Inschriften schlingt, und der mit Mosaikarabesken geziert ist. Zu beiden Seiten sind Mauervorsprünge, welche auf hübschen römischen Säulen ruhen und so zwei Vorhallen bilden, in welchen Diejenigen lagern, welche der Erlaubniß, die Kasba betreten zu dürfen, harren. Unter der Thorhalle liegt auf den steinernen Sitzen jederzeit eine starke Abtheilung der kaiserlichen Garden, welche jeden barsch zurücktreibt, der es wagen wollte, die geheiligte Schwelle zu betreten. In ihre Haïks gehüllt, kauern sie da starr und scheinbar leblos: ein Bild der Trägheit und des Stumpfsinns.

Hinter dieser Thorhalle folgen ungeheure Höfe, deren Boden mit Gras und Unkraut bewachsen ist. Nur einer derselben ist etwas reinlicher gehalten. Ueber seine Mauern sieht man Palmwipfel und Dächer ragen, welch' letztere zu dem bewohnten Theile des Palastes gehören. Es folgt noch ein schmaler zwingerartiger Hof und dann geht es über einige Stufen durch eine kleine unansehnliche Thüre in einen Saal, der hauptsächlich durch die in ihm aufgewendete Pracht überrascht. Die Decke dieses Saales — eine prachtvolle Holzschnitzarbeit — ist mit Elfenbein und Perlmutter eingelegt und zeigt grelle, aber harmonisch wirkende Farbenmuster. Auch die vielen schlanken Säulen, welche die Decke tragen, sind aus Holz geschnitzt und polychromirt. Der Fußboden ist mit großen Steinplatten belegt und in der Mitte desselben befindet sich ein Bassin, dessen Springquell fast bis zur Decke aufsteigt. An der einen Wand steht auf einem etwas erhöhten Platz ein vergoldeter Stuhl, anscheinend europäisches Fabrikat. Es ist das einzige Möbelstück in dem ausgedehnten Saal. Der Saal wird zu Empfangsfeierlichkeiten, Hof-Ceremonien und Audienzen benützt. Die eigentlichen Wohngemächer des Sultans befinden sich weiter im Innern des Palastes, und darunter zeichnet sich besonders eines aus, welches, einen kleinen mit einem Springbrunnen versehenen Hof bildend,

Plätten von Kleiderstoffen.

ganz mit einem feinen, weißen Seidennetz bedeckt ist. Die eine Seite dieses Hofes hat eine Art maurisch verzierten Alcoven. An den ersten großen Saal reihen sich mehrere unscheinbare Hallen, welche den Garden, Palastdienern und Eunuchen zum Aufenthalt dienen und von wo man auf eine Terrasse heraustritt, welche sich längs den Gärten hinzieht. Das hufeisenförmig gewölbte Thor, welches den Zugang zu dieser Terrasse bildet, zeigt die bewunderungswürdigste Holzschnitzarbeit. Man kann sich kaum etwas Schöneres vorstellen (natürlich abgerechnet den maurischen Geschmack) als diese feinen Zieraten, die sich auf den ersten Blick scheinbar wirr und regellos ineinanderschlingen, bei genauer Besichtigung jedoch eine entzückende Linienharmonie zeigen.

Ganz besonders entzückend ist die Aussicht von der erwähnten Terrasse. In unabsehbarer Linie ziehen sich rechts und links die weißgetünchten Mauern der Wohngebäude und Pavillons, mit Dächern von allen Formen. Tiefer unten breiten sich die Gärten aus. Ganze Wälder von Orangen athmen betäubenden Duft aus; über sie ragen prachtvolle Cypressen, Pinien und Dattelpalmen. Ungeheuere Rosenstauden schmiegen sich um die Marmorbassins, so daß diese blendend weiß aus ihrer grünen Umrahmung hervorschimmern. Lauben von Jasmin und Geisblatt bilden kühle Ruheplätzchen — lauschige Winkel, wie man sie sonst nur aus maurischen und spanischen Romanzen kennt. Zierliche Pavillons, von krystallklaren Quellen durchplätschert und mit schlanken Säulchen geschmückt, lassen ihre goldschuppigen Dächer zwischen den dunklen Cypressen funkeln. Ueberall wuchert ein herrlicher Blüthenflor, dessen Duft die Sinne betäubt. Alles in Allem: man meint, nicht in dem traurigen, dürren Marokko zu sein, sondern weit hinten im asiatischen Orient, der Heimat jener Märchen, in denen die Garten-Romantik eine so große Rolle spielt. Offenbar haben bei der Schöpfung des Gartenedens zu Mekinez europäische Hände mitgethan, denn marokkanische Kunst- und Ziergärtner wären nie und nimmer im Stande gewesen, ein solches Märchen zu schaffen.

Jüdische Knaben.

Mitten in diesen Gärten steht ein hölzerner Bau von polygonaler Grundform. Es ist die Sommerwohnung der kaiserlichen Frauen. Der Bau ist stockhoch und enthält einen kleinen Hof, in dem aus den Gemächern zahllose Fenster und Thüren einmünden. Der Hof selber dürfte der Schauplatz für Belustigungen aller Art sein, denen die Frauen von den Fenstern aus zusehen. Letztere dürfen übrigens frei in den Gärten herumwandeln. Von der Außenwelt sind sie durch hohe, unübersteigliche Mauern geschieden. Was jenseits dieser Mauern liegt, ist Wüstenei, sonnendürre Oede... An die Gärten schließt zunächst ein mehrere hundert Schritte langer, aber ungemein schmaler Hof, an dessen Ende sich die früher erwähnte Schatzkammer des Sultans befindet. In demselben Hofe liegt auch noch der Marstall. Da sind zu beiden Seiten in unübersehbaren Reihen die prachtvollsten Pferde zu sehen. Lange Seile sind nahe am Boden befestigt, und an diesen sind wieder mittelst Stricken, welche die Fesseln der Vorderfüße umschlingen, die Pferde angehängt. Sie bleiben immerwährend und bei jeder Witterung obdachlos, theilweise mit Decken behangen, meist aber völlig nackt. Es ist eben die in Marokko übliche Art, die Pferde zu halten. Ställe kennt man nicht, außer in den nördlichen Provinzen und während der Regenzeit. Ob sie indeß für die Thiere von Vortheil ist, wäre zu beweisen. Jedenfalls erfordert sie eine große Aufmerksamkeit bei unruhigen Pferden, welche sich sehr leicht in den Seilschlingen verwickeln können. Es bedarf nur des geringsten störenden äußeren Anlasses, um die feurigen Berber- und Araberpferde in die größte Aufregung zu versetzen. Dann bäumen sie sich und schlagen wie toll gegen einander, um sich ihrer Fesseln zu entledigen.

* * *

Ehe wir Meknez verlassen, wollen wir noch eine romantische Geschichte zum Besten geben. Sie ist eine jener Vorfallenheiten, deren Zahl Legion, und von denen im ganzen Lande, von der Küste bis tief in die Wüste hinein, jedes Kind Kenntniß hat. Von Mund zu Mund, von Geschlecht zu Geschlecht pflanzen sich diese Affairen fort, wobei freilich die Mythebildung das Ihre thut. Aus den ursprünglichen einfacheren Thatsachen werden dann complicirte, haarsträubende Märchengebilde, die die Epigonen für bare Münze nehmen.

Eine solche Geschichte ist die des Räubers Arnsi. Es war in der Zeit nach dem marokkanisch-französischen Kriege, als Sultan Abdurrahman ein Heer zur Züchtigung der Rif-Bewohner aussandte, um sie dafür zu bestrafen, daß sie ein französisches Schiff in Brand gesteckt hatten. Unter den verschiedenen Denuncianten unter den Rifioten, welche sich beeilt hatten, dem Commandanten der Executions-truppe gefällig zu sein, befand sich auch einer Namens Sidi Mohammed Abd-el-Djebar. Er war ein Mann in den »besseren Jahren«, der von heftiger Eifersucht gegen einen gewissen Arnsi, einen bildhübschen Jungen, erfüllt war. Die Gelegenheit schien dem Denuncianten günstig genug, um sich seines Gegners zu entledigen. Arnsi wurde von Abd-el-Djebar den marokkanischen Truppen ausgeliefert und nach Fez in den Kerker geschleppt. Seine Gefangenschaft dauerte übrigens nur ein Jahr. Nach Wiedererlangung seiner Freiheit begab er sich nach Tanger, wo er eine Zeit lang verweilte, um dann plötzlich spurlos zu verschwinden. An sich war an der Sache nichts Auffälliges. Es dauerte aber nicht lange, als in der Provinz von El Gharb die Bewohnerschaft durch die Nachrichten von Gewaltthaten, deren sich eine Räuberbande schuldig machte, aus ihrer beschaulichen

Ruhe aufgeschreckt wurde. Auf der ganzen Strecke von El Araisch bis Rabatt war kein Mensch seines Lebens sicher. Raubanfälle und Mordthaten waren an der Tagesordnung. Karawanen wurden geplündert, Kaufleute gebrandschatzt, officielle Persönlichkeiten entführt, die Soldaten des Sultans niedergehauen. Kein Mensch wagte sich den derart bedrohten Distriet zu durchreisen. Wer das Unglück hatte, den Uebelthätern in die Hände zu fallen und auf irgend eine Weise wieder die Freiheit zu erlangen, war gelähmt von den Schrecken, welche er ausgestanden hatte.

Dieser Zustand währte geraume Zeit. Wer diese Schreckensbande eigentlich anführte, wußte Niemand. Als aber eines Tages — oder vielmehr während einer klaren Mondnacht — ein reisender risiotischer Kaufmann zufällig in die Nähe des Räuberlagers gerieth und dessen Oberhaupt in der Person des seinerzeit aus Tanger verschwundenen Arusi erkannte und diese Entdeckung an die große Glocke hängte, verbreitete sich diese interessante Nachricht mit Blitzesschnelle in der Stadt. In der Folge erkannten noch viele Andere den Gefürchteten. Er tauchte bald da bald dort in den Duars auf, bei Tag und bei Nacht, in allen erdenklichen Verkleidungen: als Soldat oder als Kaid, als Jude oder Christ, als Frau, als Ulema. An seine Fersen hefteten sich Brand, Raub und Mord. Von allen Seiten wurde ihm nachgestellt, aber ihn zu erforschen, wollte Niemandem gelingen. Er tauchte immer dort auf, wo man ihn am wenigsten vermuthete, allemal überraschend durch die Art seiner Attentate. Laune und Wildheit trieben den Uebelthäter von einer Schandthat zur andern. Er blieb unfaßbar, obwohl er waghalsig genug war, sich in geringer Entfernung von der Citadelle El Mamora herumzutreiben, ein Beginnen, zu dem die Leute keinen vernünftigen Grund finden konnten. Der Grund lag aber sehr nahe: der Kaid der genannten Citadelle war nämlich niemand Anderer, als der alte Scheich Sidi Mohammed Abd-el-Djebar, der, wie wir in der Einleitung mittheilten, Arusi den kaiserlichen Truppen ausgeliefert hatte.

In derselben Zeit, da die ganze Provinz El Gharb vor Arusi zitterte, hatte Abd-el-Djebar eine seiner Töchter, die bildhübsche, bewundernswerthe Rahmana, dem Sohne des Paschas von Sali zur Frau gegeben. Der Glückliche hieß Sidi Ali. Die Vermählungsfeier wurde in Gegenwart der männlichen Blüthe der ganzen Provinz mit großem Pompe begangen. Alle Gäste waren im glänzenden Staate erschienen: auf herrlichen Thieren reitend, wohlbewaffnet, in prächtige Gewänder gehüllt. So zogen sie, ein lebensvolles Bild abgebend, in die Citadelle El Mamora ein. Als dann die rauschenden Festlichkeiten vorüber waren, brach Sidi Ali mit seinem theuren Schatz nach Sali auf. Der Auszug aus der Citadelle erfolgte bei Nacht. Der Weg führte durch ein

langgestrecktes Thal, eigentlich durch einen Hohlweg, welcher auf der einen Seite
von einem bewaldeten Hügelzug, auf der anderen von einer Düne eingeschlossen
war. Der Raum für die Marschirenden war beschränkt. Voraus ritten ungefähr
dreißig Reiter, dann folgte Rahmana, auf einem prächtig geschirrten Maulthier
thronend, den glücklichen Gatten zur Rechten, den Bruder des letzteren zur Linken.
Der Vater Rahmana's, sowie eine größere Zahl von Verwandten und Freunden
schlossen den Zug. So kam die Karawane in die Nähe der Schlucht. Die Nacht
war so finster, daß man die Finger vor den Augen nicht sehen konnte. Sidi Ali
erfaßte fast instinctmäßig Rahmana's Hand. Rings im Umkreise regte sich kein
Ton... Da gellte plötzlich eine übermenschliche Stimme durch die früher todtstille
Nacht: »O Scheich Sidi Mohammed Abd-el-Djebar — Dich grüßt Arufi!«...
Die Worte waren kaum in der schauerlichen Einsamkeit verhallt, als von der Höhe
eines Hügels einige Dutzend Flinten aufblitzten. Das Echo gab die Schüsse hundert-
fach wieder. Im Thale aber spielte sich eine unbeschreibliche Scene ab. Todte
und Verwundete, Hilfesuchende und Fliehende: Alles im tollen Durcheinander.
Abd-el-Djebar und Sidi Ali hatten sich kaum durch das Chaos hindurchgearbeitet,
als sie eine Gestalt — nein, ein Gespenst, einen Dämon der Verdammniß —
vom Hügel herabstürzen, Rahmana erfassen, in den Sattel schwingen und mit
der Beute im rasenden Laufe nach der Richtung des Mamora-Waldes verschwinden
sahen.

Abd-el-Djebar und Sidi Ali waren aber keine mattherzigen Naturen.
Anstatt dem Jammer und der Verzweiflung sich hinzugeben, schwuren sie an Ort
und Stelle, nicht eher zu ruhen, nicht früher das Haupthaar zu scheeren, bis sie
Rache genommen hätten. Sie erhielten bald nach der gransigen Katastrophe vom
Sultan eine Truppenabtheilung zur Verfügung gestellt, um die Jagd auf den
Uebelthäter insceniren zu können. Das Unternehmen war freilich nicht so leicht,
als es den Anschein hatte. Wohin sich der Entführer mit seiner Beute gewendet,
wußte man immerhin. Es war der große Mamora-Wald. Das Jagdgebiet
stellte also große Schwierigkeiten in Aussicht. Die Kämpfenden aber wußten, um
welchen Preis es sich handelte. Ein Jahr lang währte das Ringen, währten die
nächtlichen Ueberfälle, die gemachten Handstreiche, die wilden Zweikämpfe und
Füsiladen. Endlich gelang es den Verfolgern die Bande Arufi's bis ins innerste
Dickicht des Waldes zurückzudrängen. Ihre Situation wurde eine immer bedenk-
lichere. Schon hatte sich der Ring um sie geschlossen und in seiner eisernen
Umarmung war keine Aussicht auf Rettung. Die Anhänger Arufi's waren
ohnedies auf ein kleines Häuflein zusammengeschmolzen; einige waren im Kampfe

gefallen, Andere hatten bei Zeiten das Weite gesucht, wieder Andere waren den Anstrengungen und dem Hunger erlegen. Abd el Djebar und Sidi Ali, welche sich dem Ziele nahe sahen, verdoppelten ihre Anstrengungen; der Schlaf konnte ihre Energie nicht übermannen und in den letzten Tagen hatten sie kein Auge mehr

Während des Empfanges beim Sultan.

geschlossen. Die Hoffnung auf blutige Vergeltung gab ihnen Spannkraft und Ausdauer ... Dennoch mußten sie sich in Geduld üben, denn von Arusi und Rahmana hatten sie nach wie vor keine Spur. Man begann sich allerlei Vermuthungen hinzugeben: Die Einen behaupteten, die Flüchtlinge seien den Anstrengungen erlegen; die Anderen meinten, sie wären entkommen, und wieder Andere hielten es für möglich, daß Arusi zuerst seinen Raub und dann sich selber erschossen haben könnte.

Unter solchen Umständen war es nicht zu verwundern, daß den Verfolgern der Geduldsfaden riß. Zudem wurde die Situation im Walde immer unerquicklicher. Je tiefer sie in denselben eindrangen, desto unwegsamer wurde er, desto undurchdringlicher gestaltete sich das Dickicht. Schlingpflanzen und Stachelgewächse hemmten stellenweise vollends jeden Schritt nach vorwärts. Die Pferde strauchelten und die mitgenommenen Fanghunde fanden keinen Pfad mehr. Abd-el-Djebar und Sidi Ali waren bereits gänzlich entmuthigt, als eines Tages ein Araber auf sie zueilte, um ihnen eine wichtige Mittheilung zu machen. Er hatte Arusi gesehen... Also doch! zuckte es durch das Gehirn Abd-el-Djebar's. Wo war der Furchtbare? Der Boote theilte mit, Arusi in einem entlegenen Theile des Waldes entdeckt zu haben. Sein Versteck waren die Dschungeln, welche einen kleinen Fluß säumten. Der Kaid ließ sofort aufbrechen. Seine Reiter theilte er in zwei Fähnlein, welche nach zwei verschiedenen Richtungen gegen den bewußten Fluß vordringen sollten. Der Marsch war beschwerlich und nahm geraume Zeit in Anspruch. Schließlich gelangten sie an das Ziel. Abd-el-Djebar war der erste, der Arusi erblickte. Inmitten der Dschungel: eine Gestalt von furchtbarem Ansehen, ein Gespenst! Die Leuchte krochen näher heran, Alle nach einem und demselben Punkt. Als sie ans Ufer des Flusses gelangten, war Arusi verschwunden... »Er hat den Fluß überschritten!« schrie der Kaid... Im nächsten Augenblicke waren die Verfolger in den Fluthen und erkletterten das jenseitige Ufer. Dort fanden sie Fußspuren, denen sie folgten. Nach kurzer Zeit hörten die Spuren wieder auf und der Kaid rief zornentbrannt: »Er ist zurück über den Fluß!«... Dann machte er sich sofort auf den Weg. Die Reiter suchten das Ufer ab. An einer Stelle, wo sie mit dem Kaid zusammentrafen, nahm dieser wahr, daß seine Fanghunde Witterung hatten. Sidi Ali ist der erste zur Stelle. Er macht die Entdeckung, daß hinter dem Schilf ein breiter Graben sich erstreckt, in welchem mehrere Vertiefungen, in der Gestalt von Luftlöchern, sichtbar seien. Sidi Ali springt in den Graben und steckt seine Flinte in eines der Löcher. Sie findet keinen Widerstand. Die Soldaten suchen die Umgebung ab und finden endlich auf der Seite des Flußufers einen von Wasserpflanzen verdeckten Eingang. In denselben einzudringen, wäre unter den obwaltenden Umständen Tollkühnheit gewesen. Es wurden daher einige Soldaten in den benachbarten Duar entsendet, um Grabwerkzeuge zur Stelle zu bringen. Mit diesen gelang es die unterirdische Behausung bloßzulegen.

Welche Ueberraschung für die Suchenden! Inmitten des Rasens sitzt Arusi, regungslos, bleich wie ein Todter, die Arme schlaff herabhängend. Die Soldaten ergreifen den Flüchtling, der ihnen keinen Widerstand entgegensetzt. Ins Freie gezerrt, erkennen jene nun, daß das linke Auge Arusi's erloschen ist. Der Uebelthäter wird gebunden, in ein Zelt geschleppt und zu Boden geworfen. Der erste Racheact seitens Sidi Ali's besteht darin, daß er mit seinem Dolche dem Gefangenen die Fußzehen abschneidet — eine nach der anderen — jede einzelne dem Gequälten ins Gesicht schleudernd. Hierauf wird dieser den Soldaten zu Bewachung übergeben. Im Zelte des Kaid aber halten dieser und sein Schwiegersohn langen Kriegsrath, welche Torturen an dem Opfer angewendet werden sollen, ehe man ihm den Kopf vom Rumpf trennt. Den Blut- und Rachedürstigen dünken die raffinirtesten Grausamkeiten nichts. Darüber vergeht der Tag und der Entschluß wird auf den nächsten Morgen verlegt... Es folgt eine Nacht, gleich jener, in der der Auszug der Neuvermählten eine so gräßliche Unterbrechung fand. Kein Windhauch bewegt die Kronen des Waldes. Nirgends ein vernehmbarer Ton, nur das leise Rauschen des Flusses und das schwere Athmen der schlummernden Soldaten... Plötzlich gellt eine laute Stimme durch die Nacht: »O Scheich Sidi Mohammed Abd-el-Djebar, es grüßt Dich Arusi!«...

Wie ein gereizter Tiger springt der Kaid auf die Füße. Er hört den verhallenden Hufschlag eines Pferdes — sonst nichts... »Mein Pferd! Mein Pferd!« donnert er den Soldaten zu, welche bestürzt hin und her taumeln. Sie suchen das Leibroß des Kaid, das schönste Thier in der ganzen Provinz El Gharb. Während des Suchens gerathen sie auch in das Zelt Sidi Ali's... Entsetzen malt sich in den Zügen der Soldaten. Rahmana's Gemahl liegt todt auf dem Boden ausgestreckt, und hat ein langes Messer im linken Auge stecken... Ohne vom Gräßlichen der Situation sich übermannen zu lassen, schwingt sich der Kaid auf das nächstbeste Pferd und sprengt in die Weite, ihm nach die Reiter... In der That bekommen sie den Flüchtling in Sicht — auf wenige Augenblicke; dann entschwindet er wieder ihren Blicken... Noch einmal tauchen Roß und Reiter aus dem Schattendunkel des Waldes, dann verschwinden sie wie Schemen im Dickicht. Die Verfolger befinden sich dicht vor einem finsteren, unwegsamen Walde. An weitere Verfolgung ist nicht mehr zu denken. Sie warten den Morgen ab und dringen in den Forst ein. In demselben Augenblicke gewahren sie das Pferd des Kaid, blutend, in bedauernswerthem Zustande. Arusi kann also unmöglich weit sein. Die Waffen werden in die Hand genommen, die Hunde losgelassen. Nach einiger Zeit stoßen die Suchenden auf eine, zwischen dem Landdickicht halb und halb verborgene Felshütte. Die Soldaten schleichen, mit vorgehaltenen Gewehren, bis hart vor den Eingang; ein Blick ins Innere — und die Waffen entsinken ihren Händen... Was war's?... In der Mitte der Hütte lag Arusi auf dem Boden ausgestreckt, neben ihm ein herrliches Weib, ein Wesen überirdischer Art, mit lang herabwallendem Haar. Das anmuthige Wesen schickte sich eben an, die Wunden des Flüchtlings zu verbinden. Es war vergebene Mühe, denn Arusi war — todt. In dem schönen Weibe aber erkannten die Verfolger — Rahmana... Es war ein trauriges Wiedersehen. Man brachte die Langvermißte (seit jener Brautfahrt war ein volles Jahr ins Land gegangen) zurück ins Vaterhaus. Hier verblieb sie drei Tage, ohne daß ein Wort über ihre Lippen gekommen wäre; dann verschwand sie... Die Spur war leicht gefunden und nach einiger Zeit fand man Rahmana in jener Felshütte, wo sie mit ihren Fingernägeln die Erde aufwühlte, um noch einmal den Anblick des geliebten Mannes zu sehen. Ein einziger Schmerzensruf glitt von ihren Lippen: Arusi!... Niemand wagte Hand an sie zu legen. Sie war wahnsinnig — also »heilig«, wie die Islamiten sagen... Rahmana hat noch viele, viele Jahre ihr Elend mit sich herumgetragen, bis Allah sie in ein besseres Jenseits abberief...

Auf einer Dachterrasse von Fez

Eine Entführung.

Von Meknez zum Sebu.

Ankunft am Sebu. — Sommertage in Afrika. — Staub und Hitze. — Besuch des Sohnes Sidi-Abdallah's, Gouverneurs von Beni-Hassen. — Lagerleben bei 47 Grad C. — Aufenthalt im Zelte. — Zweiter Besuch des Gouverneurs-Sohnes. — Aufbruch zum Sebu. — Ueberfuhr-Kalamitäten. — Empfang durch den Gouverneur Sidi-Bekr-el-Abbassi. — Eine neue Bekanntschaft. — Gewaltacte des Sultans gegenüber den Würdenträgern des Reiches. — Aufbruch nach dem Lager am rechten Sebu-Ufer. — Ein Volk, das seinen Gouverneur verehrt, die Reisenden aber insultirt.

ier Reisetage sind seit unserem Aufbruche von Meknez vorüber. Mittags des fünften Tages reiten wir, nach einem beschwerlichen fünfstündigen Marsche durch eine Folge von wüsten Thälern, durch das Defilé von Bab-el-Tinka auf die weite Ebene des Sebu hinaus, welche in einer hellen Lichtfluth schwimmt. Die Hitze hat sich in den letzten Tagen noch gesteigert und bereits ein Opfer gefordert. Eines der Transportpferde erlag der Strapaze. Schweigend zieht die Karawane wie ein Geisterzug dahin und selbst die abgehärteten Soldaten fühlen sich ermattet. Der brave General Hamed Ben Kasem, dessen Gesicht von einem ungeheuren Turban beschattet wird, ist in Schweiß gebadet. Im Lager angekommen, verläßt Tags über Niemand sein Zelt. Kaum daß sich einiges Leben bemerkbar macht, denn die Luft kocht und Niemand will

44*

sich von der Stelle rühren. Nach einiger Zeit durchdringt ein markerschütternder Schrei (»O, Muley-Edris!«) die Luft — es ist einer der Diener, dem der Kaid einige Schläge appliciren läßt, weil er sich unterfangen hatte, vom Rationenantheil eines seiner Kameraden zu stehlen.

Selbst in der Nacht ist von einer Erquickung keine Rede, denn bald nach Sonnenuntergang stellt sich ein heißer, trockener Ostwind ein, der die Transpiration noch vermehrt. Früh Morgens wird wieder aufgebrochen, leider ohne Hoffnung auf ein besseres Sein, denn die Hitze beginnt in einem Grade zuzunehmen, daß wir auf neue Schrecken, neue Plagen gefaßt sein müssen. Zwar ein Theil des Himmels zeigt sich in einem dichten Wolkenkleide, wo aber die Bedeckung aufhört, ist das Firmament um so intensiver von der Sonnengluth durchloht... Und kein Ausweg, keine Rettung!... Zu allem Ueberfluß hebt ein starker Wind an, der die ganze Karawane in wenigen Minuten in eine dichte Staubwolke hüllt, aus der kein Entrinnen. Ein Vorgeschmack an die Sahara, denken wir im Stillen, und einer unserer Genossen, der in Aegypten gewesen, ruft: »Da haben wir die Wüste!«...

Vier martervolle Stunden sind vorüber, als wir am Südufer des Sebu ankommen, und von dem zwölfjährigen, bildhübschen Sohne des Gouverneurs von Beni-Hassen, Sidi-Abdallah, und einer Schaar von zwanzig Reitern empfangen werden. Wir sehen die braunen Kerle einherrasen und vernehmen das Geknatter ihrer Flinten — aber das Interesse an solchen Dingen ist mählich eingeschlummert. Das Lager befindet sich hart an dem linken Ufer des Stromes, in einem nackten durchlöcherten Terrain — eine wahre Bratpfanne bei einer Temperatur von 42 Centigraden. Aber bei dieser afrikanischen »Frühlings-Temperatur« bleibt es nicht, und im Laufe des Tages steigt das Thermometer bis auf 47 Centigrade, — die höchste, während der Reise beobachtete Temperatur. Alles liegt darnieder, Niemand bewegt sich vom Platze, die Thiere ruhen, werfen sich aber mit convulsivischen Zuckungen von einer Seite auf die andere. Einer der Hunde ist bereits umgestanden, und die brave »Diana« des Gesandten winselt derart jämmerlich, daß man jeden Augenblick befürchten muß, sie werde in ein besseres Jagdgefilde eingehen. Nimmt man den Wasserkrug und setzt ihn an die Lippen, so glaubt man siedende Brühe zu schlürfen, ausgeschüttet verdampft sie binnen wenigen Secunden. Vor den Zelten ist der Erdboden so heiß, daß die Hand schmerzhaft brennt, wenn man ihn berührt. Von irgend einer Arbeit ist keine Rede, alle Gespräche verstummen, Jeder findet sich mit seinem elenden Zustande so gut als möglich ab.

Gegen Abend beginnen wir uns langsam zu erholen, und nun giebt es auch ein wenig Abwechslung, obwohl sie nicht von großem Belange ist. Wir erhalten den abermaligen Besuch des obenerwähnten Sohnes Sidi Abdallah's, der vom Pferde steigt und gemeinschaftlich mit uns im Zelte an der Mahlzeit sich betheiligt. Nun erst sehen wir, daß der hübsche Junge, welcher auf dem edlen berberischen Renner so stattlich aussieht, verkrüppelt und ausgewachsen ist, und dieser Zustand mag offenbar der Grund einer gewissen Traurigkeit sein, welche

Ein Sklave des Sultans.

sein ganzes Wesen ausdrückt. Er ist schweigsam, und wenn er überhaupt an irgend Etwas Antheil nimmt, so sind es nur unsere Stiefel, die er aufmerksam der Reihe nach betrachtet. Der Gesandte, welcher die Verstimmung merkt, ist so freundlich, dem Jungen einige Complimente über seine tadellose Haltung zu Pferd zu machen — eine Schmeichelei, die momentan einen Schimmer der inneren Befriedigung über sein jugendliches Antlitz flattern läßt, worauf es alsbald den alten düstern, melancholischen Ausdruck annimmt.

Nach diesem officiellen Besuche finden sich unofficielle ein, Kranke und Bresthafte, darunter ein Junge, dem beide Augen so zugerichtet sind, daß er kaum mehr sieht. Der Arzt ist aber nicht zur Stelle und überhaupt nicht im Lager, und so giebt es alsbald Jammer und Wehegeheul. Die Münze, die wir dem armen Jungen schenken, läßt ihn gleichgiltig, und weinend frägt er, welche Richtung der europäische Wundermann genommen, damit er ihm folgen oder entgegengehen könne. Man zeigt ihm die Richtung des Weges, und nach kurzem Besinnen macht sich der Knabe, die Augen voller Thränen, auf den Weg.

Man begreift, daß derlei Zerstreuungen unsere gedrückte Stimmung nicht zu verscheuchen vermögen. Selbst der heutige Sonnenuntergang läßt uns gleichgiltig, obwohl sich derselbe zu einem großartigen Phänomen gestaltet. Hinter dichten Golddunst taucht das Gestirn, sendet seine letzten markdörrenden Strahlen über die nackte Ebene und versinkt dann, scheinbar als verschlinge es die Erde wie einen riesigen goldenen Disens, den man auf sie herabgeschleudert... In der Nacht aber verspüren wir Kälte!

Früh Morgens des nächsten Tages sind wir bereit, den Uferwechsel zu bewirken, und zwar an derselben Stelle, wie auf unserer Reise von Tanger nach Fez. Die Situation hat sich aber wesentlich geändert und zwar zu unseren Ungunsten. Wir machen nämlich die unangenehme Entdeckung, daß eines der Boote förmlich in Stücke zerfallen, das andere aber derart beschädigt ist, daß an eine Benützung desselben nicht zu denken. Der seutselige Gouverneur Sidi-Bekr-el-Abbassi, dessen geschmeidige Gestalt auf hohem schwarzen Renner auf dem jenseitigen Ufer sichtbar wird und der freundlich herübergrüßt, scheint selber überrascht. Von den Fährleuten ist nirgends eine Spur zu sehen, und wie sich hinterher herausstellte, haben sie sammt und sonders und in Begleitung ihrer Familien, offenbar aus Furcht vor der Strafe, Reißaus genommen. Sie hatten nämlich den Befehl erhalten, die Gesandtschaft in ihre Boote aufzunehmen; als sie erkannten, daß der Zustand ihrer Fahrzeuge dies nicht gestatten werde, die Strafe aber unabwendbar sein dürfte, brachen sie ihre Zelte ab und suchten mit Kind und Kegel das Weite.

Die Verlegenheit ist sonach keine geringe. Der Gouverneur schickt einige Soldaten um Arbeiter in den nächsten Duar, die auch in Bälde eintreffen und mit Unterstützung eines der Matrosen der Gesandtschaft nach etwa zwei Stunden das defecte Boot soweit herstellen, daß die Ueberfahrt gemacht werden könne. Zwar strömt das Wasser durch alle Fugen herein und steigt bis über die Knöchel, aber derlei verschmerzt man auf einer Reise durch den dunklen Erdtheil. Die Dorfbewohner scheinen ganz besonders stolz auf ihr Werk zu sein, das wie sie meinen, offenbar nur mit Allah's und des Propheten Hilfe zu Stande kam, denn sie haben es während der Arbeit an Lobliedern an den letzteren nicht fehlen lassen.

Schon während der Bootreparatur waren die Diener Sidi Bekr's mit der Aufrichtung eines Zeltes und den Vorbereitungen zu einem opulenten Mahle beschäftigt. Die Begegnung mit dem Gouverneur war diesmal noch eine viel wärmere, und zwar hauptsächlich deshalb, weil dieser mittlerweile von dem warmen Lobe, welches der Gesandte seiner Person gegenüber dem Sultan schenkte, Kenntniß erhalten hatte. Im Zelte handelte es sich übrigens nur um einen improvisirten Empfang, denn auch diesmal läßt es sich der Gouverneur nicht nehmen, uns in seinem Wohnhause, wo wir vor Wochen die in des Wortes vollster Bedeutung flüchtige Bekanntschaft der Tochter Sidi Bekr's gemacht hatten, zu empfangen und zu bewirthen. Bei diesem Anlaß machen wir eine neue Bekanntschaft, und zwar in der Person des Bruders eines gewissen Sidi Bomedi, einst Gouverneur der Provinz Ducalla, dessen Schicksal äußerst bezeichnend für die in Marokko herrschende Gewaltwirthschaft ist. Jener Sidi Bomedi soll allerdings ein hartherziger Winkeltyrann gewesen sein, der sein Volk maltraitirte und es nach Herzenslust aussaugte. Er war ein großer Schuldenmacher, brach jeden Contract mit europäischen Kaufleuten und trieb es schließlich so weit, daß der Sultan sich veranlaßt sah, ihn nach Fez bringen zu lassen. An sich war das Vorgehen des Sultans logisch und selbstverständlich, aber die Motive zu demselben waren andere. Man vermuthete nämlich, daß der Eingezogene im Besitze großer Schätze sein müsse, und als man derselben nicht habhaft werden konnte, wurde Sidi-Bomedi in den Kerker geworfen, sein Anwesen zerstört und Stein um Stein untersucht, um des Schatzes habhaft zu werden, und seine Familie aus der Provinz gejagt, in die sie bei Todesstrafe nicht wiederkehren durfte. Letztere Maßregel wurde von der Furcht eindictirt, die Angehörigen könnten den Schatz heben und fortschleppen. Man hat diesen aber nie gefunden, wahrscheinlich, weil er gar nicht vorhanden war, und so starb Sidi-Bomedi eines elenden Todes im Kerker. Man hat nie mehr von ihm gehört. Seit der Katastrophe waren sieben Jahre verstrichen.

Derlei Gewaltthaten ereignen sich in Marokko sehr häufig. Sobald der Sultan bei irgend einem seiner Gouverneure vermuthet, daß er Reichthümer angehäuft habe, wird er unter irgend einem Vorwande in die Hauptstadt gelockt, um dort festgenommen und eingekerkert zu werden. Der Sultan ist über die Art, wie seine Provinz-Gouverneure das Volk aussaugen und sich auf Staatskosten bereichern, sehr genau unterrichtet; da er aber selber Abhilfe weder schaffen kann, noch schaffen will, greift er zu dem drastischen Mittel, welches seiner Natur nach eine Art von Wiedervergeltung ist, zur Tortur, um dem Eingezogenen jene Reichthümer abzupressen, die er angeblich vergraben haben soll. Jeden Tag erhält das unglückliche Opfer in seinem Verließe ein Bastonnaden-Tractament, daß das Blut von den Sohlen rinnt. Gesteht er nur halb und halb, so wird die Procedur Tag für Tag fortgesetzt; gesteht er Alles, dann ist er frei und wird mit allen Ehren in sein Amt wieder eingesetzt, um sein Raubgeschäft wieder von Neuem beginnen zu können.

Eine Sklavin des Kriegsministers.

Jene, welche nicht gestehen, weil sie nicht wollen, oder weil sie nichts zu gestehen haben, werden schließlich todtgeprügelt. — Der erstere Fall des Nichtgestehenwollens tritt dann ein, wenn das Opfer seine Schätze für seine Familie retten will. Uebrigens sind die meisten marokkanischen Provinz-Gouverneure klug genug, sobald sie Gefahr wittern, derselben schleunigst zu begegnen. Sie rüsten eine große Karawane aus, besorgen kostbare und ausgiebige Geschenke und machen sich freiwillig nach dem Hoflager des Sultans auf den Weg, um ihre Unterwürfigkeit practisch zu bethätigen. Karawane und Geschenke verschlingen aber solche Unsummen, daß es fast auf dasselbe hinausläuft, als würde ein geprügelter Gouverneur alle seine Schätze ausgeliefert haben. Die Aussicht, durch Verstocktheit und Verschwiegenheit vielleicht einiges Geld zu retten, ist so gering,

Synagoge in Fez.

daß mancher Würdenträger lieber ungeprügelt seine Schätze in Form von Geschenken hergiebt...

Nach diesen seltsamen Erfahrungen, die wir im Hause Sidi-Bekr's machen, brechen wir unter seiner Begleitung ins Lager auf, das mittlerweile in einiger Entfernung vom rechten Ufer des Sebu aufgeschlagen wurde. Auf dem zweistündigen Marsche kreuzen wir eine blumige, von den zahlreichen Armen und

Canälen des Da Baches bewässerte und durchrieselte Trift. Wir stoßen auf ein weißgetünchtes Heiligengrab, das auf grüner Höhe liegt, und weiter auf einen großen, von riesigen Aloën und indischen Feigenbäumen umgebenen Duar, in dessen Nachbarschaft, einen Flintenschuß weit, unsere Zelte aufgeschlagen sind. Unser Marsch ist ein Triumphzug für den Gouverneur. Ueberall, aus jedem Gesträuch, aus jedem Winkel, jeder Terrainfalte brechen die Landbewohner hervor und drängen an Sidi-Bekr heran, nur den Saum seines Kleides zu streifen. Kinder lassen sich die Hände des geliebten Landesvaters segnend auf die Häupter legen und Mütter halten Säuglinge empor, damit sie der Benediction aus der Ferne theilhaftig würden. Aber dieselben Mütter haranguiren ihre Kleinen, uns zu beschimpfen, unsere Erzeuger zu verfluchen. Knirpse, die kaum zwei Spannen hoch sind und sich kaum aufrecht halten können, halten uns ihre Fäustchen, kaum umfangreicher als eine große Nuß, entgegen und stoßen irgend einen fanatischen Fluch aus... Sidi-Bekr aber lächelt zu Allem, die Reisenden lächeln gleichfalls und ziehen ruhig ihres Weges... (Es ist auffallend, daß de Amicis fast in jedem Capitel von derlei Insulten zu erzählen weiß. In den verschiedenen Lagerstationen, während des Marsches, in den Straßen von Fez, in Mekinez, überall waren, nach seiner Versicherung, die Fremden den gröbsten Insulten und Thätlichkeiten ausgesetzt. Daß dies so gewesen, ist wohl nicht zu bezweifeln, weil er mehrfach seine Reisebegleiter, denen Unannehmlichkeiten dieser Art begegnet, namentlich nennt. Es überrascht daher, in dem Buche L. Pietsch's, dem Chronisten der deutschen Gesandtschaftsreise 1877, zwei Jahre nach der italienischen ausgeführt, von derlei Ausbrüchen des Fanatismus an keiner Stelle etwas zu vernehmen. Daraus wäre zu schließen, daß das Volk sich mit der Zeit an die Fremden gewöhnt hat, oder daß es seitens der Italiener durch deren Auftreten zu fanatischen Drohungen und Thätlichkeiten einfach provocirt wurde...)

Brodverkäufer.

El Araisch – Arzilla – Tanger.

Der erste Anblick des Atlantischen Oceans. Lager bei El Araisch. Geschichtliches. Die Mündung des Kus. Das Innere der Stadt und ihr malerischer Anblick von Außen. Weitermarsch längs des Gestades. Barbarischer Krankentransport. — Neue Reisebegleiter und ihr Ziel. — Wilde Wüstenpartie. — Ein Heiliger, der uns den Weg versperrt. — Ankunft vor Arzilla. — Anblick des Städtchens. Reflexion im vorletzten Nachtlager. — Aufbruch von Arzilla und letzte Station zu Ain-Dalia. Einzug in Tanger und Abschied vom marokkanischen Boden.

s ist vorbei! Die großen, einst so glänzenden, nun jämmerlich herabgekommenen Städte, das schöne, aber verwahrloste Land, die abenteuerlichen Gestalten eines in schrecklicher Depravenz sich befindlichen Volkes — Ruinen, Heiligengräber, Phantasiaritte, pompöse Aufzüge, kaiserliche Convois in den Farben des Regenbogens flimmernd, goldener Sonnendampf über Sultansgärten und maurische Thorbogen: Alles versinkt wie ein toller Zauberspuk, und eine neue Welt nimmt uns auf. Zwar ist's noch derselbe Boden, dieselbe dürre Steppe und erstickende Luft — aber drüben brandet das Meer, die Unendlichkeit, in der sich unsere Seele auflöst. Neues Leben bringt diese Brise, die über die tanzenden Wogen herüberstreicht, und — ein Sinnbild ewiger Schönheit, unvergänglicher Jugend — wallt die ungeheure Fläche in der unmeßbaren Ferne aus... Sei gegrüßt, Ocean, Du Schützer der Freiheit!

45*

Begrüßen Dich ja selbst die Kinder dieses Landes, die von Freiheit nichts wissen, und stimmen in unseren Jubelruf: »Bahr el Kibir! Bahr ed Tholma!«

Am Abend des 19. Juni lagern wir das letzte Mal im Innern des Landes, drei Stunden von der Stadt El Araisch entfernt. Am Morgen halten wir unseren Einzug in das finstere Felsennest, dessen uralte braune Wallmauern einen ins Meer vorspringenden Felsen umgürten und der selber von einer altehrwürdigen, halbverfallenen finsteren Burg gekrönt ist. Unter allen marokkanischen Hafenstädten am Atlantischen Ocean ist El Araisch neben Mogador, und vielleicht nach Salé-Rabatt und Safi die einzige, welche noch einiges Leben in ihrem morschen Körper wachhält. Berber hatten sie im XV. Jahrhundert gegründet, und in ihren Mauerring schloß sie gegen Ende desselben Jahrhunderts Muley ben Nasser ein. Nachdem sie 1610 an Spanien verloren gegangen war, riß sie Muley Ismael im Jahre 1689 wieder an sich, worauf sie fortgesetzt gedieh und noch zu Beginn unseres Jahrhunderts einer gewissen Blüthe sich zu erfreuen hatte. Nun ist sie todt und öde und beherbergt im engen, finsteren Häuserblock eine Bevölkerung von höchstens 4000 Seelen, theils Juden, theils Mauren. Im Norden wird El Araisch vom Kusflusse umklammert, dessen Mündung durch eine Barre gesperrt ist, so daß nur die allerkleinsten Schiffe in das Fahrwasser eindringen können. Der Kus ist der Lixus der Alten, und auf seinem rechten Ufer unweit der Küste befinden sich noch Reste einer römischen Stadt. Was die Umgebung des Städtchens namentlich malerisch erscheinen läßt, ist ein Wald, ein veritabler Wald von großen und hohen Stämmen! (Nach L. Pietsch sind es Steineichen.) Das Innere von El Araisch ist düster und unfreundlich; man passirt einen kleinen, arkadengesäumten Marktplatz und tritt durch das nördliche Thor hinaus, mit herrlichem Ausblick auf den tiefblauen Ocean, die grünen Höhen und die weißen Mauern des Städtchens.

Unseren Einzug in El Araisch halten wir in Gesellschaft des Sohnes des Gouverneurs, der uns mit zwanzig unbewaffneten und nacktbeinigen Soldaten am Thore empfängt. Das Volk ist weniger neugierig als sonst auf marokkanischer Erde, und die vielen freundlichen Grüße, welche wir in den engen Gassen vernehmen, bringen uns in Erinnerung, daß es eine vorwiegend jüdische Stadt ist, in welcher wir uns befinden. Bald hierauf treffen wir auf dem Lagerplatze auf der rechten Uferhöhe des Kus ein. Die Gesandtschaft setzt ihre Reise erst gegen Abend des nächsten Tages nach Arzilla fort, und so benützen wir den Abgang der Lastkarawane, in deren Gesellschaft wir in früher Morgenstunde unseren Lagerplatz verlassen. Von einem geschlossenen Marsche ist keine Rede. Die Colonne löst sich in zahlreiche Gruppen auf, welche auf größere oder kleinere Distanz einander folgen. Unter den Leuten befindet sich auch ein Kranker, einer der Diener des Gesandten, der auf landesübliche Weise transportirt wird. Quer über dem Rücken eines Maulthiers liegend, stützt er den Unterleib und den Kopf auf je einen strohgefüllten Futtersack, welche rechts und links am Sattel befestigt

Ein marokkanischer Kaufman auf der Reise.

sind. Sein Gesicht ist dem Sonnenbrande ausgesetzt, stundenlang, Tage hindurch, denn der Arme, den das Fieber schüttelt, muß den langen Weg von Karia-el-Abbassi bis Tanger auf diese Weise zurücklegen.

Nach einiger Zeit steigen wir vom Hügelrande zum Meere hinab und beschleunigen unseren Ritt. Fast alle hundert Schritte stoßen wir auf eine Gruppe von zwei, drei Maulthieren mit ihren Wärtern, auf Escortesoldaten, Diener zu Fuß — Theile der Karawane, welche sich auf eine Distanz von mehr als eine Stunde Weges vertheilen. Bei dieser Gelegenheit machen wir die Entdeckung, daß unter den Leuten der Karawane eine Menge junger Bursche sich befinden, die offenbar nicht zu ihr gehören. In der That ist dem so. Die Jungen haben sich aus Meknez und von etlichen Duars, die wir berührt haben, aus dem Staube gemacht und ziehen nun frei und fröhlich, wenn auch gänzlich mittellos, mit uns nach dem nahen Tanger, um dort ihr Fortkommen zu suchen. Tanger, das Paris von Marokko, mit seinem Anstrich von Cultur, mit seinen zahlreichen europäischen Vertretungen, seinen spanischen Kaufherren und englischen Touristen, soll ihnen ein neues Leben erschließen. Und wie wir die anstelligen maurischen Jungen kennen, werden sie ihr Glück machen und ihren Kuskussu sich redlich verdienen.

Lange geht es am Gestade des herrlichen Oceans dahin, ehe der Marsch einige Abwechslung bringt. Ein frischer Wind hebt an, die Sonne verbirgt sich hinter dickem Gewölk, und die Luft ist aromatisch kräftig. Welch' ungeheurer Unterschied zwischen heute und jenen fünf Marschtagen von Meknez bis zum Sebu! Jetzt steigen wir die Dünenzone hinab und fühlen, wie der Gischt der brandenden Wellen das Antlitz näßt. Aber diese Romantik hat auch ihr Unangenehmes, denn bald zeigt sich das Gestade auf einen schmalen Pfad eingeengt, der unter steilen, häufig überhängenden Felsvorsprüngen sich vorwärts windet. Selbst die Maulthiere scheuen auf der gefährlichen Bahn und setzen zitternd den tappenden Huf auf eine sichere Stelle . . . Da giebt es zu allem Ueberflusse noch einen unerquicklichen Zwischenfall. Ein »Heiliger«, halbnackt, das Haupt mit einem Kranze gelber Blumen umwunden, ein ausgemergelter Greis, dessen Lebensjahre vom vollen Hundert wenig abstehen dürften, stürzt mit wüthendem Geschrei und geballten Fäusten aus einer Felsspalte hervor. Die Situation ist kritisch. Einer der Matrosen der Gesandtschaft, der sich in unserer Nähe befindet, ist eben im Begriffe, dem Sanctus einen Stockhieb zu appliciren, aber wir legen uns rechtzeitig ins Mittel. Eine ihm zugeworfene Münze betrachtet er neugierig auf allen Seiten, steckt sie zu sich und beginnt nun noch ärger zu toben und zu lästern. Schon holt der Matrose mit dem Stocke aus, da drängt sich ein Soldat der Escorte, so gut der enge Pfad es zuläßt, heran und beschwichtigt den nackten Teufel in Menschengestalt. Wie man uns nachträglich mittheilt, hält sich der Sanctus fern von allen menschlichen Wohnungen, ohne Obdach und Kleidung und kümmerlich von Gräsern und Wurzeln lebend, bereits zwei Jahre zwischen den Felsen der Küste auf, mit dem einzigen löblichen Zwecke, die »Schiffe der Nazarener« (Christen), welche auf dem Ocean vorübersteuern, zu — verfluchen!

Der Pfad windet sich noch geraume Zeit zwischen Felsen und Gestrüpp, dann wieder im Schatten von Kork- und Steineichen, von Pinien und Myrten und schwenkt später etwas landeinwärts ab, zwischen der Einsenkung zweier Hügel hindurch, von denen aus man einen prächtigen Blick auf das Meer genießt, dessen Wogen die Felsvorsprünge und die Blöcke davor umpeitschen, auf die lange Linie der einzelnen Theile der Karawane und auf weite Strecken des Landes. Am Kiesstrande flimmert ein gelblichweißes Band, scharf contrastirend zum dunklen Ocean, auf dessen weiter Fläche nur hin und wieder ein einzelner Segler, still und geheimnißvoll, wie mit Geisterfittigen, dahinschwebt. Vor uns aber taucht, nach fast zweistündigem Marsche, zwischen Gestrüpp, Hügel auf und Hügel ab, aus röthlich gelbem Dunste der helle Mauerring von Arzilla, unserer vorletzten Station vor Tanger.

Arzilla ist das Zilia der Karthagener und identisch mit der Julia Traducta der Römer. Um die Mitte des X. Jahrhunderts befand es sich vorübergehend in den Händen der Engländer und wurde später einer der berüchtigtsten Schlupfwinkel der maurischen Küstenpiraten, bis der Kalife Abderrhaman ben Ali von Cordova der Wirthschaft ein Ende machte. Auch die Portugiesen hielten eine Zeit hindurch, wie so viele andere Küstenstädte, Arzilla occupirt. Heute ist es gänzlich bedeutungslos und dürfte kaum mehr als 2000 Einwohner zählen, die vorwiegend Juden sind. Ein solcher ist es auch, der hier als vielfältiger Consul fast alle europäischen Regierungen vertritt und repräsentirt — zu welchem Zwecke, ist nicht auszuklügeln. Von außen macht das Städtchen mit seinen hellen, allerdings arg dem Verfall preisgegebenen Mauern keinen unfreundlichen Eindruck. Im Innern ist es verwahrlost, ausgestorben, todtstill.

Gegen Abend trifft der Gesandtschaftszug ein, um das Lager außerhalb der Stadt, auf den Uferhöhen, zu beziehen. Es ist ein herrliches Bild, diesen farbigen Strom aus dem Stadtthore hervorbrechen zu sehen, funkelnd und glühend im verblassenden Abendroth, das über das Meer herüberflammt, und Alles: Stadtzinnen und Höhen, Gebüsch, Reiter und Kiesstrand mit einem rosigen Schimmer umhaucht. Schade, daß dieses prächtige Bild sich nicht festbannen und auf die Leinwand bringen läßt, — es wäre die schönste Erinnerung an die Tage unseres Aufenthaltes auf marokkanischer Erde!

Mit Arzilla schließt unsere afrikanische Reisetour. Der nächste und letzte Lager-Platz ist Ain-Dalia, der bei unserer Hinreise der erste war. Indem wir auf dem uns wohlbekannten Plätzchen zum letzten Male in unseren Zelten schlafen, zum letzten Male das farbige Leben in uns auf- und niederfluthen sehen, ziehen die genossenen Bilder traumhaft durch unsere Seele. Es ist der Zauber eines eigenartigen Landes, ja, einer eigenartigen Welt, der in unserer Erinnerung haften bleibt. Dennoch ist dieser geheimnißvolle Zauber nicht mächtig genug, um in unseren Herzen, in dem Augenblicke, da er auf immer vor unseren Augen verschwinden soll, ein Gefühl von bangem Weh' wie in anderen Stunden des Scheidens zurückzulassen. Als nach fast zweimonatlicher Abwesenheit die braunen Mauern von Tanger, die weißen Häuserterrassen, die üppigen Gärten,

In der Wüste.

die alten guten Bekannten und Freunde wieder vor unsern Blick treten, fühlen wir uns wie mit einem Rucke der trostlosen Barbarei entrissen und der Welt, in der wir aufgewachsen, wiedergegeben...

Wir sehnen an Bord des Dampfers, der uns nach der Heimat bringen soll, und blicken zum letzten Male nach dem Gestade des dunklen Erdtheils hinüber. Dort erblicken wir unsere lieben Reisegenossen, wie sie uns ihre letzten Grüße zuwinken, und sehen davor in der Brandung den Kahn schaukeln, der unsere braven Diener birgt. Obwohl Kinder eines barbarischen Landes und Angehörige einer Religion, die den Haß gegen Andersgläubige als oberstes

Palast des Großveziers in Meknes.

Dogma predigt, haben diese Uebelstände es nicht zu verhindern vermocht, daß die wackeren Jungen den Nazarenern, ihren christlichen Herren, zu jeder Stunde treu zur Seite standen und mit Ergebenheit zugethan waren... Ihre »Addios« kommen daher sicher aus vollem Herzen, und wir bleiben ihnen den herzlichen Gegengruß nicht schuldig...

* * *

Der Abschied von Marokko erweckt in uns mancherlei Gedankenspiel. Wir haben Tanger hinter uns und sehen am Horizonte das gewaltige Bollwerk des Meeres Gibraltar aus den Fluthen aufragen. Das giebt einen merkwürdigen Gegensatz: Dort der Verfall, die Barbarei, der Despotismus, hier der unbeugsame Trotz, die Herrschaft der Civilisation, die Freiheit. Zwei Welten sind sich hier so nahe gerückt, daß der Schall einer abgeschossenen Kanone deutlich von der einen zur andern zu dringen vermag. Und doch, welche ungeheure Kluft dehnt sich zwischen diesen beiden aus, eine Kluft, welche das Licht der Gesittung bisher noch nicht zu überschreiten vermochte! Auf der einen Seite der Mensch mit aller Kraft seines Geistes, mühevoll selbst mit Aufopferung seines besten Herzblutes nach einer höheren Stufe hinanklimmend — auf der anderen aber, theils stillstehend in träger Unthätigkeit auf dem Standpunkte, den er bereits vor Hunderten von Jahren eingenommen, oder vollends im steten Rückgang begriffen! Was waren die Mauren einst, als ihr Feldherr Tarik mit einem Häuflein entschlossener Krieger die Meerenge durchschiffte, am Vorgebirge Calpe landete, dem dahinschwindenden Gothenreiche den ersten Schlag versetzte und hierauf siegestrunken und beutebeladen in sein Vaterland zurückkehrte, um seine Brüder aufzufordern, ihm auf der so glücklich betretenen Bahn zu folgen!

Gibraltar — Dschebel al Tarik — ist ein Markstein der maurischen Geschichte. Als der Islam an der Schwelle zwischen Afrika und Europa erschien, gab es im weiten Spanien nur eine tief verkommene Bevölkerung von schwelgerischen Großen, verarmten Bürgern und Massen von hart gedrückten Sklaven — die traurige Hinterlassenschaft des römischen Reiches. Der Clerus fand sein Vergnügen und seinen Vortheil in so barbarischer Judenverfolgung, wie sie erst nach der arabischen Zeit von der christlichen Inquisition wieder aufgenommen wurde. Die westgothische Dynastie war so reich an Verbrechen, wie damals überhaupt die christlichen Dynastien (man denke nur an die Merowinger) zu sein pflegten, — d. h. bedeutend reicher als die moslimischen. Zwar war der letzte dieser Dynastie, der übel beleumundete Witiza — von einem Usurpator Roderich (dessen

Vater er die Augen hatte ausreißen lassen) gestürzt und getödtet worden. Aber Witiza's Bruder Julian saß noch in Ceuta (nach den spanischen Romanzen hatte er auch die Ehre seiner Tochter an Roderich zu rächen) und lud die Muselmänner ein, sich Spaniens zu bemächtigen. Vom Kalifen Welid in Damascus erfolgte die Erlaubniß zu einem Erforschungszug mit geringer Macht, und Musa, der damalige Statthalter und verdienstvolle Ordner von Nordafrika, schickte seinen Unterbefehlshaber Tarik mit berberischen Truppen auf den wenigen, zur Verfügung stehenden Schiffen. Zuerst wurde, Ceuta gegenüber, die steil vorspringende

Arabischer Drechsler.

Gebirgshalbinsel besetzt, die seither Tarik's Berg (Dschebel al Tarik—Gibraltar) heißt, und die Stadt Cartego am westlichen Hang des Halbinselberges genommen. Bald aber sah Tarik, dessen Heer auf 12.000 Mann gewachsen, westlich von seiner Halbinsel, unweit Cap Trafalgar, die gewaltig überlegene Großmacht Roderich's anrücken. Es gab nun keine Wahl. »Wohin wollt ihr fliehen?« rief Tarik; »das Meer wogt hinter Euch und vor Euch steht der Feind!«... Zum Glück der Muselmanen hatten die gezwungenen Großen in Roderich's Heere nur den Wunsch, ihn los zu werden, und räumten mit ihren Sklaven nach mehrtägigem Kampfe das Feld. Roderich wurde nicht wieder gesehen, und fast nichts hinderte Tarik's Vordringen durch die Ebene des Guadalquivir, über die öde Sierra Morena und den Guadiana nach Toledo. Auch zu Toledo, dieser auf felsiger Hebung gelegenen, vom Tajo fast kreisrund im tiefen Felsenthal umflossenen und darum leicht zu vertheidigenden Stadt, waren die Reichen bereits geflüchtet. Tarik hatte nun die Sorge, noch möglichst viel von ihren mitgeschleppten

Ausritt eines Großwürdenträgers.

Schätzen erhaschen zu lassen. Viel gefabelt wird über das kostbarste Beutestück, den goldenen, perlenbesetzten »Tisch Salomo's«, welchen Titus aus dem Tempel von Jerusalem, die Gothen aus Rom mitgebracht. Aus seinem Inhalte, heißt es, habe Welid die Thür, die Säulen im Innern und die Dachrinne der Kaaba mit Gold überzogen.

Mit der Kriegsthat Tarik's war das Maurenthum in die Geschichte eingetreten. Den weiteren Verlauf der Ereignisse kennt der Leser aus einem früheren

Abschnitte... Was waren diese Mauren, als sie Spanien über sieben Jahrhunderte bewohnten und beherrschten, es mit den schönsten Blüthen einer höheren Cultur schmückten, während ein großer Theil Europas, ja man kann sagen, der größte Theil, noch unter dem Joche der durch die Völkerwanderung hereingedrungenen Barbarei schmachtete! Damals waren die Mauren ein frisches, lebenskräftiges Volk voll Thatenlust und energischem Drang nach den höchsten Zielen, welche sich der Mensch vorzustecken vermag. Damals blühten Künste und Wissenschaften unter ihnen und drangen von ihnen aus wie leuchtende Strahlen eines lebenspendenden Gestirns zu den übrigen Völkern Europas. Damals entfaltete sich hier die Blume der Ritterlichkeit, der feinen Sitte, der Begeisterung für das Schöne und Gute, der Poesie im herrlichsten Farbenglanze. Von allen Seiten strömten Wißbegierige aller Nationen, aller Religionen herbei, um sich an dieser geistigen Flamme zu erwärmen, und einen Strahl davon in die ferne, kalte Heimat zu tragen. Trotz den vielfachen und nachdrücklichen Ankämpfungen, welche das Maurenthum erfuhr, bestand dessen Reich durch Jahrhunderte fort, wurde immer stärker, je mehr Boden anderwärts verloren ging, denn wer der christlichen Herrschaft sich entziehen wollte, zog nach Granada. Daß aber eine solche Ueberfüllung mit Menschenkräften nicht zur Verarmung, sondern zu Macht und Reichthum führte, ist das beste Zeugniß für den Werth der Rasse und ihrer Dynastien. Natürlich wurden alle nur irgend möglichen Hilfsquellen erschlossen. Die Landwirthschaft kam zu einer Blüthe, wie sie seitdem nicht wieder erlebt wurde; Seidenzucht, Weberei in Seide und Gold, in Wolle und Baumwolle, die Früchte des Landes ꝛc. schufen reiche Fracht für die Schiffe, die in den Häfen der Südküste von Spanien anlegten. Von Jussuf I., der zumeist an der Alhambra gebaut, glaubte man, er besitze das Geheimniß des Goldmachens.

Und jetzt — was ist aus diesem mächtigen, hochgebildeten Volke geworden! Ist's nicht, als ob der schmale Wasserstreif, der es von dem durch seine Vorfahren bewohnt gewesenen Lande scheidet, es plötzlich von Allem getrennt hätte, was es einst so hochgestellt hatte — als wenn mit dem ersten Schritte auf dem Boden des so naheliegenden Welttheiles jedes bessere Gefühl aus seiner Brust gerissen worden wäre, die erhebende Begeisterung entflohen, die Kraft des Körpers und des Geistes erschlafft wäre?... Was sind die Mauren jetzt? Geht hin in das Reich Marokko, und mit dem ersten Schritt aus Land habt Ihr die Antwort deutlich vor Euch liegen. Ueberall noch dieselben Gestalten und Gesichtszüge, wie sie uns die Geschichte von den Mauren in Spanien beschreibt, überall noch die Denkmale der von Europa herübergebrachten Cultur. Aber in den Gestalten zeigt sich kein stolzes Selbstbewußtsein und in den Gesichtszügen leset Ihr nur Erschlaffung und erbärmliche Leidenschaft — aber die Denkmale der Cultur sind längst verfallen und nur in ihren Trümmern erkennt Ihr, daß sie einst gewesen. Träge und seines höheren Geistesschwunges fähig, schleicht der einstige Eroberer Hispaniens, der Vertilger eines mächtigenVolkes, zwischen den Denkmalen seiner Größe umher oder fröhnt in feiger Ruhe der niedersten Leidenschaft, und die einzige Triebfeder, die ihn noch manchmal aus seiner Lethargie emporreißt, ist die Habsucht und der Haß gegen die Christen, die ihn aus seinem Paradiese vertrieben haben, das er wohl noch zu beweinen, aber nimmer zu gewinnen wagt. Und selbst dieser Haß würde sich nie thätlich äußern, wenn ihn nicht die Habsucht dazu aufstachelte.« (Freiherr von Augustin a. a. O.)

Wer in unseren Tagen den einstigen maurischen Genius bewundern will, der wird dessen Spuren in Marokko selber nirgends begegnen. Die einzigen Denkmale, die er hinterlassen, befinden sich auf verhaßtem christlichen Boden — in Spanien. Dort sind es ganz besonders die Wunderwerke zu Cordova (die große Moschee) und zu Granada (die weltberühmte »Alhambra«), welche zu aufrichtiger Bewunderung hinreißen. Unzählige Federn haben diese Herrlichkeiten geschildert, und uns erübrigt nur, knappe Skizzen als weitere farbige Mosaiksteine zu unserem marokkanischen Gemälde zu liefern... Die Moschee von Cordova (begonnen unter Abderrahman I., vollendet durch Hakam II.) ist ein einseitiger hallengesäumter Hof. Die Halle in der Richtung des Gebetes hat 17 Schiffe zu je 33 Säulen, so daß sie zusammen einen förmlichen Wald von 561 Säulen bilden. Diese Halle war einst offen gegen den Arcadenhof, in welchem auch jetzt noch die Fontainen plätschern und prächtige Orangenbäume duften, zeigt aber jetzt die Zwischenweiten seiner Frontpfeiler (Hufeisenform) bis auf zwei Eingänge vermauert. Die Säulen im Innern sind durch schwere Hufeisenbogen miteinander verbunden. Da aber die Säulen nur 20 Fuß hoch sind, die Decke also für einen so weiten Raum gar zu niedrig würde, steht auf dem Knauf jeder Säule, zwischen die aufschwingenden Hufeisenbogen gepreßt, noch ein Pfeiler und von Pfeiler zu Pfeiler schwingen abermals Bogen (einfache Rundbogen). Diese erst nehmen die Decke auf — vormals eine reichgeschmückte, flache Decke aus Fichten der Berberei, jetzt schwere, unpassende Wölbungen. Eben der Durchblick über die freischwebende untere Bogengurte in die halbrunden Oeffnungen darüber, die scheinbare Regellosigkeit, wenn man aus der geraden, nach hinten sich verjüngenden Allee seitwärts schief hineinblickt, das ungleiche Licht nur da und dort durch kleine Kuppeln, durch kleine Fenster der Außenwand einfallend — Alles fördert die Möglichkeit, sich in einen dämmernden Urwald zu träumen, der seine Zweige tausendfach verflicht und sie zur Erde sendet, um wieder Wurzel zu schlagen, während das Schlinggewächs der Arabesken Schäfte und Wölbungen überwuchert. Allerdings ist hier nichts von der organischen Kraft eines gothischen Domes oder einer Aja Sophia, wo der erste Plan bereits die ganze Grundfläche erfassen mußte, und man sich frägt, wie es möglich sei, daß ein menschlicher Geist Alles auf einmal zu lenken vermochte. Die Moschee von Cordova wuchs zu ihrer Größe eben nur wie ein Wald, der ein bestimmtes Höhenmaß nicht überschreiten kann und nur durch äußeren Ansatz sich vergrößert, was allerdings nur Denjenigen befriedigt, der in der Einzelheit Behagen findet und darauf verzichtet, das Ganze zu übersehen.

Am reichsten ausgestattet ist der innerste Theil vor der Südwand (Hakam's II. Anlage). Dort in der Südwand ist der Hauptmihrab — eine dunkle Nische, eingerahmt von einem breiten, auf schlanke Ecksäulen gestützten Hufeisenbogen. Nach innen ist sie achteckig vertieft und mit mächtiger weißer Marmormuschel überwölbt. Davor erhebt sich eine helle Kuppel von weißem Marmor, unter welcher die Hufeisenbogen (jene erste Brücke von Säule zu Säule) nicht mehr einfach wie sonst, sondern in

Ueberziehung des Setu auf der Rückreise. (S. 356.)

runder Wellenform ausgezackt sind. Damit der Anblick aber noch reicher und phantastischer werde, schiebt und flicht sich zwischen die unteren ausgezackten und

Gesangschule in Mekines

die oberen einfachen Bogen, eine dritte gleichfalls gezackte Bogenreihe, so zwar, daß sie auf der höchsten Wölbung durch die Zwischenpfeiler (die Stützpunkte der obersten Reihe) durchzugehen scheint — also ein Geflecht von Zackenbogen, die wie aufquellende Dämpfe rastlos übereinander zu steigen scheinen. Hier, in dieser heiligsten Abtheilung (Maksura) strahlten vordem die Wände und Pfeiler von Koransprüchen, Blumengewinden und Arabesken, brennenden Mosaikfarben auf Goldgrund. Die Eingangspforten hatten Thürflügel mit Bronzetafeln von wunderbar schöner Arbeit. Zur Rechten des Hauptportales, beim Eintritt in den Hof, erhob sich das Minaret Abdurrahman's III., ein gewaltiger Thurm, auf dessen Spitze drei große Granatäpfel, zwei von lauterem Golde, einer von Silber, über Cordova funkelten. Kein Wunder also, wenn man diesen Bau für den größten und glanzvollsten Tempel des Islams achtete und von den entferntesten Enden nach seinen Hallen zog.

In der Nähe von Cordova gab es vor Zeiten übrigens einen Wunderbau, der noch gefeierter bei arabischen Berichterstattern ist, als die große Moschee. Es ist dies das, von demselben Abdurrahman III. angelegte Schloß »Azzähra«. Diese Stadt von Palastbauten erhob sich in drei Stufen am Abhang über die üppigsten Gärten, und strahlte namentlich auf der obersten Terrasse in unerhörtem Glanz von Gold und Marmor, Krystall und Perlen. Aus dem ganzen Umkreis des Mittelmeeres hatte man die Marmorsäulen (im Ganzen 4300) in den erwähltesten Farben bezogen. Werkmeister aus Constantinopel leiteten, wie es scheint, namentlich die musivischen Arbeiten. Im Ganzen sollen 10,000 Arbeiter 25 Jahre lang hier beschäftigt gewesen sein. Ueber dem Eingang sah man das Bild von Abdurrahman's Favoritin Azzähra (der »Blühenden«), zu deren Ehren die ganze Palaststadt erbaut war. Abdurrahman dachte für die Ewigkeit zu bauen, aber schon 74 Jahre nach der Grundsteinlegung hatten empörte Berberhorden Alles vernichtet, und jetzt sind — eine Stunde nordwestlich von Cordova — nur noch Schutthaufen übrig.

Das zweite maurische Wunderwerk auf spanischem Boden ist die Alhambra. Zwar ist sie nicht die bedeutsamste Anlage dieser Art, denn der Alkazar zu Sevilla war entschieden großartiger. Unter Jussuf I. (bis 1354) wurde der Bau begonnen, sein Sohn Mohammed V. (bis 1390) vollendete ihn. Die Alhambra ist die reichste Schatzkammer jener Ornamentmotive, die von der arabischen Kunst so einseitig, aber auch so unübertrefflich ausgebildet wurden. Die Verhältnisse der ganzen Anlage sind mäßig, fast klein. An eine Wirkung nach Außen wurde gar nicht gedacht. Die beiden Haupthöfe der Alhambra sind der „Hof des Wasserbeckens", der gleich dem römischen Atrium zum Verkehr mit der Außenwelt bestimmt war; und der säulenreiche „Löwenhof" mit den anschließenden Prachtgemächern des Harems u. s. w., der gleich dem römischen Peristyl zur Familienwohnung diente. Der erste, mit weißem Marmor getäfelte

Die italienische Gesa[ndtschaft]

Hof, dessen Mitte das langgestreckte, zur Seite mit Myrtenhecken gesäumte Wasserbecken einnimmt, hat nur unten und oben (an den schmalen Seiten) Arcaden. Es sind schlanke Säulen, deren Rundbogen (oder schwache Hufeisenbogen) sich im Wasser spiegeln. Mit den Bogen ist's aber nicht ernst gemeint. Zu tragen haben sie nichts, denn die flache Decke (über der Eingangshalle noch eine Fensterreihe und eine zweite Gallerie tragend) ruht auf den Pfeilern, die auf den Köpfen der Säulen stehen (also wie in der Moschee zu Cordova). Der Bogen selber ist nur ein Füllungsornament, was er schon durch sein Constructionsmaterial — Kacheln mit durchbrochenen Mustern — verräth. Die beiden Längenseiten sind schmucklose Wände und Dächer bis auf die reichumrahmten

vor dem Sultan.

Thüren und kleine Doppelbogenfenster — das Ganze etwas hüttenhaft, umsomehr, als über die jenseitige Halle (die andere Schmalseite) ein gewaltiger viereckiger Zinnenthurm, der sogenannte »Comaresthurm«, herüberragt.

Wenn wir in diesen eintreten, sehen wir uns innerhalb so mächtig dicker Wände, daß die Fensternischen, die sich auf drei Seiten öffnen, wie kleine Zimmer aussehen. Hoch darüber ist je eine Reihe kleiner Rundbogenfenster — Alles nicht ausreichend, mehr als ein Dämmerlicht zu verbreiten unter einer bis 60 Fuß hohen, aus unzähligen kleinen Zellen von Cedernholz wie ein ausgehöhlter Pinienzapfen gebildeten Kuppel. Diese Kuppel bedeckte den Thronsaal, den Empfangsraum für fremde Gesandte, und hier soll es auch gewesen sein, wo Abul Hassan, der vorletzte König, den tributfordernden Gesandten Isabella's von Castilien die Antwort gab: »Saget Euerem Herrn, die Münzen von Granada prägen nicht mehr Gold, sondern Lanzenspitzen und Säbelklingen«... In dem Quersaal daneben finden wir die reichste Ausstattung mit Ornamenten, als wäre »der Stein von Genien gestickt, zum Teppich gemacht, wie die feinsten Spitzen gehäkelt«. Nach dem Hof und seinem Wasserspiel hinaus und der jenseitigen Arcadenhalle, blickt man unter einem Thorbogen hindurch, der einem niederhängenden Tropfsteinvorhang gleicht — allerdings etwas formlos und unfaßbar mit dem mehrfachen Saum seiner hängenden Quasten oder Zapfen.

Noch ungleich reicher als der Hof der Myrten ist der im rechten Winkel nordwärts anstoßende »Löwenhof«. Er war, wie das römische Peristyl, für das Innenleben bestimmt, ohne Aussicht über den Burgrand. Umso mehr ist für's Behagen im Innern gethan. Seinen Namen führt dieser Hof von der großen Fontaine in der Mitte, zwei Wasserbecken, einem größeren und einem kleineren übereinander, und gestützt auf den Rücken von zwölf wunderlich steifen Löwen. Sie haben Pfosten statt der Füße, conventionell gekämmte Mähnen und lächerlich grimmige Gesichter. Dieser Prachthof wird von 168 Marmorsäulen gesäumt. Unten und oben, an den schmalen Seiten, treten noch säulenreiche Veranden (kleinere Fontainen überdachend) in den Hof hinaus. Unter ihnen eröffnet sich vollends der Blick in eine Welt von Stalaktitenformen, alle Wände wie natürliche Krystallbildung. Aber durchschossen und durchkreuzt von den eckigen Formen entwickelt sich auch eine unfaßbare Fülle von wunderlichen Gewinden und Geweben. Da wechseln Zacken und Wellen, Schilder, Sonnen und Sterne mit Blumen und Früchten, Alles in einst fein bemaltem oder vergoldetem Stuck. Es wäre ein Studium für Träumer, zumal im »Saale der beiden Schwestern«, der an die linke (nördliche) Längenseite des Hofes anschließt, der gefeiertste aller Alhambraräume. Der quadratische Saal, von einer geschlossenen Gallerie für die Frauen umgeben, erhöht sich zum Achteck und endet in Tropfsteingewölbe. Im Dämmerlicht der Kuppelfenster aber bilden sich immer neue Figuren: Sterne, Gitter, Geflechte, Rosetten, je nachdem man an den Wänden diese oder jene Farbe verfolgt. Da wogt es wie eine werdende Lebensschöpfung von Fischschwänzen, Lotosblumen, Schmetterlingen: ein scheinbar freies Gewühl in den einzelnen Ausschnitten, und doch Alles symmetrisch geordnet. In der Höhe herrschen zur kräftigen Wirkung Carminroth, Gold und Blau, nach unten Violett, Purpur, Orange… Der eigentliche Königssaal (fälschlich Sala de la Justicia genannt) öffnet sich im Hintergrunde der östlichen Schmalseite des rechteckigen Hofes durch drei große Bogenportale, die allein ihm Licht geben. Diesen Eingängen (wieder unter einem »Gewölb von Stukkatur«) entsprechen drei Nischen oder Alcoven in der Rückwand, bemerkenswerth wegen der in ihrer Decke eingelassenen Gemälde. Da sieht man in der Mitte, auf ovalem Grund von Goldleder, zehn männliche Figuren lauern. Der Umfang des Ovales stellt ihren Divan vor, so daß alle Köpfe ins Innere des Ovales sich wenden müssen. Die Köpfe im grauen Kopftuch sind schwarz oder weißbärtig, die weiten Gewänder bunt, eine Hand ist erhoben, die andere aus Schwert gelehnt. Es ist aber kein Gericht, wie man gemeint hat, sondern die ideale Versammlung aller Könige von Granada in diesem Wohnsaal des Königs. Die zwei anderen Ovalbilder (bei denen gleichfalls der Umfang als Bodenlinie dient) haben ihren Stoff aus Ritterromanen. Wie man sieht, hat in der maurischen Kunst die Darstellung lebender Figuren nicht jene Beschränkung erlebt, durch welche sie in anderen Islamgebieten so sehr gehemmt wurde. Es heißt im Koran: »O ihr Gläubigen, fürwahr, Wein, Spiel, Bildsäulen und Loosewerfen sind verabscheuungswürdig.« Zwar sind hier unter den Bildsäulen (Ansab) zunächst nur Götzenbilder oder gar nur Opfersteine zu verstehen; aber die Ueberlieferung kennt Aussprüche des Propheten, welche alle Darstellungen lebender Wesen entschieden mißbilligen. Solche Abbildungen sollen am Tage des Gerichtes vor ihren Urheber gestellt werden, und wenn er nicht im Stande ist, sie lebendig zu machen, wird er »eine Zeit lang« in die Hölle geworfen. Gleichwohl sieht man auf den Münzen des Moavia, Abd-el-Melik, diese Khalifen in ganzer Figur, schwertumgürtet, und hört von den gold- und edelsteingeschmückten Standbildern eines Tuluniden (Aegypten) mit Gemahlin, Sängerinnen ꝛc. in einem Prachtsaal zu Kairo, sogar vom Wettstreit der Maler daselbst (Joseph im Brunnen, Tänzerinnen ꝛc.). Die entschiedenste Abneigung gegen alle bildliche Wiedergabe bezeichnet die Osmanen. Selbst vor dem eigenen Porträt hatten die Türken bis in die neueste Zeit große Scheu. Uebrigens gab es auch in dem freisinnigen Cordova unter Abdurrahman III., als er im Palaste der Azzähra das Standbild der Favoritin aufrichten hatte lassen, bedeutendes Murren.

Wir müssen noch eines dritten maurischen monumentalen Baues auf spanischem Boden gedenken. Es ist dies die Giralda zu Sevilla. Die Moschee, die einst daneben stand, ist ersetzt durch eine der gewaltigsten Kathedralen gothischen Styles. Als

Glockenthurm aber dient ein Thurm, der höchste in Spanien, der wenigstens bis in die Höhe von 250 Fuß (die Gesammthöhe beträgt nur 364) ein maurischer Bau ist. Bis in diese Höhe ist er vierseitig, wie die ähnlich starken Thürme in den Städten Marokko, Rabat, Tanger ꝛc. und zeigt gleichfalls keine stark vorspringenden Gliederungen seiner Seitenwände, sondern hat diese nur eingetheilt in hohe Felder

Kameel-Karawane.

von flachem Stuckornament — schief sich kreuzende Wellenbänder, deren ganzes Geflecht sich zuletzt auf schlanke Halbsäulen stützt. Kleine Fenster von zwei oder drei Hufeisenbogen werfen Licht ins Innere, wo nun den gewaltigen Mauerkern der Mitte keine Treppe, sondern eine schiefe Ebene hinaufführt. Ueber diesem Thurm stand einst ein anderer von acht Klafter Höhe, »mit wunderbarer Kunst gebaut«, und zu oberst vier Kugeln tragend — die unterste von gewaltigem Umfang,

De Amicis, Marokko.

In einer Moschee.

die anderen von abnehmender Größe. Diese Kugeln waren vergoldet (die Vergoldung soll 100,000 Golddinare gekostet haben) und strahlten im Sonnenscheine, daß sie mehr als eine Tagreise weit zu erblicken, wurden aber durch ein Erdbeben hinab geworfen. Jetzt ist der Thurm erhöht und beleidigt das Auge von dort an, wo über jenen seinen maßvollen, melodisch wiederkehrenden Wandornamenten eine reichere Gliederung im willkürlichsten Zopfstyl beginnt und mit einer durchbrochenen Pagode endet. Zu oberst dreht sich eine kolossale Bronzefigur, den Glauben vorstellend als Windfahne... Bekanntlich ist die Bedeutung der Thürme bei den ältesten christlichen Kirchen, die an solche lehnen, räthselhaft. Glocken hatte man im Abendlande erst in der zweiten Hälfte des VIII. Jahrhunderts, und zwar so kleine und dünne, daß man für sie keine Thürme bedurfte. Im Jahre 865 soll Kaiser Michael von Byzanz zwölf Glocken vom Dogen Ursus Patricius erhalten haben; von einem Thurme dafür wissen wir nichts. Unzweifelhaft zum Besuch des Gottesdienstes aber hatte bereits Anfangs des VIII. Jahrhunderts der Khalif Welid seine Thürme an der großen Moschee zu Damascus errichtet, und sie sind maßgebend für die Thurmformen bis zur Giralda geblieben. Als bloße Warte für die Stimme eines Rufenden (Muezzin) scheint nun der letztere Bau allerdings etwas gar zu gewaltig. Auch heißt es, der Erbauer des Thurmes habe diesen zunächst zur Feier seines bei Alarcos (1195) erfochtenen Sieges erbauen lassen. Jedenfalls waren auch die nahverwandten Thürme in Italien (Marcusthurm, Toraccio ꝛc.) ursprünglich nicht für den Dienst der Kirche bestimmt, sondern ein Ausdruck städtischer Macht und bürgerlichen Stolzes.

Weil von der Giralda zu Sevilla gerade die Rede ist, wollen wir schließlich bemerken, daß sich hier das maurische Leben unter den Abadiden glanzvoller als irgend sonstwo in Spanien anließ. Vierundzwanzig arabische Meilen weit konnte man auf dem Guadalquivir im Schatten der Fruchtbäume schaukeln und dem Gesange der Vögel lauschen. Auf beiden Ufern war eine einzige Folge von Gärten, Villen, Thürmen. Dort pries man den Trunk im Duft der Orangengärten oder in Palästen, »wie von der Zauberkunst der Dschinen gebaut«, und von Künstlern gemalt, »deren Farbenschale die Sonne war...« (Die kunsthistorischen Ausführungen von Julius Braun. Vrgl.: Owen Jones »Alhambra« [mit Tafeln in Gold und Farben]; Dorė und Davillier; V. Schack, »Poesie und Kunst der Araber in Spanien ꝛc.« und die arabischen Autoren Al Baryan, Makari und Edrisi bei letzterem).

In den letzten zwei Decennien ist Marokko officiell so vielfach mit dem Auslande, speciell mit den europäischen Großmächten in näheren Contact getreten, daß man sich der Hoffnung hingeben könnte, die Dinge würden im Laufe der

Zeit dortselbst einen besseren Anstrich erhalten. Dennoch ist die Aussicht gering. Wenn der freundliche Leser alles in diesem Buche Mitgetheilte recapitulirt und zusammenfaßt, so wird sein Urtheil dahin gehen müssen: daß auch im Maghreb der passive Widerstand des Islam festwurzelt, für Fortschritt weder Neigung noch Verständniß besteht, und der angeborene Hochmuth jedes Culturbestreben vollständig illusorisch macht. Es liegt in der Natur der Sache, daß die abendländischen Mächte kein unmittelbares Interesse an dem Gedeihen Marokkos nehmen. Dagegen besteht ein mittelbares Interesse, und zwar vorwiegend auf Seite derjenigen Mächte, welche durch ältere historische Beziehungen, oder jüngere Vorfallenheiten zu dem Lande und seiner Regierung in lebhafterem Verkehre stehen. Diese Mächte sind Spanien, England und Frankreich. Das Verhältniß zwischen Spanien und Marokko wurde in diesem Buche so vielfach beleuchtet, daß wir einfach auf die betreffenden Stellen hinweisen. England ist im gewissen Sinne der Rivale Spaniens auf marokkanischem Boden. Seitdem der britische Leopard Gibraltar in seine Gewalt bekommen hatte, lag es begreiflicherweise in seinem Interesse, die benachbarte afrikanische Küste in Schach zu halten. Die Besitzergreifung Tangers erwies sich ursprünglich als nicht sehr praktisch; heute wäre die Position dortselbst für England unbezahlbar. Welche Rolle England noch in allerjüngster Zeit im spanisch-marokkanischen Krieg 1860 spielte, haben wir an anderer Stelle mitgetheilt. Die öffentliche Meinung im Inselreiche lag im Banne einer hochgradigen Nervosität, hinter der sich die eigenen Absichten verriethen. Spanien sollte von jedem Eroberungs-

Am Gestade des Atlantischen Oceans.

zug abgehalten und in die Schranken gewiesen werden. Offenbar bangte den Politikern an der Themse um verschiedene Küstenpunkte, welche nach einem glücklichen Feldzuge der Spanier dauernd in deren Händen verbleiben konnten... Sicher würde England auch gegenüber Frankreich eine ähnliche Haltung beobachten, wenn dieses in einem Theile von Nordwestafrika nicht selber Herr wäre. Der Besitz Algeriens berechtigt gewissermaßen auf die Verhältnisse Marokkos Ein

Krankentransport.

fluß zu nehmen. Die jüngsten Ereignisse haben ohnedies zu Recriminationen mit Marokko geführt. In der Sitzung der französischen Abgeordnetenkammer vom 4. Mai 1882 wurde vom Deputirten Ténot, aus Anlaß des Waffenunglückes am Tigri-Shott und der unliebsamen Vorgänge an der marokkanischen Grenze, der Minister des Aeußern darüber interpellirt, was er in dieser Angelegenheit zu thun gedenke. Die französischen Truppen, sagte Ténot, hätten, um jenes Unglück zu verhüten, schon längst Figig, welches der wahre Herd der Agitation unter den Rebellenstämmen an der marokkanischen Grenze sei, besetzen sollen; es habe den

Anschein, daß man bisher vor einem solchen Schritte aus Scheu vor dem Sultan von Marokko, und vielleicht noch mehr aus Furcht, bei Spanien anzustoßen, zurückgeschreckt sei. Auf diese Interpellation antwortete Ministerpräsident de Freycinet, daß die Regierungen von Frankreich und Marokko laut eines im Jahre 1845 abgeschlossenen Vertrages gegenseitig das Recht haben, ihre aufrührerischen Unterthanen bis auf das Gebiet des Nachbars zu verfolgen, hauptsächlich deshalb, weil zwischen beiden Ländern keine festgesetzte, sondern nur eine ideale Grenze existire. Gleichzeitig wurde der Kammer die Versicherung gegeben, daß der französische Vertreter in Tanger mit dem Kaiser von Marokko Verhandlungen führte, wobei von letzterem jenes Recht anerkannt wurde und überdies vom Kaiser, um den angestrebten Zweck zu erreichen, die Gouverneure und Befehlshaber der Grenzdistricte angewiesen wurden, die französischen Truppen gegebenen Falls als Verbündete aufzunehmen und ihnen bei ihrer Aufgabe behilflich zu sein.

Selbstverständlich haben diese Ausführungen des französischen Ministerpräsidenten nur einen rein theoretischen Werth. In Wahrheit konnte der Sultan schon aus dem einfachen Grunde keine befriedigenden Zusicherungen machen, weil er in den fraglichen Gebieten jeder Autorität entbehrt. Aus den Reisen und Erlebnissen Gerhard Rohlfs' (siehe »Süd-Marokko«) wissen wir, besser vielleicht als die Franzosen, wie es mit der officiellen Macht des Sultans jenseits des Atlas bestellt ist. In der früher erwähnten Sitzung vom 4. Mai hatte demnach der Deputirte Ballue Recht, wenn er sagte: »Selbst wenn ein fremder Monarch sich gefällig zeigt, braucht das immerhin nicht in so übertriebenen Ausdrücken gerühmt zu werden.« Welche Opfer an Geld und Blut aber ein officieller Krieg verursachen würde, dazu hat man den Maßstab aus dem letzten spanisch-marokkanischen Kriege. Alles in Allem: Freycinet hatte Recht als er die Interpellation Ténot-Ballue's hinsichtlich der Situation in Figig dahin beantwortete: »Wenn ich jetzt um fünf oder sechs Millionen für eine Expedition nach Figig bäte, bin ich sicher, daß Sie mir den Credit mit großer Mehrheit abschlagen werden...« (Zustimmung.) Unrecht aber hat der Ministerpräsident, so großes Gewicht auf die Versprechungen und Versicherungen des Kaisers von Marokko zu legen. In den Grenzprovinzen ist seine Autorität gleich Null, und wo diese besteht, wird sie durch Illoyalität wettgemacht. Frankreich könnte demnach immerhin in die Lage kommen, von Fall zu Fall sich selber Recht zu verschaffen und Genugthuung zu holen...

Wir glauben dem Leser einen Dienst zu erweisen, wenn wir ihm zum Schlusse noch einen kurzen, übersichtlichen Abriß der verschiedenen Entdeckungsfahrten durch und in Marokko liefern. Ph. Paulitschke, ein sehr gründlicher Kenner der gesammten, auf Afrika Bezug nehmenden Literatur, gedenkt in seinem treff lichen Werke „Die geographische Erforschung des afrikanischen Continent" vieler und bedeutungsvoller Forschungsreisen im nordwestlichsten Theile des dunklen Erdtheils. Der Hinweis auf dieses Werk allein würde indeß kaum genügen. Wir folgen demnach weiter unten in knappen Zügen seinen Ausführungen, welche den Zeitraum von 1788 bis 1880, also fast ein volles Jahrhundert umfassen. Es wurde von uns bereits an anderer Stelle darauf aufmerksam gemacht, daß die Lage Marokkos zum europäischen Festlande, von dem es nur durch die schmale Meerenge von Gibraltar getrennt ist, seit den ältesten Zeiten dem wechselseitigen Verkehre beider Länder erheblichen Vorschub leistete. Nur jene geographische Lage machte es beispielsweise dem Maurenthum möglich, von Afrika nach Europa überzusetzen und — bei Festhaltung der Beziehungen zum Mutterlande — — Staaten und Reiche zu gründen, deren Bedeutung in politischer und cultur geschichtlicher Richtung alle ähnlichen Erscheinungen in der Welt des Islam übertrifft. Mit den historischen Erscheinungen mußten selbstverständlich die ethnischen Hand in Hand gehen. Auch die Vandalen würden beispielsweise nie den Weg nach Afrika gefunden haben, wenn das so nahe Aneinanderrücken der beiden Erd= theile ihnen nicht den Zug erleichtert, oder richtiger überhaupt möglich gemacht haben würde.

Dasselbe gilt von den späteren Beziehungen zwischen Spanien und Marokko. Die Wissenschaft kam bei diesen Jahrhunderte langen Beziehungen verhältniß= mäßig am schlechtesten weg. Von Erforschungen und Entdeckungsfahrten in dem unnahbaren Bollwerke des Islams Maghreb=ul=Afsa war bis lang keine Rede. Erst gegen die Neige des vorigen Jahrhunderts fanden sich unternehmende Männer, denen es gelüstete, den Schleier von jenem interessanten Lande wegzu= ziehen. Im Jahre 1789 vollführte W. Lemperière eine Tour von Tanger nach Marokko und Fez. In seine Fußstapfen traten der Pole Potocki und der Schwede Olaff Agrell in den Jahren 1791, beziehungsweise 1797... „In der Zeit von 1803 bis 1805 zog in einer Maske Ali Bey el Abassi von Tanger über Kaße el Kibir, Mekinez, Fez, Sla, Asamor nach Marokko (Marrakesch) und über Thesa, Temesnin, Udscha nach El Araisch, besonders astronomische Ortsbestimmungen anstellend. Die afrikanische Gesellschaft in London sandte bald hierauf als Ersatz für den in Calabar verstorbenen Nicholl (1809) Rontgen nach Marokko ab, der sich mit dem kühnen Gedanken trug, im Gefolge einer Karawane durch die Wüste bis Timbuktu zu dringen. Leider ereilte diesen thatendurstigen, hoffnungsvollen Mann, nachdem er über Mogador bis Bussa vorgedrungen war, in der marokkanischen Provinz Haha durch die Habsucht seiner Begleiter ein früher Tod. Den westlichen Theil des Atlas-Gebirges zwischen Agadir und Marrakesch hatte 1811 der Engländer Grey-Jackson, welcher als Kaufmann längere Zeit in Mogador gelebt und schon im November 1804 an Sir J. Banks mitunter schätzbare Mittheilungen über Timbuktu gemacht hatte, die er von Leuten erfahren, welche diese Stadt selber besucht und in derselben gelebt hatten, überschritten. Einen wichtigen Dienst leistete der Geographie der schwedische Consul in Tanger, Graf Jacob Graberg von Hemsö, durch eifriges Sammeln von geographischen Daten über Marokko, welches er in italienischer Sprache beschrieb.«

Auf diese ersten Pioniere in der Durchforschung des Maghreb folgten mehrere Gelehrte in Specialfächern, die nun auch in naturwissenschaftlicher Richtung bahnbrechend auftraten. Wir erwähnen vor Allem Didier, dann den Botaniker E. Cosson und den Arzt Buffa. Später erhielt die Literatur über das Maghreb eine beachtenswerthe Bereicherung durch das vorzügliche Geschichtswerk Chéniers: „Histoire de l'empire de Maroc". In der Mitte der Zwanziger Jahre unseres Jahrhunderts nahmen die Gesandtschaftsreisen ihren Anfang, deren Kette bis auf den Tag reicht. Wie es in der Natur der Sache liegt, konnte der Wissenschaft durch diese officiellen Reisen keinerlei Nutzen erwachsen. Immerhin haben sie wesentlich zur Aufhellung gewisser, durch das Auge und flüchtige Beobachtungen wahrnehmbarer Zustände ersprießlich beigetragen. Ganz speciell das vorliegende Buch, welches ja gleichfalls die Frucht einer solchen officiellen »Promenade« nach der Sultansresidenz Fez ist, dürfte durch die Lebendigkeit und Unmittelbarkeit der geschilderten Eindrücke und durch seinen illustrativen Schmuck unserer Kenntniß von gewöhnlichen Existenzverhältnissen, dem Charakter des Volkes, der Hofhaltung und der Regierungsmaschinerie im Reiche Sr. scherifischen Majestät werthvolle Aufklärungen gegeben haben.

Die Reihe der Gesandtschaftsreisen wurde im Jahre 1825 eröffnet. Frankreich sandte damals seine Vertreter Caraman und Delaporte nach der Sultansresidenz. Vier Jahre später folgte die englische Gesandtschaft (Lieutn. Washington), im Jahre 1830 die österreichische unter Pflügl und Freiherrn von Augustin. Der Letztere hatte seine Erlebnisse und Erfahrungen in zwei kleinen Werkchen niedergelegt, welche in den Jahren 1838 und 1845 erschienen sind... Nach längerer Pause fand sich im Jahre 1856 abermals eine englische Gesandtschaft (John Drummont Hay), dann (1863) eine portugiesische unter Dom Merry y Colon, 1875 eine italienische unter Stephano Scovasso (der sich die Privatpersonen Edmondo de Amicis als Berichterstatter und die Maler Ussi und Biseo als

Auszug der Gesandtschaft aus Arzilla. (S. 354.)

Illustratoren angeschlossen hatten), 1877 eine deutsche unter Weber (Reisebericht L. Pietsch's 1878), und eine französische, alle Genannten in Fez, und neuerdings abermals eine italienische in Marrakesch ein. Von den wissenschaftlichen Erfolgen, welche die vorgenannten officiellen Reisen zu verzeichnen haben, ist nur diejenige Washingtons, der das Atlas Gebirge untersuchte, erwähnenswerth. Freiherr von Augustin beschränkt seine Mittheilungen auf die allgemeine Geographie des Landes, seine ethnischen, socialen und politischen Zustände. In den Vierziger Jahren finden wir eine ganze Reihe von Fachgelehrten auf marokkanischem Boden thätig: die Engländer James Richardson, Hogsdon, Scott; die Franzosen Lawaissière, Jourdan und Renou, die Deutschen Barth und Walthan. Zu erwähnen wären ferner: Paul Lambert, der sich durch volle fünf Jahre in der Residenzstadt Marrakesch aufgehalten hatte. Seine Publication ist ein sehr werthvoller Beitrag zur Kenntniß Marokkos... Eine glänzende Leistung in der Bereisung und Erforschung Marokkos sind die Reisen Gerhard Rohlfs'. Durch den beschwerlichen Kriegsdienst in der französischen Fremdenlegion in Algier einerseits körperlich an große Strapazen gewöhnt, andererseits mit der Sprache, den Sitten, den socialen und religiösen Gebräuchen der Araber und Mauren vertraut, faßte Rohlfs den Plan, nach dem Innern von Marokko zu wandern, um womöglich Timbuktu über Tuat zu erreichen, und begab sich im April 1861 von Oran nach Tanger. Von hier aus zog er, unter dem Namen Mustapha medicinische Praxis ausübend, zunächst nach Unjan, wo er (wie wir anderwärts bereits vernommen haben) vom Groß-Scherif gütig aufgenommen wurde. Er wurde dem Sultan empfohlen, so daß Rohlfs zum Leibarzt Sr. scherifischen Majestät ernannt wurde. In dieser Eigenschaft gelang es dem Reisenden, die Städte Fez, Meknez, Tetuan, Arzilla, El Araisch und Thesa zu besuchen. Die folgenden Monate riefen den wackeren Bremer zu größeren Thaten. Zum zweiten Male begab sich Rohlfs von Tanger aus nach dem Süden, über El Araisch an der Meeresküste weiter nach Mehdia, Sla, Rabat und Azammur. Von hier aus besuchte er die Capitale des Reiches, Marrakesch (Marokko), kehrte jedoch wieder nach Azammur zurück und begab sich über El Bridscha nach Safi und Mogador. Hierauf überstieg er den am meisten nach Westen reichenden Zweig des Atlas und gelangte nach der Hafenstadt Agadir. Nun gings nach Osten. Durch das Wad Sus gelangte Rohlfs nach Tarudant, Tassanacht und zur Oase Tesna, und endlich an sein vorläufiges Ziel, die Oase Draa... Wir haben, wie sich der Leser erinnern wird, die Reisen und Schicksale Rohlfs' in ein übersichtliches Bild zusammengefaßt und in dem Abschnitte »Süd-Marokko« entrollt. Auf diese Mittheilungen müssen wir hier verweisen, um keiner unliebsamen Wiederholungen uns schuldig zu machen. — In den Sechziger Jahren finden wir folgende Forscher auf marokkanischem Boden thätig: den Engländer Th. Hodgkin; den Spanier J. Gatell (von Marrakesch über den Atlas und von Tarundat bis zum Seggia el Hamra); B. Balansa (Botaniker; von Mogador ins südwestliche Atlasgebiet, nach Jmintenut und Marrakesch); A. Beaumier (französischer Consul; Mogador, Safi, Marrakesch). In den Siebenziger Jahren wurden nachstehende Erforschungsreisen unternommen: Im Frühling 1870 die botanische Expedition von Hooker, Ball und Maw (in den Atlas); 1871 die Expedition Roß Grenacher; im Frühling 1872 die naturwissenschaftliche Expedition des Freiherrn C. v. Fritsch und des Marburger Professors J. J. Rein. Die Ergebnisse dieser letzten Expedition sollen nach einer brieflichen Mittheilung Rein's sehr bedeutend sein. Ihre Verwerthung steht bevor. Aus jüngster Zeit wäre zu erwähnen: die Reise A. Leared's, Décugis' und Oskar Lenz's, welch' letzterer den Atlas überstieg und bis Timbuktu vordrang.

Abschied der marokkanischen Diener.

Inhalt.

Vorwort . . . . Seite V

Tanger.

Marokkos Stellung in der Welt des Islams. Das moderne religiöse Leben. Tanger. Allgemeiner Eindruck der Stadt. Die Hauptstraße und der Suk el Barra. Elemente der Bevölkerung. Ein Nachtbild. Maurische und jüdische Typen. Die moslimischen Frauen. Straßenjugend und heiliges Gelichter. Productionen der Aissauah-Bruderschaft. Die Citadelle von Tanger. Alte und moderne Justiz. Die Berber des Riff-Gebirges. Ein nächtlicher Hochzeitszug. Unerklärlicher Zauber. Promenade nach dem Cap Malabat. Eine Bittprocession. - Das Fest der Geburt des Propheten. - Phantasias und Volksbelustigungen. Die Umgebung von Tanger. Ritt nach dem Cap Spartel. - *** Vorbereitungen zur Reise. Ankunft der Escorte von Fez. Officielle Abschiedsbesuche. Aufbruch der Karawane 1

Had-el-Garbia.

Der erste Reisetag. — Das Leben im Zeltlager. — Dessen Lage und Umgebung. — Geheimnißvolle nächtliche Gäste. — Morgengebet der Soldaten. — Aufbruch von Ain-Dalia, dem ersten Rastorte. Beschwerlicher Marsch über die »rothen Berge«. — Eine interessante Begegnung. Phantasia der Reiter von Had-el-Garbia. — Aufstieg zum Plateau und letzter Blick auf den Atlantischen Ocean. Ein italienisches Schiff in Sicht. — Wie die Künstler der Expedition die Raststunde ausfüllen. — Die zweite Lagerstation auf der Plateauwiese von Had-el-Garbia. — Die »Mona« oder Naturallieferung seitens der Bewohner. — Selam, »der treue Diener seines Herrn«. — Lagerleben. — Mohammed Ducati, ein emancipirter Moure. — Nächtlicher Rundgang durchs Lager und Abenteuer aller Art 79

Tleta-el-Raissana.

Marsch im Morgennebel. — Einförmigkeit der Landschaften. — Die Lehensreiterei von El Araisch. Marokkanisches Feudalwesen. — »Lab el barode«. — Große Phantasia. — Ueber maurische Reiter und Reitkunst. — Das berberische Pferd. — Seine Pflege und Behandlung. — Wahrheit und Dichtung im Punkte der Liebe des Orientalen zum Pferde. — Neue Eindrücke während des Marsches. — Die »Kubba« des Sidi Liamani. - Ein ungemüthlicher Rastort. Insectenplage. — Ankunft in Tleta-el-Raissana. Ein Kranker, der das Recept statt des Medicamentes verschluckt. — Einige Bemerkungen über die ärztliche Praxis in Marokko 113

Alkazar-el-Kibir.

Eine historisch berühmte Landschaft. — Das Schlachtfeld am M'thazen. — Dom Sebastian und Mulen Muluk. — Der Warranar-Fluß. — Erster Anblick der Stadt Alkazar-el-Kibir (El kaßr el Kibir). — Ein wunderlicher Aufzug. Maurische Militärmusik. — Phantasia. — Der italienische Gesandte als Schiedsrichter. — Gang durch die Stadt. — Schmutz und Elend. — Staffagen aller Art. — Die Reisenden besuchen das Ghetto. — Abschreckende Verwahrlosung desselben. — Rückkehr ins Lager 125

Ben-Auda.

Begegnungen während der Reise. — Ein Courier zu Fuß als einziger Repräsentant der kaiserlich marokkanischen Post. — Sein beschwerlicher Dienst. — Ben-Auda, der Gouverneur von Sossian (El Gharb) und seine fünf Söhne. — Neue Phantasias. — Die Söhne Ben-Auda's consultiren den Arzt der Gesandtschaft. — Piknik im Garten des Gouverneurs. — Die Vorfahren des Sidi Mohammed Ben-Auda. — Tyrannei und Selbsthilfe. — Die Muna. — Besuch des Gouverneurs im Lager. — Ein Heiliger, der die fremden Reisenden verflucht. — Eine unheimliche Nacht. — Einige Bemerkungen über geheime Orden 137

Karia-el-Abbassi.

Das Land zwischen Kus und Sebu. — Ein stattlicher Gouverneur. — Marsch durch welliges Land. Karawanenbild. — Das Gaudorf Karia-el-Abbassi und ein Frühstück im Hause seines Gebieters. — Die Tochter des Gouverneurs. — Ungezwungene Unterhaltung der Dorfbewohner. — Ihre Neugierde und deren Folgen. — Kranke Frauen. — Ueber marokkanische Frühheirathen. — Eine schreckliche Invasion. — Aufbruch der Karawane und Ankunft am Sebu. — Primitive Ueberfuhr 149

Beni-Hassen.

Das Land südlich des Sebu. — Der üble Ruf seiner Bewohner. — Von allerlei Dieben und ihren Künsten. — Ein würdiger Gouverneur seiner Landeskinder. — Dante'sche Höllengestalten. — Die marokkanischen »Duars«; ihre Einrichtung und das Leben in denselben. — Die Dorfschule, alltägliches Leben, Kleidung und Nahrung der Bewohner. — Feld- und Hausarbeiten. — Hochzeitsfeierlichkeiten. — Einiges über die Ehe in Marokko. — Familienleben, gewöhnliche Lebensverhältnisse. — Unruhige Districte, Empörungen und ihre Folgen. — Die gegenwärtige Haltung der marokkanischen Grenzstämme gegenüber den Franzosen in Algier 165

Sidi-Hassem — Zeguta — Tagat.

Wechsel in der Landschaft. — Blumenauen und Heiligengräber. — Ein Gouverneur, der vor seinen eigenen Leuten nicht sicher ist. — Die Lehensreiterei von Sidi-Hassem. — Abfällige Kritik seitens der Landbewohner und ihre Folgen. — Aufbruch der Karawane und Marsch längs des Sebu. — Eine schreckliche Landplage. — Begegnung mit der Lastkarawane, welche die Geschenke für den Sultan mit sich führt. — Der erste Wagen auf marokkanischem Boden. — Wie der Großherzog von Hessen 1839 seine erste Ausfahrt zu Wagen in Tanger bewirkte. — Eine verhinderte Execution. — Ein Erlebniß Drummond Hay's. — Lager bei Zeguta. De Amicis in Gefahr. — Am Ufer des Mchès. — Ueber Haschisch. — Letzter Tagesmarsch. — Boten aus der Residenz und Vorbereitungen zum Einzuge 183

Fez.

Aufbruch nach Fez und großartiger Empfang daselbst. — Erste Eindrücke von der Stadt. — Der Gesandte empfängt die Großwürdenträger. — Die Anlage von Fez und seine Befestigungen. — Geschichtliches. — Officielle Besuche. — Feierlicher Empfang der Gesandtschaft durch den Sultan. — Se. scherifische Majestät Muley Hassan. — *⁎* Neue Einladungen. — Nächtlicher Heimgang mit Hindernissen. — Privataudienz des Gesandten. — Allerlei Zerstreuungen. — Ausflug nach dem Berge Zalag (Salar) *⁎* — Die Mellach (das Ghetto) von Fez. — Die Renegaten im marokkanischen Dienste. — Die melancholische Stimmung hält an. — Regentage. — Allgemeines über die Zustände in Marokko. — Die Regierung und die europäischen Vertretungen. — Der Charakter des Volkes. — Zwei eingeschlagene Zähne und die Folge hievon. — Marokkanische Industrie. — Handel und Verkehr. — Das Urtheil eines Mauren über Europa 205

Süd-Marokko.

Die Gebiete des marokkanischen Kaiserreiches jenseits des Atlasgebirges. — Gerhard Rohlfs' Reisen in den Jahren 1862 und 1864. — Die Oase von Tafilet. — Fehden und Verwüstungen. — Die Palmencultur. — Die Oase Boanan. — Verrätherischer Ueberfall auf Rohlfs und dessen schwere Verletzung. — Das Draa-Gebiet. — Mardochaï Abi Serur und dessen Schicksale. — Die südwestlichsten Wüstenlandschaften von Marokko. Das Gartenthal Wadi Fus. Allgemeines über den Atlas. Von Mluia zur Südgrenze von Marokko. Von Tafilet nach Agli — die Formen der Wüste. Der Saura Fluß und die Maramenentationen Beni Abbe und andere. Die Route nach Tuat. Allerlei Gebilde. Die Oase von Tuat. In Saluh; seine Bewohner, Zustände und Anderes. Das Project einer transsaharischen Eisenbahn 291

Der spanisch-marokkanische Krieg im Jahre 1860.

Der permanente Kriegszustand zwischen Spanien und Marokko in den letzten zwei Jahrhunderten. Das Piratenunwesen und die spanischen Presidios. Ohnmacht der seefahrenden Mächte gegenüber den Risioten. Der Zwischenfall vor Ceuta im Jahre 1859. Das Ultimatum der Königin Isabella II. Ausbruch der Feindseligkeiten. Die ersten Kämpfe bei den Redouten auf der Sierra Ximera. Todesverachtung der marokkanischen Truppen. Vormarsch der Spanier gegen Tetuan. Die Treffen bei El Castillejos und im Passe des Monte Negro. Ankunft vor Tetuan und erster Zusammenstoß mit der feindlichen Hauptmacht. Gefechte und Vorbereitungen zum Entscheidungskampfe. Die Schlacht am 4. Februar 1860. Vollständiger Sieg der Spanier. Einzug in Tetuan. Die letzten Kämpfe in den Gebirgen. Waffenstillstand und Abschluß der Friedenspräliminarien 293

Mekinez.

Die Route von Fez nach Mekinez. Reisebegegnung. Erstes Nachtlager am M'duma-Bache und Charakter der Landschaft. Das Wassernetz der Culturebene. Erster Anblick von Mekinez. Begegnung mit dem Gouverneur. Selam's Erzählungen von dem Palaste des Sultans Muley Ismael, dem alten Mekinez und dem »Könige, der über die Dämonen gebot.« Besuch der Stadt. Ihr inneres gutes Aussehen. Die Gassen und Plätze. Das Gouverneursgebäude. Ein herrliches maurisches Thor. Unangenehmer Zwischenfall. Das Palastgebiet und die Sultansgärten. — Ein marokkanischer Roman 327

Von Mekinez zum Sebu.

Ankunft am Sebu. — Sommertage in Afrika. — Staub und Hitze. — Besuch des Sohnes Sidi-Abdallah's, Gouverneurs von Beni-Hassen. — Lagerleben bei 47 Grad C. — Aufenthalt im Zelte. Zweiter Besuch des Gouverneurs-Sohnes. — Aufbruch zum Sebu. Ueberfuhr-Calamitäten. — Empfang durch den Gouverneur Sidi-Bekr-el-Abbassi. — Eine neue Bekanntschaft. — Gewaltacte des Sultans gegenüber den Würdenträgern des Reiches. — Aufbruch nach dem Lager am rechten Sebu-Ufer. — Ein Volk, das seinen Gouverneur verehrt, die Reisenden aber insultirt 347

El Araisch — Arzilla — Tanger.

Der erste Anblick des Atlantischen Oceans. — Lager bei El Araisch. — Geschichtliches. — Die Mündung des Kus. — Das Innere der Stadt und ihr malerischer Anblick von Außen. — Weitermarsch längs des Gestades. — Barbarischer Krankentransport. — Neue Reisebegleiter und ihr Ziel. — Wilde Wüstenpartie. — Ein Heiliger, der uns den Weg verstellt. — Ankunft vor Arzilla. — Anblick des Städtchens. — Reflexion im vorletzten Nachtlager. — Aufbruch von Arzilla und letzte Station zu Ain-Dalia. — Einzug in Tanger und Abschied vom marokkanischen Boden . . . 355
Schlußbemerkungen 363